HISTORIA ECONÓMICA DEL ANTIGUO PERÚ

Peter Kaulicke (ed.)

Historia económica del antiguo Perú

Peter Kaulicke / Hugo C. Ikehara
Rafael Segura Llanos / Rafael Vega-Centeno Sara-Lafosse

Serie: Historia Económica, 35

© Banco Central de Reserva del Perú
Jr. Santa Rosa 441-445, Lima 1
Telf.: (51-1) 613-2000/Fax: (51-1) 613-2552
www.bcrp.gob.pe

© IEP Instituto de Estudios Peruanos
Horacio Urteaga 694, Lima 11
Telf.: (51-1) 332-6194/Fax: (51-1) 332-6173
www.iep.org.pe

ISBN: 978-9972-51-742-6
ISSN: 2071-4246

Primera edición: mayo de 2019
1000 ejemplares

Hecho el depósito legal en la Biblioteca Nacional del Perú: 2019-05284
Registro del proyecto editorial en la Biblioteca Nacional: 31501131900449

Asistente de edición:	Yisleny López
Corrección de textos:	Daniel Soria
Diagramación:	Silvana Lizarbe
Diseño de portada:	Gino Becerra
Cuidado de edición:	Odín del Pozo

Prohibida la reproducción total o parcial de cualquier parte de este libro sin permiso del Instituto de Estudios Peruanos.

BIBLIOTECA NACIONAL DEL PERÚ
Dirección de Gestión de las Colecciones

330.98501   *Historia económica del antiguo Perú* / Peter Kaulicke, Hugo C. Ikehara, Rafael
H   Segura Llanos ... [et al.]; Peter Kaulicke, editor.-- 1a ed.-- Lima: Banco Central
              de Reserva del Perú: Instituto de Estudios Peruanos, 2019 (Lima: Tarea
              Asociación Gráfica Educativa).
              536 p. : il., mapas; 23 cm.-- (Historia económica; 35)

   Incluye bibliografías.
   D. L. 2019-05284
   ISBN 978-9972-51-742-6

   1. Economía - Perú - Época Prehispánica 2. Estructura social - Perú - Época
   Prehispánica 3. Historia económica - Hasta 1500 4. Perú - Condiciones
   económicas - Época Prehispánica 5. Perú - Historia - Época Prehispánica
   I. Kaulicke, Peter, 1946- II. Ikehara, Hugo, 1980- III. Segura Llanos, Rafael
   IV. Banco Central de Reserva del Perú V. Instituto de Estudios Peruanos
   (Lima) VI. Título VII. Serie

   BNP: 2019-056

ÍNDICE

INTRODUCCIÓN 11

1. LAS ECONOMÍAS TEMPRANAS (CA. 13.000 A 500 A. C.)
   Peter Kaulicke 47

   La biodiversidad centroandina: variedad y cambios
   paleoclimáticos 48
   Adaptación y domesticación 55
   Complejidad emergente 64
   Complejidad temprana (aproximadamente 2600
   a 1700/1500 a. C.) 69
   Establecimiento de territorialidad política con centros locales
   y regionales (aproximadamente 1700/1500 a 800 a. C.) 79
       El Formativo Temprano 79
       El problema Chavín 91
       El Formativo Medio 98
       El Formativo Tardío u Horizonte Chavín 112
   Síntesis 130
   Referencias 138

2. FORMACIÓN DE ECONOMÍAS DE GRAN ESCALA
   (500 A. C.-500 D. C.)
   Hugo Ikehara 155

   Las condiciones climáticas entre 500 a. C. y 500 d. C. 159
   Transformaciones agrícolas en los Andes a partir de 500 a. C. 160
       Estrategias de expansión agrícola 161
       La consolidación del maíz en la dieta
       de las comunidades andinas 167
       Los Andes centrales entre 500 y 150 a. C.: crisis,
       violencia y reorganización de las comunidades 170
       La costa norte 171
       Las comunidades paracas de la costa sur 183
       El Altiplano 190
       Otras regiones 193
       Síntesis (500 y 150 a. C.) 195
   Surgimiento y variabilidad de economías políticas regionales 198
       La costa norte 199
       La costa sur: las comunidades nazcas 219
       La sierra central: las comunidades recuay 225
       Otras regiones 229
       Síntesis (150 a. C.-500 d. C.) 232
   Referencias 236

3. LAS PRIMERAS INTEGRACIONES DE LA DIVERSIDAD:
   ESCENARIOS Y EXPRESIONES ECONÓMICAS (500-1000 d. C.)
   Rafael Segura 259

   Los datos paleoclimáticos 261
       Wari 265
       Ayacucho: el nucleo territorial del nuevo Estado expansivo 265
       Más allá de Ayacucho: Wari y sus contemporáneos 301
       Síntesis 345

    Tiwanaku 346
        Proceso urbano y el núcleo altiplánico 346
        Producción manufacturera en el núcleo Tiahuanaco 353
        Pastoralismo y articulación económica interregional 358
        Tiwanaku: más allá del Altiplano 360
    Síntesis del capítulo 370
    Referencias 373

4.   ECONOMÍAS TARDÍAS: PRODUCCIÓN Y DISTRIBUCIÓN
      EN LOS ANDES CENTRALES ANTES Y DURANTE LA EXPANSIÓN
      DEL TAWANTINSUYU (900-1532 d. C.)
      Rafael Vega Centeno 403

    Economía y sociedad entre 900 y 1450 d. C. 404
        El clima y las condiciones ambientales a inicios
        del segundo milenio d. C. 406
        Un territorio densamente poblado 407
        Los valles de la costa 414
        Realidades económicas en las regiones altoandinas 466
    La economía política en el Tawantinsuyu 482
        El surgimiento. La región del Cuzco antes
        de la expansión imperial 483
        La dinámica de la economía inca 486
        Intensificación agrícola y manejo del agua 490
        La actividad pastoril 499
        La importancia de los recursos marinos 500
        La producción de manufacturas 501
        La administración e infraestructura necesarias 507
        A manera de síntesis 512
    Referencias 514

SOBRE LOS AUTORES 533

Hacia una arqueología económica del antiguo Perú

Peter Kaulicke

Los Andes centrales, ocupados en su mayor parte por el moderno Estado del Perú, han sido escenario de unos cinco milenios de formaciones de sociedades interconectadas con diversos grados de complejidad antes de la llegada de los europeos en el siglo XVI. Desde la presencia de cazadores-recolectores del Pleistoceno Final que colonizaron esta región, hasta el Tawantinsuyu de los incas, con los que se enfrentaron los invasores europeos, se constituyen como un área donde se puede estudiar los orígenes de estas complejidades y sus naturalezas en una especie de laboratorio, sin tener que recurrir a impulsos "civilizatorios" de otras partes del mundo, pese a muchos esfuerzos para comprobar lo contrario. Si bien los procesos históricos de esta región se diferencian de los de sus modernos vecinos como Ecuador, Chile y Brasil, estos últimos, por más que sean considerados menos "complejos", independientes o aun "inferiores", forman partes de redes mayores cuyas características y grados de conectividad todavía se nos escapan en buena medida. Estas interacciones y más aún los paralelismos con la historia global de la humanidad y las modificaciones de sus medioambientes en forma de la domesticación de plantas y animales, como la cristalización de desigualdades sociales no justifican ideas centradas en una incomparabilidad o unicidad de un "hombre andino", supuestamente indiferenciado internamente, tan atemporal como su medioambiente, igualmente resistente a cambios. Esta posición indigenista que rehúye comparaciones, sumada a la idea del "estigma" de un pasado ágrafo y algo tácitamente a la de una supuesta inferioridad frente a otras áreas de desarrollos sociales comparables, como las de América central o Mesoamérica, contribuye a que los Andes centrales no suelan ocupar una posición central en las discusiones comparativas a escala global sino una colateral, en todo caso como una excepción de la regla.

Diferentes enfoques han contribuido a este problema. Por un lado, está la posición de la historia tradicional, que considera el pasado preeuropeo desde una perspectiva occidental, una retrospectiva eurocéntrica que solo admite informaciones recogidas con posterioridad a la llegada de los europeos, lo que comúnmente se entiende por protohistoria (para evitar el término "etnohistoria"). Es el enfoque más antiguo, originado a partir del siglo XVI, pero con repercusiones hasta el presente. Esta protohistoria es de poca duración de acuerdo con las versiones basadas (y reinterpretadas) en la mayoría de los conceptos históricos incaicos vistos desde perspectivas de élites, por lo que ignora, minimiza o mitifica todo lo anterior a ellas. La aparente diversidad étnica contemporánea en cuanto a materiales culturales, identidades o lenguas se encontraba sometida a una oficialista visión Cuzco-céntrica, y esta se prestó a idealizaciones políticas, como modelo utópico para la Europa contemporánea; y de ahí se incorporó a una longeva tradición cada vez más alejada de su modelo original. La diversidad mencionada no solo no merecía atención mayor, sino que fue víctima real de opresiones masivas, ayudadas por la disminución catastrófica de las poblaciones andinas debido a epidemias masivas y otros factores en la colonia temprana. Lo que queda son fragmentos cuyo valor como fuentes para la reconstrucción de situaciones preeuropeas es difícil de evaluar por tratarse de visiones creadas *ex post facto* en un mundo de cambios drásticos y de intereses negociados. La etnohistoria más reciente, propagada por antropólogos funcionalistas (John Murra, 1916-2006), estructuralistas (Tom Zuidema, 1927-2016) e historicistas (John Rowe, 1916-2004), usa estas y otras fuentes relacionadas para ofrecer interpretaciones divergentes pero con la relegada participación de los arqueólogos, los que a menudo se limitan a sustentar estos enfoques etnohistóricos con materializaciones contemporáneas.

Estas materializaciones del pasado en forma de objetos con o sin contextos son vestigios diferentes y más directos de sociedades pasadas, recogidos, excavados y analizados por arqueólogos y antropólogos-arqueólogos, así como por historiadores del arte. En particular, los primeros son los que contribuyen a visualizar mejor este pasado (o pasados), pero sus interpretaciones son a menudo divergentes, al depender de analogías de diferente índole. Estas comparaciones directas con situaciones mejor conocidas o modelos teóricos elaborados a base de ellos y fundadas en sociedades recientes o históricas con fuentes escritas pero desligadas geográfica e históricamente, son poco útiles si la base de datos empíricos es tan débil que ejemplos análogos tienen que reemplazarlos. El grado de complejidad a menudo es juzgado por la atracción y evaluación estéticas de las obras que han sobrevivido en colecciones o se han recuperado de excavaciones arqueológicas. En este caso, la iconografía tiende a crear sus narrativas propias, también dependientes de analogías.

Esta selectividad enfatiza material recurrente y comparable en un sentido sincrónico (contemporaneidad) y diacrónico (tiempos diferentes). Estos principios, por regla, se basan en la cerámica en forma de estilos, en particular la "fina" decorada, que proviene en su mayoría de áreas funerarias (cementerios a menudo saqueados), mientras que la más sencilla y "burda" suele aparecer en asentamientos (supuestamente carente de estilos propios). Esta última es menos conocida, ya que se supone que no cambia o, en todo caso, solo de un modo muy lento. Las excavaciones en asentamientos sin arquitectura monumental son escasas o carecen de documentación precisa; por tanto, los campos sociales se diferencian en ideológicos o cognitivos y, por otro lado, en aspectos económicos, organización social, etc. Tal subdivisión no se ajusta a la complejidad y peca por su carácter categórico. Así que el afán prioritario consiste en ordenar datos empíricos en tiempos y espacios, y de compararlos interna y externamente; este proceso suele llamarse historia cultural. Interpretaciones dentro de estos parámetros, junto con la inclusión de datos más completos, han llevado a diferentes orientaciones, a menudo prestadas de otros países, como el procesualismo, el posprocesualismo o la arqueología de corte marxista o social, entre otras. El afán de teorizar, sin embargo, a menudo no encuentra sustento en la base empírica debido a la imposición de la teoría sobre la práctica.

Un tercer enfoque, que cuenta con el pasado respetable de unos 160 años (el descubrimiento de los palafitos en Suiza), se concentra en otros datos menos vistosos, así como en la recuperación de restos botánicos y zoológicos en contextos de asentamientos, que sirven para reconstruir procesos de su producción, distribución y consumo junto con su material cultural correspondiente. Es evidente que el medioambiente involucrado debe estudiarse a fondo, tanto el presente como el pasado, lo que requiere la participación activa de científicos profesionales tales como botánicos, zoólogos, geógrafos, químicos, físicos, bioantropólogos, paleoclimatólogos y geoarqueólogos, entre otros, prestos a involucrarse en esfuerzos interdisciplinarios. Pese a su respetable antigüedad en Europa e intentos aislados en el Perú, esta arqueología científica solo se ha introducido hace pocas décadas en el ámbito nacional, a menudo gracias a expertos extranjeros. El grado de interdisciplinariedad, sin embargo, aún es algo precario, ya que arqueólogos autoformados se especializan en estas tareas (sin haber participado en las excavaciones) y los análisis, por regla, no llegan a formar parte de una presentación completa del conjunto (los datos arriba discutidos incluidos). En vez de ello, son parcialmente utilizados, por ejemplo, por el mencionado procesualismo. Esta presentación, escueta y por tanto simplificada, involucra el aspecto que nos interesa: el económico; sin embargo, este no llega a alcanzar un papel primordial en el Perú, pese a intentos generales, en particular, en cuanto a situaciones protohistóricas, a menudo caracterizados por orientaciones procesualistas y marxistas o neoevolucionistas, dentro de una orientación general de historia cultural.

La relevancia de la economía requiere un tratamiento especial aplicado a la arqueología, una arqueología económica. Esta existe, en particular en Europa, como parte de la prehistoria. En los países de Europa oriental, tiene una tradición larga basada en el marxismo y el materialismo histórico, que enfatizaba y enfatiza el estudio de las fuentes arqueológicas con el afán de consolidar su teoría. En un trabajo reciente[1] acerca de tendencias actuales sobre el tema se lee la siguiente definición:

> La arqueología económica apunta hacia el reconocimiento, la descripción y la explicación de la toma de decisiones en el pasado a partir de las fuentes arqueológicas. Se interesa en la estructura (condiciones naturales y relaciones sociales) y su realización (*performance*) en el sentido de eficiencias y monto de productividad de economías pasadas. (Traducción del autor)

Tres campos interrelacionados pero definidos y estudiados por separado son la producción, la distribución y el consumo, cada uno de ellos apoyados por una amplia gama de métodos y técnicas de reciente aplicación a la materia.

El presente libro está orientado hacia estos principios aplicados o aplicables al Perú preeuropeo pese a las limitaciones mencionadas, y, por tanto, notablemente menos completas que las que, en forma general, están disponibles en Europa; pero ante el notable auge tecnológico y metodológico de las ciencias en el mundo y su aplicación cada vez más común a las ciencias humanas, la arqueología peruana se está involucrando cada vez más en estas tendencias.

Se ha intentado considerar estos avances, así como datos y contextos empíricos recientes, y, de esta manera, crear una síntesis histórica más coherente y actualizada de las economías pasadas.

A continuación, se presentará la síntesis de los cuatro capítulos de los que se compone el presente libro. Los autores que me acompañan se formaron en la especialidad de Arqueología de la Pontificia Universidad Católica del Perú y obtuvieron sus títulos de doctorado en diferentes países (Bonn, en Alemania; Arizona y Pittsburgh, en Estados Unidos; Rafael Segura está terminando su Ph. D. en Carbondale, también en los Estados Unidos). Por tanto, ha sido posible diseñar un concepto general del libro en una serie de reuniones previas, aunque es evidente que cada uno de ellos se responsabiliza por el contenido de

---

1. Kerig 2013: 9

su capítulo. Estos textos están ordenados en forma cronológica, con lo que se procura crear narrativas continuas para facilitar la lectura y la comprensión general. Se inicia con un lapso de tiempo muy extendido de múltiples milenios que termina por los 500 a. C., mientras que el segundo se reduce a un milenio y los dos finales a medio milenio cada uno. Como se verá, estos periodos de tiempo no son arbitrarios, sino que responden a cambios internos de diferente índole.

El primer capítulo, a cargo de Peter Kaulicke, se ocupa de un tiempo de gran extensión, desde unos 15.000 años o probablemente más que fechan la colonización inicial del territorio de los Andes centrales, como parte de migraciones que incluyen las dos regiones de las Américas y la expansión del *Homo sapiens*, hasta el ocaso de globalizaciones tempranas, usualmente identificadas con el fenómeno Chavín (aproximadamente en 500 a. C.). Sus temas centrales se enfocan en la caracterización de los medioambientes, sus cambios en el indicado lapso y su relevancia para la evolución de economías complejas. Sus transformaciones, tanto por efectos climáticos como por razones antropogénicas, conducen a cambios de complejidad en la economía política y, finalmente, llevan a las mencionadas globalizaciones.

La proverbial biodiversidad enorme de los Andes centrales requiere una descripción más sistemática con el fin de diferenciar áreas, las cuales se distinguen por estar en ecorregiones diversas que pueden subdividirse en zonas norte, central y sur. La norteña es particularmente compleja, con altos grados de conectividad, e incluye buena parte de la sierra hasta las llanuras del Alto Amazonas, así como rutas más hacia el norte (el moderno Ecuador). Es también ahí donde más se evidencia el fenómeno de ENSO (El Niño Southern Oscillation), y muchos de los cambios por describir aparecen ahí por primera vez.

Las más tempranas expresiones de actividades económicas muestran subsistencias variadas en un ámbito que se extiende desde el litoral hasta la sierra con signos iniciales de sedentarismo. A partir de 9800 antes del presente aparecen conjuntos de viviendas con huertas para plantas cultivadas cuya presencia aún puede ser más temprana en otras partes. Con ello, la domesticación en los Andes centrales ocurre casi tan temprano como en otras economías tempranas de muchas partes del mundo que suelen aparecer en el Holoceno Temprano. Se trata de mucho más que la manipulación genética de algunas plantas, pues forma parte de una transformación general del medioambiente con repercusiones relevantes en la organización social. Por los 7700 años antes del presente aparece la primera arquitectura no doméstica. En el Alto Zaña, durante el Holoceno Medio, los cambios socioeconómicos "neolíticos" se plasman en asentamientos, crecimiento económico y signos de ideologías, así como en un incremento demográfico notable a partir de 3500 a. C. Estos asentamientos crecen en escala, pero disminuyen en cantidad; se percibe un cambio a casas ortogonales con subdivisiones (como en el Medio Oriente del Viejo Mundo), a un sedentarismo y a la emergencia de arquitectura no doméstica, así como la práctica de rituales domésticos y no domésticos. Se ha recuperado evidencias de irrigación limitada y de la adición de otras plantas domésticas que incluyen el maíz. Asimismo, se da la domesticación de animales (camélidos y cuyes), lo que en su conjunto se parece a lo que en el Viejo Mundo se llama *secondary products revolution*, como precondición para el surgimiento de sociedades complejas o de la desigualdad social.

A partir de 2600 a. C., estas innovaciones llevan a un aumento demográfico vertiginoso, a la difusión masiva de la arquitectura monumental y no monumental con patrones definidos, a la especialización económica, a la producción artesanal y a la emergencia del arte. Se puede reconocer tres áreas con características compartidas, llamadas esferas de interacción (Caral, Sechín y Mito). Estas ostentan aglomeraciones de asentamientos de diferentes tamaños con arquitectura monumental que, en el caso de Caral, valle de Supe, han llevado a postular la presencia de ciudad y Estado. Pesca intensiva en el litoral, uso de humedales para diferentes fines y campos de cultivo en terrazas con canales restringidos ya conocidos antes que servían para plantas alimenticias y algodón en el núcleo constituyen las bases de la subsistencia. Implementos óseos, de concha y tejidos de algodón (adornados con plumas de aves tropicales), figuras antropomorfas de barro crudo y la talla de piedras semipreciosas son productos artesanales que incluyen objetos de intercambio y de requerimiento de prestigio.

La esfera de Sechín, con centro en el valle de Casma, se diferencia por su arquitectura monumental, que destaca por la decoración profusa de sus murales y fachadas de piedra con un estilo particular. Además, hay estructuras funerarias insertadas en esta arquitectura que indican el enterramiento de personas destacadas, por lo que se manifiestan diferencias sociales. En general, estas esferas se caracterizan por fuertes interacciones dentro de y entre ellas e indicios de una economía orientada hacia los centros en forma de un ritualizado consumo comunal de comida y bebida producidas para este fin.

Un modelo influyente conocido como "fundaciones marítimas de la civilización andina", sigue atrayendo simpatizantes y generando oposiciones. Este modelo enfatiza la pesca intensiva de anchovetas facilitada por el uso de redes de algodón que, más que la domesticación de plantas alimenticias, parece haberse constituido en un empuje decisivo a la complejidad social. Visto desde la síntesis presentada, este modelo parece ser algo parcial y no está apoyado por los datos recuperados en toda el área.

Entre 1700 y 1500 a. C., la cerámica aparece en forma generalizada. Esta innovación suele tratarse como un fenómeno de menor relevancia, pero es un factor con muchas funciones, tanto en contextos domésticos como en eventos comunales y en calidad de medios de transporte en contactos de media a larga distancia, entre otros. En el valle medio de Casma surge un centro de una monumentalidad no superada en aproximadamente tres siglos que se caracteriza por enormes complejos que coinciden en orientación y patrones arquitectónicos, así como frisos monumentales con técnicas y motivos compartidos que también aparecen en forma de morteros líticos, objetos de hueso y concha, a menudo profusamente decorados. Estos ya fueron elaborados unos siglos antes con una distribución entre Jequetepeque y Casma, pero el centro en este último valle debería merecer el calificativo de ciudad con sectores residenciales y domésticos organizados, talleres e interconexiones con otros sitios menores hacia el interior y el litoral. Característicos diseños arquitectónicos tienen una amplia distribución entrando en el ámbito de la esfera Caral, donde también aparece arte en forma de frisos, otro tipo de figuras antropomorfas y tejidos con plumas. Este auge sin precedentes implica mayor necesidad de alimentos y áreas capaces de producirlos, lo que solo parcialmente podría haberse resuelto en Casma; por tal razón, zonas adicionales deben haberse ubicado en las alturas, los valles vecinos y en el Callejón de Huaylas. Una gama amplia de plantas alimenticias, en particular tubérculos, leguminosas y árboles frutales, al lado de recursos marinos, conformaban la base de subsistencia. El maíz no jugó un papel importante salvo en rituales y fiestas comunales (convertido en bebida). Estas reuniones deben haber consumido una buena porción de la producción general, incluyendo muchos otros productos manufacturados. Es evidente que estos logros requerían una organización mayor, una forma de élite, basada en antecedentes, pero vestigios de esta no fueron encontrados en los megacentros de Casma, lo que impide comprobar su inexistencia.

Entre 1200 y 800 a. C., estos centros, a menudo llamados ceremoniales, se multiplican en áreas diferenciadas, lo que también vale para la cultura material. La cerámica se caracteriza por formas y decoraciones específicas; una norteña, llamada Cupisnique; otra, llamada Ancón o Manchay, en la costa central; una tercera, Kotosh en Huánuco; y algo más tardía una cuarta, que es Paracas. Si bien formas de cerámica y también la arquitectura comparten rasgos, la decoración es muy variada. Todo ello apunta hacia interacciones de diversos niveles, incluida la tendencia a señalar territorios más definidos. El sitio Chavín de Huántar tiene que verse en este contexto general. Se inicia por el 1200 a. C. con una estructura modesta, pero en el lapso de unos doscientos años (1000 a 800 a. C.) se convierte en un centro grande. En este mismo tiempo se aceleran las construcciones en la costa, y productos de la costa norte, central y de Huánuco llegan al sitio. En su mayoría, el arte lítico, por tanto, también debe haberse producido en este lapso. En esta red de interacciones, Chavín ocupa un lugar central; debe haber cumplido el rol de un santuario, creado por élites foráneas, particularmente de la costa norte, probablemente para rendir culto a una divinidad local como lugar de origen del agua. Caballo Muerto, en el valle de Moche, debe haber sido el centro político y económico de este tiempo, cuyos productos llegaron a Chavín y a lo largo de la costa hasta Paracas y la zona de Ayacucho en la sierra sur. En el norte influenciaron la zona de Jaén y Bagua. La costa central también produjo arquitectura monumental con decoración profusa, así como cerámica espectacular que fue intercambiada sobre un área mayor. Pero la cerámica es sola una parte dentro de las esferas de distribución de muchos productos elaborados sobre diferentes soportes en talleres centrales y especializados, aunque estos quedan todavía por localizarse.

Debido al carácter de los sitios mencionados, estas economías relacionadas con reuniones y fiestas comunales deben haber requerido cantidades mayores de comidas y bebidas. El desplazamiento hacia el norte refleja esto. Caballo Muerto se ubica cerca del gran valle de Chicama, cuyo potencial agrícola es mucho mayor que el de Casma. Los datos de plantas cultivadas son restringidos, a diferencia de la costa central y sur, donde se ha reportado gamas amplias, entre las cuales el maíz gana importancia. Lo señalado implica densidades poblaciones mayores en muchos valles de la costa, donde también aparecen áreas funerarias, pero nuevamente escasean evidencias de élites. Es posible que un cerro en el centro del valle de Chicama haya sido un lugar para ellas.

Un último cambio se percibe entre 800 y 500 a. C., periodo a menudo llamado Horizonte Chavín. En este tiempo comienza el ocaso de los centros ceremoniales, pero otros subsisten, Chavín de Huántar incluido. En la costa se percibe otro desplazamiento de centros hacia el norte. Entre Piura y Jequetepeque aparecen nuevos centros desde el litoral hasta las cabeceras de los ríos, en el extremo norte y la cuenca de Huancabamba y Jaén-Bagua. Ahí se ubican extensas áreas funerarias y contextos de élite en centros monumentales y en lugares especiales como cerros aislados. Cerámica se produce en grandes cantidades y se conoce zonas con concentraciones de hornos alfareros en Lambayeque. Algunos de los recipientes tienen una distribución muy amplia, que llega hasta Ayacucho. También aparecen en cantidades mayores en Chavín de Huántar, donde una cerámica llamada Janabarriu probablemente no fue elaborada ahí ni distribuida desde el sitio. Estatuaria lítica y pintura rupestre monumental contribuyen a un grupo estilístico particular que también llega a Chavín. Cantidades de oro, piedras semipreciosas, spondylus y strombus caracterizan a esta élite enterrada en la zona norte, por lo que ella probablemente se encargó de estas interacciones. En Pacopampa se encontró producción de cobre fundido. Cinabrio o bermellón de la sierra surcentral y obsidiana fueron explotados en centros serranos y de ahí llevados a los centros del norte. Textiles en una gran variedad de técnicas y decoraciones muestran avances tecnológicos. Las tecnologías agrícolas correspondientes no se conocen bien, pero la irrigación debe haberse intensificado luego de la tala de los bosques costeños, sobre todo en la región de Lambayeque.

Alrededor de 500 a. C., Chavín de Huántar sufrió un gran terremoto que llevó a su abandono definitivo, pero su desaparición no significó un colapso generalizado, pues este evento forma parte de muchos cambios, parcialmente como resultado de impactos ambientales.

Este es el punto de partida del capítulo de Hugo Ikehara, quien se encarga del milenio que sigue, al que llama formación de economías de gran escala. Él destaca las siguientes características: emergencia de grandes pueblos, creciente diferenciación laboral y formación de economías políticas de gran escala, relacionadas con crecimiento demográfico, establecimiento de valores de bienes y manejo de excedentes. Esto ocurrió en un ambiente de condiciones climáticas relativamente favorables para la intensificación de la agricultura que llevó a la ampliación de las fronteras agrícolas con la irrigación. El manejo se desarrolló en varias formas en toda el área de los Andes centrales. En la costa, canales con tomas en los valles medios llevaban el agua a las planicies, donde acequias la distribuían y ampliaban así el área cultivada. Esta técnica compleja suele relacionarse con el control político, otra idea vinculada con la emergencia de sociedades complejas, pero poderes centrales probablemente no eran necesarios, ya que podía ser manejada a través de la cooperación de comunidades dentro de un mismo sistema de irrigación. De este modo, el área cultivada del valle de Moche se duplicó en el curso del tiempo en cuestión. Una técnica diferente se aplicaba en la costa sur, de extrema aridez, llamada puquio, que consiste en la conducción de agua subterránea a reservorios y canales de distribución a los campos de cultivo. Otra se basa en la instalación de lagunas artificiales, algo más común en el altiplano sur.

Ikehara sostiene que los Andes centrales experimentaron tiempos de crisis, violencia y reorganización entre 500 y 150 a. C. Pueblos grandes con varios miles de habitantes, como Cerro Arena (unos 5000 individuos), en el valle de Moche, son interpretados como fusión de grupos familiares con el afán de protegerse ante un aumento considerable de la violencia intercomunal y un colapso de anteriores condiciones sociopolíticas que llevó al abandono de templos y a la construcción de fortalezas. Solo después de estas crisis prolongadas las poblaciones volvieron a ocupar lugares menos defensivos. Cerro Arena y otros sitios se diferenciaban de asentamientos anteriores por la ausencia de plazas, ahora integradas en conjuntos de élite en lugares expuestos, al lado de conjuntos con otras funciones y estructuras de almacenamiento, así como caminos intra e intervalle. La alimentación en contextos domésticos consistía mayormente en frutos de árboles; en las zonas residenciales, actividades económicas y modos de alimentación eran más diversos, así como había almacenes para los mismos conjuntos. Se trata, por tanto, de una economía esencialmente doméstica. Este modo de vida en grandes conjuntos parece haber tenido efectos negativos para la salud (presencia de anemia, artritis, caries). Asimismo, fracturas y traumas podrían indicar casos de violencia interpersonal.

Otro tipo de transformación se observa en la costa de Áncash. En Nepeña, Casma y otros valles más al sur, aparecen grandes asentamientos organizados en múltiples unidades residenciales, como centros en redes de interacción con sitios más pequeños. La alimentación es variada, con recursos del mar, del valle y de humedales, e incluye camélidos domesticados, lo que, en conjunto, sugiere sistemas políticos unificados y jerarquizados. Estos sistemas requerían también de sitios en las alturas. En la parte media del valle de Nepeña, la población se multiplica por diez y en Casma se triplica, lo que permite estimar entre 10.000 y 50.000 habitantes. Ahí, en Chankillo, se excavó una de las fortalezas cuyo carácter militar es menos evidente debido a funciones más rituales y residenciales.

En la costa sur, durante el mismo tiempo, también se observa un incremento demográfico y una tendencia a ocupar zonas elevadas con asentamientos en terrazas. Las más altas poseen conjuntos arquitectónicos de mayor calidad. La agricultura dependía de los puquios, pero los recursos marinos seguían siendo relevantes para la alimentación, pese a las distancias considerables hasta el océano; además, puntas de obsidiana señalaron contactos con la sierra. En las cabeceras de los ríos de Palpa, asentamientos con arquitectura distinta dependían más de la ganadería, al lado de prácticas agrícolas. Sus habitantes fueron intermediadores entre los sitios paracas en el valle medio y los de la sierra de Ayacucho. En los valles más bajos, complejos más grandes aparecieron junto a conjuntos monumentales de gran escala, con amplia evidencia de producción de cerámica, textiles y otros objetos de factura artesanal, probablemente tanto para el uso local en ocasiones especiales como para el intercambio. Un área especial es el complejo funerario de la península de Paracas, donde miles de individuos fueron enterrados durante varios siglos. Objetos suntuosos como mantos y otra indumentaria requerían gran consumo de trabajo de especialistas. De este modo, lo que en el capítulo anterior se llamó esfera de interacción Paracas se caracteriza por una diversidad interna pero conectada con cierta dependencia de recursos marinos fuera de una agricultura probablemente menos productiva que la de la costa norte. Por otro lado, parte de la producción artesanal entra en prácticas funerarias, probablemente relacionadas con conceptos de ancestralidad.

El Altiplano no fue tratado en el primer capítulo por sus diferencias evidentes durante la mayor parte del Formativo, pero se cristaliza en forma de sociedades relativamente complejas a partir de 500 a. C., cuando aparecen estelas líticas asociadas a arquitectura monumental (*yaya-mama*) basadas en desarrollos anteriores. La economía de estos centros se sostenía en el cultivo intensivo de la quinua en conjunto con un pastoreo extensivo y pesca en el lago Titicaca. A partir de 200 a. C., otros centros se caracterizan por un arte lítico más elaborado y cerámica de alta calidad. Esta tendencia a la complejidad probablemente se debía a las cochas y los camellones. Los asentamientos crecían notablemente, y hay evidencias de grandes festines organizados por élites. Dentro de este escenario se ubica Tiwanaku, que luego se convierte en centro principal del área.

Evidencias de sitios amurallados también aparecen en la sierra (Huaraz); así como se sabe de grandes aldeas y áreas funerarias en la costa central, donde se encontró vestigios de productos y grupos tanto de la costa norte como de la costa sur.

Desde 150 a. C. hasta 500 d. C. y excepcionalmente hasta 750 d. C., en la costa norte, surgen variadas economías regionales, cada vez más grandes y con desigualdades sociales progresivamente más marcadas. Economías políticas dependientes de élites poderosas se plasmaron en grandes centros ceremoniales y otros urbanos. Este auge, sin embargo, no duró mucho debido a factores tales como la sobreexplotación de recursos, la competencia y fricciones entre formaciones políticas y la necesaria reorganización posterior. Un buen ejemplo de este desarrollo se observa en lo que se conoce como Gallinazo o Virú, con antecedente en Salinar y como precursores de Moche o Mochica. Este desarrollo implica movimientos poblacionales, abandono de sitios y concentraciones en cuellos de valles. Se interpreta así construcciones de sitios amurallados nuevamente como evidencia de conflictos, esta vez de grupos más distantes, en particular de la sierra. De nuevo se da un auge demográfico significativo. En el pequeño valle de Virú, la población casi se duplica con una concentración masiva en la parte baja. El complejo llamado Grupo Gallinazo pudo haber albergado unos 14.000 habitantes con claros signos de diferenciación social. Instalaciones como depósitos ordenados de almacenaje de maíz, frejoles y otras plantas indican una agricultura intensiva con predominio del maíz de una capacidad total de unos 500 m^3 a 700 m^3. El resurgimiento de arquitectura tanto monumental como de plataformas superpuestas, conocidas desde el Formativo, son parte de centros densamente poblados, aunque su(s) función(es) —como en el Formativo— no está(n) claramente definida(s). La cerámica y otros objetos y posiblemente movimientos migratorios indican contactos con la sierra. Datos bioantropológicos sugieren una mejor calidad de vida.

Otro caso más publicitado y discutido es el de la esfera cultural Mochica (entre Piura y Nepeña), sobre todo en cuanto a su carácter de formación política (Estados territoriales o formaciones políticas de menor extensión, ¿ciudades-Estado?). Élites diferenciadas en cuanto a la calidad de su dieta, elevada producción de bienes de lucro en talleres, zonas residenciales en conjuntos arquitectónicos, separados por calles, etc., sugieren la presencia de sociedades estructuradas en entornos urbanos. Contextos funerarios excepcionales en arquitectura especial sustentan estas tendencias en forma de mausoleos de individuos enterrados con multitud de objetos de gran calidad de elaboración y de material de otras zonas a menudo distantes, así como también acompañantes de diferentes edades y sexo (p. e. Señor de Sipán). Otras áreas marginales contienen grupos "pobres" con pocas piezas más "domésticas" y otros aun de especialistas en zonas urbanas. Esta tradición de entierros de élite subsiste hasta 850 d. C. (San José de Morro, Jequetepeque).

La construcción masiva de las plataformas monumentales se realizaba con adobes normados que a menudo llevan marcas, lo que fue tomado como evidencia de la intervención de grupos de trabajo en su manufactura. No debe olvidarse —como en el caso de la arquitectura monumental del Formativo— que aquellas se conforman por edificios superpuestos, por lo que cálculos a partir del estado final (como una sola construcción) llevan a estimados equivocados. Estas diferentes etapas, al menos en el caso de la zona urbana de Moche, probablemente concuerdan con las fases observadas en sus conjuntos. Talleres bien definidos se especializaron en bienes usados para ceremonias urbanas y rurales, así como en una gran variedad de objetos de piedra, cobre y tejidos, elaborados sobre todo para el uso de las élites urbanas. En los asentamientos rurales de hasta 14 ha se consumían frijoles o pallares que sugieren una especialización en el cultivo de leguminosas, con menores cantidades de peces y moluscos. Otros asentamientos se especializaron en maíz para la preparación de bebidas. A partir de 600 d. C. los almacenes adquieren más importancia, cuando otros centros grandes aparecen en los valles de Moche y Lambayeque.

En la costa sur, la situación es algo diferente. Un centro grande, Cahuachi, normalmente relacionado con ceremonias de gran escala, surgió en los primeros tres siglos de nuestra era, donde también se elaboró la vistosa cerámica polícroma que fue distribuida en forma de intercambio o de regalos en su área de interacción. Luego de su abandono, Cahuachi se convirtió en una gran área funeraria, pero surgieron otros centros. La cerámica también fue elaborada en varios lugares, lo que permitió una mayor heterogeneidad. Los puquios y las prácticas agrícolas se intensificaron a partir de 400 d. C. La Muña, en el valle de Palpa, se convirtió en centro mayor, pero de extensión reducida que destaca por un área restringida de estructuras funerarias complejas. Estas últimas fueron saqueadas, pero conservaron aún objetos de prestigio, piezas áureas incluidas, lo que sugiere la presencia de una élite interrelacionada (¿secuencia generacional?) de probablemente poca duración y su posterior culto de ancestralidad. Por lo general, los asentamientos en contacto con las zonas agrícolas eran reducidos, donde se cultivaba productos parecidos a los de tiempos anteriores, junto a amplias áreas boscosas. La deforestación afectó la agricultura y llevó a una merma significativa de sus recursos. Los camélidos fueron criados y usados de diferente manera; pescados y moluscos llegaron del litoral. Otros objetos como la obsidiana señalan la continuación de lazos económicos con las cuencas de Ayacucho de muy larga tradición. Con estos datos se deduce que las sociedades de la costa norte gozaban de condiciones de vida más favorables dentro de formaciones políticas más complejas, grandes y de mayor poder económico.

Varias áreas destacan en la sierra, sobre todo en el norte, que interactuaron con sociedades costeñas como Cajamarca, Recuay y Huamachuco. Probablemente, su mayor grado de complejidad se debe en gran parte a esta interacción. Lo más conocido es la producción de cerámica fina de caolín (Cajamarca y Recuay). Los asentamientos se ubican con preferencia en elevaciones altas, pero se usaba diferentes zonas por medio de terrazas agrícolas (para el cultivo de tubérculos, maíz y tarwi, entre otros productos) y de habitaciones. Corrales de camélidos y la alta frecuencia de sus huesos fuera de representaciones figurativas en cerámica recuay señalan su gran relevancia tanto en la vida diaria como en ceremonias, pero también para el transporte de bienes a larga distancia. En asentamientos mejor estudiados como Yayno, sus barrios residenciales pueden haber albergado a más de mil habitantes, quizá en forma de linajes, donde se ejercía trabajos diferentes. Económicamente eran autosuficientes y políticamente independientes. Sus prácticas funerarias hacían uso de torres y los amplios espacios de sus cámaras o galerías debieron haber servido para unidades sociales residenciales. Evidencias como construcciones defensivas y presencia de armas subrayan fricciones entre territorios probablemente restringidos.

Otros ejemplos de tradiciones expresadas en arquitectura monumental y producciones de cerámica y otros bienes aparecen en la costa central (Lima) y en el Altiplano (Pukara).

Rafael Segura se ocupa del siguiente medio milenio, al que llama primeras integraciones de la diversidad: escenarios y expresiones económicas (500-1000 d. C.). Este lapso de tiempo incluye la formación de Estados expansivos por primera vez en la historia de los Andes centrales. Por un lado, surge un gran centro interregional, Huari, en la sierra de Ayacucho, conectado con otras formaciones políticas desde

Cajamarca hasta Moquegua, incursionando en los Andes orientales, con énfasis en la sierra, en particular la sierra sur. Tiwanaku, el otro gran centro boliviano, se expande por todo el Altiplano, interconectado con valles orientales bolivianos y occidentales chilenos, así como Moquegua. Huari y Tiwanaku se formaron en contextos diferentes, el primero en estrechos contactos con la costa sur y el segundo con antecedentes altiplánicos, ambos de trayectorias muy largas. Huari fue antecedido por Huarpa, que mostró evidencias de complejidad socioeconómica en el sitio extenso de Ñahuimpuquio, con antecedentes en el propio Huari, mientras que Tiwanaku se benefició de diferentes formaciones políticas anteriores, que incluyen el mencionado Pukara. Las condiciones climáticas durante este lapso indican la presencia de prolongadas sequías en el sur e inundaciones más hacia el norte, lo que debe haber afectado economías y poblaciones, sobre todo hacia el inicio y hacia el fin de Wari (el Estado, Huari, el sitio) y Tiwanaku.

Huari se convierte en un centro urbano de aproximadamente 500 ha, parecido en extensión a Tiwanaku (400 ha), con poblaciones calculadas entre 10.000 y 70.000 habitantes cada uno. En el caso de Huari, parece que hubo una fusión inicial de varios asentamientos huarpa sobre los cuales se construyó una serie de templos, sobre todo el llamado Templo Semisubterráneo de Moraduchayoq, cuyas características revelan contactos estrechos con el Altiplano (siglos VIII y IX); otros templos se destacan por una planta en "D". Otras construcciones más son de carácter funerario, como Cheqo Wasi, donde se ubican unas veinte cámaras de gran calidad de mampostería, que tienen hasta tres pisos inferiores, superadas aun por Monqachayoc, con 12 m x 6 m y más de 10 m de profundidad en cuatro niveles. Pese a encontrarse saqueadas en su totalidad, estas conforman un centro de poder impresionante, una acumulación muy alta de bienes de soberbia calidad que presenta evidencia de cultos relacionados con la ancestralidad. Un conjunto llamado grupo-patio tiene una planta característica que también se encuentra en otros sitios relacionados con Wari. En estos conjuntos hay evidencias de objetos de alto valor que indican que sus ocupantes pertenecían a la élite. El agua llegaba de 30 km de distancia por medio de un canal empedrado y acueductos de hasta 150 m y 15 m de altura, y se almacenó en reservorios de hasta más de 100 m de diámetro cerca de la ciudad donde se bifurcan en ramales. Estos, como otras instalaciones y construcciones, no se conocen bien en muchas partes debido a que todavía no han sido excavadas. En el curso del siglo X, Huari fue abandonado. En una perspectiva económica, este centro se eleva por encima de sitios menores de los alrededores, caracterizado por su ubicación estratégica, extensión, ostentación de enormes construcciones para las élites —que manejaron los recursos llegados de diferentes lugares— y formaciones políticas con las cuales estuvieron conectadas por redes viales de diferentes complejidades e intensidades. Otros aspectos son la producción de objetos especiales en talleres, así como la presencia de almacenes. Sin embargo, probablemente debido a que las excavaciones han sido parciales, la función de estos sitios no ha sido bien definida. Factores altamente significativos son las interacciones entre religión, culto y política como motor principal de la economía, para cuyo funcionamiento el rol de las élites fue central.

El centro Tiwanaku tiene una historia más larga, pero en su mayoría compartida con Huari. Su éxito se debe a una agricultura de camellones y a una ideología basada en el poder político. Las construcciones monumentales requerían la participación de especialistas y de la labor masiva de trabajadores, que erigieron la Akapana de más de 35.000 m², de 18 m de altura y evidencias masivas de sacrificios; y Kalasasaya, de la mitad de extensión de la Akapana, así como Putuni, probablemente un palacio, todos ellos con mampostería de muy alta calidad. Este centro, que formó redes con otros centros menores y cercanos (de cuatro niveles), contó con una población total de unos 300.000 habitantes.

Esta estructura es parecida a la de Huari, pero los estudios disponibles a menudo no permiten precisiones detalladas. En Conchopata, cerca de la moderna ciudad de Ayacucho y también de Huari, se ubica otro complejo mayor que ha proporcionado mejores datos, en particular acerca de la producción especializada de cerámica y de textiles, probablemente en alternancia con labores agrícolas. La producción alfarera posiblemente se intensificó por efectos medioambientales. Si bien no se tiene datos concretos sobre cantidades totales, se puede reconstruir los procesos desde la obtención de materia prima hasta el uso y el abandono de los productos, en su mayoría recipientes. Pese a ello no se pudo hallar talleres de alfarería específicos, sino el material respectivo mezclado con productos líticos, huesos y plantas. Probablemente se trata de actividades económicas y el descarte de familias extensas que pertenecían a altos niveles sociales, cuyos miembros solían enterrarse en sus residencias. El número de mujeres casi dobla el de los hombres, lo que apunta a la práctica de la poligamia entre estos, lo que a su vez no excluye la presencia de alfareras. Este predominio de mujeres es un fenómeno que aparece en contextos funerarios en otros lugares. También hay evidencia significativa de la producción de textiles. Sin embargo, pese a que las telas dan cuenta de la intervención de especialistas en teñido, en confección de tapices en piezas de vestido y de otro uso regularizadas y del empleo de plumas exóticas, etc., tampoco se ha hallado talleres especializados aún.

Tanto ceramios como telas y otros objetos se vinculan con los productos agrícolas en el contexto de la organización y prácticas de grandes festines. Se encontró vasijas con más de 100 l de capacidad, probablemente para el consumo de líquidos con su set de servicio junto con otros recipientes para comida sólida (camélidos y plantas como tubérculos, quinua y maíz, y estimulantes). Las decoraciones profusas en muchos de ellos probablemente se relacionan con los anfitriones, ancestros, mitos de origen, etc. Su aspecto antropomorfo podría indicar versiones animadas de personas vivas o muertas relacionadas con divinidades como partes de espectáculos de poder. Los ceramios fueron quebrados intencionalmente en forma de sacrificios y probablemente ostentaciones y negociación de poder y estatus.

La expansión del control wari sobre otras áreas probablemente se debía a los factores y demandas descritos acerca del centro, pero requería de una base agrícola más eficiente, lo que en una primera fase se observa en los valles cercanos por medio de una colonización o un control territorial (establecimiento de centros con características wari). Los sistemas de cultivo variaban y se alternaban con la crianza de camélidos. Se incluía la zona del Cuzco por medio de grandes centros como Pikillacta, canales y acueductos de un total de unos 48 km parecidos al sistema de Huari, que permitían el cultivo sobre un aproximado de 572 ha. Moquegua es otra parte más cercana al océano donde se introdujo la irrigación y se instaló centros como Cerro Baúl. En esta zona también se produjeron contactos directos de diverso tipo con colonos desde Tiwanaku. Otra zona potencialmente importante es la cuenca del Mantaro. Las sociedades mochica en la costa norte ya habían perfeccionado sistemas grandes y complejos de irrigación y el cultivo intensivo, así como establecieron grandes centros, de modo que, sobre todo los complejos hidrológicos de Lambayeque y de Chicama, no requerían del *know how* de los wari. Algo parecido, pero en escala algo menor, se presenta en la costa central, donde también aparecen centros muy grandes como Cajamarquilla (140 ha), que contrasta con la costa sur, donde hay indicios de despoblamiento.

Otro factor importante es la ganadería, a menudo combinada con actividades agrícolas. Los camélidos tenían relevancia en muchos aspectos económicos y rituales, por lo que su presencia debe haberse intensificado en gran medida, no solo en la sierra, sino también en la costa, probablemente con énfasis como medio de transporte que se vuelve cada vez más imprescindible, también para Huari. Está relacionado con ello la instalación de caminos, aunque esta red no se ha conservado bien.

Otro aspecto más es el almacenamiento, pero tampoco está claramente definido. El manejo de excedentes, sin embargo, requería una planificación, en la que técnicas mnemotécnicas eran necesarias. Quipos, o sea cuerdas con nudos, existían como antecedentes de los más conocidos ejemplos incaicos.

En cuanto a la elaboración de cerámica de acuerdo con los cánones de lo producido en Conchopata, hay varios casos de talleres en la costa y sitios de la sierra en los que hay importaciones, imitaciones locales y estilos más locales. Estos últimos constituyen estilos diferentes, como los de Cajamarca y de Nievería en la costa central, que suelen compartirse en contextos funerarios con estilos "wari", pero también otros como los mochica de Jequetepeque. Este panorama podría incluir la movilización de artesanos a distancias mayores. Algo parecido ocurre también con los tejidos, sobre todo en El Castillo de Huarmey y en la costa central. Otro elemento de relevancia son los productos de fibras vegetales flexibles, lo que incluye la construcción de fardos funerarios. De otro lado, el cobre arsenical es una innovación, diferente a la producción tiwanaquense. Este fue empleado en adornos personales para las élites, hallados en contextos funerarios como El Castillo (Huarmey) y Espíritu Pampa (Cuzco). La obsidiana es otro elemento de intercambio, probablemente más intensificado comparado con el de épocas anteriores, con un yacimiento central en Quispisisa, mientras que se continuó con la explotación de Chivay más hacia el sur. Se agrega otros objetos como crisocola, lapislázuli, turquesa, spondylus, etc., claramente relacionados con los intereses de las élites centrales.

La expansión política de Wari se centró en la sierra central, más cercana a su área central, al lado de enclaves en forma de redes de intercambios menos acentuadas más hacia el norte. Tiwanaku se diferencia de Wari por una interacción ideológica y económica en cuatro niveles que se toma por evidencia arqueológica de un Estado con una población total de unos 300.000 habitantes. Este Estado se basaba en una intensificación agrícola sustentada en camellones, terrazas y lagunas artificiales, probablemente supervisados por el centro. La pesca lacustre y la ganadería de camélidos fueron otras actividades importantes. Los camélidos tuvieron una relevancia particular gracias a su rol de bestias de carga, pues facilitaron los contactos a larga distancia, fuera de tener otros usos. En cuanto a la producción manufacturera, se ha postulado la presencia de especialistas bajo el patrocinio de las élites. De esta manera, hay vasijas características como símbolos de la religión usadas en fiestas de diferente índole de alta relevancia. Por otro lado, se produce cerámica doméstica, y hay producciones regionales. Los contactos con otras zonas difieren en sus características, como Cochabamba, donde se percibe un alto grado de independencia e intercambio entre las élites de Tiwanaku y la regional. Otros muestran estrategias parecidas como la distante Atacama, región que fue importante centro de intercambio. Contactos directos con Wari se perciben en Moquegua, donde probablemente hubo colonos del Altiplano. Ahí la producción agrícola, básicamente del maíz, fue importante.

Rafael Vega-Centeno se ocupa de dos temas: de los tiempos pos-Wari y la economía inca y de economías y sociedades entre 900 y 1450 d. C. y luego hasta 1532. El trasfondo ambiental es cambiante, con iniciales condiciones relativamente benignas hasta 1250 y 1300 d. C., cuando aridez severa en el sur y presencia fuerte de ENSO señalan el inicio de la Pequeña Edad de Hielo de alcance global. Para este tiempo se percibe un aumento demográfico notable en "un territorio densamente poblado" en términos de Vega-Centeno. Esto se manifiesta en centros grandes y densidades mayores de asentamientos menores, aunque se observa diferencias en cuanto a su retracción e intensificación. Se conoce relativamente bien la situación en la costa norte, donde hay sitios de hasta 130 ha en Batán Grande y luego de 220 ha en Túcume y para el dominio de Chimú en Pátapo. En el valle de Moche, Chan Chan, la capital de Chimor, alcanza unos 20 km² en su máxima extensión. Aun en áreas con menor información se conoce centros extensos, como en la costa central y el extremo sur. En otros valles hay signos de un cierto despoblamiento, pero en las cuencas interandinas surgen asentamientos mayores, como en Kuélap (Utcubamba) (con unos 3000 habitantes), Rapayan (Alto Marañón) y Garu (251 ha). En algunos casos, como en la cuenca noroeste del Titicaca, parecen haberse dado movimientos migratorios.

Estos fenómenos se relacionan básicamente con la producción agrícola y su enorme ampliación de las áreas productivas, en particular en la costa norte. En el sistema hidrográfico de Lambayeque se construyeron grandes canales intervalles, como el Taymi (más de 40 km); mientras más de 21.000 ha fueron irrigadas en la pampa de Chaparrí durante Sicán-Lambayeque (900-1300 d. C.) por medio del sistema Racarumi. Estas complejas obras, que al parecer no requerían de un control estatal, aunque con la presencia del Estado chimú (1300-1450 d. C.), dieron el paso al tendido de redes de centros de administración. Entre Chicama y Moche se instaló el canal La Cumbre, de unos 42 km, también debido al Estado chimú. Otras obras hidráulicas mayores se conocen en la costa central, aunque con alcances algo menores, que sugieren independencias mayores, con presencia de formaciones políticas más autónomas. Otros sistemas más marginales, construidos bajo el domino de Chimú, en el afán de aprovechar aún más áreas potencialmente explotables, son los campos elevados en varias partes y de distribución esporádica muy extensa. Otro caso está representado por chacras hundidas, también de extensión amplia. Se sabe además del uso de fertilizantes.

En cuanto a la producción manufacturera surgieron también un mayor grado de especialización (de tiempo completo a parcial) y el aumento del control de las élites. Sin embargo, como en épocas anteriores, es difícil determinarlo por la escasez general de evidencias concretas. La producción alfarera en Pampa de los Burros (Lambayeque) contaba con fogones en un área residencial y un taller que permitió definir el proceso de producción de vasijas que podría haber llegado a unos 100 recipientes grandes o unos 400 pequeños en forma simultánea, al usar moldes con la técnica del paleteado. Todo este proceso indica la presencia de especialistas, pero sin control estatal directo. Cerámica más elaborada (Huaco Rey) fue producida en Huaca Sialupe, en un taller donde también se hizo aleaciones de cobre arsenical y objetos de oro. Varios hornos indican la presencia de alfareros semiautónomos cuya productividad era menor que la de los de Pampa de los Burros, y requería de técnicas especiales para llegar a producir un brillo metálico. También se observó marcas, probablemente de los productores. En este caso, esta producción dependía del control estatal.

También existen datos concretos acerca de la producción metalúrgica de la región que llegó a niveles sin precedentes en Sicán. Se produjo máscaras funerarias, orejeras, narigueras y otras piezas, como "forros" de cerámica, pero también significativamente herramientas de cobre arsenical. El proceso de la producción está asociado a la zona de Batán Grande, iniciado en una mina de óxido de cobre, plomo y zinc, de donde procedía la materia prima para otra zona cercana con filas de hornos y moliendas (batanes). Se ha calculado un total de hasta cien hornos en uso simultáneo, donde fueron introducidos los minerales y quemados. Al soplar con cañas se produjo escoria, la que fue molida para separar los *prills* y fundirlos en los talleres para hacer lingotes. Este proceso probablemente requirió un número elevado de personas. El impacto en los recursos boscosos parece haberse controlado mediante el reciclaje del combustible. Esta producción debe haberse efectuado bajo controles más estrictos durante el dominio chimú. Chan Chan puede haber contado con unos 12.000 artesanos, tanto en talleres de los barrios como en las zonas residenciales, probablemente incluyendo especialistas de Lambayeque. Se tiene evidencias de trabajo de metalurgia también en la costa central y en Chincha.

Por otro lado, la pesca debe haber sido importante. En Pacatnamú, Jequetepeque, se observó una cierta especialización en el almacenaje e intercambio con otros productos controlados por las élites. En Chan Chan se ha calculado un total de hasta más de 11.000 m² de área de almacenamiento, pero los datos acerca de otros centros son poco contundentes por falta de estudios. En Pachacamac, en la costa central, también hay datos que sugieren escalas menores que Chan Chan. Un aspecto relacionado de los festines es que requerían grandes cantidades de objetos y productos, como en épocas anteriores, que incluyen obras constructivas. En estas últimas deben haber participado grupos identificados por sus marcas en los adobes (más de unos noventa en Batán Grande), lo que probablemente incluye patrocinadores también.

Evidencias de intercambio de larga distancia se concentran en los contextos funerarios de la élite, como en Huaca del Loro, en Batán Grande, donde se recuperó un total de 1,2 t de objetos, de los que dos tercios corresponden a objetos de metal (cobre arsenical, tumbaga y oro) de alta calidad en forma de adornos personales. Ya que este caso es solo uno de muchos otros saqueados, este tipo de producción debe haber representado una parte importante de la economía. Otra tumba de la misma zona contenía unos 75 kg de piedras semipreciosas, así como cuentas de spondylus y conus, que provenían de lugares distantes de los actuales Colombia y Ecuador. Por otro lado, cerámica y tejidos de Sicán fueron encontrados en la costa central. Plataformas funerarias en Chan Chan deben haber contenido cantidades parecidas o aun mayores. De acuerdo con fuentes escritas, "mercaderes" se encargaron de este intercambio por vías marítimas, aunque las redes de las sociedades referidas deben haber sido algo diferentes. Un aspecto intrigante son los paquetes de láminas delgadas y normadas de hasta 1500 piezas (naipes o hachas moneda) que podrían haber servido como "moneda primitiva".

En cuanto a las relaciones económicas entre la costa y la sierra, objetos de Cajamarca en Lambayeque y emulaciones costeñas de estilos de Cajamarca podrían apuntar hacia una alianza entre ambas áreas, aunque su naturaleza está por definirse mejor. Movimientos entre costa y sierra también deben haber involucrado desplazamientos, como lo indican instalaciones para hasta seiscientas personas a modo de caravasares en Chan Chan. Por el otro lado, cerámica chimú y patrones funerarios de arquitectura costeña se han encontrado en Tantarica, cerca de Contumazá, al lado de poblaciones locales. No obstante, estos contactos no siempre fueron pacíficos. Estas situaciones en las propias tierras altoandinas han sido influenciadas mucho por los modelos de John Murra del "archipiélago vertical", el control de un máximo de pisos ecológicos multiétnicos basado en fuentes de la Colonia temprana. Si bien este modelo puede haber funcionado de la manera propuesta, sería conveniente verlo a la luz de evidencias arqueológicas. Estudios respectivos sugieren la presencia de pastores y agricultores separados con zonas intermedias de contacto mutuo (espacios ceremoniales y funerarios en la sierra central). La preferencia de ubicar los asentamientos en zonas elevadas no necesariamente se debe a razones defensivas. Otros estudios prefieren definir estas sociedades como agropastoriles (Áncash). En el valle del Mantaro hubo un aumento demográfico significativo en Tunanmarca que llegó a 75 ha de extensión entre 1300 y 1450 d. C. De esta manera, las sociedades altoandinas desarrollaron un variado repertorio de estrategias más allá de las propuestas de Murra.

Finalmente, Vega-Centeno se pregunta por la existencia de una economía de guerra, la que, sin embargo, no explicaría la alta gama de variaciones descritas, sin negar que hayan ocurrido actividades de alta conflictividad.

En la segunda parte de su capítulo, el autor se ocupa de la economía inca, cuyo corto tiempo cuenta con más datos que los de todas las manifestaciones anteriores, en parte debido a la presencia de documentación escrita, aunque el autor advierte su uso algo problemático en el sentido de una frecuente aceptación literal y acrítica. Este problema comienza con el inicio de la expansión del Tawantinsuyu, aunque la información arqueológica está poco consolidada. Como sucedió con otras sociedades, alrededor de 1300 d. C. se observa un proceso de expansión y el crecimiento del centro del Cuzco con un estilo llamado Killke, acompañado por canalización y aterrazamiento. Alrededor de 1400 a 1450 se consolidó el Estado, que alcanzó una expansión sin precedentes poco antes de la llegada de los europeos, que excede considerablemente el ámbito de los Andes centrales por el norte y el sur. Cabe señalar también que los restos de sus asentamientos son más visibles por no haberse cubierto por ocupaciones posteriores en muchos casos.

Igualmente es evidente que muchos elementos fueron heredados de la época anterior, tanto de Wari como de Tiwanaku. A diferencia de los tiempos preincaicos, hay tal abundancia de datos que estos no pueden tratarse en forma detallada en este libro. Las poblaciones fueron obligadas a servicios de corta duración debido a intereses estatales. Una forma especial eran los *mitmakuna*, poblaciones que a menudo fueron desplazadas de sus lugares de origen. Otros estuvieron a servicio permanente de élites incas (*yanas*). La recompensación de servicios se expresó en banquetes y regalos a la élite controladora y organizadora de estos trabajos, pero en otros casos incluía también a la población general.

La agricultura se concentró en altitudes de entre 2000 y 3400 m, donde se cultivó con preferencia el maíz, al lado de ají y coca. Cuzco se convirtió en centro, tanto en el sentido hidráulico como político, el que junto con las instalaciones agrícolas ocupaba un área de unas 540 ha. Otros sitios en los alrededores se consideraban como "haciendas del inca", en las cuales las evidencias de culto enfatizan el rol ideológico de la producción. El agua, en forma de manantiales, canales, fuentes y reservorios, junto a rocas, andenes, depósitos y otras construcciones, formaban complejos en los que la productividad neta no necesariamente era muy alta.

Otro factor muy importante fue el recurso ganadero, cuya variabilidad de uso ya se conocía desde hacía mucho tiempo. Por tanto, los rebaños fueron confiscados en campañas militares, y su crianza se expandió considerablemente sobre el imperio. Asimismo, la pesquería se intensificó en relación con prácticas anteriores en algunas zonas controladas por las élites.

Este incremento sin precedentes también se observa en el campo de la manufactura, con mayor énfasis en la producción de telas, cerámica, metales, madera y cuero. La cerámica servía para el transporte y el almacenamiento, y como "bien de prestigio", mientras la elaboración de chicha requería grandes cantidades de recipientes. Esta producción se realizó por medio del uso de materia prima local, mientras que la cerámica más elaborada a menudo procedía del Cuzco. El empleo de moldes facilitó la producción en grandes cantidades. No sorprende, sin embargo, que estas prácticas variaran en buena medida. La producción textil es otro campo de alta importancia, dedicada a usos diferentes. Los tejidos más elaborados, llamados cumbi, se hacían en talleres especiales, urdidos por manos de mujeres jóvenes. Los llamados *tocapu* destacaban por su decoración, la que algunos han tomado como grafemas. Esta producción general de tejidos probablemente haya sido más importante y haya estado bajo mayor control estatal, también debido a su gran importancia en los rituales, ceremonias y fiestas de la más alta relevancia. En cuanto a la metalurgia, la producción se centró en la elaboración de recipientes de oro y plata, usados en fiestas y rituales, así como de agujas, cinceles y cuchillos. Se practicaba la minería en gran escala en la explotación de vetas de oro y plata en todo el territorio dominado por los incas, con centros en la costa norte del Perú, así como en el sur de Bolivia y el norte de Chile. Hornos de fundición de diferentes tipos se conocen de varios lugares; el de Curamba, por ejemplo, se ubica en relativa cercanía del Cuzco, con una extensión de hasta 5 km de hornos.

Finalmente, se debe considerar el aspecto de la administración y la infraestructura. De este modo, el control sobre la población se ejercía mediante unidades jerarquizadas controladas por élites de diferentes rangos. Esto fue facilitado por los *khipu*, que permitían llevar contabilidad por medio de cuerdas y nudos. Además, la red de caminos que vinculaba los centros administrativos es una obra notable que se extiende por cerca de 40.000 km. Fuera de los centros mencionados, hubo otros fortificados y sistemas de almacenamiento; así, en Huánuco Pampa existían unas 500 colcas de diferentes formas, mientras en la sierra central hubo alrededor de 2000 colcas registradas.

Esta síntesis de los cuatro capítulos del libro permite algunas observaciones y conclusiones. En primer lugar, se debe definir las condiciones naturales y sus relaciones sociales. El terreno ocupado por los Andes centrales es y ha sido tan diverso que los retos para su dominio humano dependen de una alta variedad de recursos en áreas restringidas (valles costeños e interandinos, altiplanos), pero también extensas, como el océano Pacífico y las llanuras amazónicas, cuya explotación, sin embargo, fue solo muy parcial (litoral y ríos). Una gran parte de este territorio solo fue usado de modo esporádico o aun dejado de lado. La topografía también condicionaba la interacción necesaria. El agua en forma de ríos y lagunas siempre ha sido la base de la vida, y, por tanto, su disponibilidad determinaba la ubicación y densidad de las poblaciones. De este modo, hay algunas zonas más beneficiadas que otras, las que además del agua ofrecían recursos diversos para la subsistencia y la realización de actividades manufactureras. Este es el caso de la costa norte del Perú y las áreas aledañas, mientras que ocupaciones mayores en la sierra solo fueron posibles mediante masivas transformaciones del suelo. Por otro lado, irrupciones climáticas de diferente índole pusieron en peligro las sociedades afectadas (ENSO o meganiños, inundaciones, sequías, terremotos, entre otras). Ya que ocurrieron y aún suceden en ciclos a escala global, se sabe que tuvieron impactos severos sobre estas sociedades, que llevaron al descenso de la población, a crisis sociales, a desplazamientos y a otros tipos de actividades de protección y defensa, pero también a innovaciones. De este modo, estas crisis no solo condujeron a colapsos; sino también a "destrucciones creativas", para usar un término central del economista Joseph Schumpeter. Los incrementos demográficos que se han observado para diferentes tiempos en el curso de la historia preeuropea de los Andes centrales, por tanto, no son continuos, sino cíclicos, alternados con descensos en épocas de crisis tanto medioambientales como antropogénicas. En condiciones más benignas o con el empleo de técnicas eficientes para contrarrestar o aun beneficiarse de estos impactos, los incrementos demográficos y la mejora en la salud general permitieron periodos de recuperación. Sin embargo, la sobreexplotación de recursos pudo llevar a la extinción de poblaciones y tener efectos como desertificaciones. De esta manera, los desplazamientos migratorios llevaron a fluctuaciones en las densidades poblacionales. Estas también pudieron ocurrir en la forma de desplazamientos forzados en el caso de los Estados expansivos. Así, las economías del Perú reflejan las sumamente variables condiciones ambientales en un mosaico de condiciones sociales que si bien parecen reflejar una evolución constante a la complejidad (de sociedades poco complejas a Estados expansivos), se componen de multitudes de historias locales y regionales con sus contingencias particulares.

Estas condiciones llevaron a la formación de lo que se ha llamado "esferas de interacción" o redes de conectividad, que cambian en el tiempo en extensión, intensidad y mecanismos de intercambios. La sierra se incluyó en estas redes solo relativamente tarde, en relación con la creación de centros, sobre todo por la intensificación de contactos con sociedades costeñas. Esto implica que diversos grados de complejidad económica y social se dieron primero en la costa, particularmente la zona norte, donde contactos con la sierra y los Andes orientales son tempranos, mientras que su impacto también se dio en la costa y sierra sur. Solo con la emergencia de Estados expansivos se alcanza una cobertura más completa del territorio en cuanto a una alta densidad de redes y elevadas tasas demográficas en muchas partes, lo que superó los antiguos límites considerablemente, como en el caso de Wari y sus conectividades con Tiwanaku y, por supuesto, el Estado inca.

Uno de los problemas inherentes a las historias de estas esferas es la desigualdad social. Esta suele relacionarse con la presencia de arquitectura no doméstica o monumental, la realización de obras de índole supradoméstica, la producción de bienes de lucro y, por tanto, la creación y manifestación de poder. Estas evidencias algo indirectas suscitan discusiones sobre la necesidad o no de proponer la existencia de controles superiores a organizaciones comunales de bajo o mediano nivel; sin embargo, se cuenta también con casos más directos, como la presencia de contextos funerarios de individuos con tratamientos especiales, ubicaciones destacadas y asociación de objetos de valor debido a su difícil adquisición o su producción de alta calidad y factura. Si bien estos contextos han sido saqueados masivamente, algunos se han salvado para documentar el poder de sus ocupantes. De este modo, probablemente se presentan élites en asentamientos grandes con arquitectura monumental. Estas construcciones son elementos de cohesión social y de memoria, ya que se trata de superposiciones multigeneracionales que, como en el caso de Sipán y otros vestigios, cumplen con funciones de monumentos funerarios, quizá en el marco de sucesiones "dinásticas". Estas plataformas superpuestas se inician muy temprano, como plazas para congregaciones. Al menos a partir de la primera mitad del tercer milenio a. C. hay evidencias más claras de su existencia, dentro de estas construcciones o en lugares apartados. Así, de ser estructuras relativamente modestas se convierten en complejos monumentales en el mencionado Sipán y, sobre todo, en Huari, Chan Chan y muchos otros sitios.

Cabe señalar que el término "élite" abarca funciones, poderes, estructuras y escalas muy diferentes que no se han analizado bien aún. De esta manera, las élites no solo controlan la producción, sino que participan en ella, quizá aun en Estados expansivos, lo que implicaría conexiones con especialistas parciales en vez de diferenciaciones sociales marcadas. Otros controvertidos términos también se han discutido, como "ciudad" y "Estado". Más que el concepto de "élite", con su connotación quizá demasiado neutral, estos otros dos dependen a menudo de significados prestados del Viejo Mundo, en particular del Mediterráneo.

Complejos de dimensiones mayores (y menores) con organización interna en los Andes centrales se perciben desde el tercer milenio a. C. o quizá más temprano aún, y alcanzan una sofisticación y dimensiones impresionantes en Casma, unos mil años después en nucleaciones que deberían merecer el estatus de ciudad (ceremonial). Capitales como Huari, Tiwanaku y aun Cuzco miden entre 400 y 500 ha, y llegan a unos 20 km^2 en el caso de Chan Chan. Todas ellas se reconocen como centros de Estados expansivos, pero la presencia de Estados menos expansivos es materia de discusión (¿ciudades-Estado, megasitios, aldeas grandes?). En todo caso, estos fenómenos invitan a precisiones mayores y a comparaciones con otras partes del mundo, y, evidentemente, condicionan las bases para definirlos desde la economía política.

Otro tema que solo se ha tratado de forma algo tangencial es el de la violencia intergrupal, la guerra o, en forma más general, las medidas coercitivas, que en muchos modelos sociológicos son requisitos para la existencia de Estados. Algunos indicios, como desplazamientos a elevaciones mayores y sitios amurallados, traumas, representaciones iconográficas, etc., se toman por evidencias positivas de su existencia, en particular en algunos tiempos considerados como críticos. Por otro lado, horizontes de destrucción masiva, así como la presencia marcada y masiva de armas y víctimas son escasos o ausentes. En otros casos, esta violencia se da en contextos rituales desde épocas muy tempranas hasta la inca, pero la documentación general poco satisfactoria no implica la ausencia de algún tipo de guerra y menos tiempos de guerra alternados con otros pacíficos (p. e. *pax chavinensis*). Se trataría, con otras palabras, de una ritualización de la violencia generalizada y una presencia de guerra más convencional solo en Estados expansivos. Un fenómeno es particularmente relevante a este respecto: las llamadas cabezas trofeo. Este motivo está presente desde los inicios del arte figurativo (antes de 2000 a. C.) y sigue hasta los incas, pero también hay evidencias físicas durante este lapso; por ejemplo, es bastante común en el Formativo. En estas representaciones, estos motivos están relacionados con elementos felínicos, de modo que las élites parecen haberse autoidentificado como depredadores de hombres en relación con el aspecto agresivo de su poder. Desde una perspectiva económica, probablemente se trata del ejercicio de la violencia sobre grupos exógenos que no solo se centró en la obtención de cabezas, sino también en cobrar el botín de los lugares asaltados. Estas prácticas, relacionadas con aspectos rituales y ontológicos, realizadas también en Estados expansivos (p. e. Conchopata), implican además que facetas militares se combinaban con otras prácticas sociopolíticas.

Con estas premisas se puede comentar los temas principales relacionados con la producción, distribución y consumo. La domesticación de plantas es la precondición de avances en la vida socioeconómica, y los Andes centrales han sido escenario de intentos muy tempranos, casi a la par con los ejemplos más tempranos en el resto del mundo. Esto pasa a otro nivel con la ampliación del repertorio de plantas alimenticias e "industriales", y se agregan luego los animales domésticos, en particular los camélidos, lo que por lo general se considera un paso necesario a la complejidad social mayor. Si bien el maíz figura en esta lista, su papel parece ser diferente. Queda por enfatizar, sin embargo, que muchas otras plantas y animales no domésticos de diferentes ambientes —como humedales y lomas en la costa, bosques de diferentes tipos en diferentes niveles ecológicos, zonas altoandinas y el litoral— comparten estas innovaciones en grados variables y técnicas diferentes. Cabe resaltar un aspecto generalmente poco tratado, que es la arboricultura, que acompaña las evidencias más tempranas, tanto de plantas domésticas como no domésticas. La irrigación artificial aparece en forma temprana en varios valles costeños. Las proporciones en las dietas son difíciles de evaluar por falta de datos, por lo que la pesca intensificada, a menudo tomado como motor de "civilización" en el litoral, simplifica el escenario completo. Las combinaciones de estos recursos y mejoras en las técnicas posibilitan concentraciones de poblaciones mayores en esferas de interacción, así como permiten aumentos demográficos e intercambios en forma de redes que incluyen contactos a larga distancia.

Estas esferas de interacción y la producción más local conducen a economías rituales o ritualizadas. Hay muchos casos que se han interpretado como lugares de descarte de cantidades mayores de bebida y comida, tanto por los residuos consumidos como por objetos usados en estos eventos, producidos en el lugar u obtenidos de zonas lejanas. Estas evidencias de fiestas de diferentes escalas y funciones, junto con sacrificios, música y probablemente ostentación de los participantes y negociaciones entre ellos, deben haber sido factores principales en un ambiente dominado por manifestaciones ideológicas. Estos fenómenos, por tanto, juntan la producción agrícola, la pesca y la cacería de venados en la costa con la producción artesanal de adornos y objetos especiales —a menudo fabricados con un material de difícil acceso— y el consumo comunal, cuya organización y realización deben haber estado en manos de élites. Otras fiestas algo menos visibles deben haber sido aquellas relacionadas con los enterramientos de estas élites y la colocación de bienes en sus tumbas. Estas prácticas incluyen otras actividades posteriores, lo que se suele llamar ancestralización, en el sentido de que los muertos deberían contribuir al bienestar de su sociedad, lo que evidentemente es un factor económico también.

Estas prácticas ganan en complejidad en el tiempo. A partir de 1500 a. C. se generaliza la producción de cerámica, alrededor de 1000 a. C. la de otras producciones artesanales en oro y en menor grado plata, y moluscos importados se convierten en adornos, trompetas y otros productos. El cobre se agregó y se intensificó el intercambio de obsidiana y bermellón. En consecuencia, por las necesidades de su obtención, se ampliaron las redes de interacción dirigidas desde la costa norte y surgieron sitios como santuarios, cuyo caso más emblemático es Chavín de Huántar. Otros sitios que surgen alrededor de 500 a. C. incluyen fortificaciones y asentamientos grandes, con organización interna que refleja reorganizaciones; se asume que conflictos y violencia debidos a la consolidación de territorios políticos más definidos son los factores causantes, pero los cambios aparentes mantienen muchos rasgos anteriores. Las áreas cultivadas se amplían por medio de sistemas de irrigación más eficientes. Las primeras evidencias de lo que podría clasificarse como ciudades aparecen, más tempranas en la costa norte que en las demás regiones, y a partir de aproximadamente el 300 d. C. estas urbanizaciones se generalizan, con inclusión de algunas zonas serranas. La artesanía de larga tradición anterior se deja definir mejor en su proceso por la ubicación de yacimientos de extracción y talleres dentro de estos asentamientos, por lo que surge el problema de la especialización del trabajo y la existencia de artesanos especialistas a tiempo completo. De particular relevancia son la alfarería, la textilería y la orfebrería, que alcanzan grados de perfección, como antes básicamente al servicio y uso de las élites y de la religión. Por ello el periodo de su producción fue llamado hace un tiempo el de los artesanos maestros. Ya que estos productos se diferencian por áreas, se ha pensado que estos "desarrollos regionales" implicarían una segmentación política, aunque se debería explorar más en las interacciones interregionales, de cuya existencia hay muchos ejemplos. Como en tiempos anteriores, estas economías elitistas deben haber tenido su contraparte en economías más rurales y "domésticas". Puesto que los sitios no monumentales no cuentan con la prioridad de los arqueólogos, los datos respectivos son muy incompletos y, por tanto, poco generalizables. En algunos casos, estos sitios muestran signos de especialización en cultivos o en la elaboración de productos, como la cerámica destinada a una clientela diferente y con funciones distintas. En estos casos se debe tomar en cuenta los trabajos organizados de acuerdo con la estacionalidad y actividades comunales dentro de los asentamientos, pero también en relación con los asentamientos más grandes y comunidades en otras zonas ecológicas con el fin de obtener bienes. De esta manera, quedan por determinar mejor micro y mesorredes de interacción. Las facilidades para el transporte se establecen con caminos formalizados, movimientos por medio de caravanas de camélidos y el tendido de vías terrestres y marítimas sobre la base de redes más antiguas. Cabe señalar que estos medios llegan a funcionar con regularidad y en dimensiones mayores solo con el surgimiento de los Estados expansivos (lo que debería esperarse).

A partir del siglo VII d. C. surgen estos Estados expansivos que culminan con el Tawantinsuyu de los incas, y solo a partir de 900 d. C. los Andes centrales están plenamente poblados. Sitios con poblaciones que cuentan decenas de miles surgen en todo el territorio, aunque en forma diversa, y en algunas partes con signos de retroceso poblacional, lo que como antes, pero probablemente con más intensidad, refleja movimientos migratorios, en algunos casos de modo forzado. Estos avances se deben a la instalación de economías estatales por medio de controles más estrictos de la población y su productividad. El terreno cultivado alcanza dimensiones nunca antes vistas, lo que vale también para la innovación de técnicas nuevas que permitían producciones en masa en categorías establecidas. Las élites se destacan por complejos funerarios enormes que reúnen cantidades exorbitantes de bienes de lucro y una necropampa (básicamente con gran cantidad de mujeres acompañantes) numerosa. Artesanos trabajaron quizá en forma de gremios cerca de las residencias, y, por tanto, bajo control de las élites, aunque al inicio de este proceso la propia élite puede haberse involucrado en el proceso laboral. Como antes la cerámica, los tejidos y objetos de metal fueron productos de alta apreciación y necesidad.

Un aspecto muy importante es la elevada estima de la ganadería de camélidos, cuya relevancia en muchas funciones es ampliamente conocida desde épocas anteriores a los incas. Fuera de estas funciones, su relación con la élite es evidente también porque incluye la quema masiva de estos animales en las ceremonias más fastuosas, incluyendo las funerarias, sobre las cuales hay datos detallados en las crónicas del siglo XVI, pero también arqueológicos. Los incas tenían una íntima conexión con camélidos escogidos y términos relacionados con el manejo de las poblaciones humanas se comparaban con el de los rebaños. Por ello, una manera principal de acumulación de riqueza de la élite debe haber sido la posesión de grandes cantidades de animales escogidos.

Para terminar, no está demás enfatizar el carácter muy fragmentado de la documentación en la que se basa una arqueología económica, pero es de esperar que el futuro nos ofrezca una historia más consolidada. Pero aun así, hay suficientes indicios para poder establecer comparaciones más consolidadas con otras partes del mundo (no solo para buscar semejanzas, sino también diferencias) en vez de mantenerse en una posición marginada (o incluso automarginada).

Referencia

Kerig, Tim
2013   "Preface". En Tim Kerig y Andreas Zimmermann (eds.), *Economic Archaeology. From Structure to Performance in European Archaeology*. Universitätsforschungen zur Prähistorischen Archäologie. Institut für Ur- und Frühgeschichte der Universität Köln 237. Bonn: Habelt Verlag.

Capítulo 1

Las economías tempranas (ca. 13.000 a 500 a. C.)

Peter Kaulicke

EL ENORME LAPSO DE TIEMPO que se propone cubrir este capítulo obliga a resumir cambios substanciales desde que los primeros grupos humanos llegaron a los Andes centrales, se adaptaron y lograron controlar y modificar su medioambiente dentro de las potencialidades y limitaciones de un entorno ecológico sumamente diversificado, cambiante y a menudo cargado de desafíos. Estos procesos resultaron en evoluciones que cuentan con avances puntuales, retrocesos y otros caracterizados por periodos en apariencia de estancamiento. Se suele tratar estos últimos como un letargo de miles de años durante los cuales reducidos grupos humanos se mantenían en un bajo nivel tecnológico, económico y social, y llevaron, en las palabras del filósofo inglés Thomas Hobbes (siglo XVII), "una vida solitaria, fea, embrutecida, corta y agresiva". Esta postura extrema se constituye como una contraposición caricaturesca vista desde lo complejo y civilizado que caracteriza a nuestra condición de vida, por lo que supuestamente hemos heredado muy poco de estos ancestros primitivos. Por tanto, es más fácil poder identificarse con Caral y más aún con Chavín de Huántar y fijar los inicios o el origen de la historia del Perú antiguo con ellos. Pero como estos desarrollos complejos no son innovaciones *ex nihilo* o debidas a migrantes de otras partes más adelantadas, como se ha querido creer desde la Colonia, queda por aceptar que su emergencia se debe a logros previos. De ahí resulta que el largo periodo que se inicia en la Edad de Hielo (Pleistoceno Final) con la colonización inicial de por lo menos 15.000 años hasta alrededor de 5000 años antes del presente es, como en otras partes del globo, escenario de grandes cambios. Estos se aceleran poco después del fin del Pleistoceno, y llevan a avances importantes en la formación de sociedades complejas que constituyen la base de todo el desarrollo posterior hasta el imperio de los incas. Este desarrollo temprano hacia las sociedades complejas es un caso importante en la historia temprana de la humanidad que debe ser comparado con otros en otras partes del mundo en vez de insistir en la unicidad de "lo andino" como se ha sostenido a menudo.

Con el fin de poder especificar esta evolución se debe a) definir las características de su trasfondo ambiental, cuya complejidad en cuanto a condiciones de vida ofrece también las bases para la evolución de diversas estrategias económicas en cuanto a producción, distribución y consumo; b) definir las transformaciones de estos medioambientes que llevan a grados de complejidad de economías políticas; y, para culminar, c) intensificaciones que suelen llamarse globalizaciones u horizontes en la terminología arqueológica (Horizonte Chavín).

La biodiversidad centroandina: variedad y cambios paleoclimáticos

Ciento cuatro zonas de vida, unas 20.000 especies de plantas, 1800 especies de aves (segundo lugar en el mundo), más de 500 anfibios y más de 400 reptiles endémicos (cuarto y quinto lugar en el planeta) se encuentran en el territorio moderno del Perú.[1] Esta extraordinaria diversidad se debe a la formación tardía de los Andes —que separan costa y llanura oriental—, a la cercanía al ecuador, a la corriente marina de Humboldt y a diferentes regímenes de temperatura y precipitación. Fauna y flora, distribuidas en forma diferenciada, han sido clasificadas de diferentes maneras. Actualmente se definen 21 ecorregiones

---

1. Reynel et ál. 2013, tabla 1.

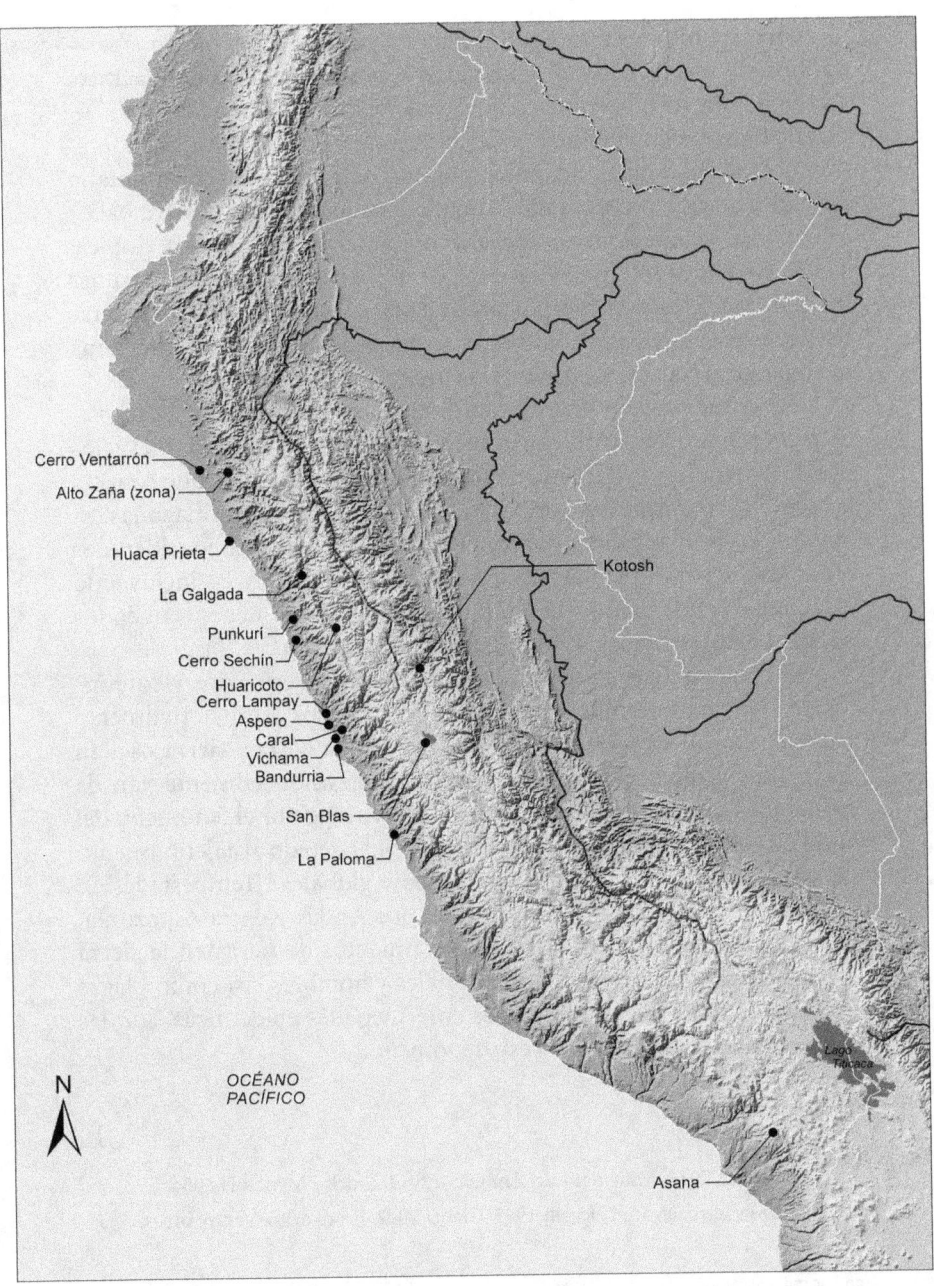

Figura 1.1. Periodo Arcaico. Sitios mencionados en el texto (elaboración por H. Ikehara).

terrestres, como desierto del Pacífico, con lomas y vegetación ribereña, bosque seco ecuatorial y manglares, bosque tropical del Pacífico, serranía estepraria, bosque tropical estacionalmente seco con otros tipos de bosques en el flanco occidental de los Andes y bosque montano nublado en el noroeste, puna, páramo, selva alta, bosque montano nublado, bosque premontano húmedo, bosque tropical o selva baja y sabana. Las ecorregiones oceánicas como el mar frío y el mar tropical son particularmente importantes.[2] Como se notará, son los bosques los que juegan un papel importante en zonas generalmente consideradas secas o desérticas.[3] Todas ellas se pueden subdividir en una zona norteña, otra central y una tercera sureña.

La primera es de una extraordinaria complejidad por la transición entre mar frío y tropical, la anchura de la costa, las bajas elevaciones de los Andes y la llamada deflexión de Huancabamba, que conecta la costa y las llanuras fluviales de Bagua y Jaén en el Alto Amazonas. Es ahí donde viven animales y crecen plantas normalmente considerados amazónicos como primates, sajinos, diferentes felinos —incluyendo el jaguar—, el perezoso y el tapir, cuyos hábitats se encuentran en los bosques secos, tropicales y montanos nublados.

El agua aparece en forma de lagos, lagunas, estuarios y conjuntos de ríos (aunque muchos de estos últimos ríos están actualmente reducidos a cauces secos). Las temperaturas en costa y sierra oscilan entre altas y moderadas, y las precipitaciones normalmente van de moderadas a escasas. Este régimen se interrumpe por el fenómeno del Niño o ENSO (El Niño Southern Oscillations) debido al calentamiento del mar causado por factores complejos y globales.[4] Tempestades en la Amazonía, sequías pronunciadas en los Andes y en la Amazonía, inundaciones en la costa norte, deslizamientos de tierra en la sierra con destrucciones y muertes de animales y hombres, así como plagas de insectos que transmiten graves enfermedades epidémicas, son las consecuencias dramáticas de este fenómeno.

---

2. Ibíd., pp. 101-117.
3. More et ál. 2014, Ministerio del Ambiente 2014, Brack y Mendiola 2004.
4. Arntz y Fahrbach 1991, Fagan 1999, Glantz 2002, Brooke 2014, entre otros.

La zona central tiene una costa angosta cruzada por complejos fluviales que nacen en los Andes, tanto en la Cordillera Negra como más al sur, en las llanuras altas de Junín. Estas últimas se caracterizan por poseer muchas lagunas glaciares y el gran lago Junín, que se extiende por 530 km². Otros ríos que también nacen ahí fluyen hacia el este, como el Huallaga. Lagunas o estuarios de agua dulce subterránea o de agua salada del mar se encuentran en el litoral. Las temperaturas son más frías que en el norte, con alta humedad durante todo el año, y las precipitaciones son moderadas. Las formaciones vegetales también difieren, con sus extensos humedales en el litoral —de alta importancia económica—, lomas con vegetación estacional al pie de la cordillera y diversas formaciones, generalmente ralas, en sus flancos andinos. En la puna, pajonales, bofedales, cactáceas y arbustos constituyen un hábitat favorable para miles de camélidos y millones de aves acuáticas, muchas de ellas migratorias, que estacionalmente se encuentran en la serranía estepatia y en el litoral; mientras los flancos de los Andes orientales son tránsitos a la selva baja.

La zona del sur cuenta con una costa más ancha, muy árida, como parte del desierto de Atacama. Los ríos llevan menos agua que en el norte, y nacen en las punas de Huancavelica y Ayacucho. También se caracteriza por registrar temperaturas muy altas (máximos encima de los 30° C) y muy escasas precipitaciones, casi ausentes, aun bajo el régimen de los ENSO. Por tanto, fauna y flora se reducen a organismos adaptados a estas condiciones. Muy importantes son los huarangos (*Prosopis limensis*), árboles con raíces sumamente largas (hasta 70 m). Estos ecotonos albergan especies endémicas u otras migratorias como guanacos, pumas, gatos monteses, colibrís y otros. Los flancos occidentales de los Andes también son estériles, donde viven otras especies que se encuentran además en el centro, como el arbusto tola (*Lepidophyllum cuandrangulare*). La puna se compone de pajonales, bofedales, tolas, bosques de queñua (*Polylepis sunquinquefolia*) y quishuar (*Buddleia coriacea*) y cactáceas. Su fauna consiste en camélidos y cérvidos, ñandúes y aves acuáticas en las lagunas. Esa puna se conecta con un sistema de valles interandinos con bosques y vegetación ribereña.

Finalmente, el océano es de una relevancia fundamental como generoso dador de vida para animales y humanos en forma de abundantes recursos marinos. Sin embargo, también trae desastres en forma de inundaciones, tsunamis, precipitaciones torrenciales, tempestades, sequías y también cambios marinos y terrestres en sus ecosistemas; y con frecuencia acelera los incendios forestales y sus efectos. Por lo demás, los epicentros de los terremotos a menudo se ubican cerca de la costa.

El clima marino es un complejo conjunto de condiciones cruzado por varias corrientes y contracorrientes que dan vida a 400 crustáceos y más de 700 especies de peces. De estos últimos, la anchoveta es la especie más común, con una biomasa moderna de más de ocho billones de toneladas, pero es estacionaria (octubre a febrero). Alrededor de 70% de la biodiversidad del litoral se encuentra en el mar tropical del extremo norte del Perú, donde viven más de 140 especies de peces (mero, manta, pez espada, merlín, tiburones, anguilas, entre otras), así como ostras y aves marinas; mientras ballenas llegan a la costa para reproducirse.

De este resumen se desprende que, pese a la diversidad en cuanto a distribuciones ecológicas y dinámicas debido a espacio, ritmos anuales, ciclos de cambios climáticos, desastres y crecientes efectos de deterioros antropogénicos, existe la posibilidad de distinguir áreas limitadas con heterogeneidad interna (ecotonos) que difieren de otras con las cuales forman un mosaico de paisajes de áreas limitadas, corredores y una matriz; esta última caracterizada por un alto grado de conectividad. Por tanto, este entorno permite la aplicación de la teoría de redes (*network theory*) y otras de la sociología, como la de lugares centrales.[5] De esta forma, en los Andes centrales podemos diferenciar la costa del extremo norte con conexiones hacia el Ecuador. La mencionada deflexión Huancabamba conecta la costa de Piura y Lambayeque con la ceja de selva de Bagua y Jaén, y de ahí con las llanuras amazónicas. Se alcanza la cuenca de Cajamarca por medio del río Jequetepeque. El área intermedia entre los importantes ríos de Chicama y Santa da acceso a las llanuras de la sierra, poco conocidas arqueológicamente para las épocas tempranas, pero también permite

---

5. Forman 2006 [1995].

conexiones con el norte y el sur tanto en la costa como en la sierra. La zona sur entre Santa y Casma está conectada con el Callejón de Huaylas y el Callejón de Conchucos, así como mediante abras con los Andes orientales (Chavín de Huántar y Kotosh). En su totalidad, esta esfera norteña constituye una densa red de paisajes y corredores como complejos fluviales que permiten una alta conectividad.

La esfera central se caracteriza por una complejidad ecológica más reducida comparada con el norte y por diferencias en la composición de paisajes. Complejos de cuencas fluviales conectan con la parte sureña del Callejón de Huaylas y otras con la puna de Junín. Desde ahí se llega a Huánuco vía el río Huallaga. De esta manera, las redes de la esfera central conectan con la esfera del norte y con la cuenca interandina de Huancayo y Jauja.

Finalmente, la del sur, entre los valles de Chincha y Yauca, permite acceso al sistema de valles interandinos de Ayacucho y Huancayo-Jauja a través de la puna. Estas tres esferas además están vinculadas por la extensión oceánica, que también debe entenderse como rutas marítimas de interacción e intercambio.

Este esbozo de condiciones modernas es el resultado de cambios generales desde el Pleistoceno como periodo glaciar máximo (LGM) entre 23.000 y 12.000 a. C., seguido por el Pleistoceno Terminal (11.000 a 9700 a. C.), Holoceno Temprano (9700 a 6200 a. C.), Holoceno Medio (6200 a 2200 a. C.) y Holoceno Tardío (hasta el presente). Durante el Pleistoceno se forman la mayoría de los lagos altoandinos bajo regímenes climáticos dominados por temperaturas frías y húmedas, y vegetación escasa. El Holoceno Temprano permitió el crecimiento de queñuales (*Polylepis*) en la sierra norte gracias a temperaturas más altas con elevada humedad. Para el Holoceno Medio hay temperaturas más bajas con más humedad, mientras que el Holoceno Tardío es más cálido y húmedo. Las líneas de playa en el norte se caracterizan por fluctuaciones importantes. Ahí se registran bajas considerables del nivel del océano desde el Pleistoceno Final seguidas en el Holoceno Temprano, mientras que subidas del nivel inundaban la costa desde los últimos cinco milenios. El estudio del ENSO ha captado mucho interés desde las últimas décadas debido a sus impactos actuales. Estos fenómenos parecen haberse iniciado en el Pleistoceno Final y en el Holoceno Temprano, disminuyeron significativamente en el Holoceno Medio y alcanzaron niveles con características modernas desde 1200 años a. C. (inicio del Formativo Medio, véase abajo). Sequías relacionadas con la fase fría del ENSO (La Niña) dominaron el Holoceno Medio en el sur, mientras eventos fríos ocurrieron entre 4700 y 5500 a. C. De este modo, fluctuaciones climáticas importantes se han registrado en este lapso de miles de años, pero aún falta establecer las variaciones microclimáticas y la relación con el clima global, ya que los Andes centrales forman parte de fenómenos que afectaron la población mundial en eventos y periodos específicos.[6]

Adaptación y domesticación

Aún es muy discutido cuándo ocurrió la colonización inicial de los Andes centrales, cuáles fueron las rutas de ingreso, quiénes fueron los que llegaron, en qué grado de conocimiento técnico y cognitivo lo hicieron, qué organización social tenían y cómo se adaptaron y transformaron ambientes previamente desconocidos. Estas preguntas forman parte de un proceso amplio que abarca las dos Américas en la expansión de la especie *Homo sapiens* por el mundo. Si bien se prefiere una colonización a través del Estrecho (o del puente terrestre) de Bering, hay otras teorías, como una que postula la llegada de grupos de Europa a América del Norte.[7] Tampoco hay mucho consenso sobre el tiempo en que ocurrió esto. Tom Dillehay[8] encontró vestigios en el extremo sur de Chile que datan de entre 17.000 y 12.000 años a. C. Fechados aún más tempranos se conocen de América del Norte, pero por lo general la mayoría de sitios tempranos oscilan entre 11.000 y 9000 años a. C. Los fechados más tempranos en el Perú provienen de Huaca Prieta, en la costa norte, de unos 12.800 años a. C.,[9] lo que señala una

---

6. Véase Brooke 2014.
7. Stanford y Bradley 2012.
8. Dillehay et ál. 2015.
9. Dillehay et ál. 2012, Dillehay 2017.

ocupación temprana de la costa; pero otros fechados tempranos comprueban también la presencia de hombres en la puna de Arequipa.[10] Tratándose de sitios del Pleistoceno, sería comprensible pensar en la convivencia de hombres con la megafauna, pero no hay datos convincentes para poder suponer una caza especializada de estos animales. Existen varios casos postulados para el Perú, pero todos ellos no cuentan con pruebas fehacientes. La ocupación más temprana, en la mencionada Huaca Prieta, ha revelado la presencia de recursos marinos, venados y aves junto con herramientas simples (unifaciales) que se parecen a otros de sitios más al norte, en el tablazo de Máncora, actualmente a unos 8 km del mar. Ahí se explotaba la concha negra (*Anadara tuberculosa*), que vivía en manglares extinguidos.

Más datos proceden de varios centenares de sitios entre los valles de Zaña y Santa, donde los vestigios más tempranos se caracterizan por tener una punta bifacial llamada "cola de pescado", que se conoce en muchos sitios en Sudamérica; en el Perú hay otros ejemplares de Piura, de la sierra de Cajamarca y de las tierras altas de Arequipa. En la zona referida aparecen alrededor de 11800 a. C., seguidos por otro complejo mejor conocido llamado Paijanense (por la ciudad en el valle de Chicama). Este Paijanense se ubica entre 11000 y 7800 a. C. El conjunto de herramientas líticas consiste en puntas bifaciales de buena factura, elaboradas en talleres específicos, y otras mucho más simples, parecidas a las mencionadas del norte, que aparecen en otros sitios llamados campamentos. El material se extrajo de grandes canteras donde predominan preformas. Estas puntas Paiján fueron originalmente interpretadas como cabezales de lanzas para cazar mastodontes, una especie de elefantes, cuyos restos se diseminan por la Pampa de los Fósiles, donde también se ubican los sitios del Paijanense; pero, como queda mencionado, no hay una relación clara entre la megafauna y los grupos humanos. Probablemente los paijanenses conocían aún estos animales, que ya eran escasos, por lo que no les prestaron mayor atención. En vez de ello capturaban reptiles (cañanes) que viven cerca de algarrobos (*Prosopis pallida*), cuyas vainas son comestibles. Ambos se

---

10. Rademaker 2014.

consumen en la actualidad, pero solo durante algunos meses del año. Los frutos de cactáceas también servían de alimento. Otros recursos fueron caracoles terrestres, así como ocasionalmente venado, pecarí, vizcacha, ardilla y aves. Además, pescaban en lagunas y estuarios o en el litoral. Los peces capturados pertenecen a especies del mar tropical, lo que indica la ocurrencia de condiciones de ENSO. Asimismo, se debe tomar en cuenta la probable presencia de sitios del litoral ahora desaparecidos debajo del mar junto con humedales y lagunas, ya que la línea de playa se encontraba a decenas de kilómetros mar adentro. Otros recursos fueron obtenidos por excursiones a la sierra adyacente. Todo ello implica patrones de movilidad y estacionalidad desde el mar hasta la sierra vinculados a una forma de subsistencia variada, con una inclinación a realizar desplazamientos, pero en el ámbito de áreas restringidas. Esta tendencia a una permanencia mayor se manifiesta en conjuntos de estructuras simples de lo que fue llamado *protohouseholds*.[11] Estas dejan percibir una cierta diferenciación en tamaños como posibles lugares para rituales, así como una restricción de la movilidad en ocasiones particulares, como se sabe acerca de los ritos de iniciación de los cazadores de guanacos en Tierra del Fuego.[12] Las puntas, cuya factura a menudo destaca por su excepcional dominio técnico, podrían haber jugado también papeles en ritos, lo que concordaría con la selección de materias primas especiales, como cristal de roca. Otro factor de relevancia es la posibilidad de que hubiera intentos de domesticación de plantas hacia el final del Paijanense.

Pero estas puntas no solo se encuentran en la zona presentada, sino aparecen desde Colombia hasta el extremo sur de Chile, por lo que son evidencias de movimientos poblacionales de gran escala.

Estas estrategias de subsistencia no son las únicas; en la costa del extremo sur se percibe una explotación más concentrada de los recursos marinos, tanto en forma de conchales (mediante recolecta y procesamiento de moluscos) como en una pesca con tecnología relativamente sofisticada (empleando arpones, anzuelos y probablemente

---

11. Dillehay 2014.
12. Kaulicke 2009.

algún tipo de bote). Se agrega a estas actividades la explotación estacional de las lomas y, en la sierra alta (puna), la cacería de mamíferos como cérvidos y camélidos.

Mientras que aún hay pocos indicios de ocupaciones pleistocénicas en la puna, los valles interandinos y los Andes orientales, evidencias en el Holoceno Temprano sugieren un asentamiento general más estable con un poblamiento creciente. Estos grupos serranos difieren de las poblaciones costeñas por ocupar abrigos rocosos y pequeñas cuevas, alternados con otros al aire libre, aunque estos últimos son menos conocidos. Desde las primeras estadías, breves y pocas reocupaciones llegan a ser frecuentes, lo que sugiere reutilizaciones durante tiempos considerables con intensidades diferentes. Esta dispersión espacial lleva a especializaciones y a comunicaciones, incluyendo desplazamientos. En el sur, la explotación de obsidiana conduce a su creciente uso y su distribución más amplia, en particular en la costa, pero también en otras zonas de la sierra. Por lo general, y en particular en la puna, la cacería fue el modo de subsistencia principal, complementada con la captura de roedores, batracios y aves. En el Holoceno Temprano, los camélidos fueron cazados junto con venados (taruka o *Hippocamelus antisensis*), lo que podría ser un indicio de la presencia de bosques (*Polylepis*), el hábitat preferido de los últimos, hoy largamente desparecidos. El perro, probablemente llegado con los primeros pobladores —ya que no existe ni existió el lobo del que provienen—, puede haber asistido en la caza, que, al menos estacionalmente, podría haberse efectuado como actividad comunal (chaco). El conjunto de herramientas líticas refleja la cacería (puntas bifaciales como cabezales de dardos o lanzas) y el procesamiento de la carne (raederas, cuchillos) y de pieles (raspadores, perforadores e implementos óseos). Los excedentes fueron consumidos o convertidos en conservas (charqui) e intercambiados con grupos en otros ecotonos por otros productos como pescado, moluscos, etc. La extracción, obtención y el uso de pigmentos como la hematita también señalan aspectos de funciones variadas e intercambios.[13]

---

13. Rick y Moore 1999, Kaulicke 1999.

En este panorama diverso se ubica un fenómeno de alcance global: la domesticación inicial de plantas y animales. Este proceso se ha dado en diferentes partes del mundo durante la transición entre el Pleistoceno Final y el Holoceno Temprano, el tiempo que se está discutiendo. Pero ¿qué se entiende por domesticación? Una definición reciente es la que sigue:

> Se trata de una sostenida relación multigeneracional y mutua, en la cual un organismo asume un grado significativo de influencia sobre la reproducción y el cuidado del otro con el fin de asegurar un aprovisionamiento más predecible de un recurso de interés. A través de ello, este organismo adquiere ventaja sobre individuos fuera de esta relación, con la cual se benefician ambos y a menudo se fortalecen, tanto el domesticador como el domesticado.[14]

Los factores que causan esta relación se plasman en dos teorías. Una es la de optimización de recursos de subsistencia (*optimal foraging theory*), que predice que se escoge los recursos de más alto valor nutritivo y energético con el menor esfuerzo requerido. La otra es la de construcción de nichos (*niche-construction theory*), en la que se propone que sociedades reducidas comparten "atributos básicos que proporcionan bases para una domesticación inicial como reflejo de un mejoramiento deliberado de ambientes ricos en recursos en situaciones sin evidencia de un desbalance de recursos, en vez de una respuesta adaptativa a cambios diversos del medioambiente"[15] El autor citado sostiene que estas sociedades tenían acceso a áreas de recursos bien definidas, las mantenían, incrementaban su conocimiento de ecosistemas locales y establecían varias formas de "propiedad" sobre recursos silvestres, así como influenciaban los ecosistemas por medio de la transferencia de estos conocimientos. Esto llevó a la construcción de nichos, con la cual se incrementa la abundancia y la accesibilidad a especies silvestres. Ambientes preferidos eran llanuras de inundaciones

---

14. Zeder 2015. Traducción del autor.
15. Smith 2012: 261. Traducción del autor.

fluviales, lagos y humedales, lo que conduce a lo que se ha llamado la revolución del espectro amplio (*broad-spectrum revolution*).[16] Este se expresa en actividades continuas de alteración de paisajes, como quema de bosques y emergencia de plantas y animales fuera de su hábitat natural, que lleva a la formación de áreas restringidas establecidas por el hombre. Otro aspecto es la intensificación de actividades sociales y rituales, definidas por un marcado sentido de comunidad, cooperación y diferencias intracomunitarias, con celebraciones de fiestas, cambios en la estructura comunitaria, acceso diferencial a recursos y estatus diferencial de prácticas funerarias. En breve, se trata del afán de modificar medioambientes escogidos que conducen a cambios intencionales que incluyen la propia sociedad.

En los Andes centrales estos procesos deben aclarase mejor aún, pero la domesticación de plantas, por su mera cantidad asombrosa —de unas 182 especies domesticadas antes de la llegada de los europeos en el siglo XVI, 81 en la sierra, 85 en la Amazonía y solo 8 en la costa—[17], es testimonio elocuente de su relevancia y diversificación. Estas plantas amazónicas indican así la existencia de un centro propio de domesticación con 138 plantas domesticadas o manejadas económicamente en la Amazonía. De estas, 68% corresponde a árboles; las demás son ají, yuca, cacao, pacae, piña y otras.[18]

En el Alto Zaña, entre 7800 y 5800 a. C., se ocuparon unos 48 sitios en la transición entre bosque seco y bosque húmedo montano. Se trata de viviendas circulares o elípticas de reducidos tamaños, asociadas a pequeños depósitos para guardar plantas y a campos de cultivo para zapallo, maní, yuca, frejoles, el árbol frutal pacae (*Inga feullei*) y quizá quinua. Los ocupantes también se alimentaban de venados, lagartijas y serpientes, así como caracoles. Al menos once especies de conchas marinas indican contactos con la costa. Simples implementos líticos probablemente servían para cortar plantas y trabajar madera. Otros

---

16. Zeder 2012.
17. Brack 2003.
18. Clement et ál. 2015.

como batanes se usaban para moler semillas o pigmentos. También se molía huesos humanos, posiblemente en una forma de antropofagia.[19]

Otras evidencias de domesticación temprana provienen de una cueva en el Callejón de Huaylas. Muchas de las plantas recuperadas probablemente servían para la elaboración de textiles o cuerdas; otras son pacae, palto, ají, zapallo y oca. Los animales consumidos eran roedores y camélidos, además de cérvidos, pero con menor frecuencia. Los implementos líticos corresponden a otros utilizados por cazadores de ámbitos altoandinos, quienes también consumían tubérculos como la maca (*Lepidium meyenii*), aunque probablemente en forma silvestre. En la costa del extremo sur, en Tacna, la pesca estaba suplementada con el consumo de plantas como el zapallo y la calabaza.

Todo ello conduce a la impresión general de tratarse de economías mixtas durante el Holoceno Temprano. Evidencias de domesticación aparecen esparcidas sobre el territorio centroandino, cuyos mecanismos de distribución son poco conocidos aún, pero conviene resaltar la presencia de plantas de origen amazónico que deben haber llegado, en el caso de Zaña, atravesando la mencionada deflexión de Huancabamba. En este sentido, frutos o semillas probablemente fueron intercambiados, en forma intermitente, entre distancias considerables. De ahí resultan estrategias económicas variadas. En costa y puna la biomasa elevada de recursos marinos, suplementados con los de humedales, lomas y piedemonte, así como las grandes manadas de animales gregarios como camélidos y en menor grado cérvidos, permitían la reducción de movimientos estacionales. La llamada transhumancia, un término prestado del pastoreo de ovejas en el mediterráneo, podría haber jugado un papel más importante en el sur; pero no era necesaria en el norte y en el centro. Parece que, gracias a la diversidad y a la cercanía de recursos de los Andes orientales y la Amazonía en la zona norte, innovaciones como la domesticación se daban más tempranas ahí que en otras más al sur.

---

19. Dillehay 2011.

Complejidad emergente

Durante el Holoceno Medio se percibe cambios socioeconómicos sustanciales relacionados con la distribución y organización interna de asentamientos, el crecimiento económico y los signos de ideologías que, en su conjunto, llevan a un incremento demográfico exponencial a partir de 3500 a. C.

En el Alto Zaña, se reduce la cantidad de sitios, pero estos alcanzan dimensiones crecientes y muestran señales de una mayor complejidad interna. Gracias a un clima más cálido y húmedo, las condiciones de cultivo mejoraron, lo que se expresa en campos más extensos e irrigación en escala menor. A los cultivos anteriores se agregan la coca (*Erythroxylon novogratense*) y el algodón (*Gossypium barbadense*), como resultado de modificaciones genéticas de plantas silvestres de la zona. La coca era un ingrediente importante para la ejecución de ritos comunales.

Las casas se construyeron con plantas ortogonales y subdivisiones internas, lo que ocurrió alrededor de 5800 a 5500 a. C., tanto en Zaña como en Jequetepeque. Este cambio se considera fundamental en el desarrollo de la vida neolítica en muchas otras partes del mundo. Estas viviendas también señalan una permanencia mayor, evidenciada por la renovación reiterada de pisos y por pozos de almacenamiento. En su interior se ha observado vestigios de ritos domésticos que incluyen huesos quemados y cortados, tanto de humanos como de animales. Se percibe un movimiento general hacia zonas más bajas, más cerca al río, donde se construyó una en vez de la arquitectura no doméstica en forma de dos montículos con renovaciones repetidas.[20] Dillehay plantea, sobre la base de datos abundantes y bien controlados, que las estrategias económicas variaban en el tiempo de la ocupación larga, quizá relacionadas con poblaciones diferentes. Entre su Fase I tardía y II (ca. 7800-6583 BP), la economía se basaba en recursos marinos y la flora y fauna de humedales, incluyendo plantas cultivadas; mientras que una economía dual, entre recursos marinos y alimentación agrícola,

---

20. Ibíd.

se percibe en la Fase III (ca. 6538-5308 B. P.). Las prácticas de construcción y uso, asociadas con el consumo de coca, aparecen también en otros sitios de la zona y en Huaca Prieta, en el litoral de Chicama,[21] donde ocurren renovaciones continuas en arquitectura no doméstica por unos 3000 años. Estructuras domésticas se encontraban cerca de este montículo, y en 38 sitios hasta a una distancia de 20 km, ocupados entre 4000 y 2000 a. C., que señalan un incremento demográfico importante. Entre 5000 y 4000 a. C. se agregan otras plantas al repertorio de plantas domésticas, como el ají, la calabaza y el maíz (alrededor de 4700 a. C.). Este último suele considerarse como base económica de sociedades complejas, pero su papel en estas economías tempranas es reducido ante un conjunto diverso de alimentos: zapallo, frejoles, ají, árboles frutales como palto, guayaba, lúcumo, pacae y chirimoya, así como tubérculos como camote y otros. Estos recursos se complementan con 34 especies de moluscos y 19 de peces. Probablemente no todas estas plantas fueron cultivadas en las cercanías, pero surcos hallados en humedales indican el cultivo local de algunas de ellas.[22]

Esta amplia gama de plantas cultivadas también se ha observado en otros sitios de la costa norcentral hasta el valle de Casma, donde también se encontró evidencias tempranas de maíz (5000 a. C.). La presencia de sitios entre 7600 y 5500 a. C. indica una población importante, pero se requiere más excavaciones para tener mayores alcances. Otro indicio de poblaciones importantes son los sitios en lomas excavados por Frédéric Engel, como los del valle de Chilca, al sur de Lima, con un estimado total de 500 chozas circulares u ovaladas, en La Paloma, entre 5800 y 3000 a. C.[23] Estas forman grupos alrededor de plazas y se convierten en receptáculos de los muertos.[24] Tales asentamientos gozaron de condiciones ambientales más favorables que en la actualidad, pero las actividades de cultivo son menores o ausentes, no fueron ocupados en forma permanente y por los 2300 a. C. fueron

---

21. Dillehay et ál. 2012, Dillehay 2017.
22. Bonavia et ál. 2017.
23. Benfer 1999.
24. Kaulicke 2016.

abandonados en forma definitiva. En el sur existen otras evidencias de asentamientos en lomas, sobre todo entre 5000 y 4000 a. C., donde la abundancia de obsidiana indica contactos estrechos con la sierra de Ayacucho. Los habitantes consumían raíces y frutas de plantas silvestres, así como abundantes caracoles.[25] Otro asentamiento coetáneo, ubicado en el valle de Palpa, destaca por sus estructuras similares, probablemente ordenadas en círculo (6000 a 2800 a. C.). Se identificó allí una alta gama de plantas cultivadas, como frejoles, papas, calabazas, achira (*Canna indica*), guayaba (*Psidium guajava*) y probablemente jíquima (*Pachyrhizus tuberosus*). Vainas de los árboles como huarango y molle fueron complementos importantes, mientras que, al parecer, la caza y la pesca no desempeñaron un rol relevante.[26]

En la puna de Junín (entre 4000 y 3000 a. C.) se observa una restricción de movimientos, pero lo más importante son los primeros indicios de la domesticación de camélidos (alrededor de 4000 a. C.), muy posterior a la domesticación de plantas en los Andes. Se trata de la vicuña, que domesticada es la alpaca.[27] Otro animal doméstico es el cuy (*Cavia porcellus*), que aparece alrededor de 3600 a. C. en Ayacucho. Por tanto, esta domesticación se relaciona con un grado mayor de sedentarismo y con el afán de intensificar la conversión en productos para el intercambio, mientras que la caza de camélidos silvestres siguió y quizá aumentó.

También se percibe un aumento sustancial de la población en la costa y sierra más al sur, pero el aspecto más llamativo es el tratamiento de los muertos convertidos en efigies por medio del desarme completo del cuerpo y su rearmamiento con máscaras y pelucas, lo que se conoce como tradición funeraria Chinchorro.[28] Esta apareció en el extremo sur del Perú y el norte de Chile, entre 6000 y 2400 a. C. Finalmente, hay evidencias de una complejidad mayor en la organización

---

25. Beresford-Jones et ál. 2015.
26. Gorbahn 2013.
27. Rick y Moore 1999, Wheeler 1985, Wheeler Pires-Ferreira et ál. 1976, Kaulicke 1999.
28. Kaulicke 2016.

interna de sitios serranos, como es el caso de Asana,[29] donde estructuras entre 5800 y 4500 a. C. indican una diferenciación en tamaño y contorno que podría señalar funciones especiales.

En resumen, el Holoceno Medio (o Arcaico Medio) se diferencia de tiempos anteriores por una intensificación de estrategias económicas con evidencias de irrigación y una segunda fase de domesticación caracterizada por una diversificación de plantas cultivadas junto con la de animales, sobre todo camélidos. Los asentamientos crecen en tamaño y densidad, y muestran signos de un sedentarismo más prolongado, cuyo resultado es un aumento demográfico generalizado debido también a un clima más benigno. Asimismo, surge una reestructuración socioeconómica de la mano de una centralización por medio de arquitecturas comunales y una ritualización tanto doméstica como pública. Esta centralización en plazas y edificios promueve la cohesión social y la percepción de identidades tanto compartidas como diferenciadas.

De este modo, desarrollos económicos y sociales durante el Holoceno Temprano y el Holoceno Medio tienden a confirmar el estado temprano de la domesticación de plantas alimenticias e industriales. Como en otras partes del mundo, su cultivo alentó el sedentarismo, el aumento demográfico y la reorganización de la sociedad en sus aspectos esenciales pese a que las evidencias disponibles aún no permiten determinarlos en los detalles deseados a lo largo del territorio centroandino. Lo que se tiene que resaltar es que todos estos logros constituyen precondiciones para los desarrollos extraordinarios que se tratarán enseguida.

Complejidad temprana (aproximadamente 2600 a 1700-1500 a. C.)

Los cinco siglos que separan los procesos que se discutirán a continuación cuentan con escasas evidencias aún, pero queda claro que a partir de 2600 a. C. se percibe constelaciones diferentes, caracterizadas por

---

29. Aldenderfer 1998.

un aumento demográfico sostenido, difusión de arquitectura monumental, emergencia de arte, especialización económica y producción artesanal. Todos estos aspectos son precondiciones de la complejidad social y política, por lo que no puede sorprender que se haya postulado la presencia de fenómenos como cierto grado de civilización, urbanismo y Estado para este lapso de tiempo.

Para poder discutir todo ello es preciso tener un marco referencial que permita definir y comparar estas innovaciones de un modo apropiado. Para ello se usa la expresión "esferas de interacción" con el fin de referir a redes interactivas cuyos nudos son los sitios con combinaciones de arquitecturas monumentales y no monumentales en áreas que comparten diferenciados rasgos arquitectónicos y de cultura material transportable. Estas definiciones también permiten establecer los vínculos entre estas esferas. Queda por subrayar que estas esferas o redes son dinámicas, flexibles y cambiantes en vez de constituir modelos espaciales fijos.[30]

De este modo, se puede diferenciar tres esferas principales. En el norte se ubica la Esfera Sechín, entre Casma y Jequetepeque, pero extendiéndose hacia el norte hasta el complejo fluvial Lambayeque (Cerro Ventarrón) y las llanuras fluviales de la Amazonía oriental; en la costa norcentral se ubica la Esfera Caral, entre los valles de Pativilca y Huaura, con extensiones hacia la costa central; y en la sierra la Esfera Mito, con áreas menos definidas y núcleos en Huánuco (Kotosh), La Galgada (Santa y el norte del Callejón de Huaylas [Huaricoto]). Por lo general, sin embargo, hay evidencias casi ininterrumpidas de asentamientos en los valles costeños hasta el río Chillón en la costa central. Más al sur, no se conoce arquitectura monumental, lo que vale también para las sierras adyacentes.

Esta presencia masiva de arquitectura monumental, que ha suscitado cierto interés, contrasta con la escasez de los datos disponibles acerca de la arquitectura no monumental. Se sabe de la existencia de esta última en el Holoceno Medio, como fue señalado, y es de suponer que esta se mantenga en el tiempo discutido a continuación, pero en

---

30. Véase Knappett 2011.

los casos conocidos también parece experimentar cambios, sobre todo cuando acompaña a arquitectura no doméstica.

Si bien las tres esferas se cristalizan alrededor de 2600 a. C., su desarrollo es variado. En la Esfera Caral, cambios en los sitios y su cultura material ocurren entre 1800 y 1500 a. C., mientras que Caral parece declinar alrededor de 2000 a. C. La Esfera Sechín termina en 1700 a. C., cuando aparece la cerámica y se inicia el auge sin precedentes de complejos monumentales enormes; mientras que la Esfera Mito también se desvanece alrededor de 1500 a. C. en Huánuco y otras zonas, pero subsiste en algunas hasta el fin de Chavín de Huántar alrededor de 500 a. C.

El valle medio de Supe es el mejor conocido gracias a los trabajos realizados de Ruth Shady en la mayoría de sitios.[31] Ocho con arquitectura monumental se aglomeran en ambas riberas del río Supe sobre una longitud de unos 10 km y cubren áreas extensas, entre un mínimo de 2,38 ha y un máximo de 68 ha (Caral), con un promedio de 27,6 ha. Rutas de interconexión llegan hasta sitios parecidos del río Pativilca al norte y del Huaura al sur. Otros sitios se emplazan río arriba, y asentamientos más importantes se encuentran más cerca de la desembocadura. En el litoral se ubican Aspero, así como Vichama y Bandurria más hacia el sur.

La arquitectura monumental en estos sitios comparte una serie de rasgos. Se trata de plataformas escalonadas y ordenadas alrededor de espacios abiertos, a menudo con patios circulares hundidos antepuestos. Sus plantas son rectangulares y cuadradas, cuyas escalinatas llevan a la cima, donde se construyeron conjuntos ortogonales pluricelulares con muros de quincha (hechos con troncos de algarrobo y los de árboles menores y totora cubiertos por barro) enlucidos con diferentes colores. Los tamaños varían entre menos de 1000 m^2 hasta más de 25.000 m^2, con alturas de entre 7 y 30 m. Todas estas estructuras se construyeron en múltiples fases con rellenos de bolsas vegetales que contienen piedras de entre 16 y 48 kg de peso, conocidas como shicras, y fachadas de piedras canteadas. En sitios más tardíos como

---

31. Véase Shady et ál. 2015a, 2015b, 2015c.

Vichama, estas shicras pueden pesar hasta 1200 kg. Las técnicas de construcción de estos sitios tardíos difieren en algo de las de los anteriores, aunque los patrones arquitectónicos se mantienen en general. Estas plataformas centrales se asocian a plataformas bajas con cuartos, patios y fogones que pueden parecerse a aquellas sobre las plataformas altas; otras estructuras más pequeñas y sencillas son interpretadas como viviendas.[32]

Los abundantes datos de subsistencia permiten una visión relativamente completa. Anchovetas (*Engraulis ringens*) y sardinas (*Sardinops sagax*) son las especies ictiológicas más frecuentes, en un total de 18 especies capturadas, consumidas o usadas en rituales. Un número similar de moluscos figura al lado de mamíferos marinos como ballenas (*Balaenoptera musculus* y *B. physalis*) y lobos marinos (*Otaria flavescens*). En Aspero, se encontró un espacio sobre una de las plataformas más grandes, donde se había colocado partes del cráneo y vértebras de tres ballenas *(Physeter microcephalus)*, una de las cuales con incisiones. Terrazas y pozos del mismo sitio se han identificado como instalaciones de almacenamiento de pescado, principalmente anchoveta. Estas actividades deben de haberse llevado a cabo entre octubre y febrero. En este sentido, Aspero parece haber sido un lugar de pesca para consumo local, procesamiento e intercambio con sitios del valle medio, como parte de tareas compartidas con otros sitios del litoral. Los extensos humedales también fueron importantes para la elaboración de shicras, balsas, esteras, etc., fuera de la pesca, captura de aves, recolección de sus huevos y el cultivo de algodón, ají y calabazas. La relevancia de algodón para la confección de redes ha sido resaltada a menudo. Estas actividades se conocían de tiempos anteriores, pero difieren en la intensificación relacionada con actividades colectivas, como la construcción de la arquitectura monumental y el establecimiento de lazos sociales y económicos estrechos con la zona nuclear (Caral). Además, gana en importancia la fabricación de objetos tallados en hueso y concha, la de tejidos de algodón adornados con plumas de aves probablemente importadas y la elaboración de figuras

---

32. Shady et ál. 2015a, 2015b.

antropomorfas de barro crudo.[33] La importancia de las plantas domésticas, a menudo minimizada para la época discutida, es aparentemente mayor de la prevista, con la presencia de dieciséis especies para los sitios de la zona nuclear, tales como árboles frutales, incluyendo el algarrobo, que sugieren la existencia de una arboricultura heredada y probablemente intensificada. Sus troncos, ramas y frutos (muchos de ellos estacionales) permiten una gran variedad de uso en construcción, tallado de madera y consumo de sus frutos. Plantaciones de ellos protegerían de la insolación y presumiblemente servían como cercos vivientes; además deben haber tenido relevancia también en diversos ritos y en cosmologías. De ahí, la recurrencia de árboles frutales desde los inicios de la domesticación merecería una atención mayor. Los frejoles (*Phaseolus vulgaris* y *P. lunatus*) son plantas de alto valor nutritivo y de gran importancia para el consumo básico. Achira, maní, ají, papa, camote y, en forma escasa y probablemente importada, el maíz se agregan a la lista. La mayoría fueron cultivadas en todos los sitios del valle medio de Supe, donde hay suelos aptos para el cultivo mejorados y ampliados por la construcción de terrazas simples y reducidos canales de irrigación.[34] Se enfatiza este aspecto debido a una visión diferente y muy popularizada que se centra en la pesca de grandes cardúmenes de anchovetas gracias al cultivo de algodón convertido en redes que permitían lo que Michael Moseley llamó la "fundación marítima de la civilización andina".[35] Si bien sus argumentos son válidos hasta cierto punto, es conveniente pensar en economías de subsistencia básicamente duales.

Peces y moluscos al lado de otros objetos fueron quemados en contextos rituales o usados en ofrendas, así como consumidos en eventos comunales. Estas fiestas pueden deberse a varios motivos, pero uno de ellos debe haber sido la celebración de festejos de trabajo colectivo, sobre todo entre las fases de construcción de la arquitectura monumental, como fue demostrado en forma detallada para el sitio

---

33. Shady et ál. 2015c.
34. Shady 2006.
35. Moseley 1975.

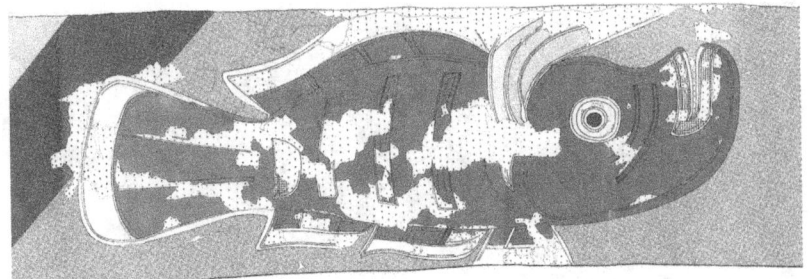

Figura 1.2. Mural de Cerro Sechín, Arcaico Final (tomado de Lerner et ál. 1995, fig. 12).

de cerro Lampay en el valle de Fortaleza,[36] durante las cuales también sacrificaron a individuos, quienes fueron enterrados en las cimas de las plataformas monumentales. Otras fiestas más grandes deben haber incluido grupos de otros sitios cercanos o más lejanos, con lo cual se contribuía a la formación de relativamente densas redes sociales, económicas y políticas.

Arquitectura monumental contemporánea también aparece en la costa central, aunque la información disponible es escasa aún. Algunas evidencias indican que, pese a diferencias, hubo vínculos estrechos con las esferas Caral y Mito.

En la costa norte, en particular en el valle de Casma, se vislumbra otra esfera de interacción con arquitectura que se caracteriza por su material de construcción diferente (adobes cónicos y fachadas de piedra a modos de sillares), así como por una configuración particular que consiste en nueve compartimentos alrededor de un atrio y una cámara central. Además de ello, destaca por su decoración en forma de murales polícromos y relieves con representaciones figurativas. El sitio más importante es Cerro Sechín, con dos fases principales; la primera, de un edificio de barro, se inicia alrededor de 2200 a. C. con una plataforma baja con esquinas redondeadas y una escalinata central. Destaca por sus murales polícromos duales en la entrada de la cámara central, en las pilastras, en las alfardas de la escalinata y en el escalón bajo de la

---

36. Vega-Centeno 2007, 2008.

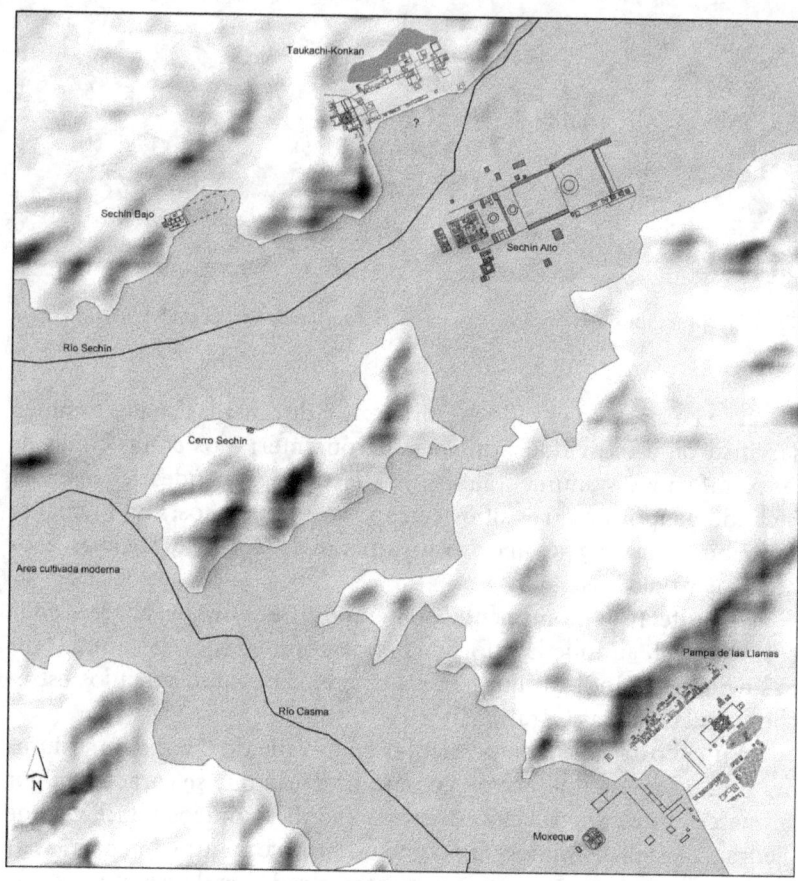

Figura 1.3. El valle de Casma con sitios principales (elaboración por H. Ikehara).

plataforma. Este edifico fue construido con adobes cónicos; luego fue superpuesto por otro más grande, del que se ha conservado la fachada de piedras con probablemente 400 bloques decorados que se constituye como el conjunto de arte lítico más temprano, más completo y más numeroso de la costa (2100 a 1800 a. C.).[37] Este sitio forma una

---

37. Lerner et ál. 1992, 1995; Fuchs y Patzchke 2015.

dualidad con otro edificio casi idéntico, llamado Sechín Bajo, en el margen opuesto del río Sechín. Otros edificios deben haberse quedado enterrados debajo de los grandes complejos del Formativo Temprano. Arquitectura parecida se ha excavado en otros valles más norteños como Nepeña, Santa y Jequetepeque. Más al norte, en Lambayeque, se conoce otro centro, Cerro Ventarrón,[38] de fines del tercer milenio, que muestra superposiciones con edificios de esquinas redondeadas con murales polícromos y trozos de arcilla como material de construcción en vez de adobes. Además, hay importantes complejos contemporáneos en el flanco del Cerro Ventarrón.

La tercera esfera, llamada Mito, se difunde por la sierra, con centros en Huánuco (Kotosh)[39] y en el valle alto del río Santa (Chuquicara) (La Galgada).[40] La arquitectura de piedra se caracteriza por poseer plataformas, escalinatas reducidas y no céntricas con edificios cuadrangulares en su cima. Sus interiores comprenden un piso cuadrangular hundido con fogón central y ductos de ventilación subterráneos, así como nichos. Estos suelen enterrarse para construir otro recinto encima de ellos en secuencias casi idénticas. Fechados radiocarbónicos parecen indicar una presencia prolongada de estas secuencias, desde aproximadamente 2500 hasta 1500 a. C. en Kotosh, Huánuco, pero este patrón arquitectónico se observa hasta mucho más tarde, en el sitio Chavín de Huántar (aproximadamente 900 a. C.).

Por lo general, los datos acerca de economías de subsistencia son más escasos que los de la Esfera Caral, pero destacan porque concuerdan con la relevancia asignada a las fiestas de consumo comunal, así como la quema y depósito intencional de los residuos. Varios depósitos excavados en Cerro Ventarrón contenían restos de peces de río y de mar, aves lacustres, venados y el felino jaguarundi (*Herpailurus yaguarondi*), y plantas como calabaza, zapallo, ají, frejol, palta, guayaba y lúcuma —por tanto repertorios parecidos a los mencionados—, pero también hay entierros de animales como el guacamayo (*Ara arauna*;

---

38. Alva 2010, 2014.
39. Izumi y Terada 1972.
40. Grieder et ál. 1988.

posiblemente un animal criado) con collar de crisocola, el mono (*Cebus albifrons*) y la nutria (*Lutra felina*), que parecen señalar contactos con la zona de Bagua-Jaén, en la ceja de selva oriental.[41] Contextos parecidos también aparecen en otros sitios, como en la costa central.[42]

Otro aspecto es la producción de adornos en forma de agujas (*tupus*), pectorales, collares, etc., hechos de hueso, conchas o piedras semipreciosas. Estos también aparecen en forma de materia prima. En Caral, Ruth Shady encontró doce minerales, entre los que destaca la crisocola (piedra verde a menudo confundida con la turquesa), que también aparece, aun en cantidades mayores, en la costa norte. Spondylus y strombus, este último también en forma de trompeta (Punkurí, valle de Nepeña), señalan contactos de larga distancia con el norte; objetos que suelen estar asociados a contextos funerarios en arquitectura monumental en la Esfera de Sechín y en La Galgada (Esfera Mito), que indican una destacada posición social de las personas enterradas con poder de adquisición de material de difícil acceso; en muchos casos se trata de mujeres de edad avanzada. Morteros líticos altamente decorados que reflejan motivos de murales también se enterraron junto con ellas.

De esta manera, el tiempo a menudo caracterizado como el de una complejidad emergente parece ser algo más que eso. La arquitectura monumental ubicua se manifiesta en formas diferenciadas, pero comparte algunos rasgos; otros indican contactos entre ellas. Así algunos rasgos distintivos de la Esfera Sechín aparecen en la Esfera Caral, sobre todo en la parte tardía, cuando decoraciones y patrones arquitectónicos parecen ser emulaciones del norte. Lo propio ocurre con la Esfera Caral, cuyos rasgos aparecen en la costa central. Por el otro lado, rasgos típicos de la Esfera Mito se observan en muchos sitios con arquitectura monumental en la costa norte, norcentral y central. Algo parecido ocurre con los mencionados productos en forma de adornos personales, normalmente asociados a personas destacadas en la costa norte, pero además en La Galgada, de tradición Mito, cuyos rasgos arquitectónicos también señalan influencias de la costa. Figurinas

---

41. Alva 2014.
42. Duncan et ál. 2009.

antropomorfas de barro, más características de la Esfera Caral, aparecen en la costa norte y hasta en Huánuco; mientras que los llamados *tupus*, agujas de hueso, son más frecuentes en sitios de la Esfera Mito, pero también han sido hallados en sitios costeños.

Estas esferas, con sus características señaladas, parecen indicar zonas de organizaciones sociales que si bien se encuentran en contacto, excepcionalmente en forma de nucleaciones como en el Supe medio y probablemente el Casma medio, parecen llevar a destinos diferentes con complejidades y desigualdades mayores en la zona norte que apuntan a conexiones estrechas y poderes sociales (y probablemente rituales) cohesionados como centros regionales. Este desarrollo también tiene sus repercusiones en las intensidades en la producción de economías de subsistencia al igual que de producciones artesanales.

Cambios aún se perciben en las áreas "no monumentales". En la puna de Junín se observa signos de una permanencia más estable en los sitios estudiados. Esta tendencia del sedentarismo probablemente se relaciona con el pastoreo, la crianza de cuyes y el cultivo suplementario de algunas plantas. Estructuras circulares con champas (la cobertura de gramíneas) en cuevas y abrigos rocosos junto con asentamientos lacustres y la probable explotación de recursos lacustres sugieren estrategias parecidas a las de los humedales de la costa. Un sitio importante de extracción de sal, San Blas, cerca del lago Junín, se explotó desde el Arcaico Final (aproximadamente 1800 a. C.). Con productos como carne seca, cueros y lana o fibra de camélidos y otros, estas sociedades altiplánicas deben haber interactuado con habitantes de la cuenca de Huánuco (Mito) y otras zonas más bajas. En el área de la sierra sur, en el mencionado sitio Asana, estructuras ceremoniales en miniatura probablemente son emulaciones de ejemplos "a tamaño natural" del norte. En esta zona también se establece el pastoreo a partir de 2400 a. C.[43] Este tipo de contacto "a distancia" también se observa en la costa surcentral y central.

Todo ello indica por un lado la nucleación de arquitectura monumental en sitios relativamente grandes y en áreas restringidas que

---

43. Aldenderfer 1998.

destacan por la producción de bienes de lucro y el surgimiento de una desigualdad social, más notable en la Esfera Sechín, y, por el otro lado, por interacciones relativamente estrechas entre estas esferas a lo largo de la costa, pero con extensiones hacia la sierra y, como acaba de mencionarse, áreas más distantes. La economía doméstica no es bien conocida por falta esencial de datos, pero economías ritualizadas basadas en ceremonias y fiestas de diferentes tipos se establecen en torno a espacios especiales (plataformas y plazas), y requieren una producción sostenida de bienes de consumo, entre los cuales destacan las bebidas. Brian Hayden ha enfatizado su papel en estas economías políticas, así como la probabilidad de que algunas plantas y también animales fueran domesticados para este fin en vez del bienestar social generalizado.[44]

Establecimiento de territorialidad política con centros locales y regionales (aproximadamente 1700-1500 a 800 a. C.)

El Formativo Temprano

El término "Formativo" que se empleará a continuación señala una cesura con tiempos anteriores (periodo Arcaico). Por lo general, se relaciona con la emergencia generalizada de la cerámica, por lo que existe también la denominación Periodo Inicial. Esta calificación de la cerámica se justifica por su recurrencia y, por tanto, su poder de comparación para fines cronológicos, y no tanto por su relevancia social o económica, aunque, como se verá a continuación, su papel es mucho más importante que lo comúnmente aceptado. Se prefiere el término "Formativo" en este trabajo porque es de uso común en muchos países americanos, y su papel es formativo en el sentido de consolidar las bases para la formación de sociedades complejas.[45]

---

44. Hayden 2015.
45. Acerca de la problemática véase Rowe 1962, Lanning 1967, Lumbreras 1969, Menzel 1977, Burger 1992, Kaulicke 2010.

Esta concentración en la cerámica lleva a algunos problemas relacionados con sus inicios. En lo que acaba de tratarse como periodo anterior (hasta 1500 a. C.) no hay rasgos de cerámica en casi todos los sitios presentados. En una perspectiva más global, sin embargo, queda claro que la cerámica en los Andes centrales es muy tardía respecto de la de países modernos como Ecuador, Colombia y Brasil, donde aparece alrededor de 4000 a. C. o más temprano aún, pero sin asociación con notables rasgos de complejidad. En China y Japón existe entre 16.000 y 12.000 a. C. Ante estas diferencias tan marcadas hay que preguntarse el porqué de este notable retraso. Por otro lado, la cerámica más temprana en los Andes centrales a menudo es vista como simple y poco atractiva o variada comparada con los posteriores ejemplos, más complejos y atrayentes (a partir de 1200 a. C.). En lo que sigue se prefiere una subdivisión en Formativo Temprano (1700-1500 a 1200 a. C.) y Formativo Medio (1200 a 800 a. C.). Se tratará el Formativo Tardío aparte por las razones que se expondrán a su tiempo.

Los cambios más notables del Formativo Temprano se observan en el valle de Casma, que se parece a las anteriores nucleaciones de las zonas mencionadas, en particular la de Caral, pero con diferencias que resaltan. El sitio Cerro Sechín sigue ocupado, pero sin mayores cambios en su arquitectura monumental (al menos en lo que se ha conservado), mientras que Sechín Bajo se convierte en un complejo alargado de 145 m x 125 m y 15 m.[46] Los otros complejos probablemente también fueron ocupados antes, como otro par de complejos, Sechín Alto y Taukachi-Konkán, que son mucho más grandes. Sechín Alto cubre casi 2 km^2 con una construcción central de 300 m x 250 m x 44 m y Taukachi-Konkán con 1250 m x 500 m, en un área total de unas 1100 ha. Separada por el Cerro Sechín y el de San Francisco, hacia el SSE se ubica Pampa de las Llamas-Moxeke, con una extensión de más de 2 km^2 o 360 ha. Fuera de estas construcciones impactantes es preciso señalar las dimensiones de las secuencias de sus plazas, que miden 414.805 m^2 en el caso de Sechín Alto y 361.800 m^2 en el de Pampas de las Llamas-Moxeke. Todos estos complejos comparten la misma orientación (NNE) y están construidos

---

46. Fuchs y Patzchke 2015.

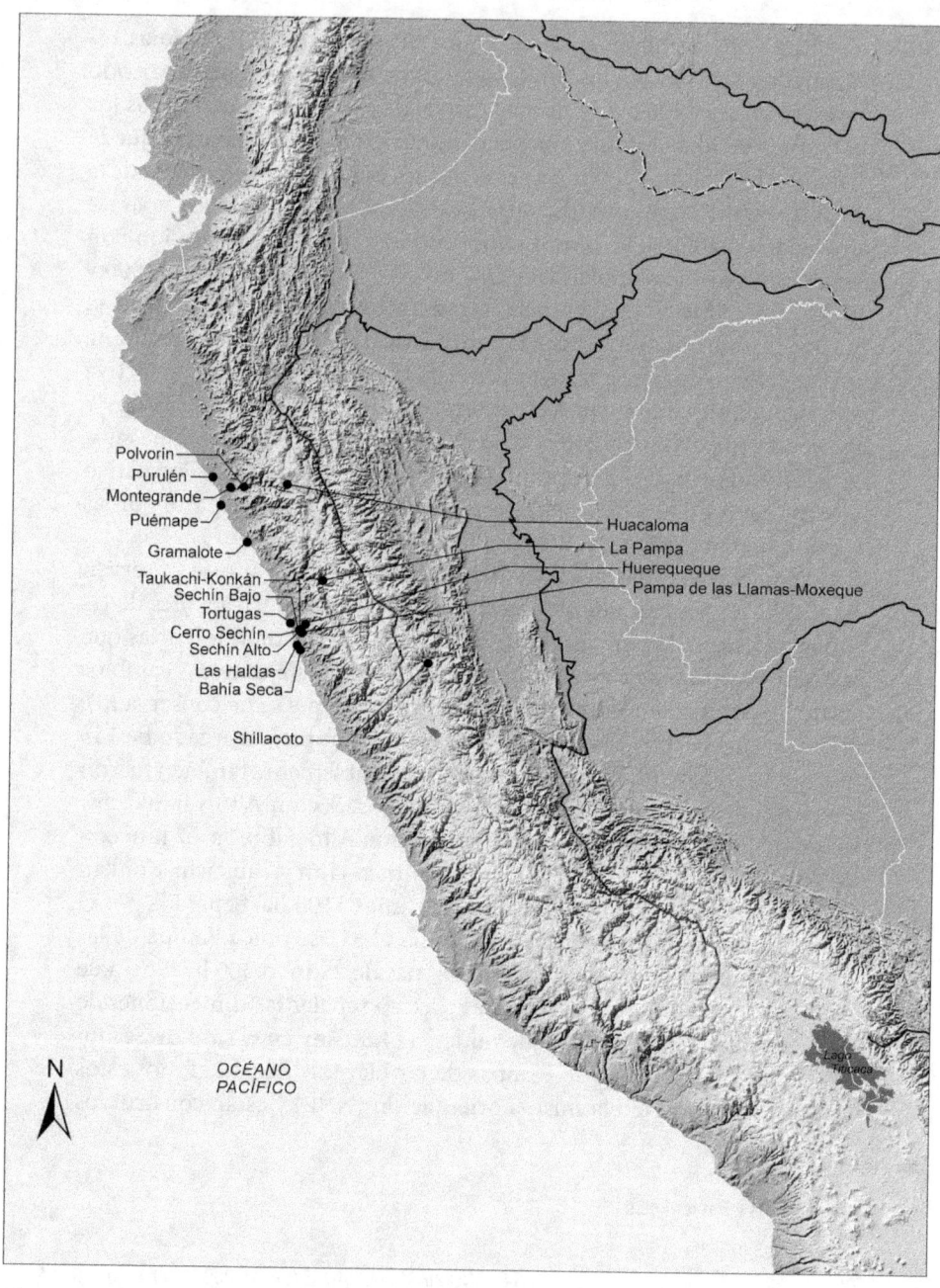

Figura 1.4. Formativo Temprano. Sitios mencionados en el texto (elaboración por H. Ikehara).

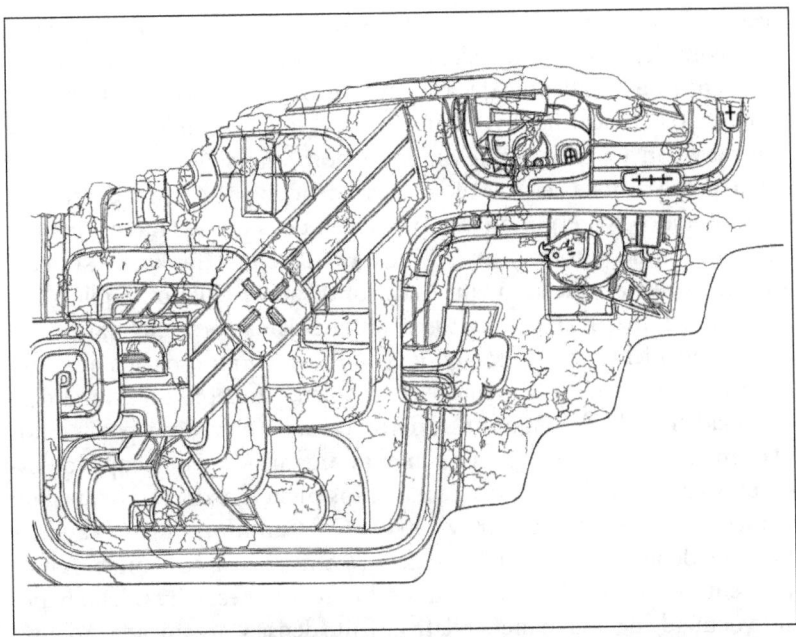

Figura 1.5. Mural de San Juanito, valle de Santa (cortesía de Claude Chapdelaine).

por adobes cónicos grandes con abundante uso de piedras, mortero y enlucidos. Las construcciones encima de estas plataformas superpuestas a menudo están afectadas por intervenciones posteriores, pero en los casos de Taukachi-Konkán y Sechín Bajo muestran instalaciones complejas. En la primera se percibe una tripartición de patios y cuartos laterales con un total de 118 columnas. Este complejo fue interpretado como residencia real. La Huaca A del complejo Pampas de las Llamas-Moxeke, en cambio, muestra una composición compleja con simetría cuatripartita interpretada como centro administrativo con función de almacenamiento[47] o lugar de congregación de diferentes unidades sociales relacionado con el poder, representación sociopolítica y

---

47. Pozorski y Pozorski 1987.

negociación de jerarquía, autonomía y subordinación.[48] La mayoría de estos complejos monumentales están flanqueados por estructuras laterales, en el caso de Pampa de las Llamas-Moxeke en forma de unos cien montículos estrictamente ordenados en el lado occidental de la plaza central y concentraciones de unidades domésticas al lado opuesto. Lo poco que se conoce de estas últimas es la tendencia a formar conjuntos. Mejores datos correspondientes provienen del sitio de Huerequeque, a unos 24 km de la costa y unos 12 km río arriba de Taukachi-Konkán. Ahí varios sectores se agrupan alrededor de una estructura pública con unidades domésticas de cuartos cuadrangulares a rectangulares (2 a 9 m^2) con nichos, banquetas y depósitos, así como espacios abiertos. Algunas diferencias en tamaño y complejidad sugieren una cierta desigualdad entre los habitantes; senderos, calzadas elevadas y pavimentos evocan la presencia de un asentamiento organizado. Fue ocupado desde el Arcaico Final como los demás sitios mencionados; su ocupación principal se ubica entre 1700 y 1400 a. C.[49] Caminos, calles o calzadas también deben haber existido alrededor y entre los otros complejos monumentales contemporáneos, de modo que toda esta área debe haber sido ocupada de una manera relativamente densa y organizada. Además de ello, todos los complejos principales tenían decoración en forma de murales, esculturas y columnas polícromas de escalas monumentales con motivos figurativos en un estilo distintivo entre esquematización y "naturalismo".

Si se acepta que todos estos complejos interrelacionados se construyeron y se usaron en el lapso de unos trescientos años o quizá menos (1700 a 1400 a. C.), deben haber albergado un número relativamente alto de habitantes; sus construcciones reflejan una demanda de labor humana considerable que probablemente excedía el potencial de una población restringida en un valle pequeño. Estas construcciones, además, implican planificación con la participación de especialistas en la ejecución de las decoraciones monumentales y el diseño arquitectónico. Ante estas características resultan algo extrañas algunas

---

48. Vega-Centeno 2017.
49. Pozorski et ál. 2016.

cualificaciones como "un mosaico de minúsculos sistemas políticos preestatales";[50] otros prefieren ver un Estado teocrático o uno heterárquico compartiendo su poder con otros,[51] así como "verdaderos proyectos urbanísticos";[52] mientras que muchos otros[53] apenas los mencionan o prefieren ignorarlos. Si comparamos esta situación con Mesoamérica, el sitio más grande del Preclásico Inferior de la zona olmeca, San Lorenzo, ocupó un área de unas 690 ha con arquitectura monumental y viviendas construidas y ocupadas entre 1400 y 1200 a. C., con una construcción final entre 1200 y 1000 a. C. Ann Cyphers, la investigadora principal de este sitio, acepta una jerarquización social, un carácter estatal y un "nivel de complejidad que se alcanzó en San Lorenzo [que] rebasó incomensurablemente la escala y naturaleza de otras sociedades [...] durante el Preclásico inferior".[54] Baines y colegas compararon ciudades del antiguo Egipto, del área maya y del sudeste de Asia bajo el aspecto de "ciudades como arenas de *performance*" en monumentos y espacios abiertos; sus argumentos sugieren paralelos con la zona nuclear de Casma.[55]

De este modo, surge una discusión acerca de tipologías sociales en cuanto a "Estado vs. no-Estado ("no-Estado aún" o pre-Estado, protourbano) o "ciudad vs. no-ciudad" que implica también a Caral en la interpretación de Ruth Shady, quien favorece expresiones como "ciudad sagrada" y "Estado prístino". Los oponentes a estas calificaciones se fijan en definiciones sacadas de ejemplos del Viejo Mundo que son casi tan numerosos como los sitios que sirven de modelo. Norman Yoffee[56] sugiere como propuesta de consenso la presencia de asentamientos permanentes con dimensiones relativamente extensas y un número alto de habitantes, socialmente diversos, como líderes y seguidores que

---

50. Burger 1992: 87.
51. Pozorski y Pozorski 2012.
52. Bischof 2010.
53. Véase Quilter 2014.
54. Cyphers 2012: 115.
55. Baines et ál. 2015.
56. Yoffee y Terrenato 2015: 1-2.

controlan la ciudad y las cosas dentro de su interior y las que salen de esta. Tienen un centro de arquitectura impresionante que posibilita y restringe actividades políticas, sociales o ideológicas, y dependen del sustento de alimentos producidos en cercanas zonas rurales. Proporcionan además servicios y bienes manufacturados a este entorno y adquieren, por medio del comercio a larga distancia, bienes utilitarios y de lucro; proveen también un sentido de identidad a sus habitantes, se constituyen como arenas en las que los gobernantes demuestran sus conexiones especiales con los dioses y el cosmos, son contenedores de potenciales dramas sociales y de disputas entre grupos competitivos o cooperativos y sus líderes locales, y, por último, crean o incuban problemas significativos en relación con el medioambiente y la salud pública. Esta larga lista se considera aún simplificada, pero se adapta a muchos casos conocidos, algunos del "Nuevo Mundo" incluido, aunque aquellos discutidos no se incluyen en el compendio referido.[57] Pero los casos presentados en la obra citada, en su gran mayoría, son más tardíos; mientras que los problemas acerca de la emergencia de Estados es otro asunto, normalmente discutido en relación con jefaturas.[58] Pese a un cierto consenso respecto de que podrían ser precursores de una formación estatal, se diferencian por la ausencia de aparatos coercitivos, y, por tanto, tienden a desintegrarse. Por lo general, el desarrollo agrícola, el sedentarismo y el incremento demográfico son precondiciones para la emergencia de Estados como organizaciones políticas centralizadas, iniciadas con la domesticación de plantas que llevan al sedentarismo y de ahí a una creciente densidad demográfica, así como al surgimiento de la desigualdad (producción de alimentos, nucleación y estratificación social). Si bien existe un general consenso acerca de esta cadena, predomina una notable falta de unanimidad acerca de los mecanismos involucrados. Algunos postulan que los integrantes de Estados se benefician de redistribuciones económicas y la provisión de bienes públicos, procesamiento de información y coordinación de la división laboral, y del intercambio y acceso diferencial a

---

57. Yoffee 2015.
58. Para una discusión reciente véase Carneiro et ál. 2017.

bienes comercializados que llevan a la complejidad económica, y esta a complejidad política. La formación del Estado es vista como parte de sistemas más grandes y compactos de interacción. Esta es la posición preferida de arqueólogos y muchos antropólogos, mientras que historiadores y sociólogos prefieren teorías basadas en el conflicto y desigualdades, ya que estos predominan en los documentos escritos. De modo que podría ser recomendable llegar a compromisos en vez de confrontaciones acérrimas,[59] lo que vale también para las discusiones alrededor del concepto de ciudad (también en el sentido de "prístino"). Gary Feinman enfatiza la relevancia de acciones colectivas.[60]

En los casos de Supe y de Casma, algunos de los puntos mencionados en cuanto a su condición de ciudades o Estados se cumplen, pero otros se escapan por varias razones. En primer lugar, es imposible excavar ciudades en forma completa (y menos Estados), aunque existen ahora métodos y técnicas del Sistema de Información Geográfica (GIS) que permiten una documentación de la superficie bastante completa, combinada con otros como el georradar (GPR), pero estos solo excepcionalmente han sido aplicados en los casos referidos. Como se verá a continuación, otras evidencias padecen de limitaciones serias en cuanto a los datos básicos para poder determinar estrategias económicas, de intercambio y características de desigualdad social, ya que datos relacionables solo existen en forma tan exigua que no permiten cuantificaciones sostenidas o discusión de contextos comparados, tanto por las limitaciones de su recuperación como por la reticencia en publicar en forma completa los datos y los análisis efectuados. A continuación, se tratará de interpretar lo disponible dentro de estas limitaciones.

La relación del núcleo excepcional de Casma con otros sitios del valle sugiere un sistema interconectado con otros sitios del litoral como Tortuga y Bahía Seca, donde se emplearon shicras, que, como se ha visto, eran más características de la Esfera Caral. Estas también se usaron en el sitio monumental de Las Haldas, al sur de Casma, que

---

59. Scheidel 2013.
60. Feinman 2017.

llega a tener más relevancia a partir de 1400 a. C. Por otro lado, arquitectura monumental parecida a la de Casma se ha reconocido en los valles de Culebras, Huaura y Fortaleza, pero estos sitios aún no se han excavado. Si sitios de la Esfera Caral se prolongan hasta 1500 a. C., fachadas compuestas en nichos como las de Moxeke en Casma, las de Vichama en Végueta y otras serían contemporáneas y probablemente influenciadas por el núcleo de Casma. Otros sitios comparables y contemporáneos hacia el norte aparecen entre los valles de Chao y en Jequetepeque, donde plataformas, escalinatas, técnicas de construcción y fachadas con nichos se parecen mucho a las construcciones de Casma, aunque en escalas mucho menores.[61] Sitios más grandes como Polvorín (6675 m^2), en el mismo valle, parecen ser algo más tardíos, pero pueden haberse iniciado en el mismo tiempo; mientras que otro, Purulén, en el valle de Zaña, ostenta características algo diferentes que pueden señalar la presencia de otra esfera norteña como continuación de la de Cerro Ventarrón más al norte. De este modo se observa una distribución tanto al sur como al norte (unos 550 km en línea recta) que realza la relevancia de Casma sin que necesariamente se quiera implicar un poder directo sobre toda esta área, pero sí una especie de globalización temprana. Por otro lado, llama la atención que los valles colindantes con el de Casma parecen haber tenido poblaciones contemporáneas menores a juzgar por la escasez de los sitios de la misma época.

La situación en la sierra colindante es poco clara aún. En Huacaloma, cerca de la ciudad moderna de Cajamarca, hay evidencia de una arquitectura formalizada y quizá no doméstica, pero no monumental; pero en otros lugares la tradición Mito parece mantenerse.

En cuanto a la subsistencia, los datos disponibles son menos consistentes que los del periodo anterior. No parecen existir diferencias notables en relación con la situación anterior en el valle de Casma, donde zapallo y lúcuma son relativamente abundantes, así como tubérculos como papa, camote, achira y yuca. Otras plantas son ají, frejoles,

---

61. Tellenbach 1986.

palto, pacae y cansaboca.[62] De esta manera, destacan árboles frutales (arboricultura) y el cultivo de tubérculos y leguminosas, mientras que el maíz parece estar ausente. Algunos de estos tubérculos podrían haberse importado de la sierra (Cordillera Negra y Callejón de Huaylas). Maíz, sin embargo, fue encontrado en Sechín Bajo, donde apareció en forma de libaciones (comunicación personal con Peter Fuchs), lo que implica su uso ritual y probablemente restringido. Plantas cultivadas también han sido encontradas en los sitios de litoral fuera de peces y moluscos, que deben haber sido llevados a sitios del interior, como en el caso de Huerequeque, lo que implica un intercambio probablemente intensivo. Evidencias de cacería en forma de puntas líticas de proyectil y huesos de venado de cola blanca pueden reflejar actividades relacionadas con el manejo y consumo ritual en ceremonias de los sitios monumentales, junto con peces como la anchoveta.

Un sitio del litoral del valle de Moche (Gramalote, 1600 a 1200 a. C.), con evidencias menores de arquitectura no doméstica en una aldea relativamente pequeña, presenta un panorama más completo, con mamíferos marinos como delfines y lobos marinos; peces como tiburones, rayas, corvina, lorna y suco; aves marinas como cormorán, pelícano, pingüino y otras veintitrés especies de aves; así como conchas marinas, aunque en cantidades menores. Maíz aparece en cantidades menores, del que se asume que fuera usado para la producción de cerveza (chicha). La pesca parece haberse efectuado con el uso de botes de cañas; la horticultura también fue practicada con el cultivo de yuca, camote, tomate, frejoles y zapallos al lado de árboles frutales.[63] En el cercano complejo monumental de Caballo Muerto (fase Cortijo, 1600 a 1100 a. C.) se encontraron muchos restos de pescado (básicamente anchoveta) y caracoles de lomas, así como evidencias de pocos camélidos, yuca, papa y maíz.[64] La cacería de venado y de camélidos también se practicaba en sitios serranos, donde se percibe un conjunto de

---

62. Pozorski y Pozorski 1987.
63. Prieto 2014.
64. Nesbitt 2012.

cacería, recolecta y probablemente pastoreo, así como la adquisición de animales exóticos.

Si bien este panorama es muy incompleto y padece, como en el caso del periodo anterior, de una escasez marcada de aspectos de consumo en contextos domésticos, se percibe una cierta especialización en la producción de bienes y de intercambio dentro de sistemas cerrados como entre ellos y otros como los serranos. De este modo, la obtención por medio de la caza, la recolección, pesca y pastoreo, vista desde el aspecto de las fiestas o ceremonias de diferentes escalas, sugiere nociones de economías ritualizadas, lo que debería reflejarse también en la producción de otros bienes.

Un aspecto importante relacionado con estos últimos es el elemento "nuevo", la producción de cerámica. Ante el despliegue arquitectónico marcadamente diferenciado en tamaño, complejidad interna y densidad, vinculado en muchos valles de la costa y en la sierra, conviene ver la producción, la distribución y el consumo de cerámica. Lamentablemente hay pocos estudios profundos que podrían esclarecer estos criterios económicos debido a evaluaciones algo sumarias y poco sustentadas del supuesto reducido dominio técnico y la escasez en variedad formal y decorativa. Por tanto, las funciones asumidas se limitarían a la preparación del consumo doméstico, lo que es poco probable cuando se trata de contextos de arquitectura monumental. En contextos más domésticos como Montegrande, en el valle de Jequetepeque, dominan cuencos, platos y ollas globulares con o sin cuellos cortos, así como platos compuestos y botellas con cuello alto. La decoración abarca aplicaciones e impresiones de caña, incisiones y peinado. Las ollas constituyen las formas más frecuentes. Probablemente eran útiles para fines culinarios (preparación de bebida o comida sólida), mientras que las botellas y los platos más finos servían para el consumo de líquidos y comida sólida; otras piezas parecen haberse limitado a usos funerarios (¿y festines funerarios?).[65] Las ollas mencionadas aparentemente tenían volúmenes reducidos. En otros sitios, en cambio, estas son bastante más grandes, como en Casma, aunque

---

65. Ulbert 1994.

la cerámica de este valle no está presentada en detalle aún. Las formas también difieren, lo que indica diferencias en cuanto a los ámbitos de producción, distribución y consumo. Estas ollas se parecen mucho a piezas halladas en sitios de la sierra (La Pampa) y hasta Kotosh (Huánuco). Si formaban parte de redes de intercambio, debería pensarse también en los contenidos. Es probable que muchas fueron producidas en y exportadas desde la zona de Casma fuera de emulaciones (producción local). En Huánuco, un componente menor consiste en una cerámica distinta, muy pulida y decorada con diseños más complejos en forma de incisiones y excisiones, así como pigmentos aplicados después de la cocción. Sus formas se distinguen por poseer bocas ovaladas y subtriangulares. Posiblemente se trate de emulaciones de vasijas de madera de las zonas más tropicales, como piezas de prestigio que parecen haberse intercambiado también con la puna y en la costa. De esta manera, la cerámica en el Formativo Temprano juega papeles relevantes tanto en restringidos ámbitos domésticos como en fiestas comunales mayores. Es, por tanto, un factor de alta relevancia tanto como contenedora en la preparación de comida y bebida como para depósito y el transporte. Cabe señalar, sin embargo, que recipientes de calabaza se mantenían en uso.

Por otro lado, a juzgar por los fechados por radiocarbono, la cerámica comienza a usarse en el valle de Casma antes que en otras partes. En el valle de Jequetepeque el límite entre sitios con y sin cerámica es bastante preciso entre 1600 y 1500 a. C., de modo que la emergencia de la cerámica no es uniforme en todo el ámbito de los Andes centrales; pero esta impresión puede deberse también al conocimiento incompleto, ya que un avance paulatino desde el norte hacia el sur no es evidente. Otros objetos de cerámica son figurinas antropomorfas de barro cocido (en Casma) y cucharas en la sierra norte, estas últimas probablemente usadas en comidas comunales.

Morteros de piedra permanecen en la tradición del periodo anterior; probablemente eran obras de especialistas y de un alto valor social, ideológico y político. Un probable taller de estas piezas existía en Pampa de las Llamas, en el sector llamado residencial. La manufactura de tejidos debe de haber alcanzado niveles técnicos más avanzados; piruros y otros objetos relacionables aparecen en la mayoría de los sitios tanto costeños como serranos, y apuntan a una producción importante que debería haberse intercambiado también.

Pero, por lo general, los datos acerca de bienes producidos son escasos, a diferencia de los datos del periodo anterior, debido a excavaciones limitadas y a la escasez o ausencia de descripciones y análisis del material obtenido. Parece que esta escasez aparente contribuye a la tendencia de la percepción de un grado reducido de complejidad sociopolítica y económica que contrasta diametralmente con los vestigios arquitectónicos, como se ha visto, por lo que no puede ser concluyente.

Otro factor que contribuye a esta impresión es la ausencia física de personas destacadas como aquellas del periodo anterior en la misma zona. Pero no solo faltan las evidencias de ellas, sino también las de toda la población. Las razones que puedan dar cuenta de tal fenómeno son difíciles de explicar. Posiblemente, una se debe a la escasez de excavaciones en estos megasitios, por lo cual una supuesta "ausencia" probablemente no es tal. Una alternativa sería la presencia de lugares funerarios fuera de los asentamientos que deben ubicarse aún. De ninguna manera estas limitaciones pueden llevar a la conclusión de que tales élites no hayan existido en el discutido lapso de tiempo.

Contextos funerarios, sin embargo, se conocen de otros sitios, como en el valle de Jequetepeque: grupos de estructuras circulares o torres funerarias con individuos enterrados en forma secuencial. Esta práctica indica un uso prolongado, probablemente destinado para personas de cierta relevancia en los asentamientos asociados, pero la información es incompleta por el saqueo casi total de ellas. Otros fueron enterrados en pozos con cámara lateral, como una mujer flexionada con pigmento rojo sobre la cabeza, un espejo de antracita, una botella de cerámica, un piruro de piedra, una cuenta de piedra verde y dos conchas marinas, mientras que un hombre estaba acompañado con dos vasijas, dos espátulas óseas y una concha.[66] En Puémape, por la desembocadura de la quebrada Cupisnique, veinticuatro estructuras funerarias básicamente contemporáneas parecen formar un círculo,

---

66. Seki 1997.

y contenían individuos envueltos en esteras sin objetos asociados.[67] Estructuras complejas fueron encontradas en Huánuco (Shillacoto), las que, como los casos de Jequetepeque, contenían varios individuos con relativamente pocos objetos, pero de buena calidad, incluyendo fragmentos de cerámica (¿"matada" ritualmente?). En el caso de Shillacoto, se trata además de un complejo con marcadas evidencias de actividades rituales, incluyendo el tratamiento funerario festivo y prolongado de personas exaltadas, lo que exigía la producción de grandes cantidades de cerámica muy decorada y de variadas formas, de excepcional calidad. También destacan objetos líticos como morteros decorados, platos y cuencos, hachas pulidas, espejos de antracita, así como espátulas y agujas óseas. Todos ellos ostentan una calidad extraordinaria.[68] Muchos de estos objetos probablemente no son de producción local, sino que provenían de la costa, lo cual, en forma algo indirecta, rectificaría su escasez, por ejemplo, en Casma.

Por lo expuesto, resulta difícil evitar la impresión de la existencia de una globalización con un megacentro cuyas repercusiones se sienten sobre una parte extensa de la costa y otras de la sierra. Esta globalización (véase definición abajo) no solamente se expresa en una monumentalidad insuperada, sino también en un auge en la producción de bienes de lucro en una red extensa con indicios de especializaciones. Ante este auge, la Esfera Caral se ve impactada, pierde su influencia anterior y parece trasladarse hacia la costa central, donde se está formando otra esfera poco conocida aún.

Esta interpretación de las evidencias se opone a otras que prefieren ver formaciones políticas reducidas de relativamente poca complejidad. Es posible que estas posiciones se deban a la intención de resaltar la relevancia suprema del sitio Chavín de Huántar, que, sin embargo, probablemente no existía aún. De esta manera, es preciso presentar los problemas relacionados con este sitio, que casi desde los inicios de la arqueología se ha visto como un paradigma de origen de la civilización.

---

67. Kaulicke 2015a.
68. Izumi et ál. 1972, Kano 1979.

El problema Chavín

Desde que Julio C. Tello convirtiera el sitio Chavín de Huántar, en la sierra de Áncash, en su paradigma de la civilización centroandina, este sitio, con su estilo lítico y la distribución panandina de su culto, se ha convertido en un aforismo de origen popularizado y casi incuestionado. Tello y otros defendían una irradiación desde Chavín a la costa y otros lugares de la sierra, en forma de colonias incipientes, en lugares sin evidencias de poblaciones anteriores. En la visión de su discípula Rebeca Carrión Cachot, pero de acuerdo con la óptica del maestro, se trata de un

> Imperio Chavín, de aquel misterioso pueblo que desde el oriente se extiende al occidente logrando dominar el accidentado territorio del Perú, en todas direcciones [...]. Esta civilización Chavín se extendió más allá de los límites [...] [d]el Imperio de los Inkas [...]. Esta vieja civilización Chavín es homogénea en artes, en ritos, en religión, en raza y probablemente en lengua [...]. Chavín es pues el tronco, la cepa del árbol de la gran familia peruana.[69]

Como se ve, Tello y Carrión Cachot no prevén desarrollos económicos y culturales previos como los que se han presentado en este trabajo —para ellos pertenecían a la civilización Chavín—, sino que proponían una base sólida (la unidad geoétnica de Tello), cuyas variaciones —también llamadas "chavinoides" o Chavín fuera de Chavín— se subordinaron al modelo del sitio de Chavín. Este último se constituye así como centro único y supremo cuyo origen remoto está ubicado en las brumas de la floresta —sin presentar evidencias convincentes—, ya que la costa es considerada como una zona que no puede desarrollarse sin el empuje inicial de un centro serrano. Esta posición de excepcionalidad es aceptada hasta la actualidad, particularmente por medio de publicaciones influyentes fuera del Perú, por

---

69. Carrión Cachot 1948: 169, 172.

Richard Burger,[70] quien sostiene en su trabajo de síntesis más reciente que la arquitectura y el arte asociado de Chavín de Huántar fueron únicos en los Andes centrales. Burger asume que Chavín comenzó como centro ceremonial que atraía visitantes de muchas zonas distantes y convirtió tradiciones diferentes en un estilo internacional como una "tradición inventada". Este centro ceremonial fue asociado a áreas domésticas reducidas, pero luego se convirtió en una zona más densamente habitada de poblaciones más complejas en un entorno de otros asentamientos más reducidos y menos complejos, lo que merecería, según Burger, calificarlo como ciudad-Estado o jefatura compleja. Otros centros contemporáneos fueron menos impresionantes que Chavín, y constituyeron una esfera de interacción Chavín muy amplia, con la excepción de algunas sociedades que rechazaron su impacto. El mencionado autor termina su trabajo con la aseveración de que la esfera de interacción Chavín en el Horizonte Temprano es un fenómeno íntimamente ligado a la historia de Chavín de Huántar que produjo un grado de integración cultural de los Andes centrales sin precedentes, por lo que concuerda con la calificación de cultura matriz que Tello tenía en mente.[71] En forma resumida, el mismo autor[72] enfatiza la presencia de un culto en forma de oráculos en costa y sierra, y la emergencia de peregrinajes hacia Chavín de Huántar, por lo que se consolida el comercio a larga distancia, facilitado por caravanas de llamas; tecnologías metalúrgicas, textiles y otras se propagan en beneficio de las élites en Chavín de Huantar y en otros centros interactuantes. Grupos distantes de Chavín de Huántar, caracterizados por cerámicas locales, adoptan la de Chavín. En esta concentración de residentes, peregrinos y mercaderes de todos los Andes centrales se desarrolló una actitud ecuménica y cosmopolita que podría haber llevado a la adopción de una lingua franca.

Este entrelazamiento atractivo de datos diversos y de diferentes niveles, espacios y contextos, con interpretaciones que incluyen

---

70. Véase Burger 1992, 2008.
71. Burger 2008.
72. Burger 2014.

aspectos de economía, sociopolítica, ideología y hasta lingüística, operan con el concepto de un megacentro cuya centralidad suprema no se pone en duda. Pero antes de discutir esta posición poco modificada durante varias décadas y, en cierto grado, continuación de variantes postuladas durante más de noventa años, es preciso definir dos conceptos clave en esta discusión: uno es el de centros ceremoniales y otra el de una forma especial de interacción panandina.

La expresión "centro ceremonial" implica nociones de espacio y de función. En el ámbito peruano se ha convertido en una especie de sinónimo de "huaca" (en la jerga arqueológica "traducida" por "templo"); aunque el concepto, original del ámbito del Cuzco incaico y utilizado en la evangelización y extirpación de idolatrías durante la Colonia temprana, es mucho más complejo y, por tanto, poco útil, ya que es solo otro término para arquitectura monumental. En un trabajo comparativo sobre centros ceremoniales, Paul Wheatley sostiene que se trata de santuarios, a menudo en ubicaciones improductivas para el cultivo y sin números importantes de habitantes permanentes, ya que solo se llenaron de visitantes en ocasiones especiales del año.[73] Pero se llevó a cabo construcciones masivas y extensas dentro de espacios breves que requerían la labor de muchos obreros. Estas labores, que claramente excedían las capacidades de los sacerdotes y sus dependientes locales, requerían la intervención organizativa y el control de élites de otras partes. Económicamente, estos centros se basaban en la redistribución, como nudos en redes de comercio administrado, servían como focos de especialización de bienes producidos y promovieron las ciencias predictivas y exactas. Estos centros tenían una función centrípeta.

Si bien la religión debe haber desempeñado un papel preponderante, las funciones, también de acuerdo con Wheatley, no se limitan al ámbito de ritos con funciones de oráculos, como es sostenido a menudo en analogía con Pachacamac y otros sitios posteriores. Es conveniente considerar también otros aspectos, los que detalla Lindsay

---

73. Wheatley 1971.

Jones en otro estudio comparativo hermenéutico.[74] En ese sentido, la arquitectura sagrada cumple con múltiples funciones que enfatizan su percepción como intentos de organización del mundo o del cosmos, como imagen microcósmica (cosmograma) del universo que se incorpora en un afán de atraer a los que la frecuentan. Además de ello, se expresa en ritmos estandarizados, proporciones y prescripciones supuestamente impuestos por dioses o ancestros. Otro aspecto relacionado es la observación astronómica con el fin de hacer predicciones.[75] Arquitectura de este tipo también puede cumplir funciones conmemorativas; se entiende como morada de una divinidad, como ámbito para el reestreno de historias sagradas para la legitimación de autoridades, también relacionado con muertos destacados. Asimismo, Jones propone un ritualismo mediante escenificaciones teatrales como parte de la arquitectura convertida en atrezo.

Esta rica paleta de funciones, acciones y conceptos debería poder aplicarse a los casos del Formativo peruano (en caso que se trate, en efecto, de arquitectura ceremonial o sagrada). Algunos de estos aspectos no han sido ignorados por Burger y otros, pero a menudo en una actitud especulativa, sin el sustento debido de las evidencias concretas.

Pero antes de discutir este concepto es preciso discutir otro que se relaciona con perspectivas más amplias.

En la arqueología del Perú, se ha familiarizado un concepto llamado "horizonte". Según George Lau, se trata de una noción histórico-cultural de un periodo de tiempo breve caracterizado por una integración cultural sobre un área extensa relacionada con complejidad social incrementada.[76] En su ejemplificación de este concepto en relación con el horizonte Chavín, "la comunidad chavín" se encarga de la dispersión de la cultura chavín desde su centro ceremonial supremo (Chavín de Huántar), dirigida por líderes teocráticos cuyas funciones se basaron en peregrinaje, ritual de agua e "ídolos" de seres míticos. Lau reconoce tres innovaciones económicas: la complejidad

---

74. Jones 2000.
75. Véase Wheatley 1971.
76. Lan 2017. Para una discusión más exhaustiva véase Kaulicke 2010.

organizacional, el uso intensificado de camélidos domésticos y el intercambio interregional. Estas transformaciones supuestamente se expresaron en una red de más de 1300 km de norte al sur con Chavín como centro y los demás sitios parecidos y conectados como periferia. Por tanto, se trata de un modelo simple del *world system*, un concepto que se basa en el intento de Immanuel Wallerstein de definir el cambio de la riqueza del planeta y del poder en favor del Occidente por 1450-1500 d. C.[77] En la arqueología, este enfoque fue aplicado a periodos más tempranos y de menores extensiones, pero actualmente se prefiere el término "globalización" en vez de horizonte para referirse a estos fenómenos. Carl Knappett presenta definiciones desde la perspectiva de las redes de interacción que ya se han mencionado.[78] Dentro de la perspectiva de globalización estas redes están definidas por conectividades complejas o redes densas e intensas entre regiones diferentes con la capacidad de estimular cambios sociales. Estas redes, por tanto, no son rígidas, sino dinámicas. En este sentido, surgen algunos aspectos que tienen que especificarse como la frecuencia de conectividades que dependen, entre otras cosas, de las posibilidades técnicas de transporte como, por ejemplo, mediante rutas marítimas o terrestres (p. e. caravanas de camélidos). Luego se considera la fuerza de estas interconexiones en el sentido de la presencia de "mundos pequeños" con conexiones locales fuertes y vínculos más infrecuentes entre ellos. En una globalización, estos vínculos deben ser intensos con el afán de integrarse en sistemas mayores. También importa qué es lo que se mueve o circula y, finalmente, la direccionalidad de estos vínculos.

En resumen, la mayoría de estas propuestas pecan en convertir un solo sitio o complejo, Chavín de Huántar, en una zona serrana sin antecedentes conocidos, en un centro "absoluto". Este postulado no concuerda con las complejidades descritas para el anterior Formativo Temprano, de modo que se debería buscar otras propuestas alternativas más acordes con las evidencias arqueológicas en vez de construir modelos políticos de origen.

---

77. Wallerstein 1974.
78. Knappett 2017.

El Formativo Medio

El lapso entre aproximadamente 1200 y 800 a. C. o Formativo Medio podría llamarse el tiempo de los centros ceremoniales y también el de una globalización diferente a la del Formativo Temprano. Cambios significativos se dan en la arquitectura monumental con la retención de características previas del Formativo Temprano. De particular relevancia es la continuación de la frecuente superposición de edificios que refleja un uso multigeneracional. Por tanto, constituye un factor que cohesiona el presente con el pasado, como un mecanismo eficiente de memorización y a la vez ostentación de poder, realzado por orientaciones y patrones arquitectónicos compartidos y de impresionantes murales, relieves y esculturas. Estos sitios conforman grupos regionales, como lo que Knappett llamaría *meso-networks*, presentes en todos los valles, a menudo en grupos distribuidos desde el litoral hasta el valle alto, y en el norte extendidos a la sierra colindante (básicamente las cabeceras de los ríos) y aun hasta la ceja de selva (Jaén-Bagua).[79] Gracias a estas características, se puede diferenciar dos esferas principales de interacción. Una de ellas se ubica entre Lambayeque y Casma, llamada Esfera de Interacción Cupisnique, al utilizar una expresión acuñada por Rafael Larco para un grupo de estilos cerámicos entre Jequetepeque y Virú, pero con connotaciones algo diferentes en este trabajo.[80] La otra área se ha llamado Manchay por un sitio en el valle de Lurín[81] o Ancón[82] entre los valles de Supe y Lurín; mientras que una tercera, la de Kotosh, ostenta evidencias de arquitectura no doméstica y estilos cerámicos propios. Los centros ceremoniales de la Esfera Cupisnique son relativamente grandes, pero parecen señalar diferencias de escalas entre menos de 10.000 m^2 (p. e. Cerro Blanco en Nepeña) y más de 20.000 m^2 (p. e. Caballo Muerto en el valle de Moche), pero existen otros de tamaños más reducidos. Adobes cónicos y la confi-

---

79. Knappett 2011.
80. Larco 1941.
81. Burger y Salazar 2008.
82. Tellenbach 1998.

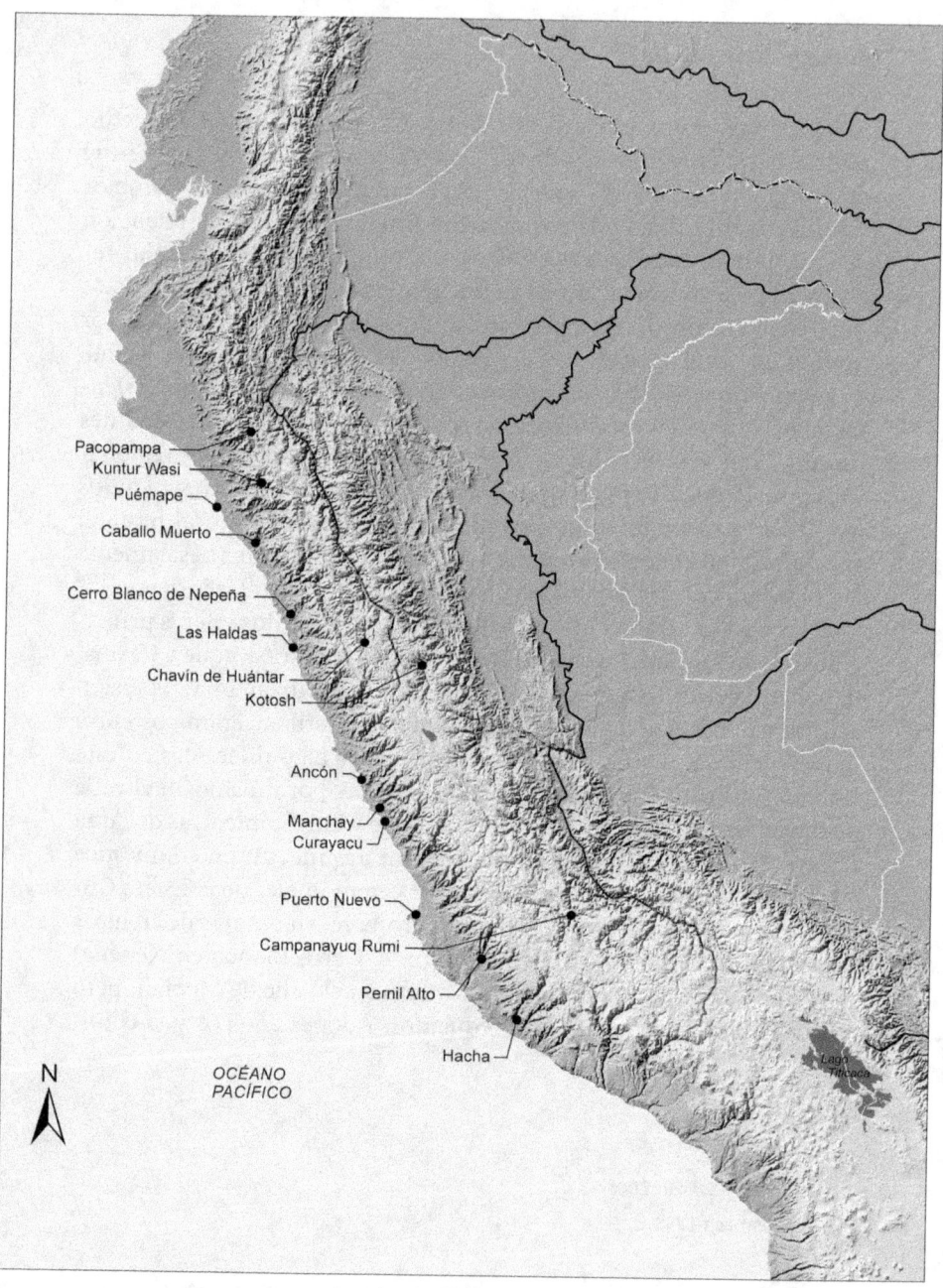

Figura 1.6. Periodo Formativo Medio. Sitios mencionados en el texto (elaboración por H. Ikehara).

guración de un edificio central y dos laterales (en forma de "U") son elementos heredados del Formativo Temprano. Por otro lado, la decoración, a menudo profusa, de relieves o pinturas polícromos muestra una mayor variedad de motivos figurativos, si bien dentro de cánones establecidos. Esta decoración probablemente varía también de acuerdo con la relevancia sociopolítica de cada sitio (¿signos de jerarquía?). La densidad mayor de sitios comparadas con los del Formativo Temprano, en el sentido de conectividades fuertes, no hace destacar áreas nucleares tan marcadas como la de Casma; pero una concentración mayor se observa en el complejo Caballo Muerto, en el valle de Moche, con una extensión total de aproximadamente 200 ha. En este complejo, destaca la Huaca de los Reyes, con más de 20.000 m^2; pero este sitio está conectado con otros en el valle de Moche, como también en el de Chicama. Otro aspecto importante es la expansión de estos centros hacia la sierra; Kuntur Wasi y Pacopampa se convierten en centros de cabeceras de ríos como otros en el valle interandino de Huancabamba y el área de Jaén-Bagua. Un problema compartido de estos complejos es la poca evidencia de áreas domésticas, que aparentan ser ausentes en muchos de ellos, pero es probable que se encuentren sepultadas por debajo de gruesos sedimentos de ENSO.[83]

Un último punto de relevancia es la cronología. Si bien muchos de los monumentos se inician alrededor de 1200 a. C., se nota una aceleración de superposiciones entre 1000 y 800 a. C. y luego una disminución generalizada de arquitectura monumental.

La otra esfera de la costa central tiene una concentración mayor de sitios, unos 44, entre los valles de Chancay y Lurín.[84] Igual que los complejos del norte, se los conoce como centros de "U", pero difieren por sus extensiones mayores, con atrios muy grandes, de hasta 30 ha, enmarcados por largas alas laterales de edificios de menor altura. Las orientaciones parecen formar grupos con tendencia hacia el NE, desde grupos de hasta 30°, hasta entre 30° y 40°, y de más de 40° hasta más de 60°, por lo que podría representar una tendencia de abrirse hasta

---

83. Véase Nesbitt 2012 para Caballo Muerto.
84. Williams 1981, Burger y Salazar 2012.

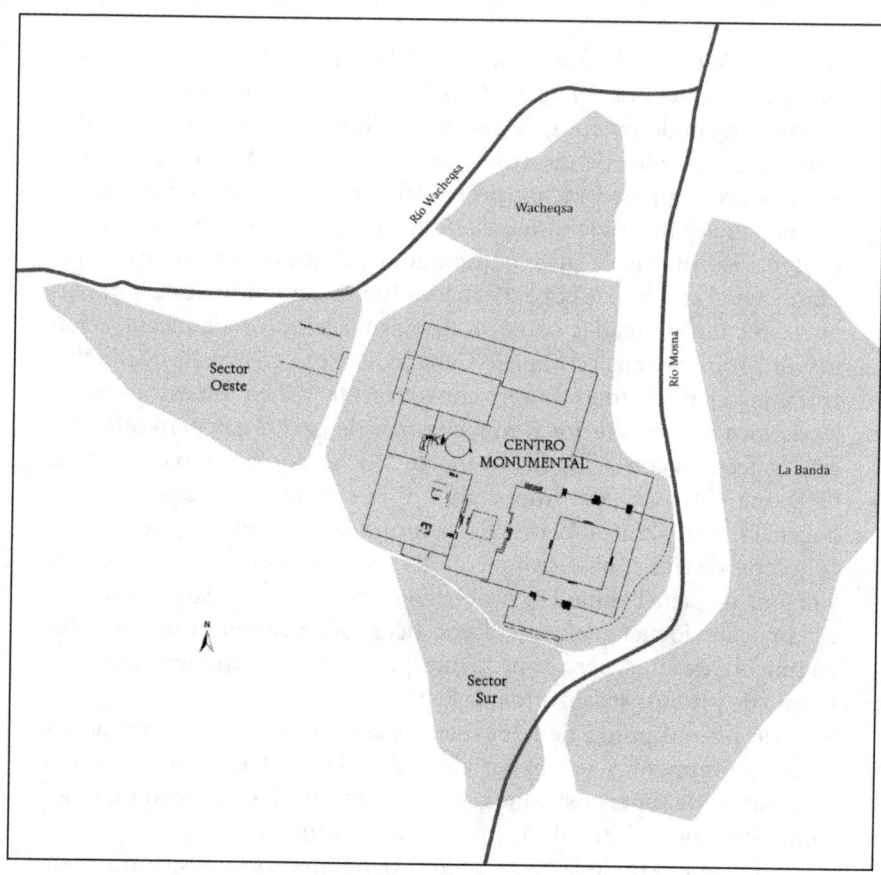

Figura 1.7. Mapa de Chavín de Huántar (redibujado por Carol Rodríguez).

el norte. Los largos oscilan entre 200 y 600 m. Las excavaciones son escasas, pero han demostrado la presencia de superposiciones y el uso generalizado de shicras, que deben ser rasgos heredados de la Esfera Caral. Estos son más evidentes aún en la presencia de escalinatas centrales, atrios cuadrangulares hundidos y la diferenciación entre una parte central del edificio central y agregados laterales más bajos. Aun las alas alargadas existían ya en la Esfera Caral, como, sobre todo, los patios circulares hundidos antepuestos.

Cronológicamente, los sitios se ubican en el mismo espacio temporal que el del norte, y es probable que la intensificación de construcciones superpuestas del norte también suceda en la costa central y se ubique entre 1000 y 800 a. C.

Ante este trasfondo hay que ver el sitio Chavín de Huántar. Se trata de un complejo de unos 10 ha y, por tanto, de dimensiones menores que los principales de la costa. Recientemente se ha aclarado la cronología del sitio. Parece que la construcción más temprana consiste en una plataforma de reducidas dimensiones quizá con agregados en forma de "U" que funcionó por unos dos siglos (1200 a 1000 a. C.), pero 13 de las 15 fases constructivas reconocidas en el núcleo monumental corresponden al lapso entre 1000 y 800 a. C., lo que implica un enorme despliegue durante unos dos siglos, en concordancia con otros complejos de la costa. Por lo general, se reconoce la presencia de un "Templo Viejo" y otro "Templo Nuevo" adosado al primero. Esta diferenciación, sin embargo, no corresponde bien a la historia del núcleo monumental, ya que ambos edificios parecen haber funcionado simultáneamente hasta el abandono del sitio por los 500 a. C.[85] Esta contemporaneidad obliga a buscar paralelos para un sitio que se encuentra aislado en la sierra, aunque conectado, sobre todo con los valles de Casma y de Huanuco (Kotosh), ambos a distancias de alrededor de 100 km. La forma en "U", las plazas cuadrangulares con escalinatas y las fachadas se parecen mucho a los complejos de la costa norte y en menor grado a construcciones más tempranas en Casma. De este último valle, también se conocen galerías internas, aunque estas no alcanzaron la complejidad de Chavín. Los grandes sitios siguen ocupados o mantenidos, pero perdieron su relevancia; solo un centro debe haberse desarrollado en el Formativo Medio, Pallka, pero se ignoran detalles mayores por falta de excavaciones. Las columnas circulares de Chavín, que también adornan muchos de los complejos contemporáneos entre Casma y Lambayeque, tienen antecedentes en Casma y Nepeña. La orientación este-oeste también es común en la costa norte.

---

85. Feathers et ál. 2008, Rodríguez Kembel y Haas 2015.

De este modo, la arquitectura monumental de Chavín de Huántar se inserta bien en lo que se conoce de otras, particularmente de la costa norte, pero no cabe duda de que también muestra algunas diferencias. En mapas recientes, se ve que el centro monumental tiene extensiones alargadas hacia el oeste, norte, sur y algo menos claro en el este[86] que no cuentan con excavaciones mayores. Con ello, se percibe un plano general cruciforme. Esta disposición también se observa en el patio hundido que se ubica al centro del núcleo monumental en cuyo piso se detectaron líneas cruzadas. Una escalinata lleva a una galería cruciforme, en la cual se emplaza la famosa escultura llamada Lanzón, sobre cuya cabeza se encuentra una incisión que consiste en un círculo hundido y cuatro extensiones cortas. Este motivo también se halla en un lugar correspondiente de la otra escultura más extraordinaria, el llamado Obelisco Tello, que probablemente se erigió en el centro de la plaza hundida.[87] En este sentido, este símbolo de centro se deja observar en niveles jerarquizados y concatenados. Otro concepto de centro está representado por el agua, en forma de la confluencia de dos ríos (Mosna y Wacheqsa). Este es un fenómeno que ya se observó en el caso más temprano de Cerro Sechín, en Casma, como su "rectificación" por medio de canales subterráneos y por libaciones. Además, Chavín se encuentra rodeado por cerros altos y se conecta con el exterior por medio de rutas preestablecidas, que, como ya se mencionó, señalan el valle de Casma al oeste y Kotosh al este. Hacia el norte lleva a la costa norte vía el Callejón de Conchucos y por el río Fortaleza en dirección el sur. En todas estas zonas existió arquitectura monumental antes del establecimiento de Chavín. Esta centralidad espacial probablemente se relaciona con el origen del agua. Finalmente, se encuentra en un espacio entre las tres esferas reconocidas,[88] en lo que podría definirse como un compartido espacio neutral.

Antes de seguir con la discusión del papel de Chavín en el Formativo Medio, es preciso concentrarse en la cerámica. Esta muestra

---

86. Contreras 2008, fig. 1.
87. Rick 2013.
88. Kaulicke 2011, fig. 3.

cambios profundos que señalan rumbos que se prolongan por todo el curso de la historia del Perú antiguo. Se trata de dos formas principales: una es la botella de asa estribo en la costa norte y la otra la botella de doble pico con asa puente en la costa sur. Los orígenes de ambas no son muy claros, pero la primera probablemente se relaciona con Machalilla, en la costa de Guayas del Ecuador o los Andes orientales, también del Ecuador; mientras que la segunda podría tener origen en la Amazonía central, ya que aparece más temprano en la zona de Kotosh. De esta manera, sirven como indicadores de sus áreas de producción y de distribución. La cerámica que se producía en la costa norte se conoce por Cupisnique (una quebrada al sur del río Jequetepeque), definida por los trabajos de Rafael Larco, quien reconoció varios subestilos.[89] Michael Tellenbach identificó varias formas de botellas y platos y seis tipos de botellas de asa estribo que provienen de contextos funerarios y de otros entre Lambayeque y Chicama.[90] Las botellas con cuello simple tienen una distribución más amplia, pero tienden a caracterizarse por formas diferenciadas en la costa central y la costa norte. Por lo general, se diferencian también por decoraciones, a menudo profusas, en una serie de técnicas y motivos diferentes que dejan diferenciar las esferas señaladas. Comparadas estas piezas con las del Formativo Temprano, se reconoce el predominio de vasijas abiertas (platos) y un aumento en las cerradas (botellas) destinadas al servicio, probablemente en festines, tanto en aquellos celebrados en la arquitectura monumental como en fiestas funerarias. Su diferenciación en formas y, sobre todo, en decoraciones durante el Formativo Medio sirve, al igual que la decoración en arquitectura monumental, para resaltar conceptos de identidad social y de territorialidad.

Chavín de Huántar debe verse dentro de este contexto general. En una construcción interior al lado norte de la plaza circular hundido, llamada Galería de las Ofrendas, se encontró un total de 681 vasijas fragmentadas y completas que constituyen un depósito ceremonial extraordinario. Si bien se ha tratado de diferenciar cerámica

---

89. Larco 1941.
90. Tellenbach 1998.

Figura 1.8. Cerámica Cupisnique, Chavín (Raku) (foto © : Yutaka Yoshii).

producida en Chavín, prácticamente todas estas piezas provienen de otras zonas, sobre todo de la costa norte y, en grado algo menor, de la costa central.[91]

Se encontró cerámica de la costa norte también fuera del centro monumental, en plataformas hacia el norte, entre otros estilos provenientes de Casma (tipo Las Haldas o costa norcentral) y de Kotosh. De este modo, Chavín recibió cantidades apreciables de áreas relativamente apartadas y de aquellas señaladas por la mencionada configuración de su centro, de acuerdo con las direcciones señaladas por la planta cruciforme.

Pero no fue el único sitio que recibió estas piezas. Una botella de asa estribo, muy frecuente en la Galería de las Ofrendas, llamada estilo Raku (o Cupisnique) por Lumbreras, también fue encontrada en

---

91. Lumbreras 1993.

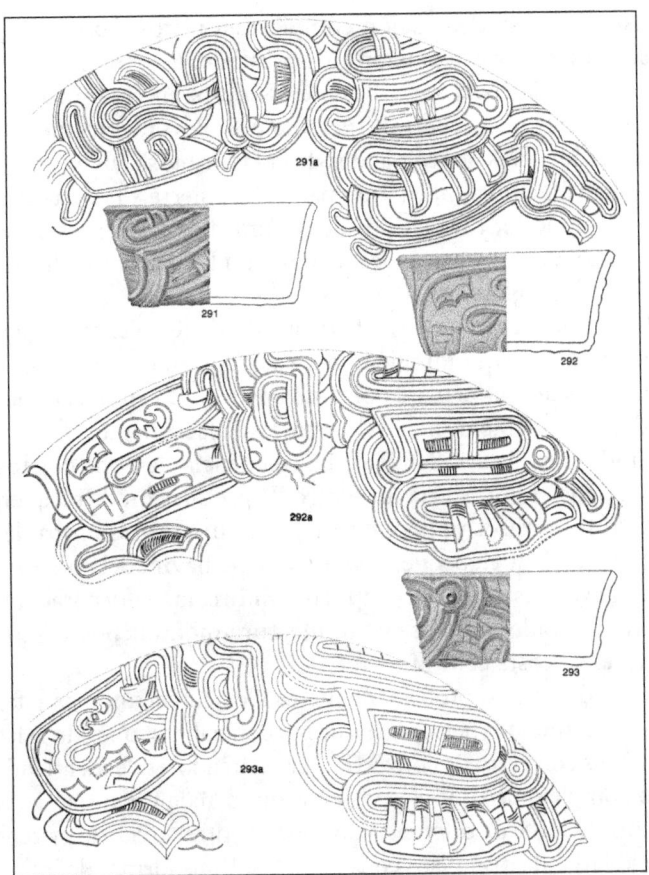

Figura 1.9. Cerámica dragoniana, Chavín (modificado de Kaulicke 2010, fig. 103 [291, 293]).

la costa central, la costa sur (Puerto Nuevo) y hasta en Campanayuq Rumi, un sitio con arquitectura monumental en Ayacucho. Esta botella probablemente fue producida en el complejo Caballo Muerto o en sus alrededores. Como no destaca por su decoración o aun carece de ella, es posible que su contenido fuera más importante que el recipiente en sí. Otro caso es lo que Lumbreras ha llamado el estilo Dragoniano, que destaca por su decoración compleja en platos y botellas que sugiere su carácter de ostentación y de prestigio. Este fue encontrado en la costa norte, la costa sur y hasta en Kotosh, en Huánuco; pero fue producido en la costa central (fuera de posibles emulaciones en otros lugares). Evidencias de recipientes de la fase Kotosh tuvieron una más amplia distribución aún, en gran parte de la sierra y la costa sur.

De este modo, varios tipos de cerámica de las tres esferas de interacción participaron en redes de intercambios de larga distancia, lo que implica una globalización.

Pero no se trata solo de la distribución de recipientes de cerámica y sus contenidos, sino también de otros objetos, como recipientes de piedra. Un plato en forma de pez fue encontrado en la Galería de las Ofrendas, pero debió de haber llegado desde Jaén-Bagua, donde se han encontrado piezas casi idénticas. La frecuencia de estos objetos en la zona señalada apunta hacia un centro de producción de recipientes líticos. Otros son vasos y platos de esteatita, cuyo centro probablemente fue el valle de Jequetepeque, que, fuera de Chavín, deben haber tenido una mayor distribución. En forma indirecta, su decoración parece haber inspirado murales de arquitectura monumental como los de Garagay, en la costa central.

Fuera de objetos probablemente usados en ceremonias y festines, destacan ornamentos personales que pueden haber requerido la labor de especialistas con el fin de convertirse en marcadores de identidad en un mundo complejo de símbolos y signos que señalan la necesidad de intercomunicación y de diferenciación social entre territorios y centros, a veces a lo largo de distancias considerables. Estas formas de interacción involucran poder social y político expresados en ideologías similares. Por tanto, deben de haberse relacionado también con élites, pese a que la presencia física de ellas en contextos funerarios es escasa aún.

La creación de Chavín de Huántar y su inclusión en esta red de interacciones se llevan a cabo en un tiempo cuando se establecieron otras áreas en la costa y la sierra sur (Paracas y Ayacucho). En la zona entre la península de Paracas y el valle de Acarí, pero probablemente más extendida hacia la costa central, en asentamientos sin evidencia de arquitectura monumental, se usa cerámica simple como cuencos y platos, en algunos casos con bocas cuadradas y pocas decoraciones, en forma de círculos estampados, que podrían relacionarse con Kotosh. Entre 1000 y 800 a. C. aparecen decoración negativa y pintura pastosa poscocción. Ambas técnicas se conocen del norte, en particular sitios de cabeceras de ríos. Botellas compuestas tienen asa puente con dos vertederas; vasos con base anular llevan motivos figurativos polícromos fuera de aquellos de la costa norte también como temas más propios.[92] En este tiempo, se construye una estructura en forma de "U" en Campanayuq Rumi, en la sierra de Ayacucho (900 a 700 a. C.), que Yuichi Matsumoto vincula con Chavín, pero la arquitectura doméstica circular es local, y la cerámica asociada corresponde a estilos de la sierra sur.[93] De este modo, hay varios casos de globalización que deberían verse en una perspectiva comparada.

Para volver a Chavín, la construcción masiva y probablemente continua o cíclica durante alrededor de dos siglos, la presencia de muchos rasgos arquitectónicos de la costa norte y la de objetos en un depósito especial y otros contextos, también con predominio norteño, apuntan hacia la presencia de personas o grupos que deben haberse encargado también de su conversión en centro o santuario suprarregional, probablemente con apoyo de élites. Casi todo el arte lítico que ocupa un rol preponderante en las discusiones acerca de Chavín debe haberse elaborado durante estos dos siglos, con solo pocos casos anteriores o posteriores, por lo que diferenciarlo de o destacarlo fuera del ámbito del Formativo Medio no resulta convincente. Más bien debe haber jugado un papel importante en las actividades llevadas a cabo en estos espacios especiales. Si bien resulta algo especulativo conviene interpretarlo con las evidencias disponibles. Los dos espacios principales, el Templo Viejo y el Templo Nuevo (para retener estos términos no muy correctos véase arriba), se diferencian por un carácter más exclusivo del primero y otro más abierto o "público" del segundo. En el primero, llama la atención la presencia masiva de arte lítico en forma de cabezas clavas y lajas decoradas en la plaza hundida circular y su entorno. Este espacio no permitía números elevados de participantes en

---

92. Reindel e Isla 2010, Kaulicke 2015b.
93. Matsumoto y Cavero 2010.

las actividades realizadas. Fuera de ello, dos depósitos en ambos lados de esta plaza dan información más concreta acerca de estas últimas. Fuera de los recipientes cerámicos, como indicios de comidas y bebidas ceremoniales, la Galería de las Ofrendas contenía más de 3000 restos óseos quemados; 200 de individuos humanos, tanto adultos como infantes, probablemente de ambos sexos. Luego hay venados, vizcachas, cuyes, zarigüeyas, zorros y muchas aves como lechuzas, halcones, papagayos, gaviotas, parihuanas, patos, codornices y palomas. Varias especies de peces marinos y otras de moluscos completan la gama de los animales sacrificados, quemados o consumidos.[94] Esta composición "universal" (de todos los medioambientes entre costa y Amazonía), en asociación con los mencionados recipientes "internacionales", podrían representar una especie de microcosmos. Una escalinata lleva de la plaza a la galería, en cuyo centro se encuentra el Lanzón, una escultura híbrida medio humana, medio animal (teriántropo), que aún impresiona a los visitantes de hoy. Requiere iluminación artificial, pero es iluminado por rayos de sol en el solsticio de diciembre. Parece que recibió libaciones desde una cámara encima de la imagen que corría por un canal para estancarse en el círculo hundido del símbolo mencionado en cruz, desde donde llegó a la boca semiabierta. Esta asociación con el agua también se relaciona con una abundancia de representaciones de serpientes y, más aún, con un canal que pasa por debajo de la escultura y su galería para bajar por la escalinata produciendo sonidos.[95] Esta divinidad de agua, o más general del tiempo y del clima, debe haber formado un eje con el Obelisco Tello, que probablemente representa una imagen del cosmos y de una cosmogonía. Este obelisco también se ha relacionado con el cómputo de tiempo en forma de un reloj solar ubicado en el centro en la plaza hundida.

Todo ello aparentemente constituye un espacio para atraer y crear sensaciones sinestéticas fuertes, quizá resaltadas por sacrificios humanos, cuidadosamente orquestadas para visitantes especiales.

El Templo Nuevo, en cambio, es diferente, más grande, con espacios amplios de plazas y fachadas que destacan por su escasez de

---

94. Lumbreras 1993.
95. Lumbreras et ál. 1976.

decoraciones. La impresionante fachada principal carece en buena cuenta de decoraciones (conservadas), con la excepción de la llamada Portada Blanco y Negro, que exhibe complicados motivos incisos en sus columnas que pueden haberse resaltado por sus colores (como probablemente también el Lanzón y el Obelisco Tello). Pero esta portada no constituye un acceso al interior del Templo Nuevo, sino es un atrezo. De este modo, toda esta fachada podría entenderse como una especie de pantalla destinada a ser vista desde la plaza principal. Sonidos del interior (probablemente de trompetas de strombus, representadas en una laja de la plaza hundida y más tarde en ejemplos reales) y apariciones de actores en las salidas de las galerías interiores pueden haber sido otras estrategias de atracción para un público más numeroso. Pero la plaza principal también puede haber servido para bailes o procesiones, para ostentación de bienes y de personas desatacadas, para festines y sacrificios y para negociaciones. Como se señaló en relación con el contenido de la Galería de las Ofrendas, comida y bebida provenían en buen grado de afuera, pero camélidos, aparentemente de gran importancia en estos eventos, podrían haberse criado en la zona.[96]

Esta información relativamente abundante ofrece suficientes indicios para poder definir Chavín como santuario suprarregional establecido y mantenido durante la parte tardía del Formativo Medio. Como tal recibió visitantes y bienes de diferentes partes, aunque en mayor grado de la costa, en vez de que Chavín se convirtiera en centro de distribución de bienes supuestamente producidos en forma local hacia la costa. En resumen, se trata de un caso muy especial de un santuario que no debería generalizarse (véase abajo).

¿Qué se puede entender por el establecimiento en las otras áreas señaladas? Con la excepción de Chavín, áreas de distribución de los bienes, en particular la cerámica, circularon en las mencionadas esferas de interacción. En estas, los centros también atrajeron bienes de otras zonas y se realizaron festines y ceremonias. Arquitectura monumental como la de la Huaca de los Reyes se caracteriza por un complejo programa de decoración con el predominio de una figura frontal

---

96. Rosenfeld y Sayre 2016.

parada sobre cabezas de felinos y de humanos que podría entenderse como manifestación de poder. Como en Chavín, plazas amplias y más restringidas, con escalinatas y fachadas decoradas con impresionantes cabezas felínicas (heredadas de Moxeke, en el valle de Casma), patios, salas hipóstilas laterales y pequeñas cámaras en las cimas, aparentemente estaban destinadas a impresionar a los que participaron en las procesiones y actividades llevadas a cabo en estos espacios. Pero a diferencia de Chavín, no se enfatiza espacios interiores; sino se establece un complejo conjunto de edificios simétricos en el eje de las plazas que señalan funciones múltiples, como santuarios complementarios y jerarquizados que deberían relacionarse con diferentes grupos, lo que convierte este complejo en un centro de mayor atracción (y de poder) e importancia dentro de una red de otros centros. De este modo, queda por definir la conectividad entre estos centros, tanto en la esfera Cupisnique como en la de la costa central; así como su grado de jerarquía dentro de esferas menores por definir que se deben a la presencia de élites de diferentes rangos.

Como se indicó al inicio, las áreas de interacción se relacionan con rutas de distribución, en el sentido de corredores de los ríos costeños y sus zonas de captación, o en dirección vertical (costa-sierra). Esto es evidente en la costa norte, donde centros como Kuntur Wasi se ubican en las cabeceras de ríos. Otra ruta general podría haber sido el litoral por medio de intercambios marítimos. Ya vimos en el caso del Formativo Temprano que los sitios de litoral suelen ser algo más reducidos que los del interior, pero con rasgos compartidos, como la presencia de arquitectura monumental. Por ello, es poco apropiado entenderlos como "pobres" aldeas de pescadores tal como Max Uhle interpretó los sitios de Ancón y Supe a comienzos del siglo pasado, una evaluación negativa que aún se acepta a menudo. En el Formativo Medio, algunos de estos sitios adquieren una complejidad mayor, aunque la información correspondiente es escasa. En particular, los de la costa central, como Ancón[97] y Curayacu,[98] deben haber sido importantes centros de

---

97. Lanning 1967, Rosas 2007.
98. Engel 1956.

intercambio; otros más al norte (p. e. Puémape) y al sur no se han estudiado debidamente aún. Estos sitios se ubican en bahías aptas para la instalación de puertos. Un caso relevante es Puerto Nuevo, en la bahía de Paracas,[99] recientemente reexcavado por Jahl Dulanto.[100] Este sitio no parece haberse destacado por poseer instalaciones monumentales; pero reveló la presencia de apreciables cantidades de cerámica de la costa norte y central fuera de una producción probablemente local, pero a menudo estimulada por aquellas.

La arquitectura monumental en Ayacucho, en cambio, parece ser una imposición de arquitectura del norte en piedra en vez de barro, con presencia escasa de cerámica de la costa norte ante un trasfondo netamente local o regional. Ya que no se caracteriza por arte arquitectónico o esculturas como los de Chavín, ni por canales subterráneos, y solo posee una galería simple, posibles funciones como una especie de santuario u oráculo satélite no son muy probables, de modo que la de ser un puesto de avanzada vía rutas de acceso de la costa y, por tanto, guiado por intereses económicos y políticos podrían convencer más. Estos contactos con la costa ya existían mucho antes, como se ha señalado.

Queda por ver las economías de subsistencia. Por lo general, centros con arquitectura monumental atraen productos cultivados en su cercanía, pero suplementados en gran medida por los de áreas más lejanas; aunque las evidencias disponibles no permiten cálculos sustentados. Todo ello se ubica mayormente dentro de economías ritualizadas. En la costa norte y costa central, los datos son algo dispersos, pero peces marinos y moluscos están presentes en los sitios de los valles medios, en forma variada, en vez de un predominio neto de anchovetas. Camélidos y venados también aparecen, si bien en cantidades menores. En el caso de los primeros, difícilmente pueden tomarse como evidencia de crianzas locales y tampoco por evidencia de uso como animales de carga en caravanas, sino más como animales para el sacrificio y el consumo ritual, lo que vale también para los venados. Esto

---

99. Engel 1966.
100. Dulanto 2015.

es algo diferente en sitios de la costa sur, donde fuera de recursos marinos, caracoles de lomas y camarones de río, los camélidos constituyen la mayor fuente de proteínas, seguidos por proporciones notablemente menores de venados y cuyes, fuera de loros de la Amazonía hallados en pozos de ofrendas. Esto implica la presencia de prácticas rituales y quizá festines, así como contactos con la sierra o aun más allá. En esta zona, los camélidos pueden haberse usado también como medios de transporte, aunque probablemente de manera poco sistemática.

Camélidos se criaron en la sierra central, en las punas de Junín, probablemente en forma más intensiva, pero también fueron cazados (vicuñas y guanacos), así como venados en forma menor. Cuyes aparecen en la misma zona también, aunque en porcentajes menores. En Kotosh, durante la fase Kotosh, se ha registrado camélidos domésticos y silvestres (guanaco) con relativa abundancia, acompañados de cuyes; mientras que otros animales apuntan hacia contactos con la selva, como osos de anteojos, nutrias y kinkajús, lo que está respaldado por escasa cerámica importada del área de Pucallpa.[101] Estas cantidades mayores de camélidos indican la presencia de pastoreo, cacería e interacción interregional, probablemente esporádica; pero difícilmente sustentan el uso intensivo de llamas como bestias de carga (menos aún controlado desde Chavín).

En cuanto a la explotación de recursos botánicos, los datos disponibles son menos completos que los de la fauna debido a problemas de conservación. Esta deficiencia está más marcada en la zona norte, aunque algunos indicios apuntan hacia un cultivo más generalizado del maíz, pero la yuca podría haber sido aún más importante en el complejo de Caballo Muerto (Huaca de los Reyes), al lado de ají, papa, frejol y maní.[102] Richard Burger y Lucy Salazar presentan más datos para centros del valle de Lurín, en la costa central.[103] Ellos sostienen que el cultivo de plantas se incrementa en comparación con los recursos marinos. Tres variedades de zapallo, tres de frejoles, maní, dos

---

101. Wing 1972, Izumi et ál. 1972.
102. Nesbitt 2012.
103. Burger y Salazar 2014.

variedades de ají, maíz y frutos de árboles constituyen la gama amplia a los que se agregan yuca, camote y achira detectados en análisis de almidón. Los datos de la costa sur aún son más completos y variados. Maíz aparece en cantidades mayores en pozos especiales, en otros se guardaron maní, yuca y frutos de pacae. Otras plantas son tres especies de frejoles, camote, zapallo, guayaba y huarango. Estas fueron identificadas en el valle de Palpa (Pernil Alto);[104] otra gama parecida proviene de Hacha, en el valle de Acarí, donde abundan artefactos líticos que dieron el nombre al sitio, probablemente usados como implementos agrícolas.[105] Análisis de almidón de Campanayuq Rumi, el centro en Ayacucho, señala el cultivo de maíz, papa, yuca y oca (*Oxalis tuberosa*).[106]

Los cuatro siglos del Formativo Medio —pero en particular los dos últimos— testimonian un elevado nivel de integración en la formación de dos esferas de interacción por medio de una red relativamente densa de centros ceremoniales con características propias dentro de otros elementos compartidos. La del norte se expande hacia la sierra colindante y a los Andes orientales, en un sentido que consolida la expansión anterior de la Esfera Sechín, de la que heredó muchos elementos. Esta red parece componerse de una cierta jerarquía de centros, en los que destaca el complejo Caballo Muerto, que representa un cambio en la dirección de poderes hacia el norte, probablemente basada en una explotación agrícola eficiente de los valles de Chicama y Moche. Un cerro aislado en el centro del valle de Chicama con áreas funerarias totalmente saqueadas, de las que supuestamente salieron objetos suntuosos de muy alta calidad, podría haber sido el centro funerario de élites que no fueron encontrados en Huaca de los Reyes u sitios aledaños. Pero se mantiene un problema ya tratado en relación con el Formativo Temprano y aun antes, que es la definición de áreas de viviendas, de talleres y áreas funerarias que permitan establecer mejor el conjunto socioeconómico y político completo. Como queda

---

104. Reindel e Isla 2010.
105. Riddell y Valdez 1988.
106. Matsumoto 2010b.

mencionado, esta arquitectura no monumental puede haberse sepultado por debajo de sedimentos gruesos, por lo que las dimensiones reales de los sitios se ignoran, pero algunos deben haber sido importantes. Evidencias indirectas son las producciones de grandes cantidades de cerámica y muchos otros objetos destinados a la ostentación, a intercambios y a congregaciones en ambientes impresionantes de la arquitectura vistosa. Parece que cada valle entre Piura y Casma tenía por lo menos uno de estos centros, pero en varios de estos valles se los han registrado en diferentes partes, desde las desembocaduras de los ríos hasta sus cabeceras. Este desarrollo debe estar basado en una intensificación de técnicas de subsistencia, en particular la irrigación que permitía una extensión de las áreas de cultivo, aunque el maíz, generalmente considerado como base de la agricultura sostenida, parece haber desempeñado el rol de una planta para usos restringidos a contextos rituales y para el consumo de grupos sociales destacados. Es probable que algunas plantas como tubérculos fueran importadas de la sierra, como también y en menor escala los camélidos.

Finalmente cabe señalar un incremento demográfico reflejado en la densidad de las ocupaciones, enfatizado también por áreas funerarias que se hacen comunes, a diferencia de tiempos anteriores.

El Formativo Tardío u Horizonte Chavín

Los siguientes trescientos años (800 a 500 a. C.) destacan por una serie de cambios. En primer lugar, su inicio se relaciona con un ocaso generalizado de los centros ceremoniales, a menudo considerado como resultado de severos impactos climáticos. Pero este supuesto colapso no solamente no es generalizado, sino que contrasta con auges o continuaciones de otros centros en varias zonas, Chavín de Huántar incluido. Es el lapso en el cual este complejo supuestamente se convierte en centro de una interacción panandina. Pero su fin, en efecto, es el de Chavín de Huántar, debido a terremotos y quizá también a su destrucción por parte de invasores, pero este fin no parece haber causado un colapso generalizado. Por el otro lado, emerge una serie de cambios diferenciados en las esferas de interacción del norte y del sur.

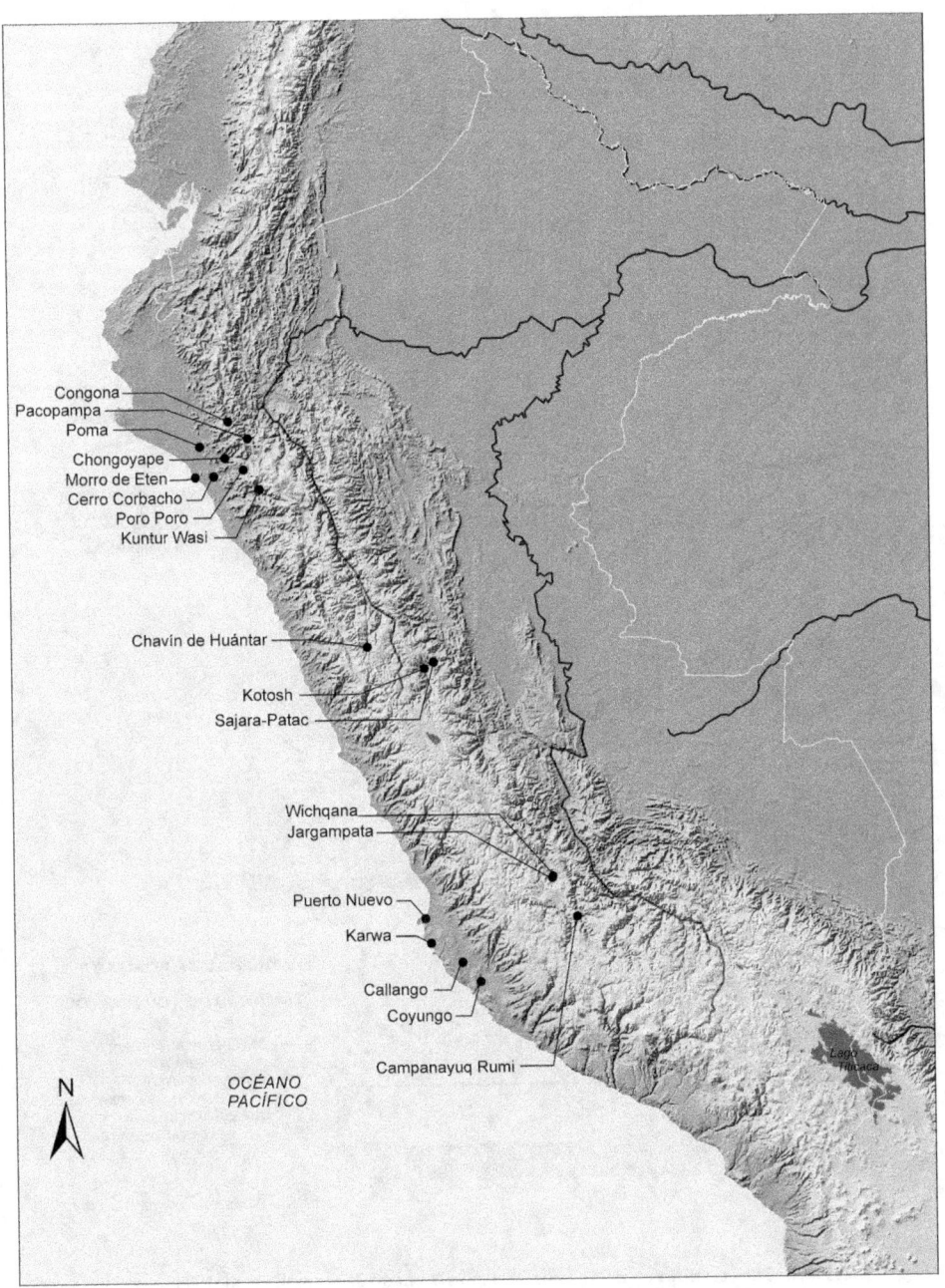

Figura 1.10. Periodo Formativo Tardío. Sitios mencionados en el texto (elaboración por H. Ikehara).

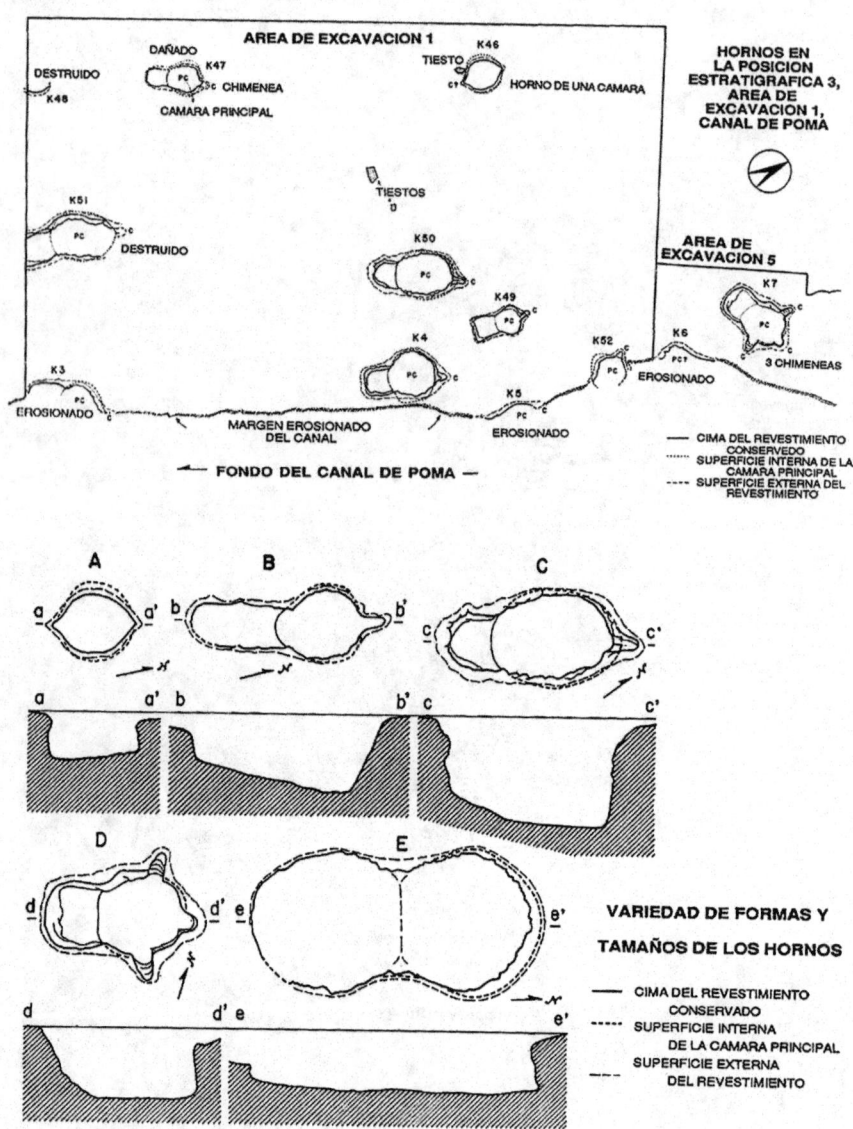

Figura 1.11. Hornos de cerámica en Batán Grande, Poma (tomado de Shimada et ál. 1994, figs. 6 y 11).

En la esfera norte se percibe otro desplazamiento hacia el norte, a la zona entre Piura y Jequetepeque, con la emergencia de nuevos centros en el extremo norte (Piura), la sierra de Lambayeque, la cuenca del río Huancabamba y la llanura de Jaén-Bagua. La cerámica muestra una alta variación entre recipientes muy elaborados y, por el otro lado, una tendencia de producciones en cantidades más elevadas gracias a centros de producción (hornos en Lambayeque). La presencia masiva de élites en centros de esta área como Pacopampa y Kuntur Wasi es muy importante, pero existen también en Bagua-Jaén. Asimismo, áreas funerarias extensas se establecen en el litoral y los valles medios. Además de ello, esta área también se distingue por un estilo propio, diferente a los anteriores de Casma en el Formativo Temprano y de Moche-Chicama en el Formativo Medio. Más al sur (Casma y Nepeña) comienza a aparecer otro tipo de asentamientos grandes hacia 600 a. C., mientras que, en la costa central, parecen subsistir algunos centros del Formativo Medio, pero predominan aldeas, algunas de dimensiones mayores. En la costa sur aparecen algunos centros menores pero por lo general poco conocidos. En la sierra central y surcentral comienza un auge demográfico expresado en asentamientos más notables, ocasionalmente con arquitectura monumental de dimensiones reducidas en la cuenca de Jauja-Huancayo y centros más marcados con arquitectura no doméstica en Huancavelica y Ayacucho.

En cuanto al aspecto económico, aparece la metalurgia masiva en cobre y oro, textiles se producen en telares y piedras semipreciosas señalan la presencia de contactos de larga distancia; mientras cinabrio y cantidades mayores de spondylus y strombus aparecen en contextos funerarios y otros. El intercambio con obsidiana también se intensifica. En cuanto a la subsistencia, los datos son poco sustanciales, también por problemas cronológicos, ya que el llamado Horizonte Temprano incluye lo que he definido como Formativo Final (500 a 200 a. C.), que se tratará en el siguiente capítulo. En este sentido, la presencia de maíz es más evidente, aunque podría ser reflejo de cambios más sustanciales después de 500 a. C.; lo mismo vale para los camélidos y su uso en caravanas. Ambos fenómenos probablemente están relacionados con mejoras genéticas, sobre todo en el maíz y en los camélidos (lana de alpaca).

El Horizonte Chavín, en la percepción de Burger, en cierto sentido podría estar sustentado por estos datos, pero su interpretación de que Chavín de Huántar sea el centro de una megaesfera de interacción (véase arriba) debe analizarse más detenidamente, así como el supuesto colapso de su culto "internacional".

En primer lugar, es preciso definir el área del norte de una manera concisa debido a que, por regla, no se la considera como centro importante en este lapso. En excavaciones relativamente recientes en Kuntur Wasi se ha obtenido una idea más precisa de una fase Kuntur Wasi (800-550 a. C.), con dos subfases. En esta fase, un muro de circunvalación en tres escalones enmarca un espacio trapezoidal de unos 160 m x 140 (22.400 m^2). Una terraza rectangular (120 m x 40 m) con una plaza cuadrangular (27 m) se orienta en dirección NE-SO. Una escalinata central da acceso a la cima y a otra plaza cuadrangular (23,5 m por lado), enmarcada por tres plataformas y otras plazas menores. Hacia el sur hay una plaza hundida circular (15,6 m de diámetro). Todos estos elementos arquitectónicos se erigieron con piedras canteadas, enlucido de barro y pinturas policromas. En la siguiente subfase (KW 2) se respetó el conjunto, se lo agrandó y modificó en partes.[107]

El otro complejo que ya fue ocupado antes es Pacopampa. Se parece a Kuntur Wasi en su gran plaza cuadrangular, una terraza baja y otra más reducida en la superior con construcciones aledañas, pero en vez de una plaza circular hay un edificio circular modificado cuyos inicios datan de la fase anterior. Columnas de piedra daban acceso a la plaza superior. Un sistema de canales (y quizá aun galerías subterráneas) no se ha estudiado bien aún.[108] Varios sitios del mismo tiempo se encuentran en la cercanía del centro, probablemente formando una red local.[109] Entre Pacopampa y Kuntur Wasi se ha detectado otros centros algo menores, como Congona y Poro Poro, de modo que toda esta franja serrana de cabeceras hidrográficas desde Piura hasta Jequetepeque se constituye como una cadena ininterrumpida de centros.

---

107. Inokuchi 2008, Onuki 1995.
108. Shady y Rosas 1970, Seki 2014.
109. Kaulicke 1975, 1982.

Menos conocida es la franja costeña. En una información personal, Gabriela Cervantes, quien ha llevado a cabo intensivas prospecciones en el valle medio del río La Leche, sugiere que un área de unas 160 ha tiene evidencias del Formativo Tardío, centrada en el núcleo Sicán (Poma), con probables evidencias debajo de construcciones monumentales posteriores, la Huaca La Merced excavada pero aún sin publicar y el complejo Lucía-Chólope. Otro centro es Collud-Zarpán,[110] pero estos centros forman partes importantes de una red más densa, con otros sitios apenas registrados.

En Collud-Zarpán y otros centros se observa otro fenómeno que es de suma importancia. En todo este complejo hay una gran cantidad de contextos funerarios saqueados, que parecen corresponder en alta proporción al Formativo Tardío. Otras áreas funerarias aparecen en varias partes del complejo fluvial de Lambayeque, tanto en el litoral (p. e. Morro de Eten) como en el interior (Chongoyape). Otras más se encuentran en los valles de Zaña y Jequetepeque, pero también en el interior de la sierra (Huancabamba) y Jaén-Bagua, al lado de otros centros, aunque la documentación respectiva es escasa aún. En todo caso, esta masiva presencia de centros y áreas funerarias sugiere un considerable aumento demográfico en este lapso de tiempo.

Pero se agrega otro aspecto relacionado de alta importancia. En Kuntur Wasi y Pacopampa se ha excavado contextos funerarios de individuos de alto rango a juzgar por la ubicación de las estructuras, el tratamiento de los individuos y la cantidad y calidad de los objetos asociados. De este modo, se ha encontrado dieciocho contextos en Kuntur Wasi fechados entre 750 y 600 a. C., en pisos sobre plataformas del Formativo Medio antes de la construcción de otras. En su mayoría se trata de adultos masculinos de edad mayor y de una mujer con cinabrio o bermellón sobre las cabezas, asociados a coronas, anillos, orejeras, pendientes y narigueras de oro (y excepcionalmente de plata), ceramios y gran cantidad de collares de crisocola, sodalita y spondylus, así como trompetas de strombus. Este conjunto espectacular revela contactos de larga distancia, como el cinabrio, probablemente de

---

110. Alva 2014.

Figura 1.12. Nariguera de oro, tumba A-TM2, Kuntur Wasi, Formativo Tardío (Kaulicke 2010).

Huancavelica, sodalita de Bolivia y el conjunto asociado a la mujer con piezas provenientes de la zona de Chaullabamba, en la sierra sur del Ecuador, que podría señalar alianzas matrimoniales. Otros contextos del mismo grupo son notablemente más "pobres", y fueron interpretados a sacrificados. Gran cantidad de contextos saqueados se observan fuera de los conjuntos de la arquitectura monumental. Rebeca Carrión Cachot calculó un total de 80.000 ceramios y Yasutake Kato mencionó más de un millón de tiestos de cerámica, más de 10.000 objetos de piedra y concha, así como unas 300 piezas de metal, obtenidas de las excavaciones en Kuntur Wasi.[111] De este modo, se trata de un contraste marcado con los periodos anteriores en su masiva presencia, con signos claros de desigualdad social en prácticamente todos los valles entre Piura y Jequetepeque, mientras que las zonas más al sur también tienen áreas funerarias, pero sin la presencia de contextos de élite. Walter Alva ha reunido material impresionante de objetos de oro de estos contextos saqueados, con piezas de extraordinaria calidad, como aquellos de Cerro Corbacho, valle medio de Zaña, del interior de una

---

111. Carrión Cachot 1948: 156, Kato 2014: 168.

Figura 1.13. Cerámica, tumba Kuntur Wasi, G-TM 6, Formativo Tardío (Kaulicke 2010).

cámara con decoración polícroma.[112] Este último caso indica lugares de enterramiento de élite fuera de los centros monumentales, con lo que se continúa una tradición anterior. Por otro lado, es preciso indicar que los adornos mencionados constituyen parafernalia que posteriormente caracterizan a las élites (coronas, orejeras, narigueras, etc.). Otro punto de consideración se refiere a sus ubicaciones en los centros monumentales en el eje principal relacionado con las plazas centrales de Pacopampa y Kuntur Wasi. En este último complejo, estatuas líticas como estelas enfatizan este programa espacial y parecen guiar procesiones y eventos festivos, tanto relacionados con la iniciación de construcciones como con el consumo ritual en fiestas funerarias. Los motivos en estas piezas de oro —y probablemente en otras como textiles, que no se han conservado— enfatizan cabezas, tanto antropomorfas como híbridos en redes o cestos, así como representaciones frontales conocidas como "Dios de los Báculos", que parecen ser motivos principales heredados de representaciones similares en Huaca de

---

112. Alva 1992.

los Reyes o aún más tempranos, como los frisos de Casma (Formativo Medio y Temprano), y pueden interpretarse como autopercepciones de depredadores.

Por tanto, se trata de una densa red de centros de arquitectura monumental, de otros lugares ritualizados más extendidos como Poro Poro, con sus esculturas líticas y pinturas rupestres monumentales, y áreas funerarias en estos centros, y en lugares relacionados con orígenes. La arquitectura doméstica es poco conocida, lo que se debe a sedimentos fluviales de varios metros de espesor en la zona central de Poma.

Debido a arrastres causados por fuertes ENSO se ha podido detectar casi sesenta hornos de cerámica que apuntan a una producción masiva en esta zona que debe haber procurado buena parte de la alta demanda de cerámica en el manejo ritual de los sitios señalados.[113] En esta cerámica, lamentablemente presentada en forma incompleta, se vislumbra una alta variación de formas, técnicas y motivos de decoración, aunque prevalecen las botellas de asa estribo y los platos. Pero, como se verá, también servían como productos intercambiados a larga distancia. Por un lado, se reconoce cerámica ostentosa de prestigio de uso relativamente restringido y otras con decoración más simple y formas más estandarizadas, que deben haberse producido para un uso más masivo y de distribución más amplia. Por ello, se reconoce una compleja red de intercambios que implica la zona de Jaén-Bagua, donde se produjo un estilo polícromo y figurativo muy llamativo, con amplia distribución hasta Piura y la sierra sur del Ecuador. Otro es uno producido en Pacopampa, que emula las esculturas de Huaca de los Reyes. Un estudio más pormenorizado podría definir mucho mejor las interacciones de estos productos, pero el estado deficiente de la presentación de este material lo impide.

Otro material como spondylus y strombus debe haber llegado desde el norte en forma masiva de materia prima para su conversión en productos diversos, por lo que deben haber existido talleres no ubicados aún. Oro parece haberse explotado en minas simples, como la

---

113. Shimada et ál. 1994.

de Morro Eten, o en ríos. Cobre fue fundido y convertido en objetos como agujas, ornamentos cónicos y herramientas como cinceles en el complejo Pacopampa, donde el hallazgo de escoria comprueba la fundición, pero hornos no han sido encontrados aún. También se recuperó vasijas de piedra empleadas como crisoles para lingotes. Minas en la cercanía con malaquita, azurita y crisocola en asociación con cobre fueron explotadas en este tiempo,[114] también para obtener pigmentos usados en prácticas funerarias.[115]

Se sabe relativamente poco sobre economías de subsistencia en esta área. Si bien el potencial agrícola es muy alto y documentado en forma convincente para periodos más tardíos (véase capítulos de Segura y Vega-Centeno) y en la actualidad, su productividad debe haber sido notable en el Formativo Tardío a juzgar por la densidad de centros grandes y áreas funerarias extendidas, así como la complejidad de producciones masivas de bienes dedicadas a y patrocinadas por élites que debe haber incluido el cultivo de plantas usadas en grandes fiestas. Pero este potencial requiere en primer lugar la preparación de la tierra por medio de la tala de bosques extensos y la instalación de redes de irrigación, lo que a su vez demanda una elevada labor humana y organización. En este sentido, se podría especular que las razones del desplazamiento de centros de poder desde el Formativo Temprano se basaban en la expansión de áreas agrícolas desde valles reducidos como Casma, lo que requería la inclusión de las tierras altas y, sobre todo, el valle interandino del Callejón de Huaylas. En el Formativo Medio, el complejo Caballo Muerto, en el valle de Moche, debe haber incluido el potencial mucho mayor del valle de Chicama; pero el potencial de un sistema hidráulico extenso como el de Lambayeque es muy superior aún.

Esta situación de cambios significativos debe contrastarse con Chavín de Huántar, el sitio más importante en la sierra norte al sur de la zona presentada. Parece que las actividades constructivas masivas y aceleradas del Formativo Medio disminuyeron significativamente en

---

114. Arata et ál. 2017.
115. Seki 2016.

el centro monumental, pero hay plataformas y construcciones hacia el norte y el este que parecen estar relacionadas con la celebración de festines comunales o talleres para el mantenimiento de demandas del centro. Un complejo sistema de canales subterráneos, en parte ya existente en la fase anterior, muestra ofrendas de cerámica como evidencias de un culto al agua. La llamada Galería de los Caracoles, al sur de la plaza hundida, fue usada como repositorio de trompetas de strombus. Se ha sostenido que un estilo de cerámica llamado Janabarriu fue una innovación del complejo y distribuido en la mencionada "mega-esfera de interacción" (véase arriba); pero a juzgar por la presentación poco detallada de la cerámica —no se ha encontrado un depósito ritual comparable al de la Galería de las Ofrendas—, este estilo ocurre junto con botellas de asa estribo de la costa norte, tanto en el centro monumental como en los demás lugares contemporáneos. Como formas y decoraciones consideradas típicas de este estilo Janabarriu también aparecen en las zonas de producción en la costa norte (Lambayeque), no se puede excluir la posibilidad de que al menos buena parte haya llegado a Chavín de Huántar desde ahí. Las mencionadas trompetas de la Galería de los Caracoles llevan decoraciones que corresponden a aquellas de Kuntur Wasi y otros sitios del norte.[116] Un solo contexto, aparentemente de élite, supuestamente fue encontrado en Chavín de Huántar,[117] donde prácticamente no existen contextos funerarios. Este se caracteriza por poseer objetos de oro que por su estilo señalan una clara procedencia norteña, de modo que, aun si fuera encontrado en Chavín, sugeriría la presencia de la élite costeña en este sitio.

Ya que el arte lítico es tomado como expresión más "pura" del estilo Chavín, habría que definir cuáles son las evidencias respectivas para el tiempo en cuestión, el Horizonte Chavín. Si se acepta que las principales actividades constructivas corresponden a los doscientos años anteriores, es de suponer que las piezas —en su mayoría lajas insertadas en la arquitectura— deberían constituir parte de aquellas, como ya fue mencionado. Pero algunas piezas podrían ser más tardías,

---

116. Rick 2008, Fux 2015.
117. Burger 1993, 1996.

sobre todo aquellas llamadas "obeliscos". Una de ellas es el Obelisco de Gotush, un sitio cercano a Chavín,[118] que es muy parecida a la estela de Pacopampa.[119] Otro obelisco que emula la forma del Obelisco Tello lleva un diseño que es prácticamente idéntico a una tela pintada del bajo valle de Ica.[120] Otras más en sitios cercanos a Chavín de Huántar parecen ser emulaciones tardías del centro. Finalmente, la famosa "Estela" Raimondi (no es estela, sino laja), tomada por la representación de la principal deidad tardía, lleva un motivo poco común en la mayoría de las piezas del sitio, pero es muy corriente en coronas y otros objetos de oro de la costa norte, el "Dios de los Báculos". Por tanto, no se puede excluir que sea también una pieza traída desde afuera.

Con todo ello, pese a los datos algo dispersos que reflejan el estado insatisfactorio de lo disponible en la literatura correspondiente, no hay mayor apoyo a la idea de una dispersión masiva de producciones desde Chavín a una esfera muy extendida, sino una dirección contraria, en particular desde la señalada área del norte. En todo caso, sustentaría la hipótesis de que Chavín mantuvo su rol de santuario suprarregional. Ello, a su vez, pondría en duda que Chavín se haya convertido en centro protourbano. Esto concuerda también con los pocos datos acerca de la subsistencia que enfatizan la crianza de camélidos tanto para el consumo como para la utilización de sus huesos en la elaboración de artefactos.[121] Estos animales también deben haber sido esenciales para la realización de festines comunales.

Existe, sin embargo, otro sitio o zona donde se ha visto una influencia masiva de Chavín, en Kotosh, Huánuco, que dista unos 100 km hacia el este, cuyas relaciones con el último datan de tiempos previos, como fue señalado. En una fase, llamada Chavín, debido a los paralelos en la cerámica (Janabarriu) que corresponde al tiempo que se está discutiendo, se han notado cambios en la arquitectura y en la cultura material. La primera parece indicar construcciones de uso no

---

118. Tello 1960, láms. XLIIA, XLIII.
119. Fux 2015: 230-231.
120. Burger 1992, fig. 174; Brugnoli y Hoces 1991, figs. 19, 20.
121. Rosenfeld y Sayre 2016.

muy prolongado. Una escalinata monumental y algunas técnicas de fachadas de plataformas se parecen a Chavín, pero otras son diferentes, como recintos rectangulares alargados sobre las plataformas; mientras los canales subterráneos son más simples y más parecidos a los ductos de ventilación de fases anteriores. Galerías subterráneas no se han encontrado, tampoco una plaza hundida circular o arte arquitectónico en forma de lajas u otros elementos líticos esculpidos. De esta manera, esta arquitectura, como la de Sajara-Patac, otro sitio contemporáneo, debe reflejar también otras funciones que las principales de Chavín. En Sajara-Patac se ha enfatizado el papel de fiestas ceremoniales, probablemente también llevadas a cabo en Kotosh, lo que es un fenómeno que no es privilegio de ninguno de estos complejos.[122] Objetos de piedra y concha no difieren marcadamente de las fases anteriores, quizá con la excepción del fragmento de una orejera, que parece ser una copia de otras encontradas en contextos funerarios de élite en la costa norte, donde están hechas de piedra semipreciosa o de oro en vez de cerámica, como en Kotosh. Piruros simples y decorados de arcilla indican la producción de telas. Los pocos datos relativos a la subsistencia tampoco indican cambios mayores a los de la fase anterior.

De este modo, se trata básicamente de la presencia de algunos tipos menores de cerámica, como aquellos llamados Paucarbamba, que podrían haber sido introducidos al lado de otros mayoritariamente locales que subsisten de la fase Kotosh. Entre los primeros aparecen cuencos y platos pulidos con decoración estampada al lado de otros como botellas de asa estribo y botellas con cuello simple, que deben haberse hecho en la costa. Esta situación es parecida a la de Chavín.[123] Cabe señalar también que círculos con punto central son motivos que en Kotosh aparecen desde el Formativo Temprano (Wairajirca).[124]

La situación en la sierra central es poco estudiada, pero hay evidencias de sitios relativamente organizados, aunque reducidos, en la cuenca del Mantaro, en Huancavelica y Ayacucho. Estos sitios

---

122. Matsumoto 2010a.
123. Burger 1984, Rick 2013.
124. Izumi y Sono 1963, Izumi y Terada 1972.

probablemente se deben a un desarrollo agropecuario que permitió conexiones con la costa central, sierra y costa norte, y también con Kotosh y Chavín, a juzgar por la cerámica poco especificada.[125] La situación en Ayacucho muestra algunas diferencias, ya que durante el tiempo que se está discutiendo aparecen —fuera del mencionado Campapanyuq Rumi— otros complejos de dimensiones reducidas cuya arquitectura monumental no se conoce bien aún. Parece que al menos algunos de ellos tienen escalinatas y simples galerías que podrían entenderse como emulaciones quizá de Chavín, pero la cultura material, incluyendo fragmentos de murales, señalan una procedencia de la esfera del norte, en particular evidente en la cerámica. Esta también se ha encontrado en contextos funerarios en Huamanga (Jargam Pata),[126] que señalan un ambiente local con viviendas circulares y pozos con individuos flexionados, asociados a pocos objetos, como puntas líticas y ocasionalmente una cuenta de turquesa. La cerámica señala fuertes vínculos con la esfera norte, aunque puede tratarse también de emulaciones bien hechas. Aparecen también individuos enterrados en el sitio con motivo del inicio de construcciones (¿sacrificios?); mientras un adulto masculino con deformación craneana estaba asociado con varios ceramios que muestran tanto procedencias de la costa norte como la de la costa sur (Paracas). Entierros de cráneos humanos tanto en este sitio como en otro (Wichqana) podrían relacionarse con la emergencia de las llamadas "cabeza-trofeos", un fenómeno muy común en tiempos posteriores de la costa sur (Nazca), pero debe recordarse que representaciones de cabezas humanas en la esfera norte se conocen desde el Arcaico Final; y se sabe incluso de un caso hasta en Ayacucho que data del Arcaico Medio.

Esta situación de la sierra central y sur-central, por tanto, limita las interpretaciones económicas debido a las evidencias poco sustentadas, pero evoca un aumento demográfico, probablemente debido a condiciones climáticas más benignas, a la introducción de mejoradas técnicas de cultivo (canales de irrigación, terrazas agrícolas) y a la

---

125. Matos 1973, 1975; García 1983; Burger y Matos 2002.
126. Ochatoma 1998.

demanda de productos como lana de camélidos, obsidiana, cinabrio, oro, cobre y otras materias primas. Esta demanda, como se ha visto, provenía en gran escala de la élite norteña, y propulsó, en lugares más ligados a redes de intercambio, la emergencia de élites en sociedades aún poco complejas como, en particular, la zona de los valles interandinos de Ayacucho, donde las conexiones con la costa sur parecen haberse intensificado.

Por tanto, es necesario definir esta última con más precisión. Se ha enfatizado la ausencia de arquitectura monumental en la fase anterior, y esta situación no cambió mucho, aunque hay algunos casos de arquitectura no doméstica, como la de la parte alta del río Ica (Cerrillos), donde una construcción consiste en dos "templos" superpuestos[127] de una secuencia de cinco de ellos que termina con el Formativo Final. Se parecen a versiones muy reducidas de los centros anteriores de la costa central. Si bien la cerámica no se ha presentado en detalle, esta muestra evidencias de piezas importadas desde la costa central, costa norte y sierra (con lo que se refiere a cerámica estampada). Tejidos con alta variación de técnicas, la mayoría de contextos funerarios saqueados, señalan vínculos estilísticos con la costa norte. Por tanto, estos contactos con el norte en forma de cerámica y telas se convierten en piezas emuladas que se desarrollan hacia producciones propias como, en particular, piezas escultóricas polícromas de gran atracción. Otro grupo de contextos es aún más significativo. Varios contextos funerarios se conocen, sobre todo por la gran cantidad de telas pintadas, lo que generalmente se toma por evidencia de una difusión del culto de Chavín de Huántar.[128] Un contexto discutido a menudo, pero saqueado, se encuentra en la Bahía de la Independencia, al sur de la península de Paracas. En una cámara con varios individuos se hallaron unos doscientos fragmentos de tejidos de diferentes técnicas usados quizá como estandartes y envoltorios funerarios, pero la mayoría como indumentaria en forma de mantos o túnicas, bandas cefálicas y paños[129] con representaciones, entre las cuales

---

127. Wallace 1962, Splitstoser et ál. 2010.
128. Véase Kaulicke 2015b.
129. García y Pinilla 1995.

Figura 1.14. Tejido Dumbarton Oaks, Coyungo (cortesía de Michael Coe) (Kaulicke 2015b, fig. 2a). En excavaciones en Coyungo se encontró piezas faltantes del mismo tejido.

Figura 1.15. Cerámica de Coyungo (cortesía de Michael Coe) (Kaulicke 2015b, fig. 4). Esta vasija es del mismo lote que el tejido de la fig. 1.14.

destacan el Dios de los Báculos, así como cabezas en marcos hexagonales típicos de la costa norte. Esta relación con la costa norte se consolida con la cerámica. Burger (1992, fig. 203) ilustra un asa de estribo típico de la costa norte. Una reducida área funeraria de cuatro contextos en el valle de Río Grande de Nazca (Coyungo),[130] cerca de un asentamiento con probable evidencia de arquitectura monumental parecida a Cerrillos, consiste en una plataforma funeraria pavimentada. Pese a su estado saqueado, aún relevaron importantes datos. Tres de estos contextos son estructuras de caña brava a modo de chozas en miniatura; el más alto, en cambio, es una cámara con acceso en forma de escalinata de más de 10 m², esquinas redondeadas y paredes de adobes cónicos enlucidas y pintadas. Seis troncos de huarango sostenían una techumbre de planchas de huarango y caña brava. Contenían un mínimo de nueve individuos, uno con deformación craneana, de ambos sexos y diferentes edades, entre los que destaca una mujer de entre 50 y 59 años de edad (véase arriba para casos más tempranos). Un perro estaba asociado. Por lo menos 52 piezas textiles y cerca de 40 vasijas, una gran cantidad de mates, esteras de carrizo —muchas de todos ellos decorados—, maíz, frejoles, camote, maní y numerosas semillas de huarango completaban el inventario. Pozos dedicatorios se encuentran en la cercanía de las cuatro estructuras. La presencia de objetos asociados y fechados con ¹⁴C señalan contemporaneidad con los contextos correspondientes de Kuntur Wasi y Pacopampa (800 a 600 a. C.). Tanto formas de cerámica como los motivos, incluyendo los tejidos y mates, apuntan a la zona norte también. Este sitio es el único que comprueba los contextos de los famosos textiles, así como la inclusión de esta élite en la producción textil, ya que implementos de tejer e hilos, ovillos de algodón y también en copos sin trabajar fueron encontrados en esta misma cámara.

Estos datos implican que grupos de élites locales tenían acceso a piezas de prestigio de la costa norte, pero también las produjeron en sus centros en forma de "emulaciones creativas". El ámbito de estas producciones y distribuciones no está claramente delimitado, pero pudo haber llegar hasta el valle de Asia, e involucra el valle de Yauca,

---

130. Kaulicke et ál. 2010, 2015b.

pero su núcleo parece ser la zona entre la península de Paracas y el Río Grande de Nazca. La conexión más estrecha con la sierra debe haber sido Ayacucho sobre la base de rutas de conexión muy antiguas. Todo ello implica movimientos verticales entre sierra y costa en vez de dependencias de estos sitios serranos con Chavín de Huántar. El rol principal de la élite de la costa podría haber sido el de intermediarios con el norte, en particular la esfera norte, caracterizada al inicio de esta sección, donde élites mucho más poderosas requerían sus servicios. Parece que Atalla, en Huancavelica, cerca de extracciones de cinabrio, también mantenía contactos directamente con la costa de Chincha, donde se encontró cerámica aún no publicada de la costa norte (comunicación personal con Henry Tantaleán).

Datos acerca de sitios más domésticos son escasos. En los valles de Palpa (Río Grande de Nazca) se ubicó unos veinte asentamientos en forma de viviendas aisladas, pequeñas agrupaciones y solo un asentamiento algo más grande, entre menos de una hectárea y algo menos de 10 ha. Se trata de estructuras rectangulares de quincha sobre terrazas. Algunos de estos sitios podrían haber existido ya en las cabeceras de Palpa, donde las plantas son circulares u ovaladas (como en Ayacucho). Ahí también aparecen terrazas de cultivo. Este cultivo en zonas más altas probablemente se debe a un mejoramiento climático más húmedo.[131]

La información sobre economías de subsistencia es más completa que la de las otras zonas presentadas. Jahl Dulanto recuperó 27 plantas silvestres y domésticas usadas en Puerto Nuevo (península de Paracas) como frutos de árboles, maní, frejoles, camote, zapallo, ají, maíz y algodón, recogidas o cultivadas en pozos o chacras hundidas, en humedales y lagunas.[132] 23 especies de peces marinos, 8 de aves y 11 de moluscos enfatizan el uso de recursos marinos, pero no hay evidencias de camélidos. En Cerrillos, el mencionado centro en el valle alto de Ica, la gama aún es más amplia: 33 especies de plantas silvestres y domésticas, con un predominio de maíz y frejoles fuera de maní, achira, yuca, zapallo, maní, árboles frutales y algodón. Las plantas silvestres

---

131. Sossna 2015.
132. Dulanto 2015.

indican el uso de bosques de huarango y de vegetación ribereña;[133] la presencia de coca y de plumas de loros podría señalar contactos con los Andes o las llanuras orientales; camélidos son los animales más frecuentes. El algodón es la única planta doméstica[134] en el valle bajo de Ica (Samanaco-Ullujaya), pero hay abundantes evidencias de bosques de huarango. En esta zona, erizos, cangrejos y algunos moluscos fueron traídos desde el litoral. Para el valle de Palpa-Río Grande Nazca otros datos provienen de contextos funerarios, sobre todo el mencionado complejo de Coyungo, donde se encontró seis razas de maíz, la mayoría cultivadas en la cercanía; pero otras son razas serranas, probablemente de la zona de Ayacucho. Análisis dentales de los individuos enterrados indican un bajo índice de caries, lo que sugiere que el maíz no fue consumido con regularidad. Semillas, troncos de huarango y el uso intensivo de carrizo para fines diversos indican un medioambiente diferente al actual, al que se suma la presencia de una laguna cerca del sitio funerario de un asentamiento contemporáneo, como en los demás sitios señalados. Además, se percibe una diferenciación localizada que sugiere también gradaciones sociales y redes de interacción económicas reducidas y más extensas.

La información de Ayacucho es mucho más limitada debido a problemas de conservación de restos orgánicos, pero el cultivo de papa y maíz está comprobado.[135] Los restos de animales recuperados pertenecen a abundantes camélidos, algunos cérvidos, cuyes y vizcachas, pero no a especies marinas. Como en otros sitios de la sierra, esta abundancia no necesariamente significa una crianza intensiva, sino una combinación entre crianza y cacería de guanacos y vicuñas. El perro, también presente en sitios costeños, podría haberse comido en Campanayuq Rumi.

En general, los datos sobre economías de subsistencia durante el Formativo Tardío son insuficientes para ofrecer un panorama consolidado. Si bien parece que maíz y camélidos alcanzaron proporciones importantes, no debe olvidarse que ambos fueron domesticados

---

133. Wallace 1962.
134. Beresford-Jones et ál. 2010.
135. Matsumoto 2010b.

mucho antes del Formativo. Por ello, es necesario matizar estas tendencias. Por un lado, el maíz podría haber sido más importante como base para la producción de cerveza y, por tanto, como ingrediente para fiestas comunales y banquetes que alcanzaron dimensiones mayores, sobre todo en la esfera de interacción del norte. También parece haber servido como ofrenda en ritos funerarios. Por otro lado, el rol de los camélidos fue aún más variado. Mientras que la alpaca (*Lama pacos*) servía para la producción de lana, quizá combinada en menor grado con la fibra de vicuña, lo que llevó a cambios en la producción de tejidos, la llama (*Lama glama*) también contribuyó con lana, pero además servía para el transporte. Probablemente, todos los camélidos también eran importantes para el sacrificio y el consumo en fiestas de diferente índole. La introducción de camélidos domésticos en el norte debería haber incluido la transferencia del conocimiento de su crianza, manejo y mantenimiento, que podría haber incluido la presencia de pastores de Junín y Ayacucho. Las poblaciones de la puna central, en cambio, requerirían productos de la costa; aunque el intercambio más importante debería haber sido con sal, obsidiana, cinabrio y minerales, no solo para una élite emergente en la costa sur, sino también para poblaciones crecientes.

Todo ello indica una creciente diversificación y desigualdad social que debe haber llevado a producciones elevadas en el norte dentro de redes de interacción más regulares e intensivas, en las cuales un crecimiento demográfico generalizado permitía también la participación más intensiva entre áreas antes algo marginales y otra central.

En todo caso, se percibe un carácter de transición, en la cual el papel de la religión o de un culto generalizado, dirigido desde un centro principal en la sierra, no explica los fenómenos socioeconómicos que caracterizan este lapso de tiempo. Tampoco el fin catastrófico de Chavín de Huántar debe haber causado una crisis generalizada.

Síntesis

Los más de diez milenios tratados en este capítulo antes del inicio del Formativo fueron el escenario de cambios socioeconómicos fundamentales. Solo en las últimas décadas el estado de conocimiento ha mejorado considerablemente, por lo que muchos aspectos tenidos por seguros deben revisarse. De esta manera, la llegada de grupos humanos se remonta a más de 15.000 años, pero pese a ello no eran intrépidos cazadores de elefantes o perezosos gigantes como se puede ver aún en los museos, sino llegaron con un avanzado bagaje técnico y conceptual, lo que les permitía adaptarse rápidamente a las condiciones medioambientales diversificadas. Esta velocidad fue muy acelerada comparada con la de los pobladores de otros continentes.

Dentro de estas adaptaciones destaca el fenómeno de los procesos que conciernen a la domesticación. Hoy en día tenemos ideas más concretas sobre estos procesos que aparecieron entre 12.000 y 8000 años antes del presente en América Central y los Andes, como en el Medio Oriente y en China, seguidos por otros once centros (entre 8000 y 4200 años antes del presente), de modo que fueron fenómenos globales iniciados con unas pocas plantas y otra fase con una cantidad mayor de especies durante el Holoceno Medio. Como se ha demostrado, las poblaciones de los Andes centrales eran partícipes activos, por lo que no hay necesidad de construir diferencias entre centros primarios y secundarios, en el sentido de que los Andes dependían de cultivos originarios en Mesoamérica debido a la domesticación de especies parecidas en ambas partes y por el problema del maíz (el único antecesor silvestre conocido es el teosinte de América central). Todas estas ideas aún prevalecen en la percepción general. La domesticación, más bien, es un proceso que involucra cambios introducidos en una gama amplia de plantas y animales, sin que necesariamente estos sean considerados domésticos en el sentido tradicional, como árboles frutales (y no frutales), carrizos, totora y otras plantas de humedales, etc., en el caso de los Andes centrales. La concentración en áreas favorecidas y modificadas fomentó también procesos de sedentarización y de reorganización interna de grupos con creciente sentido de comunidad, de cooperación y producción para celebraciones comunales, incluyendo el tratamiento de los muertos.

Una manifestación más marcada de ello es la construcción de arquitectura monumental, que aparece después de agrupaciones de horticultores con evidencia de ritos domésticos mucho antes de lo que se pensaba hace poco. Estos se convirtieron en centros ceremoniales mucho antes de Chavín como fruto de acciones colectivas que proporcionaban un sentido de cohesión, de congregación y estímulo para la realización de festividades que obligaron a producciones elevadas de plantas y animales con el fin de convertirlos en bebida y comida. Unos 1500 años antes del inicio de Chavín de Huántar estos centros ya se habían desarrollado en complejos de extensiones mayores, por lo que surgieron discusiones acaloradas sobre la presencia o no de ciudades y Estados que no han terminado aún. Estos fenómenos deben entenderse en esferas de interacción desde interacciones o redes en el interior de sitios, entre sitios (esferas) y entre esferas. Estas esferas por regla tienen áreas nucleares que cambian en tiempo y espacio. Por las razones expuestas, la zona norte (costa y zonas serranas adyacentes) se establece temprano como área de más impacto y de cambios espaciales desde el sur (Casma) hacia el norte (Lambayeque-Jequetepeque), con extensiones y conexiones que crecen en intensidades, magnitudes y complejidades. Estas extensiones mayores o globalizaciones tienen características diferentes, por lo que se justifica la subdivisión en Formativo Temprano, Medio y Tardío. Chavín de Huántar, sin embargo, adquiere un papel menos preponderante y más dependiente de otras zonas, en particular la del norte. Su papel de santuario interregional no se discute, pero su supuesto dominio socioeconómico, en efecto, es debatible. Por ello, su fin abrupto tampoco debe entenderse como catástrofe y crisis panandinas.

Esta evolución sociopolítica materializada en arquitectura monumental y su relación con áreas "no monumentales" está consolidándose, pero aún subsisten muchos problemas, en particular por el desbalance entre estas y su relación con áreas domésticas contemporáneas. Este problema complica la definición de extensiones espaciales de complejos y, por tanto, cálculos sustentados del tamaño de sus poblaciones respectivas. Este último problema además se crea por la escasez de áreas funerarias y la consecuente escasez de individuos, base para análisis bioantropológicos que son imprescindibles para obtener datos sobre la salud general y sus crisis (deficiencias nutritivas, epidemias, etc.). Estas deficiencias podrían superarse con cambios en las estrategias de trabajo de campo aun en sitios disturbados (como áreas funerarias). De este modo parecen haberse dado incrementos demográficos, pero en forma de efectos temporales interrumpidos por estancamientos o incluso retrocesos, cuyas causas pueden ser múltiples, pero la calidad, cantidad o deficiencia de la nutrición deben ser prioritarias.

Con ello, se llega a los aspectos económicos, el tema de esta publicación, en discusiones más directas. Debido al interés, a menudo centrado en aspectos no económicos, este tema está plagado de problemas tanto debido a datos incompletos como a conceptos divergentes. Si nos concentramos primero en aspectos relacionados con la producción, es preciso comenzar con la subsistencia, que, en el ámbito de los Andes centrales, se manifiesta en tres pilares: la horticultura/agricultura, la ganadería y la pesca, cada uno presente en combinaciones y suplementado por otros recursos. Los datos disponibles no ayudan mucho a esclarecer la relevancia de cada una de estas opciones en situaciones sociopolíticas concretas. La cuantificación general de productos consumidos y, más relevante, la de contextos funcionales definidos por regla no está disponible, ya que la información se limita a listas de especies identificadas sin contextos específicos ni proporciones exactas, por lo que hacer reconstrucciones de la dieta resulta difícil. Es el caso en la temprana dieta de sitios en la costa, donde el consumo de pescado, en particular de la anchoveta, suele ser altamente valorado en desfavor de productos cultivados. La obtención de estos peces se relaciona con el cultivo del algodón y de la calabaza (llamadas plantas industriales) para la elaboración de redes. Queda por preguntarse por el tamaño de estas redes, su capacidad y, por tanto, la cantidad recuperada de peces por temporada. Luego, se debería saber lo que se consume y en qué forma de preparación (consumo "doméstico" y consumo comunal), y qué cantidades se reserva para convertirlas en conserva. De esta manera, la definición de una economía de almacenamiento también está por aclararse. Esta relación entre consumo directo y conservación o uso diferente (quizá aceite o harina) debería contrastarse con el de otros recursos marinos. Como queda mencionado, anchovetas también fueron quemadas en ritos comunales. El cultivo de plantas alimenticias también se dio en sitios del litoral junto con la explotación de los diversos recursos de los humedales, de modo que las poblaciones no se limitaron a recursos marinos altamente seleccionados. En cambio, las concentraciones de complejos mayores en la parte media de los valles costeños deben haberse instalado en lugares con cierto potencial para el cultivo de plantas, en su mayoría para el sustento; aunque hay pocos datos para poder estimar la extensión y la productividad de estas áreas. Fuera del sustento doméstico, que queda largamente ignorado, un motivo importante debe haber sido la producción para fiestas comunales, para las cuales se requería también productos traídos de otras partes, así como la caza de animales silvestres, en particular cérvidos. De este modo la producción ha tendido a ser diversa y complementaria, en lugar de llevar a especializaciones estrictas dentro de un sistema relativamente complejo entre centro(s) y áreas dependientes e interdependientes. Estos sistemas se originaron en la zona norte, cuya complejidad ecológica y densidad de rutas de intercomunicación han sido notablemente mayores que en las demás regiones de los Andes centrales.

La mencionada ganadería, básicamente la crianza de camélidos, ha sido un fenómeno serrano, originado en un ambiente general de introducción de una gama mayor de plantas cultivadas y de otro animal doméstico, el cuy. Este fenómeno está relacionado con un mayor grado de permanencia de asentamientos que, a su vez, facilitaba el establecimiento de contactos con otras zonas de recursos diferentes. Por tanto, no se trata de un pastoralismo nómada, como en algunas partes del mundo, aunque implicaba menores movimientos estacionales en el sentido de una transhumancia, un término usado con un significado diferente en la arqueología andina. Estos camélidos domésticos (alpaca y llama) no se criaban tanto para la alimentación, ya que para ello servían los camélidos silvestres, por lo que la caza seguía ocupando un rol económico importante, probablemente también para el intercambio en forma de conservas (charqui). Por otro lado, hubo una alta demanda de estos animales para el sacrificio. La lana de alpaca (y la fibra de vicuña) se constituyeron como componentes importantes en la producción textil de la costa. La llama como bestia de carga parece adquirir importancia algo más tarde, en tiempos "pos-chavines" (Formativo Final). De este modo, las economías tempranas de la sierra se basan en una continuación de técnicas de obtención de recursos por la caza y en menor grado por recolecta y cultivo de plantas, así como la ganadería y la extracción de minerales, metales y sal, en una simbiosis con sociedades costeñas que solo excepcionalmente permitía el desarrollo de rasgos sociopolíticos más complejos hacia el fin del Formativo.

Un problema largamente sin resolver, pero fuente de constantes controversias, es la contribución de la Amazonía o de los Andes orientales a la perspectiva económica del Formativo. Si bien es cierto que su papel en la domesticación inicial de plantas debe haber sido muy importante, ya que la mayoría de ellas tiene antecesores silvestres en esta área, este fenómeno se sitúa mucho antes del Formativo, y es poco conocido. En las dos áreas relevantes, la zona de Bagua-Jaén, ligada a la zona norte, y la cuenca de Huánuco, en el centro, el cultivo debe haber sido importante, ya que ambas poseen suelos de potencial agrícola, en particular las planicies fluviales del norte, pero debe haber sido poco diferente a las áreas más occidentales. Aun productos de la caza (p. e. pieles de jaguares o plumas de aves) pueden haberse conseguido sin recorrer a las llanuras amazónicas. Pese a ello participaban activamente en redes de intercambios, y hay evidencias esporádicas de contactos con la Amazonía. En la parte tardía del Formativo aún se caracterizaban por la producción propia de bienes (cerámica, recipientes de piedra, etc.), aunque influenciada por producciones similares y más tempranas de la costa norte.

De esta manera, hay otro aspecto interrelacionado, que es la extracción y elaboración de productos de origen mineral u orgánico. Uno de los aspectos generalmente poco considerados es la necesaria modificación del paisaje que implica la tala de zonas boscosas. Si bien roce y quema probablemente eran las mayores estrategias tempranas, las que no requerían innovaciones tecnológicas, la tala por medio de hachas o azadas y el uso de la madera debe haber requerido herramientas eficientes; todo esto relacionado con las plantaciones de árboles frutales, cuyo cultivo incluye otras funciones además de la de servir de alimentos. Las requeridas herramientas, incluyendo otras para trabajos variados en madera, son escasas; pero conocidas en Huánuco y la sierra norte en forma de producto de piedra pulida (un elemento cultural característico del Neolítico del Viejo Mundo). Su presencia más masiva en la zona norte (tanto costa como sierra) está por aclararse aún.

Obviamente, otro factor es el empleo de madera en la arquitectura. De este modo no puede sorprender que el árbol haya sido altamente importante en la vida cognitiva de poblaciones andinas, el Formativo incluido. Lamentablemente las canteras respectivas se ignoran, como también los lugares de su preparación.

Otras canteras para la preparación de artefactos líticos tallados, en cambio, se conocen desde el Arcaico Temprano (Paijanense) en el norte y el centro de la costa. Existían canteras de obsidiana, en particular en la sierra de Ayacucho. Si bien objetos tallados deben haberse distribuido hacia el norte hasta distancias notables y con más frecuencia en la más cercana costa sur, las técnicas específicas de extracción, la preparación en preformas, las variadas cantidades extraídas en el Formativo y las modalidades de transporte son poco más que desconocidas. Tampoco se sabe mucho sobre los usos específicos en lugares donde fueron transformados en objetos.

Una gama amplia de otros objetos de piedra incluye recipientes de piedra dura o puntas pulidas (en el Formativo Tardío y Final), y piedras semipreciosas sirven para adornos. En todos estos casos se ignora las procedencias exactas; tampoco hay referencias mayores de talleres y, por tanto, la extensión de su producción. Muchas de ellos demandan una cierta especialización, lo que implica la elaboración para clientes y para funciones especiales. Finalmente, se debe mencionar otro uso: la arquitectura monumental y el arte relacionado. Canteras específicas no se han estudiado mayormente, pero las cantidades necesarias para la construcción deben haber requerido acciones colectivas, lo que se ejemplifica en las llamadas shicras de la costa norcentral y central. Las construcciones, por regla, incluyen otras materias, pero las de piedra sirven para crear fachadas ornamentadas y para esculturas, tanto en la costa (Cerro Sechín) como en Chavín de Huántar. Fuera del aspecto colectivo también surge la posibilidad o quizá necesidad de especialistas y personas capaces de concebir y realizar trabajos complejos. Cabe mencionar que estas tareas pueden incluir transportes masivos de zonas distantes. Estas últimas reflexiones llevan a la revisión de ideas sobre construcciones de arquitectura monumental en el sentido de calcular el volumen final y las horas necesarias por hombre, y de ahí concluir la posibilidad de la realización de trabajos colectivos sin mayor complejidad organizacional. Si bien hay casos menores de arquitectura relativamente simple, otros son ejemplos de edificios complejos dentro de complejos mayores renovados o completamente superpuestos, así como mantenidos durante muchas generaciones. Esto es evidente en los edificios de Casma, donde los más grandes de los complejos del Formativo fueron levantados en poco tiempo, antes de Chavín de Huántar, donde los préstamos son evidentes.

La arcilla, también empleada en construcciones, tanto como relleno y enlucido para la decoración en forma de murales, esculturas y relieves, es la base para la producción de cerámica. Si bien la cerámica se considera fundamental para aclarar aspectos cronológicos, su relevancia es mucho mayor, como se ha tratado de presentar en este trabajo. Pero su simplificación a menudo impide la formulación de datos básicos para la producción, distribución y consumo, y pone el acento en algunos grupos generalizados para hacer la comprobación de globalizaciones e ignorar la diversidad. Como se ha demostrado, las globalizaciones son procesos históricos que se deben a factores socioeconómicos cambiantes, en los cuales diversas formas de desigualdad son sus motores principales, como ha sucedido en otras partes del mundo en condiciones comparables.

Estas críticas al estado incompleto de las evidencias no se deben tanto a la imposibilidad de evitar generalidades, sino a conceptos heredados de la historia cultural que se contentaban con narrativas basadas en ideas preconcebidas, en la que la economía no era prioritaria. Solo en las décadas más recientes estas imágenes se ponen en duda, y se emplean enfoques más científicos con el fin de recuperar datos nuevos y más completos. En este sentido, las revisiones presentadas en este trabajo son intentos de reorientar los conceptos del Formativo, tanto en lo económico como en otros aspectos, en direcciones más prometedoras, tomando en cuenta que estos probablemente se definirán mejor en un futuro cercano.

Referencias

ALDENDERFER, Mark S.
1998   *Montane Foragers. Asana and the South-Central Andean Archaic.* Iowa City: University of Iowa Press.

ALVA ALVA, Walter
1992   "Orfebrería del Formativo". En José Antonio de la Valle (ed.), *Oro del Perú*. Colección arte y tesoros del Perú. Lima: Banco de Crédito del Perú, pp. 17-116.

ALVA MENESES, Ignacio
2010   "Los complejos de Cerro Ventarrón y Collud-Zarpán: del Precerámico al Formativo en el valle de Lambayeque". *Boletín de Arqueología PUCP*, n.º 12 (2008): 97-117.

2014   *Ventarrón y Collud. Origen y auge de la civilización en la costa norte del Perú*. Lima: Proyecto Especial Naylamp Lambayeque, Ministerio de Cultura.

ARATA, Megumi, Masaaki SHIMIZU y Marina SHIMIZU
2017   "Metalurgia de Pacopampa: innovación tecnológica en el sitio formativo". En Yuji Seki (ed.), *Civilización de los Andes: el mundo del poder desde la perspectiva de las investigaciones arqueológicas de los templos*: Kioto: Rinsen-Shoten, pp. 161-189. En japonés.

ARNTZ, Wolf E. y Eberhard FAHRBACH
1991   *El Niño: experimento climático de la naturaleza: causas físicas y efectos biológicos*. Ciudad de México: Fondo de Cultura Económica.

BAINES, John et ál.
2015   "Cities as Performance Arenas". En Norman Yoffee (ed.), *Early Cities in Comparative Perspective, 4000 BCE-1200 CE*. Cambridge: Cambridge University Press, pp. 94-109.

BENFER, Robert
1999   "Proyecto de excavaciones en La Paloma, valle Chilca, Perú". *Boletín de Arqueología PUCP*, n.º 4: 231-237.

BERESFORD-JONES, David et ál.
2010 "Ocupación y subsistencia en el Horizonte Temprano en el contexto de cambios ecológicos de largo plazo en las cuencas de Samaca y Ullujaya, valle bajo de Ica". *Boletín de Arqueología PUCP*, n.º 13 (2009): 237-257.

2015 "Re-evaluating the Resource Potential of Lomas fog Oasis Environments for Preceramic Hunter-Gatherers under Past ENSO Modes on the South Coast of Peru". *Quaternary Science Reviews*, n.º 129: 196-215.

BISCHOF, Henning
2010 "Los periodos Arcaico Tardío, Arcaico Final y Formativo Temprano en el valle de Casma: evidencias e hipótesis". *Boletín de Arqueología PUCP*, n.º 13 (2009): 9-54.

BONAVIA, Duccio et ál.
2017 "Plant Remains". En Tom D. Dillehay (ed.), *Where the Land Meets the Sea. Fourteen Millennia of Human History at Huaca Prieta, Peru*. Austin: University of Texas Press, pp. 367-431.

BRACK EGG, Antonio
2003 *Frutas del Perú*. Lima: Universidad de San Martín de Porres.

BRACK EGG, Antonio y Cecilia MENDIOLA VARGAS
2004 *Ecología del Perú*. Lima: Editorial Bruño.

BROOKE, John L.
2014 *Climate Change and the Course of Global History. A Rough Journey*. Nueva York: Cambridge University Press.

BRUGNOLI, Paulina y Soledad HOCES DE LA GUARDIA
1991 "Análisis de un textil pintado Chavín". *Boletín del Museo Chileno de Arte Precolombino*, n.º 5: 67-80.

BURGER, Richard L.
1984 "The Prehistoric Occupation of Chavín de Huántar, Peru". *University of California Publications in Anthropology*, n.º 14.

1992 *Chavín and the Origins of Andean Civilization*. Londres: Thames and Hudson.

1993 "The Chavín Horizon: Stylistic Chimera or Socioeconomic Metamorphosis?". En Donald S. Rice (ed.), *Latin American Horizons. A Symposium at Dumbarton Oaks, 11th-12th October 1986*. Washington, D. C.: Dumbarton Oaks, pp. 41-82.

1996 "Chavín". En Elizabeth H. Boone (ed.), *Andean Art at Dumbarton Oaks 1*. Washington D. C.: Dumbarton Oaks, pp. 45-86.

2008 "Chavín de Huántar and Its Sphere of Influence". En Helaine Silverman y William H. Isbell (eds.), *Handbook of South American Archaeology*. Nueva York: Springer, pp. 681-703.

2014 "La expansión de la lengua en los Andes centrales y la esfera de interacción Chavín". *Arqueología y Sociedad*, n.º 28: 139-158.

BURGER, Richard L. y Ramiro MATOS MENDIETA
2002 "Atalla: A Center on the Periphery of the Chavín Horizon". *Latin American Antiquity*, vol. 13, n.º 2: 153-177.

BURGER, Richard L. y Lucy C. SALAZAR
2008 "The Manchay Culture and the Coastal Inspiration for Highland Chavín Civilization". En William J. Conklin y Jeffrey Quilter (eds.), *Chavín, Art, Architecture and Culture*. Los Ángeles: Cotsen Institute of Archaeology Monograph 61, pp. 85-105.

2012 "Monumental Public Complexes and Agricultural Expansion". En Richard L. Burger y Robert M. Rosenswig (eds.), *Early New World Monumentality*. Gainesville: University Press of Florida, pp. 399-430.

2014 "¿Centro de qué? Los sitios con arquitectura pública de la cultura Manchay en la costa central del Perú". En Yuji Seki (ed.), *El centro ceremonial andino. Nuevas perspectivas para los periodos Arcaico y Formativo*. Senri Ethnological Series 89. Osaka: National Museum of Ethnology, pp. 291-313.

CARNEIRO, Robert L., Leonid E. GRININ y Andrey KOROTAYEV (eds.)
2017 *Chiefdoms: Yesterday and Today*. Nueva York: Eliot Werner Publications.

CARRIÓN CACHOT, Rebeca
1948 "La cultura Chavín. Dos nuevas colonias: Kuntur Wasi y Ancón". *Revista del Museo Nacional de Antropología y Arqueología*, vol. 2, n.º 1: 99-172.

CLEMENT, Charles R. et ál.
2010 "Origin and Domestication of Native Amazonian Crops". *Diversity*, n.º 2: 72-106.

2015 "The Domestication of Amazonia before European Conquest". *Proceedings Royal Society B* 282: 20150813.

CYPHERS, Ann
2012 *Las bellas teorías y los terribles hechos. Controversias sobre los olmecas del Preclásico Inferior*. Ciudad de México: Universidad Nacional Autónoma de México, Instituto de Investigaciones Antropológicas.

CONTRERAS, Daniel A.
2008 "Geomorfología y paisaje en Chavín de Huántar". En Instituto Nacional de Cultura (ed.), *Museo Nacional Chavín*. Lima: Instituto Nacional de Cultura, pp. 49-60.

DILLEHAY, Tom D.
2014 "Entangled Knowledge: Old Trends and New Thoughts in First South American Studies". En Kelly E. Graf, Carolina V. Ketron y Michael E. Waters (eds.), *Paleoamerican Odyssey*. College Station: First Texas A & M University Press, pp. 377-395.

2017 "Continuity, Change, and the Construction of the Early Sangamon Society". En Tom D. Dillehay (ed.), *Where the Land Meets the Sea. Fourteen Millennia of Human History at Huaca Prieta, Peru*. Austin: University of Texas Press, pp. 567-593.

DILLEHAY, Tom D. (ed.)
2011 *From Foraging to Farming in the Andes. New Perspectives on Food Production and Social Organization*. Nueva York: Cambridge University Press.

2017 *Where the Land Meets the Sea. Fourteen Millennia of Human History at Huaca Prieta, Peru*. Austin: University of Texas Press.

Dillehay, Tom D. et ál.
2012 "Chronology, Mound-Building, and Environment at Huaca Prieta, from 13.700 to 4000 years ago". *Antiquity*, n.º 86: 48-70.

2015 "New Archaeological Evidence for an Early Human Presence at Monte Verde, Chile". *PLOS One*, vol. 10, n.º 11: e0141923.

Dulanto, Jahl
2015 "Puerto Nuevo: redes de intercambio a larga distancia durante la primera mitad del primer milenio antes de nuestra era". *Boletín de Arqueología PUCP*, n.º 17 (2013): 103-132.

Duncan, Neil A., Deborah M. Pearsall y Robert A. Benfer, Jr.
2009 "Gourd and Squash Artifacts Yield Starch Grains of Feasting Foods from Preceramic Peru". *PNAS*, vol. 106, n.º 32: 13201-13206.

Engel, Frédéric
1956 "Curayacu, a Chavinoid Site". *Archaeology*, vol. 9, n.º 2: 88-105.

1966 *Paracas: cien siglos de cultura peruana*. Lima: Juan Mejía Baca, editor.

Fagan, Brian
1999 *Floods, Famines and Emperors: El Niño and the Fate of Civilizations*. Nueva York: Basic Books.

Feathers, James, Jack Johnson y Silvia Rodriguez Kembel
2008 "Luminescence Dating of Monumental Stone Architecture at Chavín de Huántar, Peru". *Journal of Archaeological Method and Theory*, n.º 15: 266-296.

Feinman, Gary
2017 "Multiple Pathways to Large-Scale Human Cooperative Networks: A Re-Framing". En Richard J. Chacon y Rubén G. Mendoza (eds.), *Feasts, Famine or Fighting? Multiple Pathways to Social Complexity*. Nueva York: Springer, pp. 459-478.

Forman, Richard T. T.
2006 [1995] *Land Mosaics. The Ecology of Landscapes and Regions*. Nueva York: Cambridge University Press.

Fuchs, Peter R. y Renate Patzschke
    2015   "Monumentalismo temprano en los Andes centrales: los orígenes de la arquitectura monumental en el valle de Casma". En Peter Fux (ed.), *Chavín*. Lima: Museo de Arte de Lima.

Fux, Peter (ed.)
    2015   *Chavín*. Lima: Museo de Arte de Lima.

García, Rubén
    1983   "Alfarería temprana del valle de Mantaro". *Boletín del Museo Nacional de Antropología y Arqueología*, n.º 8: 35-36.

García, Rubén y José Pinilla Blenke
    1995   "Aproximación a una secuencia de fases con cerámica temprana de la región de Paracas". *Journal of the Steward Anthropological Society*, vol. 23, n.º 1-2: 43-81.

Glantz, Michael H. (ed.)
    2002   *La Niña and Its Impacts: Facts and Speculation*. Tokio: United Nations University Press.

Gorbahn, Hermann
    2013   "The Middle Archaic Site of Pernil Alto, Southern Peru: The Beginnings of Horticulture and Sedentariness in Mid-Holocene Conditions". *Diálogo Andino*, n.º 41: 61-82.

Grieder, Terence et ál.
    1988   *La Galgada, Peru: A Preceramic Culture in Transition*. Austin: University of Texas Press.

Hayden, Brian
    2014   *The Power of Feasts from Prehistory to the Present*. Nueva York: Cambridge University Press.

Inokuchi, Kinya
    2008   "La arquitectura de Kuntur Wasi: secuencia constructiva y cronología de un centro ceremonial del periodo Formativo". *Boletín de Arqueología PUCP*, n.º 12: 219-247.

Izumi, Seiichi, Pedro Cuculiza y Chiaki Kano
    1972   *Excavations at Shillacoto, Huanuco, Peru*. Tokio: The University Museum, The University of Toyo Bulletin 3.

IZUMI, Seiichi y Toshihiko SONO
1963   Andes 2: Excavations at Kotosh, Peru, 1960. Tokio: Kadokawa Shoten.

IZUMI, Seiichi y Kazuo TERADA
1972   Andes 4: Excavations at Kotosh, Peru, 1963 and 1966. Tokio: University of Tokyo Press.

JONES, Lindsay
2000   The Hermeneutics of Sacred Architecture. Experience, Interpretation, Comparison. 2 vols. Cambridge: Harvard University Press.

KANO, Chiaki
1979   "The Origins of the Chavín Culture". Studies in Pre-Columbian Art & Archaeology, n.º 22: 1-87.

KATO, Yasutake
1974   "Kuntur Wasi: un centro ceremonial del periodo Formativo Tardío". En Yuji Seki (ed.), El centro ceremonial andino. Nuevas perspectivas para los periodos Arcaico y Formativo. Senri Ethnological Studies 89. Osaka: National Museum of Ethnology, pp. 159-174.

KAULICKE, Peter
1982   "Die Keramik der frühen Initialperiode aus Pandanche, Departamento Cajamarca, Peru". Beiträge zur Allgemeinen und Vergleichenden Archäologie, n.º 3 (1981): 363-389.

1999   "Contribuciones hacia la cronología del periodo Arcaico en las punas de Junín". Boletín de Arqueología PUCP, n.º 3: 307-324.

2009   "Simplificación y complejización de la complejidad social temprana: una introducción". Boletín de Arqueología PUCP, n.º 11: 9-22.

2010   Las cronologías del Formativo. 50 años de investigaciones japoneses en perspectiva. Lima: Fondo Editorial de la Pontificia Universidad Católica del Perú.

2011   "Algunas reflexiones sobre lenguas y sociedades en el periodo Formativo de los Andes centrales". Boletín de Arqueología PUCP, n.º 14: 123-139.

2015a   "Death and the Dead in Formative Peru". En Peter Eeckhout y Lawrence S. Owens (eds.), *Funerary Practices and Models in the Ancient Andes. The Return of the Living Dead*. Nueva York: Cambridge University Press, pp. 12-32.

2015b   "Paracas y Chavín. Variaciones sobre un tema longevo". *Boletín de Arqueología PUCP*, n.º 17 (2013): 263-289.

2016   "Corporealties of Death in the Central Andes (ca. 9000-2000 BC)". En Colin Renfrew, Michael J. Boyd e Ian Moreley (eds.), *Death Rituals, Social Order and the Archaeology of Immortality in the Ancient World. Death Shall Have on Dominion*. Nueva York: Cambridge University Press, pp. 111-129.

KAULICKE, Peter et ál.
2010   "Implicancias de un área funeraria del periodo Formativo Tardío en el departamento de Ica". *Boletín de Arqueología PUCP*, n.º 13 (2009): 289-322.

KNAPPETT, Carl
2011   *An Archaeology of Interaction. Network Perspectives on Material Culture and Society*. Nueva York: Oxford University Press.

2017   "Globalization, Connectivities and Networks". En Tamar Hodos (ed.), *The Routledge Handbook of Archaeology and Globalization*. Londres, Nueva York: Routledge, pp. 29-41.

LANNING, Edward P.
1967   *Peru before the Incas*. Englewood Cliffs: Prentice Hall.

LARCO HOYLE, Rafael
1941   *Los cupisniques*. Trabajo presentado al Congreso Internacional de Americanistas de Lima, XXVII sesión, Lima.

LAU, George F.
2017   "On the Horizon. Art, Valuables and Large-Scale Interaction Networks in the Ancient Andes". En Tamar Hodos (ed.), *The Routledge Handbook of Archaeology and Globalization*. Londres Nueva York: Routledge, pp. 194-211.

LERNER, Salomón, Mercedes CÁRDENAS y Peter KAULICKE (eds.)
1992   *Arquitectura. Arqueología de Cerro Sechín I*. Lima: Pontificia Universidad Católica del Perú.

1995   *Escultura. Arqueología de Cerro Sechín II*. Lima: Pontificia Universidad Católica del Perú.

LUMBRERAS, Luis G.
1969   *De los pueblos, las culturas y las artes del Antiguo Perú*. Lima: Francisco Moncloa Editores.

1993   "Chavín de Huántar. Excavaciones en la Galería de las Ofrendas". *Materialien zur Allgemeinen und Vergleichenden Archäologie* 51.

LUMBRERAS, Luis G., Chacho GONZÁLEZ y Bernardo LIETAER
1976   *Acerca de la función del sistema hidráulico de Chavín*. Lima: Museo Nacional de Antropología y Arqueología.

MATOS MENDIETA, Ramiro
1973   "Ataura: un centro Chavín en el valle de Mantaro". *Revista del Museo Nacional*, n.º 38 (1972): 93-108.

1975   "Prehistoria y ecología humana en las punas de Junín". *Revista del Museo Nacional*, n.º 41: 37-80.

MATSUMOTO, Yuichi
2010a   "El manejo del espacio ritual en el sitio de Sajara-patac y sus implicancias par el 'fenómeno Chavín'". *Boletín de Arqueología PUCP* (2009):133-158.

2010b   "The Prehistoric Ceremonial Center of Campanayuq Rumi: Interregional Interactions in the South-Central Highlands of Peru". Tesis doctoral inédita. Yale University, New Haven.

MATSUMOTO, Yuichi y Yuri CAVERO
2010   "Una aproximación cronológica del centro ceremonial de Campanayuq Rumi, Ayacucho". *Boletín de Arqueología PUCP*, n.º 13 (2009): 323-346.

MENZEL, Dorothy
1977   *The Archaeology of Ancient Peru and the Work of Max Uhle*. Berkeley: R. H. Lowie Museum of Anthropology.

MINISTERIO DEL AMBIENTE
2014   *Perú. Reino de bosques*. Lima: Minam.

More, Alexander, Paolo Villegas y Mónica Alzamora
    2014   *Piura. Áreas protegidas para la conservación de la biodiversidad.* Lima: Naturaleza & Cultura.

Moseley, Michael E.
    1975   *The Maritime Foundations of Andean Civilization.* Menlo Park: Cummings Publishig Company.

Nesbitt, Jason S.
    2012   "An Initial Domestic Occupation at Huaca Cortada, Caballo Muerto Complex". *Andean Past,* n.º 10: 279-284.

Ochatoma Paravicino, José
    1998   "El periodo Formativo en Ayacucho: balance y perspectivas". *Boletín de Arqueología PUCP,* n.º 2: 289-302.

Onuki, Yoshio (ed.)
    1995   *Kuntur Wasi y Cerro Blanco. Dos sitios del Formativo en el norte del Perú.* Tokio: Hokusen-Sha.

Pozorski, Shelia
    1987   "Theocracy vs. Militarism: The Significance of the Casma Valley in Understanding Early State Formation". En Jonathan Haas, Shelia Pozorski y Thomas Pozorski (eds.), *The Origins and Development of the Andean State.* Nueva York: Cambridge University Press, pp. 15-30.

Pozorski, Shelia et ál.
    2016   "Huerequeque: An Inland Outpost of the Initial Period Sechín Alto Polity in the Casma Valley". *Journal of Field Archaeology,* vol. 41, n.º 4: 428-447.

Pozorski, Shelia y Thomas Pozorski
    1986   "Recent Excavations at Pampa de las Llamas-Moxeke, a Complex Initial Site in Peru". *Journal of Field Archaeology,* n.º 13: 381-401.

    1987   *Early Settlement and Subsistence in the Casma Valley, Peru.* Iowa City: University of Iowa Press.

Pozorski, Thomas y Shelia Pozorski
    2012   "Preceramic and Initial Period Monumentality within the Casma Valley, Peru". En Richard L. Burger y Robert M.

Rosenswig (eds.), *Early New World Monumentality*. Gainesville: University Press of Florida, pp. 364-398.

PRIETO, Gabriel
2014 "The Early Initial Period Fishing Settlement of Gramalote, Moche Valley: A Preliminary Report". *Peruvian Archaeology*, n.º 1: 1-46.

QUILTER, Jeffrey
2014 *The Ancient Central Andes*. Londres, Nueva York: Routledge.

RADEMAKER, Kurt
2014 "Late Ice-Age Human Settlement of the High-Altitude Peruvian Andes". *Mitteilungen der Gesellschaft für Urgeschichte*, n.º 23: 13-35.

REINDEL, Markus y Johny ISLA
2010 "El periodo Inicial en Pernil Alto, Palpa, costa sur del Perú". *Boletín de Arqueología PUCP*, n.º 13 (2009): 259-288.

REYNEL, Carlos R., Toby PENNINGTON y Tiina SÄRKINEN
2013 *Cómo se formó la diversidad ecológica del Perú*. Lima: Centro de Estudios en Dendrología, Fundación para el Desarrollo Agrario.

RICK, John W.
2008 "Context, Construction, and Ritual in the Development of Authority at Chavín de Huántar". En William Conklin y Jeffrey Quilter (eds.), *Chavín, Art, Architecture and Culture*. Los Ángeles: Cotsen Institute of Archaeology Monograph 61, pp. 3-34.

2013 "Architecture and Ritual Space at Chavín de Huántar". En Peter Fux (ed.), *Chavín. Perú's Enigmatic Temples in the Andes*. Zúrich: Museum Rietberg, pp. 151-166.

RICK, J. W. y Katherine M. MOORE
1999 "El Precerámico de la puna de Junín: el punto de vista desde Panaulauca. *Boletín de Arqueología PUCP*, n.º 3: 263-296.

RIDDELL, Francis y Lidio M. VALDEZ
1988 "Hacha y la ocupación temprana del valle de Acarí". *Gaceta Arqueológica Andina*, vol. 4, n.º 16: 6-10.

RODRIGUEZ KEMBEL, Silvia y Herbert HASS
    2015   "Radiocarbon Dates from the Monumental Architecture at Chavín de Huántar, Peru". *Journal of Archaeological Method and Theory*, n.º 22: 345-427.

ROSAS LA NOIRE, Hermilio
    2007   *La secuencia cultural del periodo Formativo en Ancón*. Edición revisada de Rosas 1970. Lima: Ayqui Editores.

ROSAS LA NOIRE, Hermilio y Ruth SHADY SOLÍS
    1970   *Pacopampa. Un centro formativo en la sierra nor-peruana*. Lima: Universidad Nacional Mayor de San Marcos, Seminario de Historia Rural Andina.

ROSENFELD, Silvana A. y Matthew SAYRE
    2016   "Llamas on the Land: Production and Consumption of Meat at Chavín de Huántar, Peru". *Latin American Antiquity*, vol. 27, n.º 4: 497-511.

ROWE, John H.
    1962   "Stages and Periods in Archaeological Interpretation". *Southwestern Journal of Anthropology*, n.º 181: 40-45.

SCHEIDEL, Walter
    2013   "Studying the State". En Peter Fibiger Bang y Walter Scheidel (eds.), *The Oxford Handbook of the Ancient State: Near East and Mediterranean*. Nueva York: Oxford University Press, pp. 5-57.

SEKI, Yuji
    1997   "Excavaciones en el sitio La Bomba, valle medio de Jequetepeque, Cajamarca". *Boletín de Arqueología PUCP*, n.º 1: 115-136.

    2014   "La diversidad del poder en la sociedad del periodo Formativo: una perspectiva desde la sierra norte". En Yuji Seki (ed.), *El centro ceremonial andino. Nuevas perspectivas para los periodos Arcaico y Formativo*. Senri Ethnological Studies 89. Osaka: National Museum of Ethnology, pp. 175-200.

    2016   "Pacopampa. Discovering Class, Kinship, and Power 3000 Years Ago". *World Archaeology Magazine*, vol. 7, n.º 3: 16-21.

Shady, Ruth
    2006   "Caral-Supe and the North-Central Area of Peru. The History of Maize in the Land Where Civilization Came into Being". En John E. Staller, Robert H. Tykot y Bruce F. Benz (eds.), *Histories of Maize. Multidisciplinary Approaches to the Prehistory, Linguistics, Biogeography, Domestication, and Evolution of Maize*. Ámsterdam: Elsevier, pp. 381-402.

Shady, Ruth y Hermilio Rosas
    1970   *Pacopampa: un centro formativo en la sierra nor peruana*. Lima: Universidad Nacional Mayor de San Marcos, Seminario de Historia Rural Andina.

Shady, Ruth et ál.
    2015a   *Aspero, ciudad pesquera de la civilización Caral. 5000 años de ciencia y tecnología pesquera. 10 años recuperando su historia social*. Lima: Zona Arqueológica Caral, Unidad Ejecutora 003, Ministerio de Cultura.

    2015b   *Centros urbanos de la civilización Caral: 21 años recuperando la historia sobre el sistema social*. Lima: Zona Arqueológica Caral, Unidad Ejecutora 003, Ministerio de Cultura.

    2015c   *Vichama. Historia social de la civilización en Végueta. 3800 años de memoria colectiva de nuestros ancestros de Vichama ante el cambio climático*. Lima: Zona Arqueológica Caral, Unidad Ejecutora 003, Ministerio de Cultura.

Shimada, Izumi et ál.
    1994   "Hornos y producción de cerámica durante el periodo Formativo en Batán Grande, costa norte del Perú". En Izumi Shimada (ed.), *Tecnología y organización de la producción de cerámica prehispánica en los Andes*. Lima: Fondo Editorial de la Pontificia Universidad Católica del Perú.

Smith, Bruce D.
    2012   "A Cultural Niche Construction Theory of Initial Domestication". *Theoretical Biology*, n.º 6: 260-271.

Sossna, Volker
    2015   *Climate and Settlement in Southern Peru. The Northern Río Grande de Nasca between 1500 BC and 1532 CE*. Wiesbaden: Forschungen zur Archäologie Aussereuropäischer Kulturen 13.

SPLITSTOSER, Jeff, Dwight D. WALLACE y Mercedes DELGADO
2010   "Nuevas evidencias de textiles y cerámica de la época Paracas Temprano en Cerrillos, valle de Ica, Perú". *Boletín de Arqueología PUCP*, n.º 13 (2009): 209-235.

STANFORD, Dennis J. y Bruce A. BRADLEY
2012   *Across Atlantic Ice. The Origin of America's Clovis Culture*. Berkeley, Londres: University of California Press.

TELLENBACH, Michael
1986   *Las excavaciones en el asentamiento formativo de Montegrande, valle de Jequetepeque en el norte del Perú*. Munich: Materialien zur Allgemeinen und Vergleichenden Achäologie 39.

1998   *Chavín. Investigaciones acerca del desarrollo cultural centro-andino en las épocas de Ofrendas y Chavín Tardío I y II*. Varsovia: Andes. Boletín de la Misión Arqueológica Andina. University of Warsaw 2.

TELLO, Julio César
1960   *Chavín. Cultura matriz de la civilización andina*. Primera parte. Lima: Publicación Antropológica del Archivo Julio C. Tello 2, Universidad Nacional Mayor de San Marcos.

ULBERT, Cornelius
1994   *Die Keramik der formativzeitlichen Siedlung Montegrande, Jequetepequetal, Nordperu*. Munich: Materialien zur Allgemeinen und Vergleichenden Archäologie 52.

VEGA-CENTENO, Rafael
2007   "Construction, Labor Organization, and Feasting during the Late Archaic Period in the Central Andes". *Journal of Anthropological Archaeology*, n.º 26: 150-171.

2008   "Consumo y ritual en la construcción de espacios públicos para el periodo Arcaico Tardío: el caso de Cerro Lampay". *Boletín de Arqueología PUCP*, n.º 9 (2005): 91-121.

2017   "Architecture and Ritual Practices at Huaca A of Pampa de las Llamas-Moxeke". En Silvana A. Rosenfeld y Stefanie L. Bautista (eds.), *Rituals of the Past. Prehispanic and Colonial Case Studies in Andean Archaeology*. Boulder: University Press of Colorado, pp. 103-122.

WALLACE, Dwight T.
1962 "Cerrillos, an Early Paracas Site in Ica, Peru". *American Antiquity*, vol. 27, n.º 3: 303-314.

WALLERSTEIN, Immanuel
1974 *The Modern World-System: Capitalism, Agriculture, and the Origins of the European World-Economy in the Sixteenth Century*. Nueva York: Academic Press.

WHEATLEY, Paul
1971 *The Pivot of the Four Quarters. A Preliminary Enquiry into the Origins of the Ancient Chinese City*. Chicago: Aldine Publishing Company.

WHEELER, Jane C.
1985 "De la chasse à l'élévage". En Danièle Lavallée et ál. (eds.), *Telarmachay. Chasseurs et Pasteurs des Andes I*. París: Editions Recherche sur les Civilisations Synthèse 20, pp. 61-79.

1999 "Patrones prehistóricos de utilización de los camélidos sudamericanos". *Boletín de Arqueología PUCP*, n.º 3: 297-305.

WHEELER PIRES-FEEREIRA, Jane, Edgardo PIRES-FERREIRA y Peter KAULICKE
1976 "Preceramic Animal Utilization in the Central Peruvian Andes". *Science*, vol. 194, n.º 4264: 483-490.

WILLIAMS LEÓN, Carlos
1981 "Complejos de pirámides con planta en U, patrón arquitectónico de la costa central". *Revista del Museo Nacional*, n.º 44 (1978-1980): 95-110.

WING, Eilzabeth S.
1972 "Utilization of Animal Resources in the Peruvian Andes". En Seiichi Izumi y Kazuo Terada (eds.), *Andes 4: Excavations at Kotosh, Peru, 1963 and 1966*. Tokio: University of Tokyo Press, pp. 327-354.

YOFFEE, Norman (ed.)
2015 *Early Cities in Comparative Perspectiv., 4000 BCE-1200 CE. The Cambridge World History III*. Cambridge: Cambridge University Press.

YOFFEE, Norman y Nicola TERRENATO
    2015   "Introduction: A History of the Study of Early Cities". En Norman Yoffee (ed.), *Early Cities in Comparative Perspective, 4000 BCE-1200 CE*. The Cambridge World History III. Cambridge: Cambridge University Press.

ZEDER, Melinda A.
    2012   "Pathways to Animal Domestication". En Paul Gepts et ál. (eds.), *Biodiversity in Agriculture: Domestication, Evolution, and Sustainability*. Nueva York: Cambridge University Press, pp. 227-259.

    2015   "Core Questions in Domestic Research". *PNAS*, 1501711112: 1-8.

Capítulo 2

Formación de economías de gran escala (500 a. C.-500 d. C.)

Hugo Ikehara

El milenio entre 500 a. C. y 500 d. C. fue testigo de importantes cambios en los estilos de vida de muchas comunidades centroandinas. Estos cambios no fueron simultáneos, sino que al parecer siguieron una secuencia que involucró, en un primer momento, un proceso de fragmentación política (de las formaciones anteriores) acompañado, en algunas regiones, por el aumento de la violencia entre comunidades; y luego, en un segundo momento, un proceso, luego del 150 a. C., que condujo a la formación de economías políticas de mayor escala y complejidad. En el capítulo anterior se ha revisado los procesos de formación de entidades políticas capaces de completar grandes proyectos de infraestructura y patrocinar el desarrollo de ciertas actividades manufactureras. Es, sin embargo, a partir del 500 a. C. que vemos una orientación de recursos y mano de obra a la fundación de grandes pueblos, a una creciente diferenciación laboral y de roles dentro de las comunidades, y, finalmente, a la formación de economías políticas de gran escala. Estas transformaciones son revisadas aquí con un enfoque especial en el crecimiento demográfico, la creación de valor de los objetos, el desarrollo de la especialización laboral, el manejo de excedentes, la aparición de economías de escala, la creación de economías políticas, el surgimiento de élites y finalmente una evaluación del impacto de estos cambios en el bienestar de la población.

El crecimiento demográfico es considerado un factor importante, pero no único, en estos procesos de desarrollo de complejidad socioeconómica. Si bien los varios métodos arqueológicos para la reconstrucción demográfica no siempre son precisos, los intentos basados en prospecciones de escala regional han proporcionado aproximaciones que han permitido identificar cambios importantes entre diferentes momentos de la prehistoria.[1] Un proceso relacionado es el cambio en la densidad residencial de los poblados.[2] Si la población aumenta en un territorio amplio y con abundantes recursos, las comunidades tendrían la opción de dividirse y fundar nuevos pueblos y aldeas en un proceso denominado fisión social.[3] De esta forma, la densidad de estos poblados se mantiene relativamente estable a pesar del aumento de la población a escala regional. En cambio, la aparición de aglomeraciones de población sería entonces resultado del surgimiento de instituciones de coordinación y alivio de tensión social como tradiciones religiosas y autoridades políticas.

Se explora en esta sección las múltiples formas en que las comunidades de distintas regiones de los Andes centrales aprendieron a vivir en los grandes pueblos y zonas urbanas que se formaron. El aumento de la escala y densidad demográfica pudo haber creado nuevas condiciones socioeconómicas, pues un mayor número de personas interactuaban cotidianamente y la mano de obra disponible inmediatamente era mucho más numerosa; pero también debieron haber surgido nuevos retos y problemas organizacionales.[4] En esta sección se revisa las distintas formas de organización a gran escala y cómo las relaciones económicas y políticas estuvieron íntimamente integradas a estas.

Otra forma de entender las nuevas condiciones socioeconómicas del periodo analizado es usar dos conceptos de la teoría de la

---

1. Drennan et ál. 2015.
2. Drennan y Peterson 2012: 74.
3. Bandy 2004.
4. Bandy 2004, Johnson 1982.

producción: especialización laboral y los efectos de la formación de economías de escala.[5] Si dentro de los asentamientos se desarrolla una diferenciación productiva entre las unidades domésticas, o incluso si se desarrolla la especialización económica de estas familias, entonces estamos analizando sociedades que en su conjunto no solo producen más (por el tamaño de la economía), sino que además lo hacen más eficientemente. Adicionalmente, modelos económicos de comportamiento humano sugieren que si una actividad es realizada en frecuencias o intensidades altas (p. e. por especialistas), las personas tienen un alto incentivo para invertir en la mejora de la tecnología relacionada,[6] la cual impacta directamente en el aumento de la productividad. Si la intención de la comunidad no es incrementar en gran medida la producción, un aumento en la productividad implicaría una menor carga laboral para los miembros de la comunidad, y, por lo tanto, es posible que esto tenga un impacto positivo en el bienestar de estas familias.

En este capítulo también revisamos la producción, el manejo y el uso de excedente. El excedente producido por las unidades domésticas es la base para la formación y mantenimiento de organizaciones políticas complejas, lo que se ha estudiado bajo la aproximación de la economía política.[7] Marshall Sahlins recuerda que hay dos formas de producir excedentes: una es haciendo que la gente trabaje más, la otra es haciendo que más gente trabaje.[8] El crecimiento demográfico sumado al desarrollo de grandes conglomerados de población sugiere que la ampliación de la base extractiva fue parte de la estrategia de financiamiento de las organizaciones políticas complejas durante este periodo. En el estudio de los excedentes surgen importantes cuestiones cuya respuesta nos permite elucidar no solo la organización y flujo de energía y recursos dentro de la sociedad, sino también quiénes controlan la economía y cómo esta se relaciona con otros aspectos de las comunidades, y cuya separación es más un producto heurístico para su

---

5. Wilk y Cliggett 2007: 66-67.
6. Bettinger et ál. 2006, Ugan et ál. 2003.
7. Cobb 1993, D'Altroy y Earle 1985, Earle 2002, Hirth 1996.
8. Sahlins 1972: 82, Peterson y Drennan 2012: 124.

estudio que una realidad cotidiana. En esta sección nos preguntamos: ¿cómo se articulan la economía doméstica y la política? ¿Quién almacena el excedente? ¿Cómo se usa? ¿Qué relación existe entre el uso de este excedente y aspectos rituales/religiosos, políticos o militares?

Un tema relacionado a las actividades de producción, distribución y consumo o uso de bienes es la generación de valor. Si bien algunos objetos son apreciados por el tiempo o la energía utilizados para obtenerlos y el costo de su transporte, el valor de otros cambia de acuerdo con su contexto; y lo acumulan de acuerdo con su trayectoria o "biografía".[9] En esta sección trataremos de reconstruir la biografía de ciertos objetos mediante el análisis de los contextos de producción, distribución, uso y su descarte.

Finalmente, nos interesa saber cómo estos cambios socioeconómicos tienen impacto en la vida de las personas. Por esto, se hace un intento de conectar el desarrollo de diferenciación laboral y roles, la mejora tecnológica y la formación de economías políticas en el bienestar de las poblaciones, esto último medido a base de indicadores bioantropológicos obtenidos del análisis de los restos físicos de las personas fallecidas. Lamentablemente los estudios comparativos bioarqueológicos no son muy abundantes, y en algunos casos las muestras analizadas fueron pequeñas, así que trataremos de revisar brevemente los resultados publicados. Por lo demás, se invita al lector a examinar las fuentes para obtener una imagen más detallada de los métodos y los análisis realizados.

A continuación, se presentará una visión general del clima en los Andes centrales y las innovaciones agrícolas en la región entre el 500 a. C. y 500 d. C. Esta visión general de ambos aspectos permitirá conocer la base ecológica, descrita con mayor detalle en el capítulo anterior, y la base económica agrícola con la cual muchas comunidades se desarrollaron durante este milenio. Luego se hace una revisión de las diferentes áreas culturales antes y después del 150 a. C. —enfatizando los aspectos previamente descritos en esta introducción— para culminar con una tentativa de reconstrucción de los sistemas económicos

---

9. Appadurai 1986.

existentes y, finalmente en una síntesis al final de cada subsección, una comparación de la diversidad económica de estos pueblos.

Las condiciones climáticas entre 500 a. C. y 500 d. C.

A grandes rasgos, el periodo entre 500 a. C. y 500 d. C. muestra un clima estable y favorable para la expansión de la agricultura. Las investigaciones de Nicole Mosblech y colegas[10] en el lago Huaypo (3500 msnm), ubicado al noroeste del Cuzco, indican que en el lapso comprendido entre 900 a. C. y 700 d. C. la región disfrutó de condiciones más húmedas que las actuales, si bien es posible identificar algunas oscilaciones a lo largo de ese periodo. En la sección del núcleo de sedimentos correspondiente al primer milenio a. C., se identificó un cambio en la frecuencia de polen de cultivares, desde un dominio de chenopodios hacia una predominancia del maíz. Asimismo, en este lapso se observó un gradual aumento de polen de alisos (*Alnus* sp), indicador de que la zona alrededor del lago se forestó gradualmente. En contraste, en el periodo comprendido entre 150 a. C. y 150 d. C., y hacia el final de la secuencia, se identificó signos de varios eventos de sequía. Adicionalmente, investigaciones en zonas aledañas sugieren que los primeros cinco siglos d. C. se caracterizaron por un enfriamiento generalizado de la región.[11]

En la costa sur, Volker Sossna reconstruyó una secuencia climática local para la zona de Palpa utilizando múltiples indicadores. Sossna sugiere que en el periodo comprendido entre 400 a. C. y 700 d. C. el clima fue relativamente estable con precipitaciones promedio.[12] El autor indica que debió haber temporadas de sequía durante esta parte de la secuencia, pero estas debieron ser esporádicas; mientras que el lapso entre 450 y 650 d. C. fue especialmente favorable para la vida agrícola. Más al norte, en la costa de Áncash, Lisa Wells (1990) estudió los

---

10. Mosblech et ál. 2012.
11. Chepstow-Lusty et ál. 2003.
12. Sossna 2014: 22.

eventos de inundaciones del río Casma para poder identificar los eventos ENSO.[13] Wells utilizó fechados con métodos isotópicos para poder trazar estos eventos geológicos registrando eventos desde el 1200 a. C. hasta la actualidad. Para nuestro periodo de interés, entre 500 a. C. y 500 d. C., Wells solo identificó un evento fechado en 16 ±163 d. C., fecha que coincide con la época seca detectado por Mosblech y sus colegas. El método seguido por Wells solo identifica los eventos de gran magnitud, aquellos de impacto global, que son capaces de generar grandes precipitaciones y que permiten a los ríos superar los bordes de su ribera y depositar sedimentos. Eventos de menor magnitud no habrían dejado marcas reconocibles o debieron haberse erosionado.

Así, si bien los datos no son muy abundantes, estos sugieren que entre 500 a. C. y 500 d. C. las comunidades de los Andes centrales disfrutaron de climas benignos para la intensificación de la agricultura. Recién entre los siglos VI y VII d. C. una serie de eventos, que incluyeron lluvias torrenciales y sequías largas, tuvieron un impacto fuerte en la economía de estas comunidades,[14] que fue forzando a muchas de estas a reorganizarse política y económicamente, y a crear nuevas identidades sociales y religiosas, como se verá en el capítulo siguiente.

Transformaciones agrícolas en los Andes a partir de 500 a. C.

Como hemos visto en épocas anteriores, las historias económicas de las comunidades centroandinas se caracterizan por tener una base agrícola; base que se refuerza en el periodo que discutimos en esta sección, en tanto que empiezan a emprender proyectos de envergadura destinados a la expansión de la frontera agrícola hacia terrenos anteriormente eriazos o aumentando la productividad de la tierra con estrategias de irrigación artificial. Estas prácticas de intensificación agrícola se relacionan en este periodo con un incremento en el con-

---

13. Wells 1990.
14. Dillehay y Kolata 2004, Shimada et ál. 1991.

sumo de maíz, tanto para fines domésticos como rituales. Esto se fue dando de la mano con la consolidación de economías agropastoriles en zonas que eran inicialmente inhóspitas para la agricultura intensiva o el pastoreo. Dada la diversidad del territorio andino, estos procesos tuvieron singularidades de acuerdo con el entorno medioambiental donde se llevaron a cabo, y estas singularidades explican, al menos en parte, los procesos de regionalización que caracterizan al llamado periodo Intermedio Temprano (200 a. C.-550 d. C.). Las estrategias de expansión agrícola y la consolidación del consumo del maíz se describen a continuación.

Estrategias de expansión agrícola

En la mayor parte de la costa y sierra del Perú, el agua es un bien escaso. Podemos diferenciar en los Andes centrales dos zonas de acuerdo con la posibilidad de practicar agricultura empleando el agua de las lluvias. Los Andes representan esa frontera climática entre una vertiente occidental semidesértica y una vertiente oriental, incluyendo la cuenca del Altiplano, más húmeda.[15] Debido a que la sequedad de la costa peruana es causada entre otros factores por las bajas temperaturas del mar,[16] solamente en aquellos momentos cuando el mar aumenta su temperatura es posible tener precipitación moderada. Lamentablemente, en estas épocas, incluyendo aquellas producidas por fenómenos ENSO, la precipitación aumenta rápidamente en un corto tiempo, lo que reduce la capacidad de la gente para contrarrestar sus efectos y origina, en algunos casos, momentos de crisis.[17] Por otra parte, en aquellas regiones montañosas donde la lluvia es moderada, esta se concentra solamente en algunos meses del año, lo que limita la posibilidad de producir múltiples cosechas. Por lo tanto, las estrategias para poder expandir —espacial y temporalmente— la actividad agrícola deben incluir técnicas para maximizar este recurso

---

15. Garreaud 2009.
16. Ibíd., p. 6.
17. Garreaud 2009, Van Buren 2001.

escaso mediante su canalización hacia zonas eriazas y, donde es posible, almacenarlo para extender su uso en meses de reducida precipitación. En el periodo comprendido entre 500 a. C. y 500 d. C. se observa el uso de diferentes tecnologías para extender la frontera agrícola, desarrolladas a partir de procesos de adaptación a condiciones medioambientales diversas. En esta sección nos enfocaremos en la expansión de los sistemas de canales y acequias, características de la costa norte y la costa central; en la construcción de pozos en la costa sur, y en la excavación de *quchas* en la cuenca del Titicaca.

i. *Expansión de los sistemas de canales y acequias en la costa norte y la costa central*

La construcción de sistemas de canales y acequias fue fundamental en aquellas regiones donde las lluvias son casi inexistentes, o, en el mejor de los casos, no son suficientes para sostener actividades agrícolas. Fue la costa peruana la zona que concentró la mayoría de estos proyectos desde sus inicios, en algunas zonas incluso antes del segundo milenio a. C.[18] En la costa, estos sistemas de irrigación canalizan el agua de los ríos en su curso medio y la distribuyen a los abanicos aluviales que se han depositado durante miles de años en las planicies costeras alrededor de los cauces. La humedad contribuye con la formación de suelos cultivables que queda como herencia paisajística para las siguientes generaciones. Es muy probable que muchos —si no todos— los esfuerzos de implementación de agricultura intensiva en la costa peruana hayan sido resultado de la construcción de sistemas de irrigación artificiales, muchos de los cuales continuaron en uso por generaciones, llegando incluso a incorporarse en sistemas de irrigación durante la Colonia y la República, o incluso a la trama urbana del Perú contemporáneo. En zonas más altas, las comunidades aprovecharon la topografía para construir reservorios y represas que sirvieron como lugares de captación de agua de lluvia y de deshielos.

---

18. Dillehay et ál. 2005.

La importancia de estos sistemas de irrigación artificial ha hecho que algunos investigadores relacionen la construcción y manejo de estos sistemas con la concentración de poder político,[19] pero también se ha señalado que este tipo de infraestructura incentiva la cooperación de múltiples comunidades locales.[20] En cualquiera de estos extremos, o en matices intermedios, este tipo de proyectos origina, temporal o permanentemente, la formación de organizaciones complejas. Lamentablemente, la posibilidad de estudiar estos sistemas de irrigación depende de la capacidad de diferenciar los momentos de uso y poder reconstruir el área irrigada bajo estos sistemas.

Es difícil estimar el aumento de la frontera productiva en este periodo para toda la región. Es posible, sin embargo, obtener un panorama tentativo a partir de algunos casos estudiados. El primero es el valle del río Moche (La Libertad), cuyo patrón de asentamiento prehistórico fue estudiado por Brian Billman.[21] Según Billman, antes de 400 a. C. (fase Guañape) estaban cultivadas unas 4100 ha de terreno, en su mayor parte en el valle medio. Luego, entre 400 y 1 a. C. (fase Salinar), esta extensión se expandió hasta alcanzar aproximadamente entre 6750 y 7300 ha, y finalmente entre 200 y 900 d. C. (fase Moche Medio) alcanzó entre 12.550 y 13.200 ha. Este aumento de la zona agrícola fue el resultado de la habilitación de la mayor parte del valle bajo, la zona del abanico aluvial del río, durante las fases Salinar y Moche, por medio de la extensión de los canales de regadío. Durante la fase Moche, canales de hasta 31 km de longitud fueron implementados para irrigar las inmensas pampas en la margen norte del río.

El segundo caso es el valle formado por el tramo costeño del río Santa (Áncash). David Wilson sugiere que aproximadamente 1900 ha de terrenos estaban bajo cultivo antes del 100 a. C., durante las fases Cayhuamarca y Vinzos, llegando a 5400 ha luego hacia el 400 d. C. durante las fases Suchimancillo Temprano y Tardío.[22] Dos siglos después,

---

19. Wittfogel 1956, 1957.
20. Wilson 1987.
21. Billman 2002.
22. Wilson 1988.

durante la ocupación Moche (fase Guadalupito), la zona agrícola ya abarcaba alrededor de 8800 ha. Al igual que para el caso anterior, se relaciona esta extensión de la frontera agrícola a la ampliación de los sistemas de canales en la región.

Si bien no contamos con este tipo de estimaciones para otras regiones, la expansión de la frontera productiva a partir de canales de regadío se habría estado dando también en la costa central, en el marco de desarrollo de la cultura Lima. Así, importantes centros de poder político como Maka Tampu o Maranga, ubicados en la margen sur del río Rímac, reflejarían la expansión y habilitación del valle bajo de este río a partir de la construcción de los canales de La Legua y Maranga, respectivamente.[23]

ii. Puquios y canales en el centro-sur peruano

Una tecnología singular de ampliación agrícola fue utilizada en la costa sur, específicamente en la cuenca del Río Grande de Nazca. Al igual que la mayoría de los ríos costeños, los ríos de esta cuenca tienen regímenes temporales dependientes de las lluvias en la sierra, las cuales ocurren normalmente entre enero y abril. Sin embargo, una peculiaridad de los ríos de esta cuenca es que cruzan zonas con suelos de mediana y alta capacidad de infiltración, lo que hace que, por sectores, discurran por debajo de la superficie.[24] En épocas con abundantes lluvias, estos ríos bajan colmados de agua que, sin embargo, "desaparece" cerca del sector medio del valle, mientras que en años de mayor sequedad este límite asciende con dirección hacia las montañas. Frente a este desafío, las comunidades nazcas resolvieron la escasez de agua explotando la humedad subterránea, lo cual posibilitó además la ocupación de los terrenos en el sector medio de los valles.[25]

El término "puquio" se refiere aquí a un sistema de acueductos que alimentaban reservorios de agua, y que han sido extensamente

---

23. Narváez 2013.
24. Schreiber y Lancho Rojas 2003: 28.
25. Ibíd.

estudiados por Katharina Schreiber y Josué Lancho Rojas.[26] Estos acueductos fueron construidos como trincheras perpendiculares a la pendiente de la napa freática. Las trincheras eran luego unidas por acueductos subterráneos, que conducían así el agua de la napa freática hacia bajíos en donde pudiese salir a la superficie. De este modo, en el extremo más bajo encontramos los reservorios o cochas y en la parte más alta hallamos la confluencia de la trinchera con la napa freática. El desnivel del terreno permitía que el agua que filtraba en un extremo discurriera hasta acumularse en los reservorios, desde los cuales partían canales que la distribuían entre los campos de cultivo. Estas trincheras pueden ser abiertas, pero hay otras que están completamente cubiertas, y tienen túneles o pozos de acceso. La mayoría de estos puquios se encuentra en zonas del valle entre los 450 y 675 msnm y los acueductos pueden alcanzar cientos de metros de longitud.

Según Schreiber y Lancho Rojas, las comunidades nazcas empezaron a construir los puquios alrededor del 400 d. C., cuando se observó un considerable aumento en la densidad de sitios en el valle medio.[27] Antes de esta fecha, las comunidades nazcas habrían cultivado usando sistemas de canales que solo permitían la agricultura en terrenos cercanos a los ríos. La dependencia de la nueva tecnología de puquios se debió incrementar por los numerosos años con sequía ocurridos en el siglo VI d. C. Esta infraestructura continuó en uso durante la colonia, y es posible ver a numerosos agricultores aprovechando estas fuentes de agua en la actualidad. De acuerdo con los datos provistos por la Junta de Usuarios en Nazca, más de 2576 ha de terreno agrícola son actualmente cultivadas con el agua proveniente de estos puquios nazcas.[28]

iii. Quchas *o cochas*

En la zona norte de la cuenca del Titicaca se implementó un sistema de almacenamiento de aguas de lluvia conocido como cocha o *quchas*,

---

26. Schreiber y Lancho Rojas 2003.
27. Ibíd., p. 146.
28. Schreiber y Lancho Rojas 2003, tabla 3.5.

Figura 2.1. Vista de los acueductos de Cantalloc, Nazca (cortesía: Jessica G. Lévy).

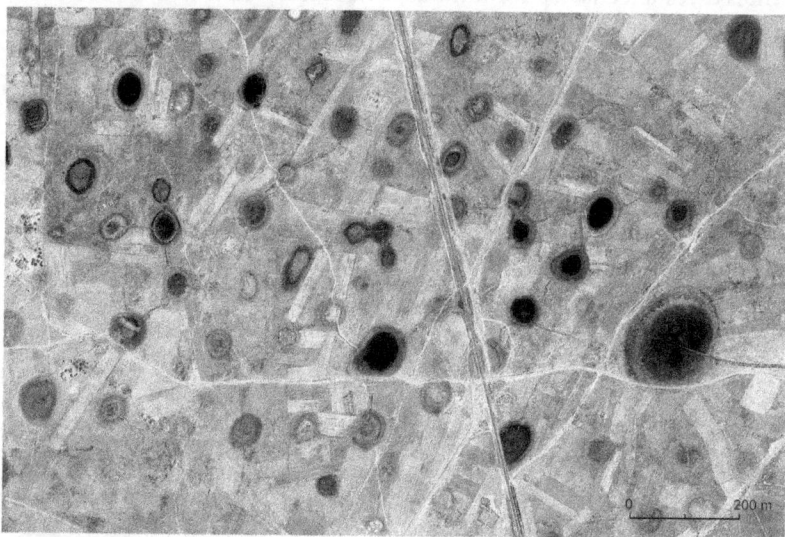

Figura 2.2. Vista de satélite de *quchas* altiplánicas cerca de Nicasio, Lampa (fuente: Google, DigitalGlobe).

que son básicamente lagunas artificiales. Estas cochas eran hoyos mayoritariamente circulares que fueron excavados desde la superficie hasta alcanzar una capa aluvial grisácea formada por procesos sedimentarios de un antiguo lago pleistocénico.[29] Esta capa arcillosa tiene una permeabilidad reducida, lo que permite la acumulación de agua durante la época lluviosa. Muchas de estas cochas estaban interconectadas con canales que permitían la transferencia de agua entre una cocha y otra. Jorge Flores Ochoa y Percy Paz Flores indican que algunas cochas fueron usadas para la agricultura de la misma forma que los waru-waru o campos elevados de épocas más tardías.[30]

Estas *quchas* o cochas fueron intensamente utilizadas por las comunidades de la tradición Pukara (800 a. C.-200 d. C.), y posiblemente empezaron a usarse antes del 500 a. C., durante la fase Qaluyu (800-500 a. C.). Se calcula que existen alrededor de 11.737 cochas solamente en la zona interfluvial de los ríos Pucara y Azángaro, con un área promedio de 2672 m^2 o 0,27 ha.[31] En total se estima que las comunidades pukara crearon más de 3100 ha de cochas en esta zona, que pudieron sostener a una gran población a base de la agricultura y ganadería de camélidos.

La consolidación del maíz en la dieta de las comunidades andinas

El maíz es una planta que se considera como un elemento importante en la vida cotidiana y las prácticas rituales de las comunidades andinas desde épocas prehispánicas hasta la actualidad.[32] Si bien se ha encontrado restos de maíz en asentamientos anteriores al segundo milenio a. C.,[33] esta planta es normalmente escasa en la mayoría de contextos arqueológicos fechados antes de 500 a. C., observación especialmente

---

29. Craig et ál. 2011.
30. Flores Ochoa y Paz 1986.
31. Craig et ál. 2011.
32. Hastorf y Johannessen 1993, Jennings y Bowser 2009, Morris 1979.
33. Haas et ál. 2013, Shady 2006.

clara en sitios ubicados en la costa.[34] Si bien es posible que esta baja frecuencia de restos se deba a problemas de conservación,[35] análisis isotópicos de restos humanos sugieren que el maíz fue consumido en menores cantidades en esta época en comparación con periodos posteriores.

Se puede clasificar las plantas en dos grandes grupos de acuerdo con los diferentes procesos de fotosíntesis.[36] Las plantas de tipo C_3 se caracterizan por poseer una baja proporción del isótopo ^{13}C, mientras que las plantas C_4, que suelen ser adaptaciones a climas cálidos y áridos, la tienen alta. La cantidad de este isótopo en el cuerpo humano depende de la cantidad presente en los alimentos que consume; por lo tanto, si un individuo consume muchos alimentos C_4 durante su vida, la proporción de ^{13}C en su cuerpo debería ser más alto que en los cuerpos de individuos que no lo hicieron. En los Andes centrales, la mayoría de plantas cultivadas son C_3, y es el maíz una de las pocas plantas C_4 consumidas. Debido a que muchos alimentos marinos también contienen altas proporciones de isótopo ^{13}C, el análisis isotópico para identificar el grado de consumo de plantas C_4 es más confiable en aquellas regiones donde los alimentos de origen marino escasean o no son accesibles.

Los análisis isotópicos de huesos humanos encontrados en una serie de sitios de Cajamarca nos indican que el consumo de alimentos C_4 (es decir, de maíz) empieza a aumentar gradualmente a partir del 800 a. C. y se vuelve frecuente luego del 500 a. C., durante la fase Copa.[37] Un análisis similar de huesos humanos en los sitios de Chavín de Huántar y Huaricoto, en Áncash, arrojó valores similares, lo que sugiere que antes del 500 a. C. el consumo de maíz ya era relativamente frecuente, si bien no fue un alimento básico en la dieta de las comunidades del lugar.[38] De hecho, los valores encontrados indicarían

---

34. Por ejemplo, Ericson et ál. 1989.
35. Cohen 1972-1974.
36. Burger y Van Der Merwe 1990, Seki y Yoneda 2005.
37. Seki y Yoneda 2005.
38. Burger y Van Der Merwe 1990.

que el maíz habría proporcionado aproximadamente entre 20 y 24% del total de carbono presente en el colágeno de los huesos humanos. A diferencia de Áncash y Cajamarca, los resultados de análisis de huesos humanos en Ayacucho sugieren que las comunidades de esta región sí consumían abundante maíz hacia el 800 a. C., y que este patrón de consumo se mantuvo hasta épocas posteriores. Para la costa, en el valle de Virú (La Libertad), análisis isotópicos sugieren un incremento en el consumo de maíz solo luego de 200 a. C.,[39] mientras que en el valle de Lurín (Lima) aquellos contextos posteriores a 500 a. C. tienen niveles de ^{13}C que indican un mayor consumo de estos tipos de alimentos;[40] pero en este último caso esto podría deberse a un aumento sustancial en el consumo de maíz, de recursos marinos o de ambos.

Se ha propuesto que el maíz empezó a ser incorporado en la vida de las comunidades por medio de rituales.[41] En efecto, se ha encontrado restos microscópicos de esta planta en vasijas festivas de Cerro Blanco de Nepeña (Áncash) para el periodo 750-500 a. C.[42] Hace falta, sin embargo, análisis de restos en contextos domésticos para conocer si es que este aumento del consumo también se da fuera de los centros ceremoniales. Los análisis isotópicos muestran una intensificación del consumo de maíz que no es homogéneo en tiempo ni en espacio, pero se puede afirmar que, a grandes rasgos, hay un aumento gradual acentuado en la segunda mitad del primer milenio a. C., a partir del cual el maíz empezó a ser ubicuo en la dieta de las comunidades. Esta incorporación del maíz en la economía ritual, sobre todo como ingrediente para preparar cerveza o chicha, continuó en los periodos siguientes, y perdura hasta la actualidad como un rasgo cultural centroandino.[43]

A continuación, analizaremos las trayectorias históricas que llevaron a la consolidación de las economías hidráulicas, a los cultígenos

---

39. Ericson et ál. 1989.
40. Tykot et ál. 2006.
41. Ikehara et ál. 2013, Seki y Yoneda 2005.
42. Ikehara et ál. 2013.
43. Hastorf y Johannessen 1993, Jennings 2005, Morris 1979.

obtenidos mediante riego intensivo y al desarrollo de otras esferas de la actividad económica.

Los Andes centrales entre 500 y 150 a. C.: crisis, violencia y reorganización de las comunidades

Los resultados de varias investigaciones[44] sugieren que en la segunda mitad del primer milenio a. C. muchas regiones en los Andes centrales estuvieron ocupadas por un mayor número de personas que en la primera parte del mismo milenio. A pesar de que este aumento de población fue la continuación de una tendencia de largo plazo que empezó varios milenios atrás, lo observado luego de 500 a. C. se caracterizó por procesos continuos de aglomeración demográfica. Algunos pueblos fundados en esta época llegaron a concentrar hasta varios miles de personas, como por ejemplo el asentamiento de Cerro Arena, en el valle de Moche.[45] ¿Por qué se dan estos procesos aglomerativos? Como veremos, la formación de estos conglomerados de cientos de familias debió darse, en parte, como un mecanismo de protección, generado por el incremento de la violencia entre comunidades durante este periodo, situación muy distinta a lo observado pocos siglos antes.

En efecto, hasta aproximadamente el sexto siglo a. C. numerosas áreas de los Andes centrales estuvieron conectadas en el extenso sistema de intercambio ideológico y económico que hemos definido como esferas de interacción en el capítulo anterior. Ideas, recursos, objetos rituales y quizás personas se movilizaron entre regiones durante siglos. Gradualmente este sistema fue colapsando, hasta que finalmente hacia 500 a. C. el panorama social y político emergente ya mostraba pocas semejanzas con respecto a la época anterior. Por ejemplo, la variabilidad de estilos locales que emergieron sugiere la creación de nuevas identidades locales y el abandono de los grandes templos monumentales, un cambio ideológico y político; mientras que el traslado

---

44. Billman 1996, Ikehara 2015, Montenegro 2010, Sossna 2014, Stanish 2003, Wilson 1988.
45. Brennan 1980.

de las comunidades a la cima de las colinas y cerros o la construcción de fortalezas sugiere el incremento de hostilidades entre comunidades en algunas regiones.[46] Fue un periodo bastante largo, que culmina cuando recién a partir de los primeros siglos de nuestra era (d. C.) se empezó un proceso de reubicación de estas poblaciones hacia lugares menos defensivos, y se fundaron muchos de los primeros centros urbanos, como Moche o Maranga.

En esta sección revisamos cómo las economías de algunas de estas comunidades se reconstituyeron en los nuevos contextos históricos del periodo entre 450 y 150 a. C.

La costa norte

i. Las comunidades salinar

Se conoce bajo el nombre de "salinar" a las comunidades que habitaron parte de la costa norte durante la segunda mitad del primer milenio a. C. Para obtener un panorama de la economía de las comunidades salinar, resulta ilustrativo revisar el caso del valle de Moche, cuyos patrones de asentamiento prehispánicos fueron estudiados por Brian Billman.[47] Según este autor, hasta 400 a. C., la mayoría de la población del valle vivía dispersa en poblados pequeños, de menos de cien personas. Esto cambió durante la fase Salinar (400-1 a. C.), cuando aparecieron en el valle asentamientos muy grandes, de hasta varios miles de personas. Este aumento de población es explicado como el posible influjo de población proveniente de valles vecinos, como Virú, donde se observó un declive demográfico durante la misma época.[48] La gente del valle de Moche se mudó a zonas elevadas, como las laderas y cimas de los cerros, para formar agrupaciones de pueblos que se separaban por zonas despobladas, lo que sugiere que la amenaza de ataques era una preocupación importante.

---

46. Arkush y Tung 2013, Ikehara y Chicoine 2011.
47. Billman 1996, 1999, 2002.
48. Billman 1996: 203.

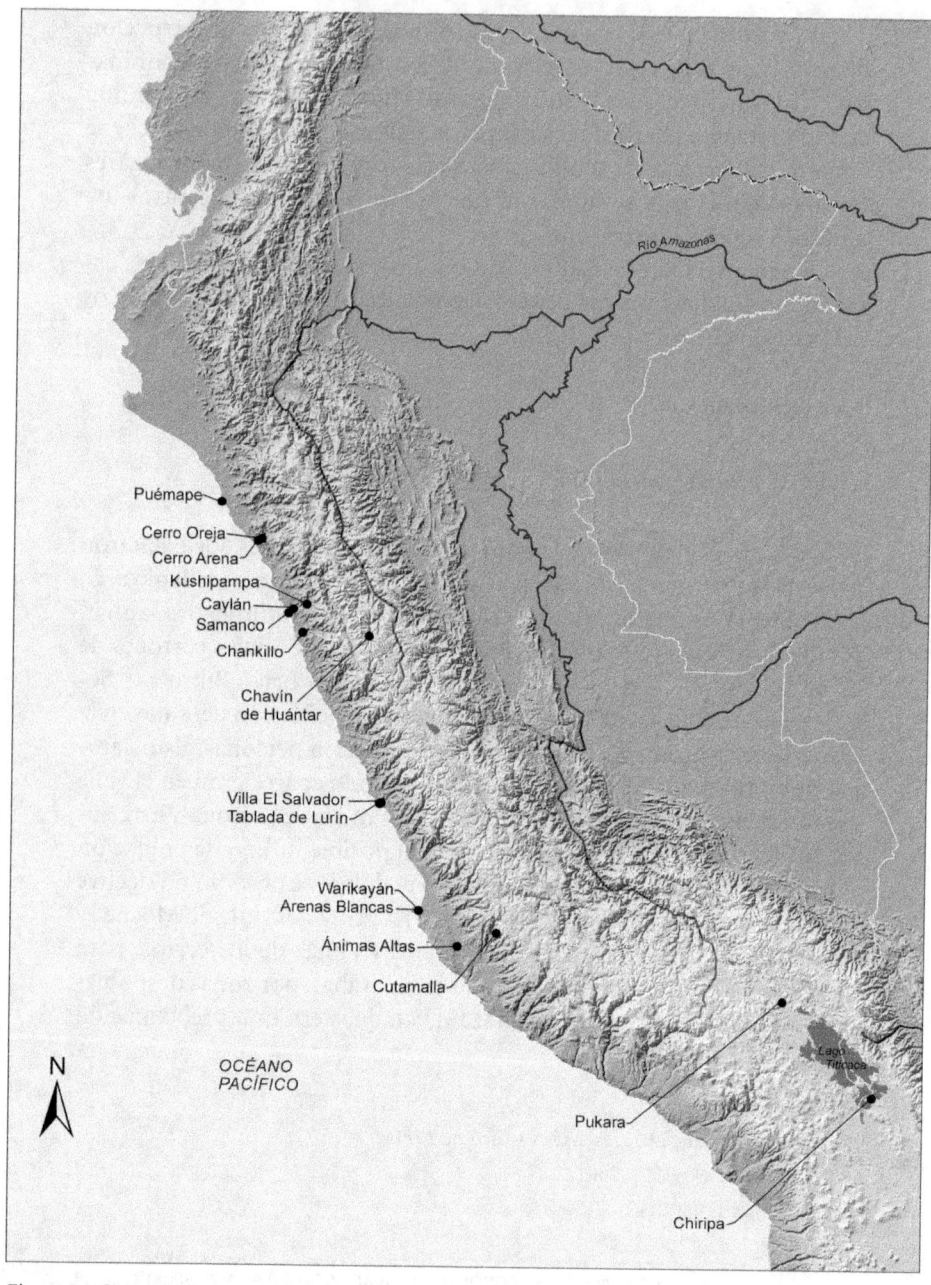

Figura 2.3. Sitios ocupados entre 500 y 150 a. C. mencionados en el texto. Elaboración: Hugo Ikehara.

El asentamiento más grande del valle de Moche y al mismo tiempo el centro de una de esas agrupaciones de poblados fue Cerro Arena.[49] Ubicado en la cima de una colina en la margen sur del río Moche, este asentamiento tiene al menos dos mil estructuras en superficie. Se ha estimado que si solo la mitad de estos edificios fueron habitados simultáneamente la población de Cerro Arena hubiera consistido en unas cinco mil personas.[50]

A diferencia de los asentamientos anteriores a 500 a. C., que solían incluir grandes plazas y edificios públicos que conformaban los espacios donde las comunidades se integraban, negociando continuamente las relaciones de poder y las identidades grupales,[51] en Cerro Arena no es posible encontrar áreas públicas o plazas formales de grandes dimensiones, lo que nos indicaría que las ceremonias públicas de gran convocatoria dejaron de tener la importancia de épocas anteriores. En su lugar, plazas más pequeñas estaban espacialmente integradas a residencias de alto estatus, lo que sería un indicador de que las nuevas ceremonias reunían colectividades más reducidas y bajo el auspicio de las familias de alto estatus. Estos conjuntos residenciales además agrupaban una serie de cuartos alrededor de dichas plazas, lo que podría ser interpretado como la formación de grupos familiares extensos, un rasgo que será recurrente en el posterior caso mochica.

La excavación de unos veinticinco edificios del asentamiento permitió a Curtiss Brennan definir diferencias funcionales entre los edificios (administrativos, residenciales y ceremoniales) y la existencia de familias o grupos de diferente estatus social. Estos últimos fueron identificados por vivir en residencias más elaboradas y más grandes que el resto del asentamiento. Un grupo numeroso de estas estructuras de alto estatus se encuentra en la cima de la colina sur, y el autor deduce que ahí se concentraba la administración del asentamiento. El asentamiento tiene una mayor densidad de edificios de alto y bajo estatus, además de las estructuras de almacenamiento en su mitad

---

49. Mujica 1975, Brennan 1978.
50. Billman 1999: 150.
51. Dillehay 2004, Ikehara y Shibata 2008, Kaulicke en este volumen.

sur, lejos de las fuentes de agua y los campos de cultivo, pero cerca a los caminos que cruzan por los pases naturales en las colinas. Según Brennan, esto tendría relación con la gran importancia del control del tráfico en esta zona por parte de la comunidad. Estos caminos conducirían eventualmente a territorios valle arriba, así como al valle vecino de Virú.

Los restos acumulados dentro de los cuartos de estos hogares nos pueden dar una idea del rango de actividades cotidianas que allí se llevaban a cabo. No existen evidencias de talleres dedicados a producir exclusivamente determinados tipos de objetos, pero lo que se observa es una variedad de actividades realizadas por las unidades domésticas. La abundancia de restos botánicos indica que una agricultura mixta, que incluía especies anuales y especies perennes (p. e. árboles), fue la base económica de las familias de esta época. Entre las plantas anuales encontradas, el maíz tiene una presencia relativamente importante. En las residencias, batanes de piedra, fogones y vasijas de cerámica sirvieron para preparar los alimentos con los insumos provenientes de la agricultura, la extracción de recursos marinos y la crianza de cuyes en el asentamiento. Otros restos artefactuales sugieren que algunas unidades domésticas se dedicaron además a tejer o producir vasijas cerámicas, mientras que los restos de camélidos indicarían su consumo como alimento, pero también su potencial disponibilidad como animal de carga.

Brennan considera que comunidades como la que habitó Cerro Arena se encuentran en medio de la trayectoria que conecta a las comunidades de la época anterior con las comunidades mochica en cuanto a desarrollo urbanístico, comercio y estructura administrativa.[52] Sin embargo, es claro que Cerro Arena no posee la lógica de ordenamiento espacial reconocible para los centros urbanos mochicas, sino que el origen de esta aglomeración demográfica habría estado relacionada con la necesidad de defenderse frente a ataques de los vecinos. No estaríamos por lo tanto ante una "cadena evolutiva", sino frente a trayectorias específicas derivadas de coyunturas políticas

---

52. Brennan 1980.

y sociales concretas. Por otro lado, el excedente producido no fue almacenado en grandes estructuras asociadas a edificios de funciones políticas, sino que parece que una buena parte pudo haberse acopiado en estructuras de almacenamiento propias de conjuntos residenciales de buena manufactura. Esto podría sugerir que los excedentes fueron administrados por grupos corporativos familiares, sobre todo aquellos de alto estatus, antes que por alguna entidad centralizada.

La gran cantidad de mano de obra accesible en un asentamiento de ese tamaño no fue derivada a la construcción de monumentos, como en los periodos anteriores, salvo algunas estructuras defensivas en la parte media del valle. Puede decirse que los principales bienes públicos de esta época fueron los sistemas de canales y las acciones de defensa del asentamiento en época de guerra. En ese sentido, si bien pudieron existir organizaciones políticas capaces de agrupar comunidades numerosas, estas unidades políticas no contaban con los recursos humanos para el desarrollo de una economía política de gran escala. Una de las razones de esta imposibilidad pudo ser la fragmentación económica y política que existió a escala regional, así como también en el ámbito del asentamiento, con múltiples grupos de élite con sus propias facciones que acapararon por separado el excedente producido. Otra razón pudo ser que, quizás, la necesidad de defensa fue la motivación de vivir juntos y no un intento de crear una economía más productiva y de mayor bienestar para todos.

El impacto de los cambios en el modo de vida de las poblaciones asentadas en estas grandes aglomeraciones puede ser evaluado mediante los indicadores de salud detectables en sus restos físicos. Para poblaciones de la costa norte, se cuenta con el análisis de 41 individuos correspondientes a Cupisnique Clásico (900-500 a. C.) y 53 individuos correspondientes a Salinar (400-100 a. C.) encontrados en el cementerio de Puémape, a pocos kilómetros al sur del valle de Jequetepeque.[53] Entre Cupisnique Clásico y Salinar, el indicador de anemia por falta de hierro (hiperostosis porótica) aumentó de 63 a 83% en adultos y de 20 a 67% en infantes, lo que sugiere una dieta con un

---

53. Gillespie 1998, Pezo 2010.

énfasis mayor en carbohidratos en detrimento de fuentes proteínicas. Asimismo, el indicador de artritis inflamatoria aumentó de 9 a 65%, en particular en la zona vertebral, lo que indica un cambio en la frecuencia de actividades que requerían esfuerzos del área dorsal (p. e. labores agrícolas).[54] La incidencia de caries aumentó de 19 a 63% y los abscesos de 19 a 25%, estos dos últimos indicadores de un aumento del consumo de carbohidratos y una mayor incidencia de infecciones producto del desgaste de los dientes. El aumento de frecuencia de fracturas de 4,8 a 20% y de fracturas por compresión de 0 a 16% impulsa a Gillespie a sugerir respectivamente un aumento de la violencia y de actividades que incluían levantar cargas pesadas.[55] Por último, la aparición de procesos infecciosos crónicos para las poblaciones salinar[56] sugiere condiciones de hacinamiento aparentemente inexistentes en el periodo anterior.

En consonancia con la información de Puémape para el valle de Moche, el análisis de los entierros salinar de Cerro Oreja[57] indica una salud igualmente deteriorada, con signos de que los jóvenes estuvieron expuestos a insuficiencia dietética, mala higiene y a contraer parásitos. En tal sentido, las evidencias de Puémape o Cerro Oreja nos indican que, efectivamente, las poblaciones salinar habrían estado expuestas a nuevas condiciones de salubridad, de dieta y de violencia intergrupal que impactaron negativamente en su salud, lo que sugiere que el incremento demográfico de este periodo iba de la mano con una relativa precarización de las condiciones de vida; una situación que se buscará superar en periodos posteriores.

ii. La costa de Áncash

La región costeña de Áncash muestra evidencias claras de una transformación política y económica en la segunda mitad del primer mi-

---

54. Pezo 2010: 191.
55. Gillespie 1998.
56. Pezo 2010: 209.
57. Yoshida 2004.

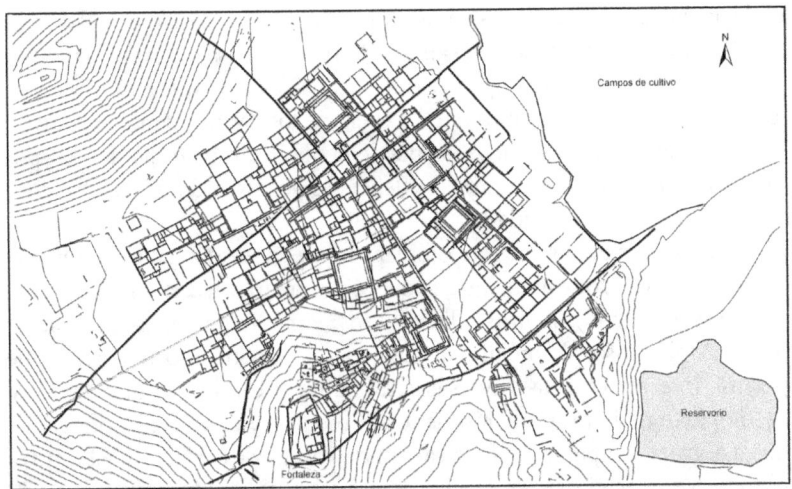

Figura 2.4. Plano del asentamiento de Caylán en el valle bajo de Nepeña; la fortaleza está en el extremo sur del sitio. Cortesía: David Chicoine, modificado por Hugo Ikehara.

lenio a. C. Esta sección se concentra en la información existente para los valles de Nepeña y Casma, para luego extender la comparación a los valles vecinos con el fin de tener una perspectiva más amplia de diversos aspectos de esta transformación, incluyendo el aumento del conflicto en la región.

En el valle de Nepeña se ha podido identificar dos áreas con diferentes trayectorias sociales luego de 500 a. C. En el valle bajo, las comunidades se reorganizaron en grandes asentamientos, como Caylán, Huambacho y Samanco. Si bien este proceso de incremento demográfico fue un fenómeno presente en múltiples regiones, la configuración de los asentamientos en esta sección del valle es particularmente novedosa. Asentamientos como Caylán están caracterizados por múltiples unidades residenciales, cada una compuesta por plazas y cuartos asociados por accesos indirectos, corredores y escalinatas. Estos numerosos conjuntos en el núcleo monumental sugieren la existencia de múltiples unidades sociales, mientras que la gran plaza central sería un indicador de cierto nivel de coordinación entre estas unidades. Por el tamaño y el número de habitaciones, se puede deducir que cada uno de los conjuntos residenciales estuvo ocupado por numerosas familias nucleares, por una familia extensa o por un clan integrado por varias decenas de individuos. Considerando que las familias en los bordes del núcleo monumental o fuera de los asentamientos vivían en residencias menos elaboradas, se puede deducir también que los grupos que ocupaban estos conjuntos residenciales gozaban de un estatus más alto dentro de la comunidad.

Las investigaciones arqueológicas han permitido reconstruir parte del sistema económico que proveyó de recursos a la población de Caylán y los asentamientos relacionados. Por una parte, las excavaciones en conjuntos residenciales de Caylán han encontrado artefactos que permiten reconstruir las diversas actividades que se realizaban en estos, desde parte de la preparación de los alimentos y confección de tejidos hasta algunas etapas de la fabricación de vasijas de cerámica.[58] Por otra parte, las excavaciones en Caylán han provisto de abundante material macrobotánico. David Chicoine y colegas identifican una variedad de especies vegetales que sugieren un manejo mixto de plantas anuales (p. e. calabazas, maíz, etc.) y plantas perennes, usualmente árboles frutales y una variedad de especies silvestres (p. e. árboles, cañas, juncos, etc.); y, dentro del conjunto de restos recuperados, resalta la presencia de maíz.[59] El maíz no solo es el taxón más abundante en volumen, sino también en ubicuidad, pues se le halló en casi todas las unidades de excavación. La presencia de diversas estructuras de la planta —esto es corontas, granos, hojas y tallos— sugiere que el maíz era sembrado no solo para consumir las semillas, sino que otras partes de la planta fueron utilizadas para una variedad de fines, desde material para relleno de plataformas hasta alimento para camélidos. Esta economía fuertemente agrícola estuvo complementada con el consumo de recursos de origen marino. Peces, pero sobretodo una gran cantidad y variedad de moluscos y crustáceos, eran obtenidos en el litoral cercano.[60]

---

58. Chicoine y Ikehara 2014, Ortiz Zevallos 2012.
59. Chicoine et ál. 2016.
60. Chicoine y Rojas 2013.

En Caylán, pero también en el vecino asentamiento de Huambacho, se obtuvo numerosos restos de camélidos domesticados. Análisis isotópicos de estos restos óseos sugieren que estos camélidos fueron muy probablemente obtenidos de caravanas que se movían entre zonas de montaña y costa.[61] Si bien no se conoce el rango de productos que eran movidos entre la costa y la sierra, la existencia de un corral en Samanco,[62] así como la identificación de recursos alimenticios marinos valle adentro,[63] sugiere que estos recursos fueron parte importante del sistema. El asentamiento de Samanco, adyacente al litoral, debió convertirse en este tiempo en un centro de acopio y procesamiento de productos marinos, recursos que eran abundantes en la dieta local; y que sirvieron como objetos de intercambio con otros poblados. La gran densidad y extensión de restos de moluscos encontrados en superficie debió ser resultado directo de la intensidad de estas actividades extractivas.

En general parece que los asentamientos del valle bajo estuvieron económicamente relacionados y hubo un gran flujo de mercancías entre el litoral y el interior del valle. Más aún, la comparación entre la extensión y arquitectura de los asentamientos[64] y la complementariedad visual de estos sobre el territorio circundante[65] sugiere un sistema político unificado y jerárquico. Por lo tanto, se podría suponer que el movimiento de recursos identificado desde asentamientos secundarios hacia Caylán (no se conoce qué se movía en sentido contrario), la posible cabeza del sistema, estuvo condicionado por las relaciones políticas entre las comunidades. Esta jerarquía política no estuvo acompañada por una concentración de los excedentes en el centro, pues no se ha identificado en Caylán depósitos de gran tamaño. Las estructuras de almacenamientos, que acostumbran ser cuartos pequeños, se suelen encontrar dentro de los conjuntos residenciales.[66] Es decir, en

---

61. Szpak et ál. 2015.
62. Helmer y Chicoine 2015.
63. Ikehara 2010.
64. Ikehara y Chicoine 2011.
65. Chicoine et ál. 2017.
66. Chicoine e Ikehara 2014.

el valle bajo de Nepeña, durante esta época, las grandes familias de estatus relativamente alto controlaban parte del excedente producido.

Los asentamientos del valle bajo fueron construidos en terrenos planos, de baja elevación y a los bordes de la zona cultivable, pero esto no significa que estas comunidades estuvieron libres de peligro. El asentamiento principal de Caylán estuvo protegido por una fortaleza ubicada en el cerro adyacente, y numerosos muros defensivos fueron construidos en la etapa final de la ocupación, los cuales segmentaban el asentamiento en secciones de difícil acceso. Del mismo modo, se ha encontrado estructuras defensivas en las colinas cercanas a Samanco y Huambacho. Esta infraestructura defensiva sugiere que, a pesar del dominio político de estas comunidades de buena parte del valle bajo, la amenaza de ataques fue constante para las familias que habitaban estos asentamientos. Sin embargo, estas huellas de violencia palidecen frente a lo observado en el valle medio.

El sector medio es un ensanchamiento del valle donde hoy se ubica el pueblo de Moro. La situación política de esta zona entre 500 y 150 a. C. contrasta con la presentada para el valle bajo, pues las comunidades estaban fragmentadas políticamente y, al parecer, en conflicto constante. A diferencia del valle bajo, donde no se tiene reconstrucciones demográficas, para el valle medio se estima que la población aumentó de aproximadamente 1500 personas antes de 500 a. C. a más de 10.000 hasta 150 a. C.[67] Asentamientos del tamaño de Caylán no se formaron, y más bien mucho de los recursos y mano de obra fueron dedicados a la construcción de centros ceremoniales que albergaron solo a la población circundante y a la construcción de al menos treinta conjuntos fortificados y puestos de observación integrados a sistemas de murallas de carácter defensivo.[68] A pesar de que la agricultura debió ser la base económica de las comunidades, muchos asentamientos se ubicaron lejos de los campos de cultivo, sobre terrenos elevados pero fáciles de defender. En este escenario, debe considerarse la posibilidad de que, ante una situación de violencia, las prioridades de las colectividades

---

67. Ikehara 2015.
68. Ikehara 2016.

cambien y los objetivos económicos (ligados a la agricultura) se vuelvan secundarios frente a sus necesidades defensivas.[69]

La situación en el valle de Casma fue similar a la del valle bajo de Nepeña. El número de sitios registrados para el periodo Patazca (350 a. C.-1 d. C.) triplica a los del periodo anterior, y se estima que hasta 50.000 personas vivieron en la zona.[70] Los asentamientos de San Diego y Pampa Rosario, pero posiblemente también los poblados construidos sobre los monumentos antiguos y abandonados (véase Kaulicke en este volumen), tienen semejanzas arquitectónicas y de ordenamiento espacial con el sistema de asentamientos encabezados por Caylán. La variedad de recursos encontrados durante las excavaciones sugiere sistemas económicos similares donde el maíz también se vuelve recurrente.[71] Varias fortalezas y refugios se construyeron en partes elevadas, pero una de estas resalta por su tamaño y calidad constructiva. Chankillo es un complejo que incluye un conjunto fortificado, un observatorio solar y varios conjuntos arquitectónico que replican en parte la arquitectura de los otros asentamientos de Casma y de Nepeña. Iván Ghezzi considera que el conjunto fortificado protege a un edificio que puede ser considerado como un templo, y por eso interpreta que estas guerras tenían un carácter religioso.[72] Como una alternativa, siguiendo la interpretación otorgada para los conjuntos residenciales de Caylán, pero también el criterio para identificar palacios andinos posteriores, este templo pudo haber sido al mismo tiempo un espacio ritual y una residencia de grupos de alto estatus. Si esto fuera así, estaríamos observando en Chankillo la construcción de una fortaleza para defender de forma privilegiada a un grupo pequeño de familias, lo cual se interpreta normalmente en arqueología como la existencia de una élite gobernante.

En el valle medio del río Santa la situación fue, al contrario de la del valle bajo de Casma, similar a la del valle medio de Nepeña. Numerosas comunidades se agruparon y construyeron conjuntos

---

69. Ikehara 2016, Roscoe 2013.
70. Wilson 1995.
71. Pozorski y Pozorski 1987.
72. Ghezzi 2006.

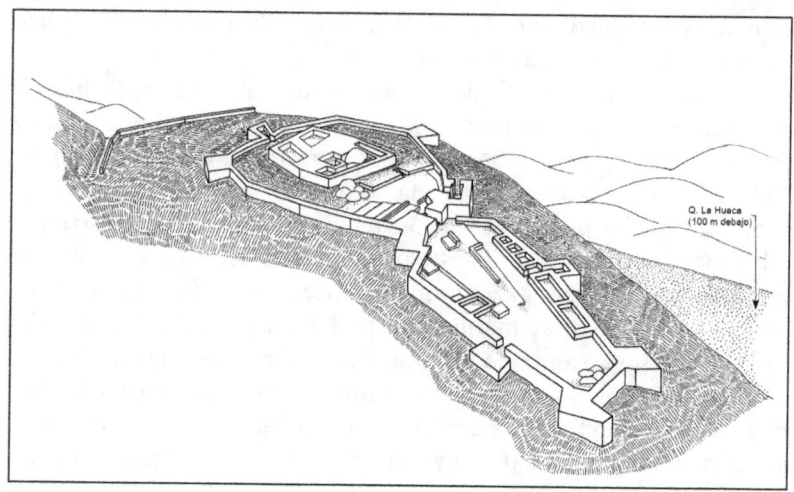

Figura 2.5. Imagen de fortaleza (Estructura 52). Tomado y modificado de Wilson 1988, fig. 44.

fortificados y refugios en las colinas.[73] La concentración de estas edificaciones se dio cerca del inicio de una quebrada que pudo haber servido como camino natural hacia la sierra y los valles sureños vecinos de Lacramarca y Nepeña. Análogo al valle medio de Nepeña, buena parte del trabajo comunal fue dedicado a la construcción de esta infraestructura defensiva, y la ubicación de los asentamientos sugiere que la preocupación por defenderse fue priorizada sobre un acceso óptimo a las tierras de cultivo.

En resumen, las trayectorias sociopolíticas de la costa de Áncash muestran a numerosas comunidades preocupadas por un incremento de la percepción de violencia. Esto hubiera condicionado dónde vivir y cómo utilizar la gran cantidad de mano de obra disponible producto del aumento demográfico en la región. Curiosamente, la mayor disponibilidad de mano de obra no fue acompañada con aumentos similares en el volumen de arquitectura monumental construido; al menos

---

73. Wilson 1988.

fue así en el valle medio de Nepeña,[74] por lo que la cantidad de aporte por persona en estas tareas habría disminuido con respecto al periodo anterior. Otro cambio claro en esta época fue la creación de formas de vida semiurbanas, al menos en los valles bajos de Nepeña y Casma, en paralelo a la expansión de prácticas agrícolas con una mayor importancia del maíz, recurso cada vez más ubicuo en las prácticas políticas de estas comunidades.

Las comunidades paracas de la costa sur

Las investigaciones arqueológicas en los valles de Ica muestran que las comunidades paracas siguieron trayectorias históricas variadas. Incluso algunos han observado una clara división entre la mitad sur y la mitad norte de la región a partir del 400 a. C., con tradiciones arquitectónicas, funerarias y artísticas distintas.[75]

El aumento de la población durante el primer milenio a. C. es descrito en los resultados de las exploraciones arqueológicas en la región. Por ejemplo, en el valle del río Palpa, entre Paracas Temprano (840-500 a. C.) y Paracas Medio (500-380 a. C.), el área total de asentamientos aumentó de 9,9 a 65 ha, y hacia Paracas Tardío (380-260 a. C.) hasta 189 ha.[76] Estos poblados se ubicaron al borde del área cultivable, y algunos de estos se fundaron en las cimas de las colinas.[77] Esta ubicación fácilmente defendible sumada a la construcción de defensas, como por ejemplo murallas, sugiere una preocupación por ataques.

Uno de estos poblados que ha sido investigado es el asentamiento de La Puntilla, ubicado a 5 km de la ciudad de Nazca.[78] A pesar de ser uno de los asentamientos más grandes de esta zona, es posible que el estilo de vida de esta comunidad sea representativo de toda la población de la región, incluso de aquellas familias que habitaban en

---

74. Ikehara 2015.
75. Silverman 1991.
76. Sossna 2014.
77. Sossna 2014, Wurster 1997.
78. Van Gijseghem 2004.

pequeños poblados. Este asentamiento se componía de agrupaciones de casas ubicadas en terrazas construidas en la cima de una colina o cerro. Las casas ubicadas en la parte más elevada eran casi rectangulares, asociadas a cerámica fina y estaban construidas con una buena mampostería, lo que indica que en este sector vivían las familias de relativamente mayor estatus socioeconómico.[79] Estructuras de almacenamiento semisubterráneas fueron encontradas dentro o adyacentes a las viviendas. El tamaño de estas, menores a 2 m^2, indica que su uso se restringió al consumo familiar.

Esta comunidad obtuvo agua por medio de puquios, pero también accediendo a dos cuencas hidrográficas, Aja y Tierras Blancas, que poseen ciclos hídricos anuales no sincronizados. La variedad de especies de plantas recuperadas sugiere prácticas agrícolas similares a las identificadas para la costa norte, pero con una ubicuidad importante del huarango.[80] La presencia de moluscos de origen marino[81] sugiere que la comunidad de La Puntilla, a pesar de encontrarse a más de 50 km del litoral siguiendo el cauce del río, participaba en un sistema económico de escala regional que permitía un movimiento de recursos de subsistencia entre ambas zonas ecológicas. Adicionalmente, entre los restos líticos excavados, se identificó una relativamente alta proporción de restos de puntas de obsidiana. Debido a que esta roca se extrae en la sierra de Ayacucho, esto es un indicador de que en la región de la costa sur las redes de intercambio a larga distancia con la sierra se mantuvieron activas y fluidas durante este tiempo.

Un asentamiento estudiado y muy distinto fue Cutamalla. Ocupado entre 600 y 200 a. C., se ubica en la zona de puna de las cabeceras de los valles cuyos ríos corren hacia el mar peruano.[82] Se cree que asentamientos como Cutamalla fueron fundados por comunidades paracas que se movilizaron valle arriba en una época relativamente más árida y con descargas fluviales irregulares. Estas comunidades construyeron

---

79. Van Gijseghem y Vaughn 2008.
80. Van Gijseghem 2004, tablas 6.3 y 6.4.
81. Ibíd., tabla 6.5.
82. Reindel e Isla Cuadrado 2013.

casas de planta circular distribuidas radialmente alrededor de plazas circulares, a semejanza de una flor con pétalos. La ubicación de este asentamiento habría permitido a sus habitantes acceder a pastos naturales en la puna y al mismo tiempo trabajar terrazas agrícolas en zonas más templadas, lo que indica una economía de subsistencia mixta de agricultura y pastoreo de camélidos. Las excavaciones en las casas permitieron identificar depósitos de escala familiar que debieron servir para acumular los excedentes para ser intercambiados o consumidos en épocas de escasez. Adicionalmente, el descubrimiento de este asentamiento y su filiación cultural con las comunidades costeras nos ayuda a identificar dos rasgos novedosos de la sociedad paracas: un manejo territorial mucho más extenso al que tradicionalmente se le había atribuido (ligado al litoral y valles costeños) y el rol de los asentamientos de puna en las redes de intercambio con la serranía vecina.

En un fuerte constraste con la costa norte, las comunidades paracas continuaron construyendo —y de hecho expandieron— sus complejos de arquitectura monumental. Uno de estos complejos, Ánimas Altas, servirá para analizar la relación entre la construcción de arquitectura pública y el manejo de recursos y mano de obra de las comunidades. Ánimas Altas se ubica en el valle del río Ica, y es un asentamiento compuesto por varias docenas de montículos. En un reconocimiento de las estructuras del lugar, Sarah Massey identificó una serie de recintos rectangulares de aproximadamente $1m^3$ de capacidad que fueron construidos en agrupaciones de hasta varias decenas y muchas veces espacialmente relacionados a los montículos.[83] La autora cree que se trata de conjuntos de estructuras de almacenamiento. En investigaciones más recientes en el mismo sitio, Aïcha Bachir Bacha y Oscar Llanos excavaron algunos montículos y expusieron las superficies de ocupación. En el Montículo 71, se halló cinco pozos, uno de estos reutilizado como tumba, cuya función original ha sido interpretada como de depósito. Si esto fuera así, indicaría que adicionalmente al almacenamiento en contextos domésticos —en los hogares— existiría otro nivel de captación de recursos vinculados a las actividades

---

83. Massey 1986: 191-193.

realizadas en estos centros monumentales o manejados por las organizaciones responsables de estos espacios. Las excavaciones en estos montículos, pero también en las zonas adyacentes consideradas como domésticas, revelaron restos de actividades cotidianas, como la preparación de alimentos, y evidencias de producción de bienes como vasijas cerámicas, textiles y objetos de piedra.[84]

La sociedad paracas es conocida por la peculiar riqueza material de sus tradiciones funerarias. De hecho, la definición de esta cultura arqueológica provino de la excavación de una serie de complejos funerarios ubicados en la península que le otorga el nombre.[85] Debido a que una descripción detallada de esta tradición funeraria puede tomar capítulos enteros, en esta sección nos enfocaremos en analizar cómo determinados aspectos de esta tradición pueden ser utilizados para entender procesos económicos del mundo paracas, sobre todo la creación de una economía de rituales funerarios y el contexto de creación de valor de ciertos objetos.

Las tumbas paracas excavadas en la península del mismo nombre provienen de dos momentos distintos.[86] La más temprana, Cavernas, corresponde al Paracas Medio y parte del Tardío, y se caracteriza por la aparición de un asentamiento extenso en la bahía de Paracas y la habilitación de la colina adyacente (Cerro Colorado) como cementerio. Este cementerio se caracterizó por la excavación de pozos en los estratos naturalmente endurecidos, y con un volumen tal, que podían albergar múltiples fardos funerarios. La fase posterior, Necrópolis, se caracterizó por el abandono del anterior asentamiento y su reutilización como cementerio. Las antiguas estructuras de habitación fueron habilitadas para colocar fardos de individuos fallecidos, convirtiéndose literalmente en pueblos/ciudades de muertos o necrópolis. El poblado de esta última época se ubicó hacia el oeste, sobre la extensa zona con ligera pendiente frente a la bahía.

---

84. Bachir Bacha y Llanos 2015.
85. Tello 2005.
86. Peters 1978, Silverman 1991.

La tradición de fardos paracas consistió en la preparación cuidadosa del cuerpo de individuos muertos para convertirlos en bultos y el posterior mantenimiento de estos fardos durante generaciones. Consideramos que el conjunto de actividades relacionadas a la preparación y mantenimiento de los fardos fue de tal magnitud, importancia y recurrencia que dio forma a parte de los sistemas económicos de las comunidades paracas. Primero, los individuos estuvieron acompañados por mantos y otras prendas que debido a su complejidad requirieron una gran cantidad de tiempo de manufactura. Mary Dyer estima que los tejidos bordados de solamente dos fardos que analizó debió tomar aproximadamente 40.786 horas de trabajo, estimado que incluye el tiempo para tejerlos y bordarlos, pero no el necesario para preparar los hilos, teñir la lana, ni tejer los envoltorios no decorados (que pueden llegar a incluir más de 555 m^2 para un solo fardo). Estos estimados sugieren que estos mantos pudieron haber sido resultado del trabajo de especialistas tejedores a tiempo completo.[87] Según Anne Paul y Susan Niles, hasta diecisiete bordadores pudieron haber trabajado en un único manto.[88] Segundo, la manufactura de estos mantos, pero también la fabricación de cuchillos de obsidiana y cerámica coloreada poscocción, debieron haber requerido el mantenimiento de redes de intercambio que llegaban hasta la sierra de Ayacucho. Tercero, si bien la mayoría de cementerios se encuentran en zonas agrícolas, los de la península de Paracas se ubican en un área marginal para la agricultura. Los resultados del análisis de isótopos estables del pelo de 14 individuos enterrados en Warikayán (uno de los cementerios excavados en Paracas) indican que muy probablemente la población local fue enterrada en el cementerio, y que la economía de subsistencia de estas comunidades se basó en la explotación de recursos marinos.[89] De esta afirmación se puede desprender que cualquier excedente producido para intercambio tuvo que haber estado relacionado con la explotación de recursos marinos o del litoral.

---

87. Dyer 1979: 14.
88. Paul y Niles 1984: 6.
89. Knudson et ál. 2015.

Los mantos paracas son un buen caso para examinar la creación de valor dentro de la sociedad paracas. Como se ha mencionado, estos mantos bordados requirieron una gran cantidad de tiempo y trabajo, así como materiales foráneos, como lana de camélidos y posiblemente pigmentos. Por lo tanto, uno podría medir el valor de estos objetos a base de estas estimaciones económicas. Sin embargo, es más probable que esta gran inversión sea resultado, y no solamente el origen, de la alta apreciación o demanda que tuvieron en determinados contextos culturales.[90] Los mantos ricamente bordados han sido encontrados principalmente en cementerios, y se ha propuesto que forman parte de prácticas rituales multigeneracionales relacionadas a la transfiguración del individuo fallecido.[91] Los textiles servirían en el proceso de la construcción de la persona social del ancestro, y aquí encontraríamos el contexto en el cual surge el deseo (o la demanda) por el objeto. La calidad de dichos tejidos mostraría cuán importantes fueron en la creación de la persona-ancestro en la sociedad paracas. Debido a que la inversión en la preparación y renovación de los fardos es desigual, el proceso de renovación de los fardos estaría relacionado a una intensa negociación sobre las posiciones y roles de grupos sociales y antepasados en la comunidad.[92]

En resumen, a pesar de la variedad de desarrollos locales, la región de Ica muestra en su conjunto claras diferencias en comparación con las regiones norteñas. Las comunidades habitaron en grandes poblados, pero solo una parte fueron fundados en terrenos fácilmente defendibles. Esto sugiere que el peligro de ataques no era muy alto, o que existieron estrategias defensivas que permitieron una alerta rápida a los vecinos. A escala suprafamiliar, la economía de las comunidades se habría organizado para proveer mano de obra para la construcción y mantenimiento de la infraestructura agrícola (véase subtítulo "Estrategias de expansión agrícola") y de la arquitectura monumental, así como para las prácticas funerarias multigeneracionales. Este último aspecto diferencia a la

---

90. Appadurai 1986.
91. Dwyer y Dwyer 1975, Kaulicke 2001: 300-301, Makowski 2005.
92. Peters 2000, 2010.

sociedad paracas no solo por su impactante manifestación artística, sino porque llegaría a estructurar la economía de las comunidades obligando al mantenimiento de un intenso flujo de recursos entre la costa y la sierra, y crearía oportunidades para la aparición de especialización laboral;[93] o, alternativamente, quizá empleó una gran porción del tiempo de las personas, quienes formaron pequeñas colectividades con la finalidad de proveer de tejidos y otros objetos a los antepasados fallecidos.

El Altiplano

Poco antes de 500 a. C. apareció un complejo religioso conocido como Yaya-Mama en la región del Altiplano, la cual fue identificada por las estelas —con esculturas de cabezas humanas, sapos y apéndices de serpientes organizadas simétricamente— que han sido encontradas en diferentes sectores de la región.[94] Además de este nuevo estilo de escultura, la tradición Yaya-Mama estaba relacionada con complejos arquitectónicos de templos con depósitos, nueva parafernalia ritual e iconografía sobrenatural.[95]

Los antecedentes del complejo religioso Yaya-Mama datan del año 1500 a. C., cuando se dan las primeras manifestaciones de diferenciación social entre los pobladores, lo que, a su vez, va de la mano con manifestaciones de centralización política a partir de la construcción de edificios públicos. Destaca en esta época el sitio de Chiripa, ubicado en la península de Taraco, al sureste del lago Titicaca, como el sitio más estudiado de esta época. No se trata necesariamente, sin embargo, del más importante, ya que tanto al este como al oeste del lago han sido identificado sitios homólogos como Ch'isi, Qaluyu, Incatunuhuri y Sillumocco-Huaquina.[96] Al parecer, estos asentamientos eran centros de poder autónomos que contaban con el apoyo y soporte de grupos de villas y pueblos menores. La intensa interacción

---

93. Según Dyer 1979.
94. Stanish 2003: 131.
95. Mohr-Chávez 1988.
96. Flores y Tantaleán 2012, Stanish 2003.

entre estos centros se vio reflejada posteriormente en la institución del complejo Yaya-Mama.

La economía de estos centros combinaba la producción agrícola con un pastoreo extensivo y la pesca en el lago, principal proveedor de proteínas. Los estudios de restos botánicos muestran, en el sitio de Chiripa, la selección de semillas de quinua para incrementar sus rendimientos.[97] Asimismo, para esta época se registran bienes exóticos en la cuenca, como cuentas de sodalita, cobre y sal u hojas de coca.[98]

Con estos antecedentes, alrededor del año 200 a. C., sitios como Chiripa —y probablemente otros de los mencionados— fueron abandonados, y surgieron alrededor de la cuenca del Titicaca nuevos centros, de mayor escala, como Sillumoqo, Ckackachipata, Kala Uyuni, Sonaje, Santiago de Huatta, Titimani, Khonko Wankane, Pukara y Tiwanaku.[99] Estos edificios albergaban piedras talladas y esculpidas con imágenes de mayor complejidad, que se relacionaban además con la elaboración de un repertorio alfarero de mayor factura en términos técnicos y decorativos. Estamos así frente a la consolidación del complejo religioso Yaya-Mama.[100]

El surgimiento de estos centros parece haberse dado de la mano con un proceso de intensificación agrícola, que se relacionaría además con la habilitación de *quchas* y campos (véase subtítulo "Estrategias de expansión agrícola"); técnicas que, si bien podrían remontarse a la época de centros como Chiripa, alcanzan en este tiempo una escala más significativa. Se tiene registrado, por ejemplo, que en la zona de Juli, 70% de los asentamientos humanos se encontraba alrededor de los campos elevados.[101] Es importante notar que, por otro lado, estos asentamientos son significativamente más grandes que los de épocas anteriores, lo que sugiere un énfasis en las labores agrícolas. De esta forma, los nuevos centros de poder habrían sido los artífices de un

---

97. Bruno 2014.
98. Hastorf 2003.
99. Janusek 2004, Bandy 2001, Stanish 2003.
100. Janusek 2004.
101. Stanish 2003.

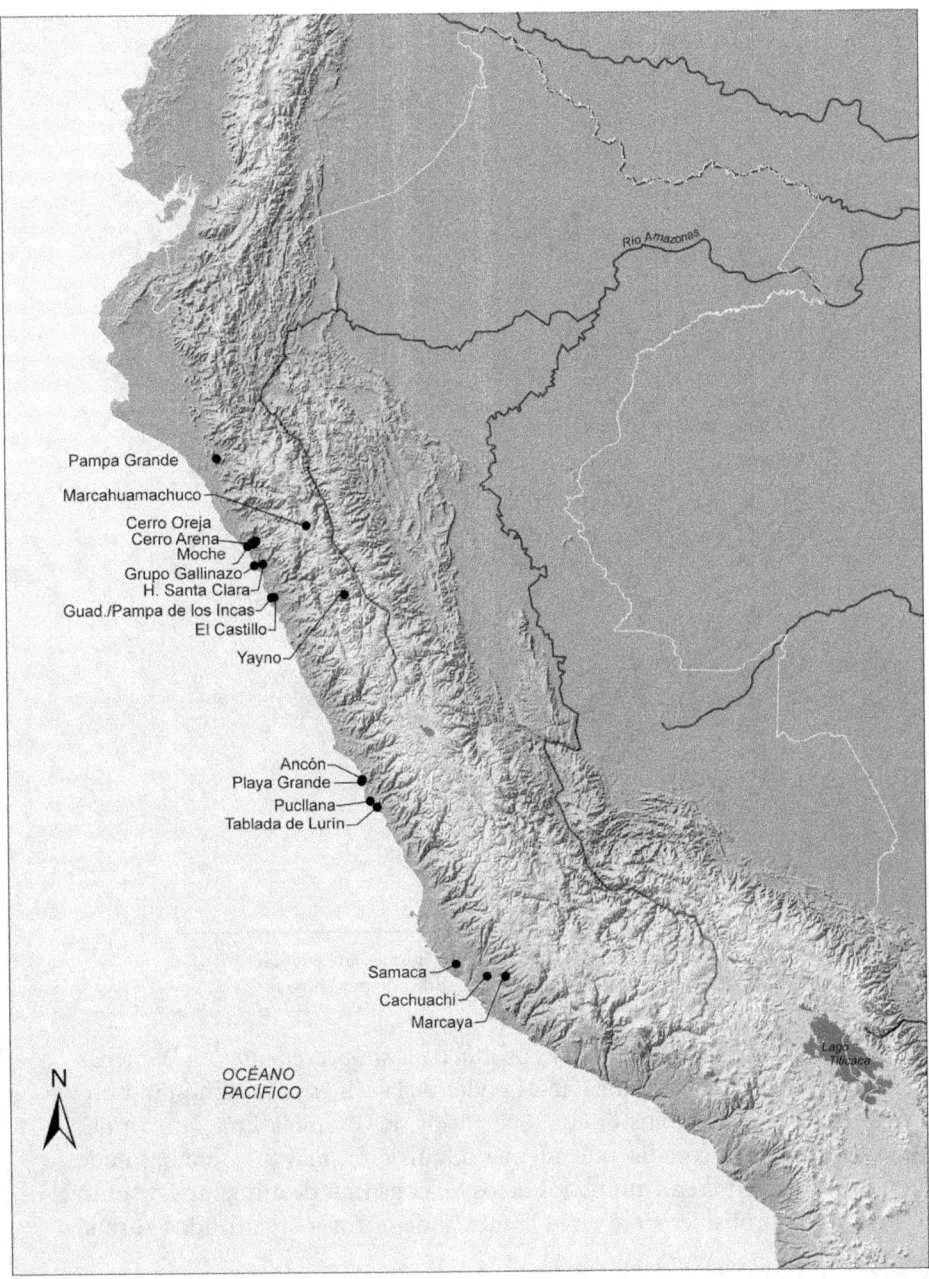

Figura 2.6. Mapa de sitios ocupados entre 150 a. C. y 500 d. C. mencionados en el texto. Elaboración: Hugo Ikehara.

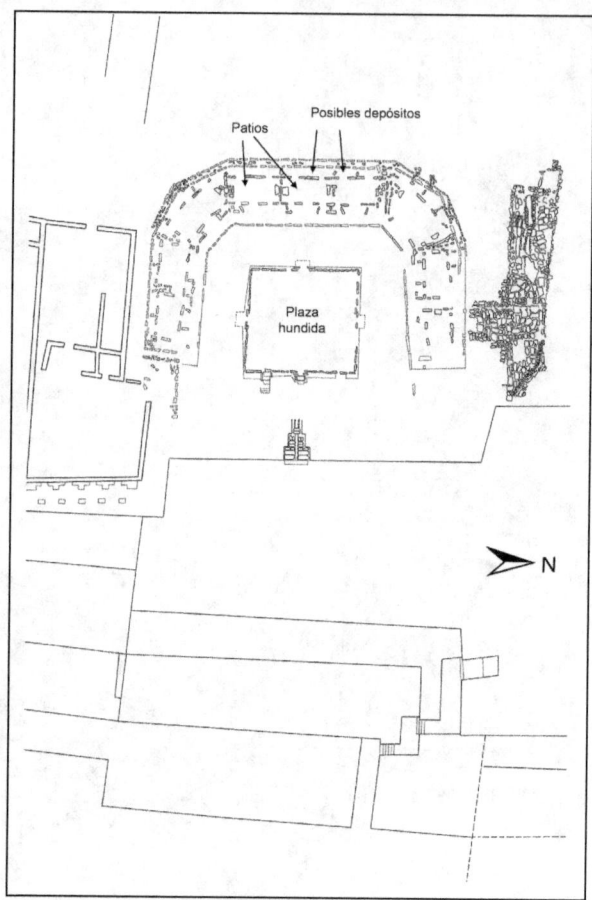

Figura 2.7. Plano de la zona monumental de Pukara.
Cortesía: Elizabeth Klarich, modificado por Hugo Ikehara.

incremento de las dinámicas productivas sin precedentes en la cuenca del Titicaca. Las estrategias de poder de las élites se manifiestan también en los cambios de los repertorios de cerámica fina, con vasijas ricamente decoradas que además adquirieron mayor tamaño, lo que indica un incremento de los actos de consumo de alimentos de gran escala, probablemente en el contexto de festines organizados para la legitimación de las élites.[102] Este tipo de prácticas implicarían tanto una intensificación en la producción de productos a consumir como una intensificación de la producción alfarera, con evidentes consecuencias en el desarrollo de la economía.

De los centros antes mencionados, sin duda Pukara ha sido el más notorio en la margen occidental de la cuenca del Titicaca. Pukara es un complejo arquitectónico compuesto por varios conjuntos de patios hundidos emplazados en terrazas que fueron construidas en las faldas y laderas de los cerros Pucaorqo y El Calvario.[103] Algo que destaca en estas construcciones es el cuidadoso trabajo de talla lítica de los bloques que formaban los paramentos en los patios.[104] En analogía con recintos similares excavados en el más antiguo sitio de Chiripa,[105] los cuartos que forman parte de los conjuntos y que rodean los patios podrían haber sido depósitos.

Mientras se consolidaba el poder de Pukara y de otros centros, se estaba desarrollando también el centro de Tiwanaku, al sureste del Titicaca.[106] Tiwanaku fue un centro a la par con otros dentro de la cuenca hasta que aproximadamente alrededor del año 300 d. C. comenzó a crecer en área de influencia. Esta expansión irá de la mano con el eclipsamiento de centros como Pukara y otros, hasta que Tiwanaku se consolide como el centro de poder principal en la cuenca del Titicaca y extienda su poder más allá de esta.

Otras regiones

Una aproximación a la economía de las comunidades requiere del cruce de múltiples tipos de información, pero a veces no está plenamente disponible. Por eso, la revisión de la economía de las comunidades centroandinas en el periodo correspondiente a esta sección no

---

102. Janusek 2005.
103. Klarich 2008.
104. Flores y Tantaleán 2012.
105. Mohr-Chávez 1988.
106. Janusek 2004: 142.

es exhaustiva, y existen numerosos huecos que en un futuro podrán ser llenados con información arqueológica. Sin embargo, con la que hay disponible podemos presentar una breve visión de lo que sucedió durante este periodo en otras regiones del Perú.

En la sierra norte y central, hacia 500 a. C., muchos centros ceremoniales construidos y mantenidos durante generaciones fueron clausurados. En algunos lugares, como Kuntur Wasi, nuevos complejos ceremoniales, con una distribución espacial y orientaciones muy distintas, fueron superpuestos sobre los antiguos edificios durante la fase Copa (550-250 a. C.); y finalmente, en la fase Sotera (250-50 a. C.), el centro ceremonial fue abandonado.[107] Más al sur, en la sierra de Áncash, observamos el desarrollo de la tradición cultural huarás.[108] Las comunidades huarás formaron pueblos en la cima de los cerros, muy similar a lo observado en la costa de Áncash, y procedieron a amurallar sus asentamientos.[109] Este patrón continuaría en los siglos siguientes durante la época Recuay. Un caso peculiar es Chavín de Huántar, uno de los más importantes centros ceremoniales de la época anterior (véase Kaulicke en este volumen). Durante la época Huarás, muchas familias construyeron sus casas reutilizando las piedras del antiguo templo y fundaron un pequeño pueblo, cuyas actividades cotidianas debieron experimentar un cambio notable con respecto a la sacralidad de los antiguos espacios ceremoniales.

En la costa central no contamos con información suficiente sobre el número o escala de los asentamientos; es notoria, sin embargo, la existencia de grandes áreas funerarias ubicadas en terrenos adyacentes a los valles, como es el caso de la Tablada de Lurín, donde se ha identificado cementerios de 2 a 4 km^2 de extensión.[110] El número sin precedentes de individuos enterrados en estos cementerios sugiere procesos de un significativo incremento demográfico comparable a aquellos inferidos en otras regiones para esta época.

---

107. Kato 2014.
108. Lau 2002b.
109. Ponte 2001.
110. Stothert y Ravines 1977, Makowski 2002, Paredes 1984.

Krzysztof Makowski considera que, para el caso de Tablada de Lurín, la distribución de objetos y las características de las tumbas indican cierta especialización ocupacional o de roles y el posible surgimiento de élites locales.[111] Adicionalmente, algunos de los objetos que fueron encontrados pudieron tener orígenes lejanos, como la costa norte y la zona sur de Lima e Ica,[112] lo que sería un indicador de la existencia de redes comerciales con comunidades de estas zonas.

Dado que varios cementerios fueron debidamente excavados y analizados, podemos aproximarnos al bienestar de la población durante este periodo. Ekaterina Pechenkina y colegas analizaron cementerios de diferentes periodos ubicados en el valle de Lurín y sus cercanías.[113] El primero, Cardal, fue utilizado antes de 500 a. C., mientras que los otros dos, Tablada de Lurín y Villa El Salvador, fueron ambos utilizados durante la época Blanco-sobre-rojo; es decir, entre 250 a. C. y 100 d. C. aproximadamente. La caries registró un aumento de 4,5% en Cardal y a 5,9 y 19% en Tablada de Lurín y Villa El Salvador, respectivamente. Esto fue interpretado por los autores como el resultado de un mayor consumo de carbohidratos, en especial maíz, luego de 250 a. C. Los indicadores de anemia también se incrementaron luego de 250 a. C. La frecuencia de criba orbitaria aumentó de 32% (Cardal) a 68% (Tablada de Lurín) y 46% (Villa El Salvador), y la frecuencia de hiperostosis porótica ascendió de 13% (Cardal) a 38% (Tablada de Lurín) y 48% (Villa El Salvador). Finalmente, la estatura promedio de los individuos aumentó de 142,7-150,6 cm en Cardal a 152,7 y 159,7 cm en Tablada de Lurín y Villa El Salvador, respectivamente.

Síntesis (500 y 150 a. C.)

La segunda mitad del primer milenio antes de nuestra era puede ser resumido como una etapa de profundas reestructuraciones políticas y económicas en contextos regionales caracterizados, en algunas zonas,

---

111. Makowski 2002.
112. Delgado 1994.
113. Pechenkina et ál. 2007.

por una creciente hostilidad entre comunidades. Un rasgo compartido en numerosos casos fue el aumento demográfico relacionado a la expansión de los sistemas agrícolas. A pesar de que este crecimiento fue visible desde los inicios de la ocupación humana en el territorio peruano, a partir de 500 a. C. este sucedió juntamente con la formación y consolidación de grandes núcleos de población. Lo paradójico de este proceso es que en casos como Salinar, la costa y sierra de Áncash, y algunos poblados paracas, las comunidades decidieron ubicarse lejos de las zonas de cultivo, prefiriendo terrenos que eran fácilmente defendibles. Esto se debe a que cuando la percepción de peligro es alta, las otras metas de las comunidades sucumben ante la necesidad de defensa.[114] De este modo, puede considerarse que durante este periodo aparecen dentro de muchas comunidades economías para épocas de guerra.

Una economía para la guerra supone que las necesidades de defensa se vuelven prioritarias para las comunidades. En este periodo de 500 a 150 a. C., una gran parte de los recursos y mano de obra fueron utilizados para mejorar la defensa de las comunidades de la costa y sierra de Áncash. Esto incluyó la mudanza a zonas estratégicamente defendidas y la construcción de fortificaciones, sistemas de murallas y fosos. El levantamiento de esta infraestructura aumentó, mientras que la construcción de centros ceremoniales disminuyó o se detuvo por completo. Este hecho es muy resaltante si consideramos que antes de 500 a. C. la economía comunitaria estaba orientada hacia el mantenimiento de las prácticas rituales y el espacio dedicado a estas en los centros monumentales.

La agricultura y la pesca fueron las actividades que proveyeron la mayor parte de los alimentos cotidianos en las diferentes comunidades de la costa peruana. La agricultura tuvo una base similar a la de siglos anteriores (véase Kaulicke en este volumen), es decir, una mezcla de especies perennes (árboles) y especies de cosecha anual. Esto sugiere un fuerte arraigo con el territorio, pues los árboles son sembrados pensando en retornos no inmediatos, pues algunas veces las primeras

---

114. Roscoe 2013.

cosechas tardan años en obtenerse. Entonces, una familia que siembra árboles en un lugar planea establecerse quizás durante generaciones. Adicionalmente, si se considera el costo de habilitación de un terreno silvestre —limpieza de maleza, creación de suelos, habilitación de canales de agua, mantenimiento anual, etc.—, es lógico pensar que cualquier expansión agrícola está pensando en retornos continuos durante un largo tiempo, no solamente inmediatos. Una novedad en el sistema agrícola de muchas regiones fue el aumento de la presencia del maíz, que estaría relacionado a una cada vez mayor importancia de esta planta en las prácticas rituales de los Andes centrales.

Mientras que en la costa y sierra central y norte el intercambio a larga distancia de productos exóticos y bienes de prestigio parece haberse constreñido para esta época, el tráfico de obsidiana, lana de camélidos y posiblemente pigmentos se mantuvo o incluso aumentó entre la sierra de Ayacucho y la región de Ica, donde se encontraban las comunidades paracas. La razón de esto puede estar en la consolidación y estabilización de las entidades políticas que suelen demandar este tipo de proyectos, entre otras cosas para desarrollar una tradición funeraria única en los Andes centrales en esta época. Las comunidades paracas continuaron e intensificaron una serie de prácticas relacionadas a la transformación del cuerpo de los difuntos, lo que requirió una cantidad muy grande de productos, energía y tiempo. Se puede decir que, desde este punto de vista, esta tradición funeraria tuvo una gran influencia en la forma en que las comunidades paracas utilizaban sus excedentes agrícolas y de pesca, la manera en que la mano de obra era organizada y el esfuerzo hecho para conseguir bienes y materias primas de lugares lejanos. Objetos como los mantos paracas, pero también recursos como la obsidiana, habrían adquirido parte de su valor económico y social en estos contextos sociales.

Las comunidades paracas también se distinguieron por otros dos rasgos. El primero es que mantuvieron activa la construcción de arquitectura monumental y el segundo es que, a diferencia de otras comunidades contemporáneas, es probable que parte de los excedentes fueran concentrados en los centros políticos de cada región. En otras comunidades de la costa y la sierra norte y central, el excedente era acumulado en las unidades domésticas, pero en Paracas, adicionalmente a esto, también se guardó en grandes depósitos asociados a los templos, como por ejemplo en Ánimas Altas/Bajas. Esto podría interpretarse como que mientras en muchas comunidades las grandes familias administraban los excedentes y la mano de obra, en las comunidades paracas existieron además roles redistributivos que estuvieron ligados al funcionamiento de los templos o centros ceremoniales. Esta última observación también puede extenderse a lo observado en el Altiplano, donde templos como Pukara controlaban los conjuntos de depósitos cuyo acceso estaba fuertemente restringido.

Es sobre este sustrato que, en una etapa siguiente, se consolidarán formaciones sociopolíticas de mayor escala, capaces de conducir notables economías políticas regionales, como veremos en las páginas siguientes.

Surgimiento y variabilidad de economías políticas regionales

A partir de 150 a. C., numerosas comunidades de los Andes centrales crearon organizaciones políticas cada vez más grandes y con desigualdades sociales cada vez más marcadas. Mientras que en algunas regiones como en el Callejón de Huaylas (Áncash) la relación entre comunidades parece haber mantenido el precario equilibrio de poderes de la época anterior, en otras regiones varias líneas de evidencias sugieren que el escenario de conflicto devino en la consolidación de poderes regionales que permitieron la creación de economías políticas de gran escala. Estas economías políticas se relacionan con el surgimiento de élites poderosas y ricas, y, por otro lado, con un aparente aumento del bienestar de la población. Grandes centros ceremoniales fueron construidos con la contribución de numerosos segmentos de la sociedad, y grandes centros urbanos se formaron en torno a estos. Esta época de bonanza, sin embargo, duró pocos siglos. Varios factores, entre los que encontramos fluctuaciones medioambientales, la sobreexplotación de recursos y el surgimiento de vecinos poderosos y políticamente ambiciosos, se combinaron para el colapso de estas estructuras políticas, seguido de reestructuraciones radicales en la organización política y económica de cada región (véase capítulo siguiente). En esta sección exploraremos las evidencias de las variadas trayectorias y formas de organización económica que surgieron entre 150 a. C. y 500 d. C. Adicionalmente, y solamente para el caso de la costa norte, expandiremos nuestra revisión incluyendo casos que abarcan hasta 750 d. C.

La costa norte

La arqueología ha agrupado a las diversas comunidades de la costa norte de esta época bajo los nombres de Gallinazo o Virú y Mochica. Distintos autores[115] han puesto en relieve la variabilidad de manifestaciones culturales contenidas bajo estos términos, pero también similitudes estructurales que permite estudiarlas como un conjunto coherente diferente a otras vecinas.

i. Las comunidades Gallinazo/Virú

En esta sección denominamos como Gallinazo/Virú a las diferentes comunidades que habitaron la costa norte del Perú a partir del último siglo a. C., muy probablemente descendientes de las comunidades salinar y la sociedad en la cual surge luego la cultura Mochica. Nos concentraremos en la ocupación gallinazo/virú de los valles de Virú y Moche, mientras que la información de otros valles ayudará a tener una visión geográficamente más amplia de las comunidades de esta época.

La transición entre los periodos Salinar y Gallinazo/Virú implicó en muchos valles la consolidación de sistemas relativamente centralizados que integraban numerosos asentamientos. En el valle de Moche, Brian Billman observa que luego de 150 a. C. muchos asentamientos salinar fueron abandonados y la población se mudó y concentró en la zona ubicada entre el cuello del valle y la confluencia de los ríos

---

115. Kaulicke 1992, Millaire y Morlion 2009, Quilter y Castillo 2010.

Sinsicap y Moche.[116] Los núcleos independientes de poblados de la fase Salinar desaparecieron y dieron lugar a un conjunto de comunidades integradas en una misma organización política liderada por el asentamiento de Cerro Oreja. Según Billman, el abandono de otras zonas del valle, la aglomeración en zonas defendibles y la construcción de fortalezas y defensas en algunos asentamientos son indicadores de conflicto durante esta época. El origen de los ataques pudo haber sido comunidades de la sierra o de valles vecinos, a diferencia del periodo anterior, cuando las tensiones nacían entre vecinos del mismo valle. Más aún, para Billman este nuevo sistema de defensa unificado respondería al flujo masivo de poblaciones serranas al valle medio del río Moche.

Un reciente reanálisis[117] de los datos generados por la prospección del valle de Virú[118] proporciona una visión mejorada del cambio del patrón de asentamiento entre Virú Temprano (400-200 a. C.) y Virú Medio (200 a. C.-600 d. C.) que equivale a las fases Salinar y Gallinazo/Virú descritas en esta sección. Jordan Downey observa que la transición entre Virú Temprano y Medio se caracterizó por un aumento de población de aproximadamente 14.000 personas a más de 29.000, acompañado por su reorganización espacial.[119] Los dos agrupamientos de poblados separados por áreas mucho menos pobladas del periodo Virú Temprano se disuelven, la frontera agrícola y los asentamientos se expanden hacia el oeste (valle bajo) y se forma una sola gran entidad política en Virú Medio. Esta nueva organización tuvo en su centro al Grupo Gallinazo, uno de los asentamientos más grandes de los Andes centrales durante esta época.

Las investigaciones lideradas por Jean François Millaire en el Grupo Gallinazo han dilucidado la naturaleza urbana de este asentamiento.[120] El Grupo Gallinazo no fue una aglomeración de crecimiento espontáneo y desordenado como la mayoría de sitios salinar, sino

---

116. Billman 1999.
117. Downey 2015.
118. Willey 1953.
119. Downey 2015.
120. Millaire 2010b, Millaire y Eastaugh 2011, 2014.

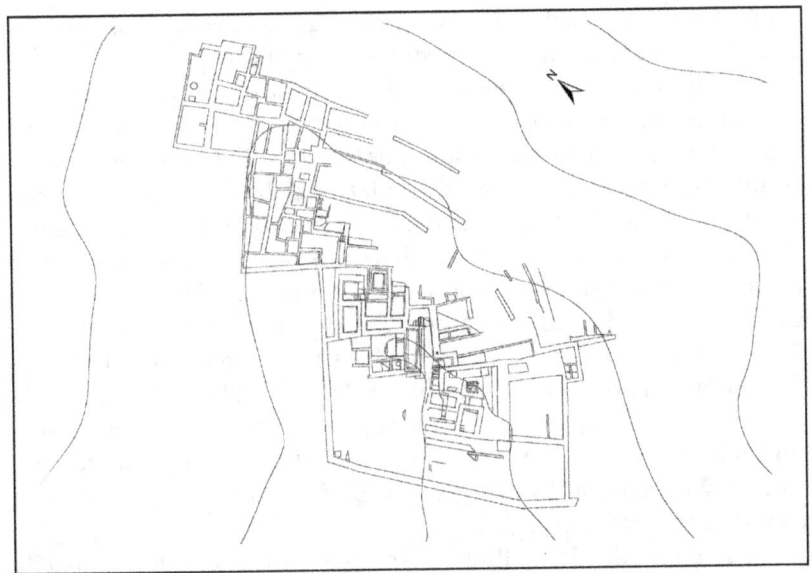

Figura 2.8. Plano de sitio Huaca Santa Clara. Tomado y modificado de Millaire 2010a, fig. 6.

que es considerado como un centro urbano que pudo haber albergado hasta 14.000 personas.[121] Este asentamiento incluyó zonas de edificios públicos y áreas residenciales con casas de calidad y tamaños variables, signos de diferenciación social en la comunidad.[122]

Si bien la información sobre Grupo Gallinazo es limitada, las investigaciones hechas por el mismo autor en Huaca Santa Clara,[123] también en el valle de Virú, nos dan una visión sobre la economía y el manejo de recursos en este centro secundario. La Huaca Santa Clara estaba compuesta por cuatro grandes plataformas construidas en un cerro. Millaire identificó en las tres terrazas ubicadas en la ladera cerca de cien cámaras rectangulares distribuidas como celdas de un panal.

---

121. Millaire y Eastaugh 2011.
122. Ibíd.
123. Millaire 2010a.

Según los resultados de las excavaciones, las paredes de estas cámaras estuvieron cuidadosamente revestidas con una gruesa capa de barro y estaban techadas. Dado que no tuvieron nichos, puertas ni ventanas, se cree que el acceso debió ser por el techo. El autor considera que estas estructuras fueron depósitos que, de acuerdo con lo descubierto, contuvieron mayormente maíz, frijoles y calabazas, aunque también se ha encontrado restos de guaba, maní, pacae, palta, lúcuma, algodón, camote y ajíes. La revisión de esta lista sugiere la continuidad de las prácticas agrícolas ya observadas en el periodo anterior y una clara presencia de maíz en la dieta. Si cada depósito tuvo entre 5 y 7 m^3 de volumen, la capacidad total de almacenamiento de la Huaca Santa Clara habría sido de entre 500 y 700 m^3. Millaire (2010a) señala además que las estructuras excavadas por Wendell Bennett en el Grupo Gallinazo serían similares a estos depósitos, por lo que almacenamiento y redistribución habrían sido parte del manejo político de la sociedad gallinazo/virú.

Las comunidades gallinazo/virú fueron capaces de retomar la construcción de arquitectura monumental a gran escala, señal de que pudieron crear economías políticas. En el valle de Moche, a pesar de que no hay evidencia de la expansión de la frontera agrícola en este periodo, la construcción de arquitectura ceremonial aumentó dramáticamente hasta poco más de 67.000 m^3 de volumen, que representa cuatro veces la inversión estimada para todo el periodo Salinar.[124] Igualmente, en los valles de Virú y Santa, se construyó complejos monumentales de varias plataformas superpuestas que son conocidos como "castillos".[125] Muchos de estos edificios se construyeron empleando adobes fabricados en gaveras de caña.[126] La utilización de adobes no solo fue una técnica para construir grandes volúmenes, sino que también tuvo relación con la organización de la mano de obra. Se cree

---

124. Billman 1999.
125. Chapdelaine et ál. 2009, Downey 2015, Reindel 1997.
126. Reindel 1997.

que el tributo proveniente de las comunidades se pagaba como trabajo, el cual incluía producir adobes para los proyectos arquitectónicos.[127]

La arquitectura monumental norteña renació con grandes diferencias respecto de sus antecesores anteriores a 500 a. C. El caso de El Castillo, en el valle de Santa (Áncash), es revelador. La zona monumental estuvo inserta en un asentamiento densamente poblado; la multiplicidad de estructuras han sido identificadas como espacios donde se realizaron diversas actividades cotidianas y rituales, y las plazas se volvieron de acceso restringido. Claude Chapdelaine y colegas consideran que el edificio monumental fue un centro ceremonial, pero la arquitectura también podría corresponder a un palacio donde residió una élite que monopolizó y patrocinó las ceremonias en la comunidad.[128]

En muchos sitios gallinazo/virú se ha identificado cerámica hecha de arcilla blanca o caolín, un tipo de vasijas generalmente decoradas o modeladas en el estilo Recuay, tradición relacionada a las comunidades de la sierra de Áncash. Estas vasijas suelen aparecer en los mismos contextos que la cerámica de estilo local (Gallinazo o Virú); es decir, entierros, contextos ceremoniales y a veces domésticos.[129] Considerando que mucha de la cerámica denominada Recuay está hecha con arcillas que no se encuentran de forma natural en la costa, entonces estas vasijas tuvieron que haber sido traídas desde la sierra. Esto indica que durante esta época las redes de intercambio con las comunidades serranas se reestablecieron y hubo un fluido tráfico de objetos, recursos y quizás movimiento de gente con la costa.

Si Gallinazo/Virú fue un periodo cuando la violencia entre vecinos se redujo, se formaron grandes entidades políticas, las élites se diferenciaron y se crearon economías políticas de gran escala, ¿hubo algún beneficio para la comunidad en su totalidad? Para responder esto revisaremos los indicadores de salud y bienestar relacionados a la transición entre Salinar y Gallinazo/Virú. Uno de los sitios mejor estudiados en este sentido es Cerro Oreja, el asentamiento más grande

---

127. Shimada 1997.
128. Chapdelaine et ál. 2009. Comparar con Pillsbury y Leonard 2004.
129. Bennett 1950, Ikehara 2015, Wilson 1988.

del valle de Moche durante la fase Gallinazo.[130] En este asentamiento fue excavado un cementerio con más de 900 entierros que cubren un lapso entre 1000 a. C. y 1450 d. C.[131] A pesar de que la información contextual de las asociaciones funerarias no está disponible, existen análisis de los restos humanos de este cementerio. Por una parte, los estudios de Celeste Cagnon de las dentaduras de los individuos enterrados en Cerro Oreja entre los periodos Salinar y Gallinazo/Virú nos indican que la población de este último periodo presenta una mayor frecuencia de caries, indicador de un mayor consumo de carbohidratos. Análisis complementarios de microrrestos en los dientes indican que la yuca fue la base de la alimentación de esta comunidad. Complementariamente, las investigaciones de Bonnie Yoshida nos proporcionan una visión más amplia mediante el análisis de esqueletos completos. Yoshida identifica hipoplasia de esmalte en el 60% de individuos salinar y en el 43,9% de individuos gallinazo/virú. Esta diferencia en este indicador de estrés metabólico es, sin embargo, estadísticamente no significativo. Signos de insuficiencia dietética, falta de higiene, enfermedades y parásitos, como criba orbitaria e hiperostosis porótica, fueron más frecuentes en los juveniles salinar que gallinazo/virú, a pesar de que las diferencias no son tan marcadas entre los adultos.[132] Adicionalmente la frecuencia de lesiones producto de infección o trauma se redujo de 24% a 11,7%. En resumen, los análisis bioarqueológicos realizados en individuos de Cerro Oreja sugieren que, a pesar del aumento de las caries producido por un mayor consumo de carbohidratos, la población tuvo en general una mejor calidad de vida durante la época Gallinazo/Virú.

ii. *Las comunidades mochica*

Si bien hay una activa discusión sobre la naturaleza de lo mochica, existe cierto consenso en que, al menos en parte, es un sistema ideo-

---

130. Billman 1999.
131. Cagnon 2008.
132. Yoshida 2004: 127.

lógico que permitió la formación de organizaciones estatales en los Andes centrales.[133] Por una parte, Garth Bawden considera que lo mochica fue una ideología política que, al intentar naturalizar las diferencias sociales en las comunidades, entró en contradicción con formas igualitarias de organización socioeconómica. Por lo tanto, la adopción y consolidación de la ideología mochica contribuyó al incremento de la tensión social dentro de la sociedad. Por otra parte, Luis Jaime Castillo y Santiago Uceda consideran que lo mochica nació como un sistema autóctono de relacionarse con el mundo que los rodeaba, y, por lo tanto, tuvo una directa relación con la forma en que las comunidades se organizaban y relacionaban, así como con la aceptación de la autoridad de sus líderes y gobernantes. El término "Moche", en cambio, refiere solamente al nombre del valle, a la fase o periodo y al sitio epónimo donde se encuentran hoy las Huacas del Sol y de la Luna.[134]

Según Luis Jaime Castillo y Jeffrey Quilter, luego de décadas de investigaciones, el modelo de origen único de lo mochica no puede seguir siendo sustentado. Por el contrario, la evidencia arqueológica muestra múltiples y variadas trayectorias sociopolíticas en las cuales lo mochica aparece y evoluciona de forma distinta.[135] Más bien son las épocas de gran similitud de rasgos sociales y homogeneidad estilística las que responden a condiciones históricas particulares.[136] Por esta razón, muchas investigaciones se han dedicado a estudiar las particularidades de las manifestaciones mochicas en diversas partes de la costa norte.[137] Entre los rasgos compartidos, sabemos que muchas comunidades mochicas, y especialmente sus élites, fueron más prósperas, especialmente en comparación con las de periodos anteriores (Gallinazo/Virú o Salinar). La evidencia arqueológica muestra una gran inversión de recursos y energía en la construcción de edificios ceremoniales, pero también de residencias de familias de alto estatus,

---

133. Bawden 1996, Castillo y Quilter 2010.
134. Bawden 1995, Castillo y Uceda 2008.
135. Kaulicke 1992, 2001: 245.
136. Castillo y Quilter 2010: 15.
137. Quilter y Castillo 2010.

talleres especializados en la producción de objetos para ritual y lujo; y finalmente en la fundación de grandes centros urbanos. Esta mejora aparente de las condiciones de vida de las poblaciones mochica debió fundamentarse en un aumento sustancial en la producción agrícola, así como en el uso de mecanismos ideológicos para sustentar la derivación de parte de los excedentes para mantener una élite urbana.

Debido a lo extenso y fragmentado de lo estudiado y publicado, para poder mostrar una imagen detallada de los sistemas económicos mochica nos enfocaremos en el valle de Moche (La Libertad). Los estudios regionales de Brian Billman mostraron que el patrón de asentamiento no varió substancialmente entre las fases Gallinazo (1-200 d. C.) y Moche Temprano (200-400 d. C.). Hasta el cuarto siglo d. C., la población seguía concentrada en el valle medio, y el valle bajo estaba casi despoblado. Sin embargo, durante la fase Moche Medio (400-800 d. C.), el valle bajo empezó a ser ocupado y el poder político se concentró en el centro urbano de Moche, donde hoy encontramos las llamadas Huacas del Sol y de la Luna. Para que esto ocurra, cerca de 65.000 m^3 de canales fueron excavados, lo que amplió casi dos veces el área cultivable, que llegó a cubrir alrededor de 13.000 ha. Esto es algo remarcable considerando que, durante Gallinazo y Moche Temprano, a pesar de los cambios sociopolíticos, poco se habría añadido a la infraestructura agrícola del valle, la cual habría sido ampliada siglos antes durante la fase Salinar.[138] Este aumento de la extensión de la zona agrícola fue acompañado por un incremento de la población en el valle. Según Billman, durante la fase Gallinazo, la ocupación costeña y de colonos serranos, afincados en la parte media del valle, llegó a totalizar unas 296 ha de asentamientos, mientras que durante Moche esta extensión se amplió hasta 396 ha. Si extrapolamos los estimados de Billman, hasta un máximo de 30.000 personas pudieron haber habitado el valle durante esta época.[139]

El centro urbano de Moche, ubicado en la margen sur del río y en la falda del Cerro Blanco, se convirtió a partir del siglo IV en el centro

---

138. Billman 2002: 383.
139. Ibíd., p. 395.

de la vida política y económica del valle de Moche. Los centros políticos mochicas estaban caracterizados por la centralidad de estructuras monumentales de adobe y barro construidas para fines ceremoniales, como mausoleos y algunas veces como residencias de familias de élite. El tamaño y volumen final de estos monumentos mochica fue el resultado de diferentes etapas de construcción y renovación de estas estructuras, tradición existente en los Andes desde milenios antes.[140] En la ciudad de Moche, dos grandes edificios dominaban el paisaje, la Huaca de la Luna y la Huaca del Sol. El primero fue construido, ocupado y mantenido en la etapa temprana de la ciudad, entre 400 y 600 d. C.; mientras que el segundo tuvo su mayor construcción entre 600 y 800 d. C.[141] Ambos edificios fueron construidos con adobes hechos en gaveras de madera y muchas veces marcados en una de sus caras. Se ha estimado que hasta 190 millones de adobes se tuvieron que utilizar para construir estos edificios monumentales;[142] y en la Huaca de la Luna cada fase de renovación pudo haber requerido entre 4 y 10 millones de adobes.[143] Para que estos edificios pudieran ser construidos, la mano de obra disponible en la zona urbana no debió haber sido suficiente, y fue necesaria la movilización de la población rural que habitaba la periferia de la ciudad de Moche.[144]

El análisis de la construcción de estos edificios nos ayuda a entender la organización del trabajo y los mecanismos de extracción de tributo en las comunidades mochica. Muchos adobes tienen marcas de sus fabricantes, y se cree que estas eran indicadoras de la contribución de grupos sociales específicos. Adobes con las mismas marcas y con dimensiones similares fueron colocados en bloques constructivos que agregados conforman el volumen de los edificios. Se ha propuesto que cada bloque constructivo debió ser construido por una comunidad, de

---

140. Izumi y Terada 1972; véase Kaulicke en este volumen.
141. Uceda 2010.
142. Billman 2010: 197.
143. Ibíd., Uceda y Tufinio 2003: 217.
144. Billman 2010.

Figura 2.9. Vista de sector excavado en Huaca de la Luna donde los bloques constructivos se encuentran expuestos. Foto: Hugo Ikehara.

modo similar a la *mit'a* incaica.[145] Es posible que esta forma de administración del tributo haya servido también para abastecer la ciudad de otros recursos y bienes, sin embargo, a diferencia de las labores constructivas que se concentraban para construir un gran espacio dedicado al ritual, los excedentes de recursos y bienes aparentemente no fueron centralizados o concentrados hasta siglos después y en grandes centros urbanos como Pampa Grande y Galindo.

Entre los dos grandes edificios monumentales se encontraba una zona residencial ocupada desde la fundación del sitio. En la primera etapa ocupacional entre 400 y 600 d. C., el asentamiento estuvo dominado por la Huaca de la Luna, mientras que la Huaca del Sol consistía en unas plataformas no muy altas.[146] En la zona urbana, complejos residenciales, separados entre sí, incluían patios, depósitos reducidos y áreas de actividad. Los talleres de objetos rituales se restringieron a

---

145. Moseley 1982, Shimada 1997; véase Vega-Centeno en este volumen.
146. Uceda 2010.

determinados sectores de la ciudad, y solo dentro de un número limitado de unidades residenciales, lo que sugiere que esta actividad fue muy controlada, probablemente por la élite religiosa.

Luego de 600 d. C., la ciudad de Moche sufrió una transformación socioeconómica:[147] las residencias empezaron a organizarse en grandes bloques urbanos que estaban conectados por avenidas, plazas y callejones. Según Uceda, estos bloques urbanos habrían sido residencias de élite multifuncionales que contenían áreas de habitación, administración, preparación de alimentos (incluyendo cerveza de maíz), estructuras de almacenamiento y talleres de producción. Todas estas actividades se realizaban en cuartos organizados en torno a patios. Estos últimos, que tenían plataformas bajas o banquetas en su perímetro, debieron ser espacios de reunión de las familias, y, por lo tanto, se constituían como el foco de la vida social dentro de estas residencias. Luego de 600 d. C., la producción artesanal dejó de ser controlada por la élite religiosa, y diversos objetos rituales empezaron a ser elaborados por múltiples unidades familiares en la ciudad.

De los restos de comida encontrados en la zona urbana de Moche podemos deducir que la población local disfrutó de una gran gama de recursos marinos, como peces y moluscos, así como eventualmente de carne de camélidos, los cuales pudieron haber sido criados localmente.[148] La variedad de restos botánicos encontrados en esta zona residencial[149] muestra una dieta similar a la definida anteriormente para Salinar o Gallinazo/Virú, por lo que se infiere una continuidad en las prácticas agrícolas entre estas fases. La obtención de esta variedad de alimentos consumidos localmente, así como el tamaño de la población, estimada entre 10.000 y 20.000 personas,[150] solo pudo ser posible mediante el empleo de sistemas de abastecimiento entre la ciudad y su periferia. Mientras que la periferia enviaba alimentos y otros recursos

---

147. Ibíd.
148. Vásquez et ál. 2003.
149. Pozorski y Pozorski 2003.
150. Chapdelaine 2003: 276.

cotidianos, se les retribuía con los bienes rituales y de lujo que eran manufacturados en los talleres de la ciudad.

Los restos excavados en estos talleres dentro de los complejos residenciales de Moche muestran que la producción alfarera raramente se enfocaba en vasijas muy finas o aquellas para preparar o almacenar alimentos. Por el contrario, la producción se concentraba en figurinas, vajilla decorada e instrumentos musicales, objetos que eran comúnmente utilizados en las grandes ceremonias de la ciudad, pero que también eran llevados a los pueblos rurales. Las excavaciones en el sitio arqueológico de Ciudad de Dios, un asentamiento rural en el valle de Moche, muestran que la élite local utilizó cerámica ritual; pero esta no fue producida localmente, pues no se ha encontrado evidencias de talleres.[151] Si este sitio es representativo de la vida rural, entonces, como afirma Billman, la demanda por los objetos rituales para las ceremonias funerarias y domésticas tuvo que ser satisfecha por los talleres existentes en las zonas urbanas como aquellas de la ciudad de Moche. Este sistema de productor-consumidor a escala regional no ha sido identificado antes de 400 a. C., esto es, ni en la fase Gallinazo ni en la Moche Temprano.[152] Estos objetos se habrían vuelto necesarios y adquirido su valor en el contexto de las ceremonias auspiciadas por la élite urbana de Moche. La demanda por estos objetos debido a la adopción de prácticas rituales mochicas en los centros políticos locales y pueblos rurales habría proporcionado a la élite urbana una potencial fuente de poder económico por medio del control sobre su producción. La alta demanda y el limitado número de productores crearon un ambiente propicio para que estos últimos invirtieran en la mejora de la tecnología de producción. Figurinas, así como otros objetos cerámicos, empezaron a ser fabricados a mayor escala mediante el uso de moldes,[153] los cuales no solo habrían reducido el tiempo de producción por unidad, sino que debieron contribuir con la estandarización de estos productos.

---

151. Billman 2010: 192, Ringberg 2008.
152. Billman 2010.
153. Rengifo y Rojas 2008.

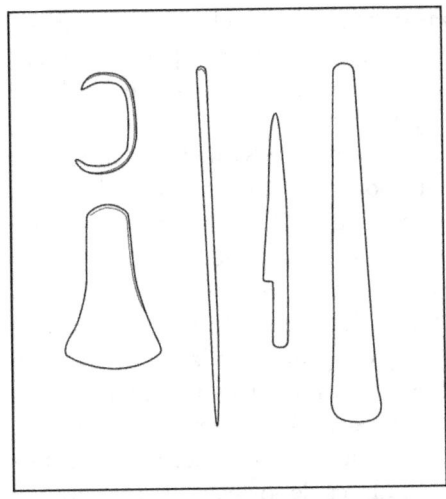

Figura 2.10. Ejemplo de objetos que se producían en los talleres de metalurgia y orfebrería de Moche. Basado en Rengifo y Rojas 2008, fig. 7. Elaboración: Hugo Ikehara.

Además de objetos cerámicos, las unidades residenciales en Moche también se dedicaron a la producción de abalorios u ornamentos corporales de piedra, objetos de cobre y textiles.[154] Los talleres urbanos de metalurgia y orfebrería se dedicaron mayormente a la producción de agujas, puntas de lanza, anzuelos, cuchillos tumi, cabezas de porra y otros adornos. Estuvieron sistemáticamente ausentes en las excavaciones arqueológicas aquellos objetos dorados utilizados por la élite en sus fastuosas ceremonias y en los grandes entierros.[155] Estos últimos debieron ser producidos en otro lugar o en zonas aún por excavarse en la ciudad Moche, e involucraban tecnologías muy especializadas. Estos objetos suntuosos fueron fabricados mayormente a base de oro, plata, cobre y aleaciones de estas; mientras que las principales técnicas fueron la deformación plástica (p. e. martillado y embutido) y el vaciado en técnica de cera perdida.[156] Adicionalmente, los orfebres moches introdujeron las técnicas de granulado, filigrana, soldadura y el engaste

---

154. Chapdelaine 2003, Rengifo y Rojas 2008.
155. Bernier 2010: 37.
156. Fraresso 2008.

de piedras semipreciosas en joyas de metal.[157] Muchas veces estos objetos combinaban múltiples partes hechas con un repertorio básico de técnicas que permitían que los usuarios resaltaran por el brillo del metal y el sonido de las piezas al golpearse.

Los pueblos rurales, como Ciudad de Dios y Santa Rosa Quirihuac, estaban habitados principalmente por agricultores. Los trabajos en Santa Rosa Quirihuac, en el valle medio de Moche, mostraron un asentamiento mochica temprano de 14 ha originado por el aglutinamiento de pequeñas residencias en las faldas de un cerro.[158] Las investigaciones de George Gumerman y Jesús Briceño recuperaron una gran cantidad de restos orgánicos que permitieron la reconstrucción de la dieta de esta comunidad. Los autores notaron que el frijol fue la especie más frecuente y luego el maíz, situación inversa a la encontrada en el asentamiento de Ciudad de Dios. Se identificaron unas diez variedades de frijoles, pallares y "pallares de los gentiles", hecho que hace suponer a los autores que Santa Rosa Quirihuac fue un pueblo de agricultores que se especializó en el cultivo de leguminosas.[159] Las descripciones preliminares de la frecuencia y variedad de restos animales, incluidos peces y moluscos, sugiere que su consumo fue bajo.[160] En contraste, en Ciudad de Dios, además de la relativa abundancia del maíz, también se encontró una alta frecuencia y una mayor variedad de mariscos, además de evidencia de la preparación de grandes cantidades de cerveza de maíz o chicha.[161] La diferencia entre la cantidad de maíz consumido, así como la variedad de alimentos, entre Santa Rosa Quirihuac, Ciudad de Dios y la ciudad Moche es un reflejo de las profundas desigualdades sociales y especializaciones económicas que existieron en la sociedad mochica.

Las unidades residenciales en la ciudad de Moche, pero sobre todo aquellas posteriores a 600 d. C., tuvieron amplios espacios internos

---

157. Ibíd.
158. Gumerman y Briceño 2003.
159. Ibíd.
160. Ibíd., p. 231.
161. Ibíd., pp. 233-239.

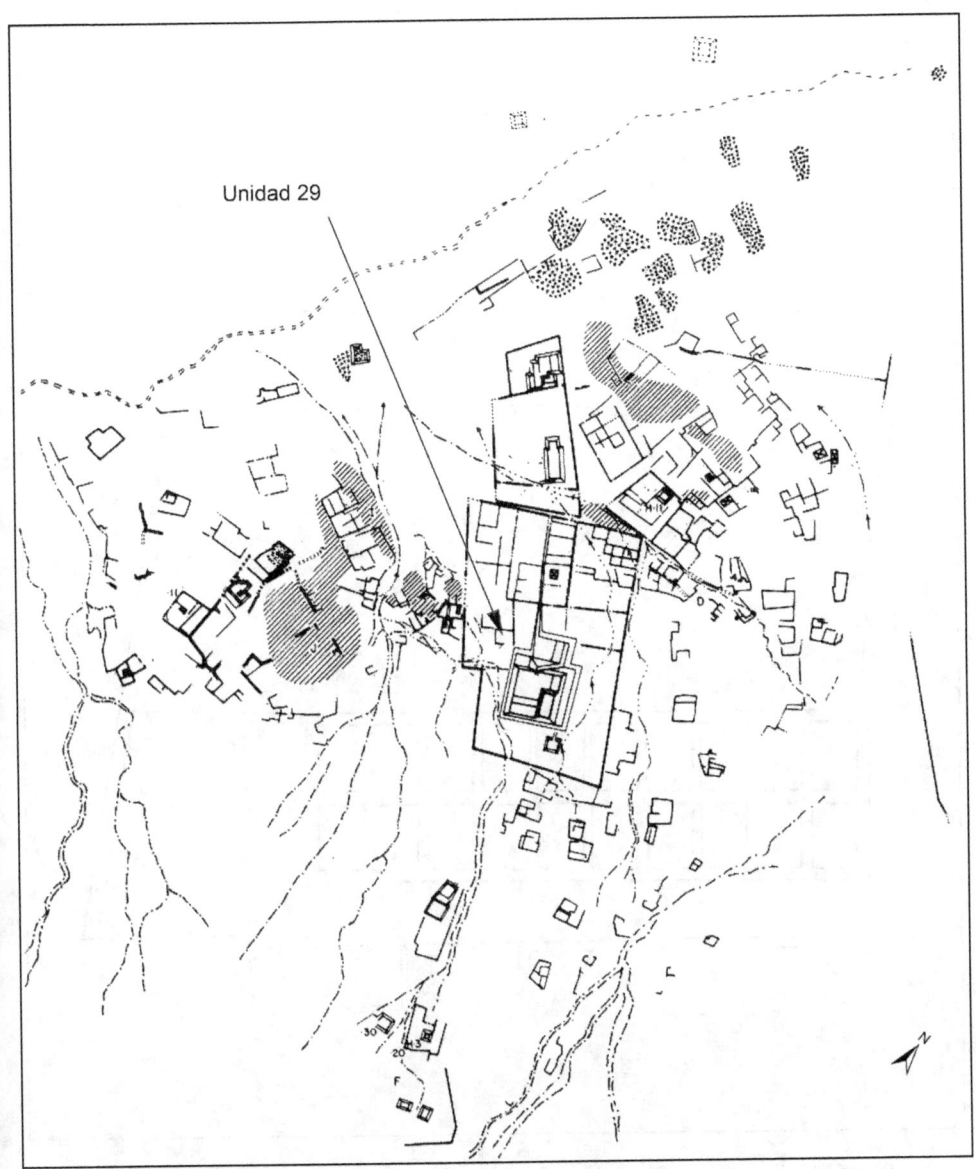

Figura 2.11. Plano de Pampa Grande. Tomado y modificado de Shimada 1994.

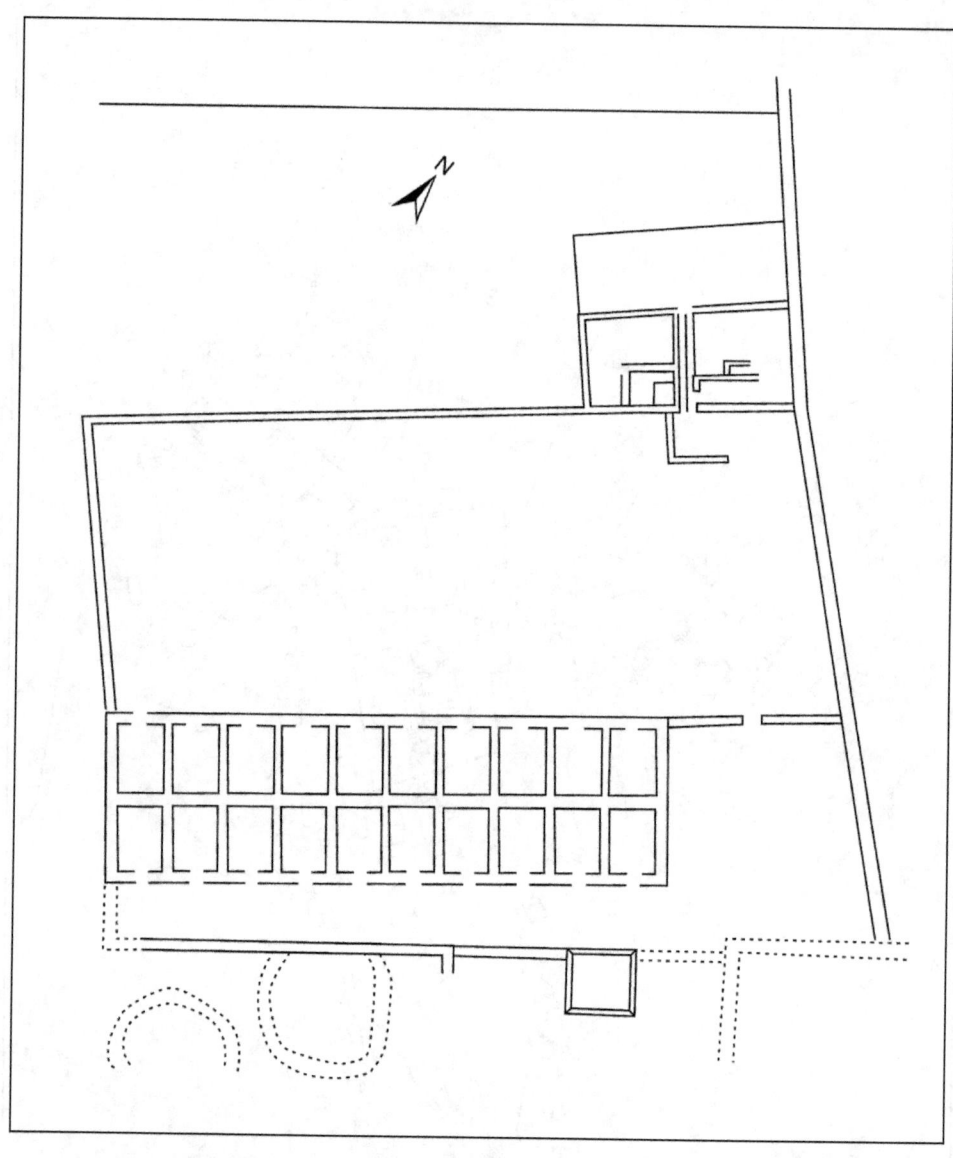

Figura 2.12. Ejemplo de depósitos identificados en Pampa Grande (Unidad 29). Redibujado de Anders 1981, fig. 5.

para el almacenamiento de productos. Es decir, parece que parte del excedente producido por la sociedad mochica fue acaparado por las élites urbanas. Sin embargo, no se ha identificado estructuras de almacenamiento de gran escala en la Huaca de la Luna o del Sol. Esto sugiere que no hubo un particular interés en controlar esta parte de la economía mochica durante Moche Temprano y Medio. Recién a partir de 600 d. C. se construyeron almacenes de gran escala, centralizados y controlados por la élite gobernante en las ciudades de Galindo[162] y en la de Pampa Grande,[163] asentamientos que se convirtieron en los centros políticos de los valles de Lambayeque y Moche, respectivamente. Sin embargo, este nuevo fenómeno urbano tiene que ser entendido como parte de la respuesta de las comunidades a drásticas fluctuaciones climáticas que ocurrieron en los Andes centrales a partir de 500 d. C., especialmente los numerosos años de sequías que ocurrieron entre 562 y 594 d. C.[164]

Las grandes diferencias económicas entre las familias mochicas visibles en sus residencias se reflejaban también en sus contextos funerarios. Mientras que individuos de bajo estatus, como aquellos enterrados en el cementerio H45CM1 dentro de Pacatnamú (valle de Jequetepeque), estaban dentro de sarcófagos de caña colocados en fosos poco profundos y acompañados con unas cuantas vasijas y joyas,[165] individuos de alto estatus y posibles gobernantes estaban enterrados en espacios especiales (p. e. en la cima de plataformas y montículos) y acompañados con objetos que, por su número y calidad, implicaron un gran gasto de materiales, mano de obra y tiempo.

El entierro de élite más conocido es el del llamado Señor de Sipán, estudiado por Walter Alva y encontrado en Huaca Rajada (Lambayeque). Este contexto consistió en una cámara construida dentro de un pozo excavado en la superficie de la última remodelación de una de las pirámides de Huaca Rajada. Esta cámara tenía paredes de

---

162. Bawden 1996: 291.
163. Anders 1981, Shimada 1994.
164. Shimada et ál. 1991.
165. Donnan y Cock 1997.

adobe con hornacinas, piso de barro, un techo sostenido por troncos de algarrobos y contenía un individuo principal, el Señor de Sipán, acompañado por otros siete individuos de menor jerarquía. Dentro del ataúd de planchas de madera del Señor de Sipán fueron colocados en niveles una gran cantidad de adornos corporales que incluían pectorales, collares, orejeras, narigueras, tocados y protectores coxales fabricados con metales (oro, plata y cobre) y concha.[166] Conchas exóticas de spondylus y conus sp., y cuchillos de metal también acompañaban a este individuo. En otros espacios de la cámara funeraria, como en las hornacinas y entre los ataúdes de los acompañantes, se habían colocado 209 vasijas de cerámica y muchos mates. En una cámara complementaria más pequeña, llamada el "repositorio", se encontraron otras 1137 vasijas cerámicas, así como otros objetos de metal y concha.

El contexto de Sipán no solo destaca por la cantidad de objetos, sino también por la calidad de la manufactura, sobre todo de aquellos objetos de metal. Algunos adornos de metal, como las orejeras, fueron fabricadas usando múltiples partes independientes que fueron luego soldadas y finalmente decoradas con fragmentos de roca. Este tipo de adornos funerarios eran recurrentes en los entierros de alto estatus, como se ha observado también en Loma Negra[167] y Magdalena de Cao,[168] entre otros, y sería un componente importante en la construcción de la identidad de la élite mochica. Como se ha mencionado anteriormente, no se ha podido establecer dónde se produjo esta parafernalia funeraria de metal, dado que los talleres que han podido ser excavados en zonas urbanas, como Moche, no fueron dedicados a producir esta clase de objetos.

Un sitio excepcional para el estudio de tradiciones funerarias es San José de Moro, ubicado en la cuenca del río Chamán (La Libertad). Este sitio arqueológico es un gran complejo funerario utilizado durante generaciones, desde Mochica Medio (~400 d. C.) hasta la época Chimú-Inca. Las investigaciones de Luis Jaime Castillo han podido

---

166. Alva 1998.
167. Makowski 1994.
168. Franco 2008.

definir muchos detalles de las costumbres funerarias mochica.[169] Los espacios excavados no solamente sirvieron para enterrar a los difuntos, muchos de estos de alto estatus, sino también para realizar los rituales funerarios que acompañaban estos eventos, y que incluían el consumo conspicuo de comidas y bebidas alcohólicas. Durante la fase Mochica Tardío (600-850 d. C.), los entierros de alto estatus fueron colocados en cámaras y acompañados con numerosos objetos, entre los que destacan botellas de fina manufactura y joyas de metal. En esta fase destacan los entierros de las denominadas "sacerdotisas", pertenecientes a mujeres de élite que fueron enterradas suntuosamente.[170]

Christopher Donnan ha propuesto que los personajes que se observan en escenas de botellas de línea fina representan roles dentro de ceremonias. Mediante la comparación de rasgos de personajes en la iconografía con la parafernalia funeraria, Christopher Donnan ha propuesto que los individuos como el Señor de Sipán y las sacerdotisas de San José de Moro habrían asumido algunos de estos roles durante estos rituales mochica. De esta forma, la élite mochica asumía pleno control de las ceremonias que articulaban y reproducían el mundo moche, para convertirse en los proveedores materiales de estos y ser los actores principales que narraban las historias míticas relacionadas a estos rituales.[171]

Considerando la suntuosidad de los entierros de élite mochica, la muerte de cada uno de estos individuos debió ser demandante desde el punto de vista logístico. Una posibilidad es que muchos de los objetos contenidos en estas tumbas hayan estado en posesión del individuo muerto o de su familia. Por lo tanto, la ceremonia fúnebre debió consistir en enterrar a los individuos con sus propias posesiones, y así reflejar la riqueza del individuo y su familia. Una segunda posibilidad es que estos objetos hayan estado en posesión de varios linajes o familias en la comunidad, y por lo tanto la suntuosidad de la tumba pueda reflejar la ubicación del individuo en las redes que articulaban

---

169. Castillo 2003.
170. Donnan y Castillo 1994.
171. Donnan 2010.

la sociedad mochica. Una tercera posibilidad es que todos estos objetos hayan sido fabricados para el entierro. En este último caso, estos momentos habrían demandando el movimiento de recursos y la inversión de gran cantidad de tiempo y energía para producirlos. Adicionalmente, respecto de lo descrito anteriormente, parece ser que la adquisición, producción y distribución de diferentes objetos (metal, cerámica y quizás conchas) siguieron caminos diferentes. En cualquiera de estos escenarios, esta tradición funeraria habría generado un subsistema económico dentro de la sociedad mochica con la finalidad de asistir logísticamente la demanda de estas ceremonias fúnebres; una demanda que debió generarse como parte de un proceso de transformación de estos individuos importantes en ancestros que involucraba activamente a la comunidad y bajo el amparo de una cosmología que enfatiza la estrecha relación entre la muerte y la regeneración.[172]

El surgimiento y la adopción de la forma de vida mochica parecen haber traído beneficios a todas las instancias sociales de las comunidades. La élite disfrutó de una vida lujosa en palacios urbanos y rurales, y con acceso a una gran cantidad de recursos; la economía política logró así manejar una gran cantidad de mano de obra para la construcción de arquitectura de poder, y es posible ver en poblaciones de bajo estatus una cierta mejora en la calidad de vida en comparación con el periodo Gallinazo/Virú precedente. Los análisis de John Verano del cementerio H45CM1 de Pacatnamú nos permiten tener una idea de la salud de la población de bajo estatus, muy probablemente pescadores y agricultores.[173] Los individuos en el rango de edad entre 35 y 49 sufrieron en promedio la pérdida de cinco dientes, y en promedio 19,3% de los dientes restantes tenían caries. Los problemas dentales que afectaron a esta comunidad parecen relacionarse al consumo de alimentos relativamente suaves y ricos en carbohidratos. A pesar de estas afectaciones dentales, existió un bajo estrés nutricional en la población. La incidencia de criba orbitaria e hiperostosis porótica fue

---

172. Kaulicke 2001.
173. Verano 1997.

solo de 1,6%,[174] índices que se encuentran muy por debajo de sus incidencias en poblaciones gallinazo/virú en Cerro Oreja.[175]

La costa sur: las comunidades nazcas

En la costa sur, la transición entre Paracas y Nazca muestra muchas continuidades en creencias religiosas, tecnología textil y formas de subsistencia,[176] y se manifiestan las diferencias en la mayor escala de organización política, la evolución de los estilos artísticos y el mayor grado de complejidad económica de las comunidades nazca. El área nuclear de la tradición nazca fue la cuenca del Río Grande de Nazca, pero es posible notar su influencia o la extensión de sus redes de intercambio tan al norte como Cañete en Lima y tan al sur como el valle de Sihuas en Arequipa.[177]

Se puede dividir la historia nazca en tres momentos: Nazca Temprano (1-300 d. C.), Nazca Medio (300-400 d. C.) y Nazca Tardío (400-650 d. C.).[178] Durante la fase Nazca Temprano, Cahuachi se convirtió en el centro religioso de la región, y formaba parte de un paisaje ritual que incluía montañas y geoglifos como los ubicados en la Pampas de Nazca. Durante esta fase, las comunidades nazca estaban organizadas en señoríos o curacazgos independientes, pero que se congregaban cíclicamente en Cahuachi, momentos en los cuales su población, normalmente muy baja, se multiplicaba temporalmente hasta alcanzar varios miles de personas. Esta dinámica demográfica habría favorecido que se convierta también en un nodo económico para la región. Estudios de composición química de cerámica polícroma Nazca Temprano, aquella frecuentemente usada en prácticas rituales y funerarias, indican que estas vasijas fueron hechas con arcilla

---

174. Ibíd.
175. Yoshida 2004, figuras 7.5 y 7.6.
176. Proulx 2008: 572.
177. Ibíd.
178. Proulx 2008.

Figura 2.13. Vasija Nazca polícromo (MUCEN, ACE052).

de una misma fuente, la cual se encontraría cerca de Cahuachi.[179] Debido a que esta cerámica polícroma ha sido encontrada en toda el área nuclear nazca, se ha sugerido que Cahuachi fue el centro de distribución de estos objetos durante los primeros tres siglos de nuestra era.[180] Kevin Vaughn sugiere que estas grandes reuniones y ceremonias fueron los momentos cuando estos objetos eran distribuidos entre la población, quienes se los llevaban de regreso a sus pueblos de origen. Los contextos de fiestas fueron los más propicios para que estas vasijas fueran usadas, intercambiadas o regaladas. El valor de esta cerámica polícroma debió estar relacionado a su condición de señalador de estatus y como medio para construir prestigio por parte de las élites intermedias que regresaban a sus propias comunidades.[181]

El abandono de Cahuachi, alrededor de 300 d. C., está relacionado a profundos cambios en la organización política y económica regional nazca. Cahuachi se convirtió en una extensa zona funeraria y un lugar donde la gente regresaba frecuentemente para colocar ofrendas.[182]

---

179. Vaughn 2005: 119.
180. Ibíd., p. 120.
181. Vaughn 2005.
182. Proulx 2008: 576.

Durante Nazca Medio, múltiples facciones de élite se diferenciaron en la región, quienes en lugar de concentrar sus esfuerzos en construir un único centro ceremonial, como en el periodo anterior, empezaron a construir centros de poder político en sus propios territorios. La cerámica ceremonial dejó de ser producida centralizadamente y empezó a tener múltiples orígenes, lo que ocasionó que haya una mayor heterogeneidad estilística.[183] Adicionalmente, a partir de 400 d. C., a inicios de Nazca Tardío, se empezó a usar la tecnología de los puquios y los sistemas de irrigación relacionados. El incremento en la competencia entre comunidades y élites locales habría impulsado la ocupación de territorios antes eriazos con la finalidad de aumentar la producción de alimentos. La Muña se convirtió en el asentamiento más grande de la cuenca, pero no llegó a integrar políticamente a las otras comunidades vecinas. De hecho, se cree que la competencia entre comunidades derivó en ciertos momentos en violencia entre ellas.[184]

Si bien existen algunos sitios de considerable tamaño, la mayoría de asentamientos eran pequeños poblados autosuficientes de agricultores viviendo muy cerca de sus campos agrícolas. La dieta de estas comunidades se basaba en una gran variedad de especies, principalmente maíz, maní, frijoles, calabazas, camote, yuca, papa y árboles como lúcuma, pacae, palta y huarangos.[185] Este listado de especies sugiere manejos agrícolas similares a los descritos para los casos anteriores en esta sección, es decir, una agricultura mixta de plantas anuales y perennes. De acuerdo con reconstrucciones arqueológicas del paisaje prehispánico, se sabe que esta región gozaba en la antigüedad de una mayor cobertura de bosques de acacia y algarrobos, cuya presencia suele mejorar las condiciones del suelo desértico y volverlo más fértil y húmedo.[186] Por una parte, estas especies tienen sistemas de raíces muy profundas que absorben la humedad del subsuelo y la depositan en niveles cercanos a la superficie. Por otra, las copas de estos árboles crean

---

183. Silverman y Proulx 2002: 31-34.
184. Proulx 2008: 579.
185. Silverman 2002: 151, Silverman y Proulx 2002: 52.
186. Beresford-Jones et ál. 2009.

microclimas que permiten el desarrollo de microorganismos que descomponen la espesa capa de restos orgánicos producidos por las caídas de hojas, lo que aumenta el contenido de humus del suelo.[187] La agricultura nazca se habría beneficiado inicialmente de estas condiciones medioambientales especiales, pero con el tiempo la presión sobre estos recursos silvestres ocasionó problemas ecológicos en algunos lugares. En Samaca, en el valle bajo de Ica, se identificó un proceso gradual de deforestación para favorecer la agricultura durante el periodo Nazca. La eliminación de la cobertura vegetal ocasionó la desertificación gradual del territorio y el aumento del riesgo de erosión del terreno.[188] Con el tiempo, el río se hizo profundo por la erosión y se cortó el abastecimiento de agua a los canales de regadío, hasta que finalmente la agricultura colapsó completamente. Este desastre ecológico habría culminado alrededor de 1000 d. C.

Complementando a la agricultura encontramos el manejo de recursos animales. En varios contextos nazcas se ha hallado restos de camélidos, los cuales pudieron haberse conseguido mediante la crianza de variantes domésticas o la caza de variantes salvajes en zonas de loma y cuyes que debieron criarse dentro de las residencias.[189] Los recursos marinos, que suelen encontrarse en abundancia en muchos asentamientos, debieron provenir de las comunidades de pescadores asentados en el litoral, que integraron junto con las comunidades agrícolas de los valles un sistema de intercambio muy fluido. Otros objetos usados frecuentemente en las comunidades nascas, como herramientas de obsidiana y textiles, incluyeron recursos que fueron obtenidos mediante lazos mercantiles con comunidades de la sierra. Esta última relación, que era ya claramente observable durante el periodo Paracas, continuó en esta época, y formó parte de esa fuerte relación cultural entre comunidades costeñas y serranas que dio origen a Wari.

Lo producido por la agricultura se habría almacenado en los mismos pueblos de los agricultores. Las excavaciones de Kevin Vaughn en

---

187. Ibíd., p. 322.
188. Ibíd.
189. Silverman 2002: 151-152.

Marcaya, pueblo Nazca Temprano, identificaron estructuras de almacenamiento en cada una de las casas, pero no se encontró estructuras de almacenamiento comunales. Actividades como la producción de herramientas de piedra y tejidos fueron realizadas independientemente por cada familia. Adicionalmente, Vaughn no halló evidencia de producción cerámica en Marcaya a pesar de que fragmentos de vasijas eran ubicuos en todo el sitio.[190] Según análisis composicionales, la cerámica utilitaria provino de múltiples talleres, posiblemente ubicados en asentamientos vecinos, mientras que la cerámica fina ritual provino muy probablemente de Cahuachi. En cambio, estructuras de almacenamiento comunales Nazca Temprano sí fueron reportadas por Helaine Silverman en su reconocimiento de la región de Nazca.[191] Según la autora, en Cahuachi, el centro de la vida ceremonial Nazca Temprano, los depósitos fueron destinados principalmente al almacenamiento de objetos exóticos y rituales que fueron utilizados durante las grandes festividades realizadas en el lugar.[192]

Los rituales funerarios nazcas son en parte continuidades de la tradición Paracas, y estuvieron relacionados a la construcción de la persona-ancestro del individuo fallecido, para lo cual se requería la transformación física del cuerpo mediante la construcción de un bulto funerario. Esta práctica debió constituir el contexto en el cual la parafernalia funeraria, que incluía finos textiles y adornos, adquirió significado y valor. Hasta hace unos años existía el consenso de que los entierros nazca no mostraban una fuerte diferenciación social; la mayoría de estos contenían fardos con algunas vasijas de cerámica, joyas de metal y alimentos. Aparentemente, los fardos nazca no llegaron a alcanzar las dimensiones de los fardos paracas más grandes. Recientemente, las investigaciones de Isla y Reindel lograron descubrir un conjunto de tumbas excepcionales Nazca Medio en La Muña. Estas tenían una cámara subterránea relacionada a un cuarto exterior techado con huarango que pudo haber servido de altar. A pesar de que todos los contextos funerarios descubiertos estaban huaqueados, se pudo

---

190. Vaughn 2004.
191. Por ejemplo, Silverman 2002: 102.
192. Silverman 1993: 300, 340.

recobrar muchos artefactos abandonados durante los saqueos. De una tumba se pudo recuperar 14 vasijas de cerámica, 5 puntos de obsidiana, 5 valvas y cuentas de spondylus, cuentas de piedra semipreciosa y láminas de oro que fueron abandonados por los huaqueros.[193] Esto es solo una porción de un conjunto mucho más grande, como se observó en la tumba reportada por Julio C. Tello y Eugenio Yacovleff, que contuvo 46 vasijas cerámicas y adornos de oro. Esto nos sugiere que las comunidades nascas sí estaban diferenciadas internamente, pero sin llegar a los grados de desigualdad observados para la sociedad mochica.

La transición cultural entre Paracas y Nazca no solo implicó un cambio en los estilos artísticos y la formación de colectividades ceremoniales y políticas más grandes, sino que hubo una ligera mejora en la calidad de vida de las personas. Los análisis bioantropológicos realizados por Elsa Tomasto en individuos de los cementerios del área de Palpa muestran que las poblaciones Nazca presentaban aumento de estatura (154,4 a 158,7 cm en hombres y 142,9 a 148 cm en mujeres), reducción marcada de rasgos relacionados a anemia (espongioesclerosis se reduce de 25,6 a 4,8%), ligera disminución de trauma por accidente (56 a 52%) y aumento ligero de trauma por violencia (33 a 38%).[194] Esto se debería a un incremento en la cantidad y variedad de alimentos disponibles debido a las mejoras en tecnologías agrícolas y el consumo de camélidos y otros animales, pero en un contexto en el cual la violencia entre comunidades se mantuvo latente.

La sierra central: las comunidades recuay

Durante los primeros siete siglos d. C., las comunidades de la sierra de Áncash utilizaron una cerámica ritual muy particular, que es conocida bajo el concepto de estilo Recuay.[195] Estas comunidades fueron las descendientes de aquellas que vivieron en la región durante la fase Huarás (véase subtítulos "Otras regiones" para la sección del 500-150

---

193. Isla y Reindel 2006.
194. Tomasto 2009.
195. Grieder y Bueno 1978, Lau 2002b, Wegner 2004.

a. C.), y heredaron de sus ancestros estilos de vida que los diferenciaron claramente de sus vecinos costeños. Estas comunidades habitaron asentamientos emplazados en una variedad de terrenos, pero muy frecuentemente se ubicaban en las cimas de los cerros.[196] Muchos de los pueblos recuay fueron fundados durante la fase Huarás, y algunos continuaron siendo ocupados luego del 600 d. C., cuando la influencia del Imperio wari ya era visible en la región.[197]

La ubicación de estos asentamientos en zonas de transición ecológica proporcionó a estas comunidades acceso a una gran variedad de nichos ecológicos.[198] En altitudes por debajo de los asentamientos, es posible encontrar terrazas que fueron construidas para reclamar terreno en zonas topográficamente complicadas, y fueron utilizadas para labores agrícolas y como bases estables para la construcción de edificios.[199] Si bien las condiciones medioambientales de la sierra limitan la conservación de restos botánicos en los sitios arqueológicos, la ubicación de estas terrazas en zonas templadas nos permite asumir que cultivaban mayormente tubérculos, maíz, frutales, tarwi, etc.[200]

Un rasgo particular de las comunidades recuay fueron sus corrales para camélidos.[201] Dado que los muros de estos corrales eran bajos, irregulares y las rocas no estaban asentadas con mortero, se descarta su función defensiva. Estas estructuras suelen encontrarse en zonas de puna (4000-4800 msnm), y a veces formaban parte integral de asentamientos más grandes. La relativa abundancia de estos corrales, la frecuencia de huesos de camélidos en las excavaciones y la ubicuidad de estos animales en la iconografía son indicadores de la gran importancia del pastoreo en la economía y la vida diaria de las comunidades recuay.[202] Estos camélidos habrían servido como animales de carga

---

196. Lau 2011.
197. Lau 2011, Ponte 2001.
198. Lau 2011: 60.
199. Ibíd., p. 77.
200. Ibíd., pp. 22-24.
201. Lau 2011.
202. Lau 2007

Figura 2.14. Vasija escultórica de estilo Recuay con representación de conjunto residencial (MUCEN, ACE897).

para el transporte de bienes a larga distancia y como alimento preferencial en ceremonias y rituales.[203]

Muchos de los pueblos recuay más grandes, como Yayno, pudieron haber albergado a más de mil habitantes.[204] Estas familias vivían en grandes barrios constituidos por bloques cerrados de residencias organizados en torno a patios, como puede observarse en varios sitios y en los modelos arquitectónicos en vasijas de cerámica.[205] Estos barrios estarían señalando la existencia de unidades sociales por encima de las familias nucleares, pero más pequeñas que la comunidad entera; quizás clanes o linajes. La formación de estos grupos sociales habría facilitado la organización de las familias, pero quizás también el manejo de recursos valiosos, como los rebaños de camélidos, los terrenos de cultivo y el acceso a agua, de modo similar a los ayllus registrados

---

203. Lau 2002a.
204. Lau 2010b.
205. Ibíd.

histórica y etnográficamente. Según George Lau, a diferencia de la costa donde aparecen asentamientos funcionalmente especializados (p. e. véase caso Mochica), en los pueblos recuay se realizaban una gran gama de actividades. Cada uno de estos asentamientos funcionaba como centro de la vida religiosa y cultural, refugio y como lugar de intercambio de bienes e ideas.[206] Esta redundancia funcional entre asentamientos mostraría que estas comunidades recuay eran económicamente autosuficientes y políticamente independientes. Es decir, las comunidades recuay nunca se habrían agrupado bajo entidades políticas centralizadas, pero no se descarta que en ciertos momentos pudieron haber formado coaliciones, alianzas o confederaciones.

Las comunidades recuay se debieron organizar en señoríos o curacazgos centrados en los pueblos más grandes de cada zona. Algo peculiar de estos asentamientos es que integraban en un mismo espacio residencias multifamiliares y mausoleos o edificios funerarios. Estos últimos fueron muy variados, desde tumbas subterráneas, como en Jancu, hasta torres funerarias, más típicas a partir del siglo VI d. C.[207] Es decir, estos pueblos integraron a los ancestros en la vida diaria de la comunidad;[208] por lo tanto, la organización económica de la comunidad debió incluir también los modos de financiar las prácticas del culto a estos ancestros, entre las cuales destacan festines con vajilla fina y abundante carne de camélido.[209]

Además de ubicarse en zonas fácilmente defendibles como las puntas y crestas de los cerros, a los pueblos recuay se les añadió muros defensivos, fosos y trincheras, y se incorporó detalles como bastiones y parapetos para tener ventajas en caso de ser atacados.[210] Esta infraestructura defensiva, sumada a la presencia de armas en contextos excavados y como parte recurrente de la iconografía, sugieren que existió entre estas comunidades recuay una cultura guerrera que emergió

---

206. Lau 2011: 53.
207. Ibíd.
208. Kaulicke 2001, Lau 2002a.
209. Lau 2002a.
210. Lau 2010a, 2011.

luego de siglos de conflicto con sus vecinos.[211] Junto con las estructuras para albergar a los ancestros, estas defensas concentraron buena parte de los recursos y mano de obra utilizada para las obras públicas.

Como se mencionó, dentro de los pueblos recuay se realizaba una gran gama de actividades, incluyendo la fabricación de artefactos, de los cuales destacaremos la cerámica blanca y los objetos de metal. El estilo Recuay se caracteriza por incluir vasijas finamente elaboradas, con un uso frecuente de superficies de color blanco. Este color se obtuvo de dos formas: utilizando arcilla blanca o aplicando una capa delgada de engobe blanco sobre vasijas hechas de arcilla roja. Esta arcilla blanca, denominada caolín, solamente aparece en las zonas de montaña debido a que se forma por procesos de lixiviación producidos por el agua de las lluvias.[212] Esto significa que la presencia de cerámica de caolín en valles costeños implica necesariamente el movimiento de materiales o de vasijas desde la montaña. En la sierra y la costa, estas vasijas suelen aparecer en contextos funerarios, pero en la sierra fueron usadas frecuentemente en ceremonias y rituales con festines.[213]

Las vasijas recuay se fabricaron en una gran variedad de formas y estilos decorativos que refleja una producción a escala local y las diferentes necesidades de cada comunidad en un paisaje políticamente fragmentado.[214] No hubo interés en desarrollar tecnología de producción masiva, como el uso de moldes, y más bien resalta la particularidad de cada espécimen.[215]

Del mismo modo que sus vecinos mochica, las comunidades recuay emplearon oro, plata, cobre y aleaciones de estos para fabricar objetos variados. La técnica de deformación plástica por martillado se utilizó en la fabricación de adornos y complementos de vestidos que fueron usados por las personas vivas y las momias de los ancestros, mientras que la técnica de vaciado con técnica de cera perdida se

---

211. Lau 2010a.
212. Rice 1987: 45-46.
213. Lau 2002a, 2011:155.
214. Lau 2011: 145.
215. Ibíd., p. 141.

empleó para fabricar pines (*tupus*) y otros ornamentos, cabezas para porras y hachas.[216]

Otras regiones

En esta parte son presentadas las reconstrucciones económicas de las comunidades contemporáneas a los mochica, nazca y recuay, pero de aquellas regiones donde no es posible reconstruir con el mismo detalle los sistemas económicos que desarrollaron.

Las comunidades de la región de Cajamarca entre el último siglo a. C. y 500 d. C. vivieron en pueblos ubicados en las laderas y cimas de los cerros, algunos de los cuales estuvieron fortificados.[217] La subsistencia parece haber complementado agricultura con pastoreo en aquellas zonas donde existían pastos naturales. Al igual que las comunidades ancashinas contemporáneas, las poblaciones Cajamarca también fabricaron y emplearon vasijas muy finas hechas con arcilla blanca o arcillas rojas con acabados blancos. Si bien la distribución del estilo Cajamarca durante los primeros siglos de existencia se restringió a la sierra cajamarquina, luego de 400 d. C. algunos ejemplares empezaron a ser distribuidos en la costa norte, y podían llegar esporádicamente a lugares tan lejanos como Ayacucho. Es muy probable que estas comunidades no hayan formado una entidad política centralizada, al menos en sus inicios, sino que se organizaron en curacazgos que dominaban territorios pequeños. A escala macrorregional, estas comunidades Cajamarca estaban en control de los caminos que conectaban los valles costeños con la sierra y el bosque amazónico, pero también de los caminos que unen la costa norte con la sierra del actual Ecuador.

Más al sur, en la sierra de La Libertad, las comunidades crearon tradiciones con características locales. Estas comunidades se encontraban entre los territorios Cajamarca y Recuay, y de hecho tenían rasgos culturales compartidos con estos. A diferencia de sus vecinos, sí

---

216. Grieder y Bueno 1978, Lau 2011: 202-203, Velarde y Castro de la Mata 2007.
217. Terada y Matsumoto 1985, Toohey 2009.

existió en esta región un asentamiento dominante, Marcahuamachuco, el cual debió tener el rol de lugar central para más de una comunidad de la región, preeminencia que se habría consolidado durante el periodo siguiente.[218] Estas tres sociedades, Cajamarca, Huamachuco y Recuay, fueron los vecinos serranos de los mochicas con los cuales intercambiaron productos, compitieron políticamente y en ciertos momentos podrían haber entrado en conflicto.

En la costa central, en los primeros siglos d. C., entre los valles de Chancay y Lurín, surgió lo que se ha denominado tradición Lima. Esta incluyó el desarrollo de un estilo propio, la formación de grandes asentamientos, algunos con arquitectura pública monumental construidos con adobes pequeños, y en algunos valles la expansión de los sistemas de irrigación. Juan Paredes Olvera identificó, para el valle de Chillón, pueblos de pescadores y marisqueros ubicados en el litoral (p. e. Playa Grande y Ancón), pueblos de agricultores ubicados en las zonas cultivables habilitadas por canales de regadío alimentados por el río Chillón y los asentamientos que se encuentran en lugares de fácil acceso a ambos medioambientes.[219] Algunos de los asentamientos fundados tempranamente se convirtieron luego en zonas urbanas, como es el caso de Maranga en el valle del Rímac (véase Segura en este volumen).

Los estudios bioantropológicos de Pechenkina y colegas indican que el desarrollo de la tradición Lima y la aparición de los grandes asentamientos tuvieron cierto impacto en la vida de la población de Lima.[220] La comparación siguiente contrasta las observaciones para los entierros de Pucllana (550-700 d. C.) y Tablada de Lurín (antes del siglo 1 a. C.). Mientras que la frecuencia de caries se mantuvo estable (7,2%), los indicadores de anemia mostraron un ligero aumento. La incidencia de criba orbitaria se mantuvo entre 67 y 68%, pero la de hiperostosis porótica aumentó a 59%. En contraste, la incidencia de infecciones sistémicas disminuyó considerablemente para el periodo Lima, llegando a ser solo de 4% frente a una de 51% en Tablada de Lurín.

---

218. Topic y Topic 2001.
219. Paredes Olvera 2000.
220. Pechenkina et ál. 2007.

Finalmente, se observó que la población de Pucllana era más pequeña, con estaturas promedio que variaban entre 148,5 y 155,3 cm. La tendencia a largo plazo observada entre 250 a. C. y 500 d. C. es interpretada por los investigadores como el resultado del declive de la salud producido por el aumento de la densidad habitacional, la reducción en la efectividad de las prácticas sanitarias, la dependencia alta en relación con el maíz y probablemente la reducción de la proporción de productos marinos en la dieta.[221]

Más al sur, en el Altiplano, entre los siglos II y III d. C., el asentamiento de Pukara se había convertido en el rival norteño de Tiwanaku (Bolivia). Durante los primeros siglos d. C., una gran cantidad de población no agrícola migró hacia los centros Pukara y Tiwanaku para formar asentamientos densos, no urbanizados y con poca planificación. El resto de la población, mayormente agrícola y pastora, continuó viviendo en pueblos dispersos y relativamente fuera del control de los estos centros.[222] Durante esta época, Pukara habría abarcado más de 200 ha, incluyendo la zona residencial y la zona monumental, pero con un trazo distinto al que tenía en el periodo anterior.[223] La pampa central, antes abierta y accesible, se volvió un área dividida en varios sectores diferenciados. No hay evidencias de una planificación centralizada, y más bien en cada uno de estos sectores se realizaba una diversidad de actividades domésticas y rituales. Según Elizabeth Klarich, esto reflejaría un cambio en las estrategias políticas de los líderes, de uno inclusivo basado en grandes fiestas a uno excluyente basado en rituales cada vez más privados y de acceso más restringido. La gente que no podía entrar a estos espacios privados en la zona monumental creó ámbitos alternativos donde era antes la pampa. En este contexto, numerosos objetos rituales habrían adquirido un valor mucho más elevado debido a lo restringido de su distribución, como por ejemplo los incensarios en forma de felino. Aparentemente esta cerámica ritual

---

221. Pechenkina et ál. 2007.
222. Stanish 2003: 141.
223. Klarich 2008.

fue producida en los centros y redistribuida durante las ceremonias,[224] quizás de la misma forma en que se movilizó la cerámica polícroma durante Nazca Temprano en la costa de Ica.

Síntesis (150 a. C.-500 d. C.)

El lapso entre 150 a. C. y 500 d. C. se puede resumir como el momento en el cual numerosas comunidades andinas crearon organizaciones que abarcaban grandes territorios, hasta formar en algunos casos organizaciones estatales. Este proceso de consolidación territorial fue acompañado asimismo por la consolidación de sus líderes como gobernantes. Recién durante esta época son visibles en las iconografías las representaciones de autoridades, así como se ha podido encontrar tumbas muy ricas que señalan un aumento de la desigualdad social y económica en estas comunidades. Los sistemas económicos identificados en este periodo están fuertemente relacionados a las organizaciones sociopolíticas de estas sociedades.

En la base de esta evolución política y económica podemos hallar la intensificación y extensión de la agricultura y su complementación con otras actividades como la pesca, pastoralismo y —si bien no se han desarrollado en esta sección— la caza y recolecta de especies silvestres. Siglos de relativa estabilidad medioambiental interanual y una gran inversión en la ampliación e innovación de sistemas de irrigación y mejoras de suelos permitieron el crecimiento gradual de la población, la cual continuó agregándose en grandes poblados. En algunas regiones esta agregación ocurrió alrededor de los centros de poder, y en algunos casos se formaron zonas semiurbanas y urbanas como Grupo Gallinazo y Moche. En esta última, las actividades productivas fueron segregadas entre diferentes segmentos de la población. Así, por primera vez en la prehistoria andina hay evidencia concreta y sistemática de especialistas laborales. Esto a su vez creó una división entre el mundo urbano y el rural. El primero se caracterizaba por la interacción cotidiana de miles de familias, la mutua dependencia económica entre

---

224. Stanish 2003: 142.

núcleos productivos y la dependencia de provisiones provenientes de la periferia, así como por niveles de vida relativamente elevados. El segundo se centró en pueblos de agricultores o pescadores que fueron en muchos casos autosuficientes en la obtención de recursos diarios, pero con niveles de vida que no se comparan con los de aquellas familias de élite que vivían en los grandes centros políticos. En contraste, en la sociedad nazca, el centro más importante, Cahuachi, estuvo desprovisto de una población permanente grande. Si bien existieron extensos poblados en los bordes de las zonas cultivables, la dinámica urbano-rural que caracterizó a la costa norte aparentemente no se desarrolló. Igualmente, en la sierra de Áncash, las comunidades recuay se congregaron en grandes poblados económicamente autónomos, pero estas nunca se organizaron en torno a un solo centro político.

La producción agrícola se almacenaba en primera instancia dentro de los hogares. De esta forma estas familias de agricultores podían alimentarse durante todo el año. Sobre este nivel, las formas de manejo de excedentes productivos variaban caso por caso. En Huaca Santa Clara y posiblemente en Grupo Gallinazo (Gallinazo/Virú), en Pampa Grande y Galindo (Mochica post 600 d. C.) y en Pukara (Pukara) el almacenamiento se centralizó en las zonas monumentales, aunque a escalas muy variables, mientras que en el centro urbano Moche (Mochica pre 600 d. C.) los almacenes se encontraron dentro de los complejos residenciales de élite. Si bien también se hallaron almacenes en Cahuachi (Nazca), estos parecen haberse destinado al almacenamiento de objetos rituales y no necesariamente de aquellos consumibles cotidianamente.

La producción artesanal también adoptó formas distintas. Objetos cotidianos, como ollas y platos, pudieron haber sido producidos en múltiples talleres por ceramistas a tiempo completo o temporales. En cambio, la producción de objetos rituales parece haber estado más controlada, al menos en los casos Mochica y Nazca Temprano. En el primero, parafernalia ritual fue producida dentro de los conjuntos residenciales de familias de alto estatus. Parece que desde estos talleres se abastecieron las ceremonias de las Huacas de la Luna y del Sol, y aquellas realizadas en otros pueblos de la periferia. En el segundo caso, la producción de cerámica polícroma se concentró en Cahuachi, donde cíclicamente se congregaban familias de diversas comunidades de la región. Después, al regresar a sus pueblos de origen llevaron consigo ejemplares de esta cerámica que luego se usaban en rituales locales o entierros. En el Altiplano, las ceremonias cada vez más exclusivas generaron una demanda por objetos rituales, en el centro y en la periferia, que fue satisfecha por la producción de objetos ceremoniales en Pukara. En contraste, en la sierra ancashina, las comunidades recuay se autoabastecieron de estos objetos, lo que permitió el surgimiento de variabilidad estilística local, un fenómeno similar al ocurrido para Nazca luego del abandono de Cahuachi.

Los centros políticos fueron también los lugares donde se concentraban los proyectos públicos. Si bien la mano de obra comunitaria se utilizaba también para la construcción de infraestructura agrícola y otras actividades que requerían colaboración (p. e. cosecha), durante esta época volvió a emplearse en gran escala para la construcción de arquitectura monumental en varias regiones. Los centros políticos, principales y secundarios, de muchas comunidades se poblaron de grandes edificios complementados con amplios espacios para albergar cómodamente a miles de personas durante ceremonias. Si bien en algunos lugares, como en Grupo Gallinazo y Moche, había una gran población residente, es probable que en estos y otros se haya requerido la participación de poblaciones que vivían en otros asentamientos. Entonces, en cierto modo la magnitud de la arquitectura monumental estaría reflejando la escala de los sistemas sociales y económicos que se movilizaron para estos proyectos. Por un lado, las comunidades que participaron en estas obras son aquellas que están política o socialmente relacionadas con los dirigentes de esos proyectos, y por otro, la gran cantidad de recursos necesarios (alimentos, albergues, agua, materiales de construcción, etc.) requiere los sistemas de manejo (¿tributos?) relacionados a estos aspectos sociales. Por ejemplo, se considera que los sistemas de construcción de bloque con adobe marcados en los monumentos mochicas reflejarían el aporte de múltiples linajes o grupos sociales que tributaban al Estado.

Si bien algunas sociedades muestran aún signos de conflicto entre vecinos en sus patrones de asentamiento y arquitectura, como Recuay, otras parecen que disfrutaron de bajos niveles de violencia, incluso cuando las representaciones de guerreros eran frecuentes, por ejemplo en Mochica. Es posible que esta relativa paz haya permitido intercambios culturales, de recursos y quizás personas entre regiones de maneras que no se veían desde antes de 500 a. C. Cerámica mochica ha sido encontrada en la serranía de Áncash, cerámica recuay estaba presente en asentamientos y cementerios gallinazo/virú, íconos son compartidos entre Cajamarca, Recuay y Mochica, y materiales como obsidiana y spondyllus se distribuyeron en muchas regiones. Esto sería reflejo de canales de comunicación y redes de intercambio, muy probablemente basados en solidaridad entre élites y redes de parentescos en zonas de frontera, que dinamizaron enormemente el desarrollo sociopolítico y económico de los Andes prehispánicos durante esta época.

Las fluctuaciones medioambientales del siglo VI d. C. pusieron a prueba las estructuras sociales y económicas que se habían consolidado durante este periodo. En el caso mochica, surgió un ímpetu por controlar los excedentes agrícolas, como fue visible en Galindo y Pampa Grande. La pérdida de grandes áreas de cultivo producto de las lluvias intensas pero sobre todo sequías prolongadas habrían obligado a las comunidades mochica a concentrarse en la boca de los valles, y la presión por alimentar a tanta gente aumentó. La escasez y la irregularidad de la producción habrían vuelto a estos alimentos recursos muy valiosos. La concentración de estos pocos excedentes para su redistribución por parte de los gobernantes pudo haber sido un vehículo para la acumulación de poder; pero, según Garth Bawden, también pudo haber sido un potencial riesgo al contradecir las tradicionales formas de relacionarse con las comunidades.[225] Estas fluctuaciones climáticas fueron respondidas de forma distinta por comunidades que no estaban tan fuertemente controladas por los grandes centros. Muchas familias decidieron innovar aprovechando las nuevas situaciones medioambientales, y en algunos casos la redistribución de población originó una descentralización de poder mucho más acentuada y una diversificación del paisaje económico de la costa norte.[226] Esta situa-

---

225. Bawden 1995.
226. Dillehay y Kolata 2004, Swenson 2007.

ción de reacomodo político y demográfico, discutida en el capítulo siguiente, fue el contexto en el cual se desarrolló la expansión de Wari y Tiwanaku.

Referencias

Alva, Walter
    1998   *Sipán. Descubrimiento e investigación*. Lima: edición del autor.

Anders, Martha B.
    1981   "Investigation of State Storage Facilities in Pampa Grande, Peru". *Journal of Field Archaeology*, n.º 8: 391-404.

Appadurai, Arjun
    1986   "Introduction: Commodities and the Politics of Value". En Arjun Appadurai (ed.), *The Social Life of Things*. Cambridge: Cambridge University Press, pp. 3-63.

Arkush, Elizabeth N. y Tiffiny A. Tung
    2013   "Patterns of War in the Andes from the Archaic to the Late Horizon: Insights from Settlement Patterns and Cranial Trauma". *Journal of Archaeological Research*, vol. 21, n.º 4: 307-369.

Bachir Bacha, Aïcha y Óscar D. Llanos
    2015   "¿Hacia un urbanismo paracas en Ánimas Altas/Ánimas Bajas (valle de Ica)?". *Boletín de Arqueología PUCP*, vol. 17, n.º 17: 169-204.

Bandy, Matthew S.
    2001   "¿Por qué surgió Tiwanaku y no otro centro político del Formativo Tardío?". *Boletín de Arqueología PUCP*, n.º 5: 585-604.

    2004   "Fissioning, Scalar Stress, and Social Evolution in Early Village Societies". *American Anthropologist*, vol. 106, n.º 2: 322-333.

Bawden, Garth
    1995   "The Structural Paradox: Moche Culture as Political Ideology". *Latin American Antiquity*, vol. 6, n.º 3: 255-273.

    1996   *The Moche*. Cambridge: Blackwell Publisher.

BENNETT, Wendell C.
1950   *The Gallinazo Group, Virú Valley, Peru*. Yale University Publications in Anthropology 43. New Haven: Yale University.

BERESFORD-JONES, David et ál.
2009   "The Role of Prosopis in Ecological and Landscape Change in the Samaca Basin, Lower Ica Valley, South Coast Peru from the Early Horizon to the Late Intermediate Period". *Latin American Antiquity*, vol. 20, n.º 2: 303-332.

BERNIER, Hélène
2010   "Craft Specialists at Moche: Organization, Affiliations, and Identities". *Latin American Antiquity*, vol. 21, n.º 1: 22-43.

BETTINGER, Robert L., Bruce WINTERHALDER y Richard MCELREATH
2006   "A Simple Model of Technological Intensification". *Journal of Archaeological Science*, n.º 33: 538-545.

BILLMAN, Brian R.
1996   *The Evolution of Prehistoric Political Organizations in the Moche Valley, Peru*. Tesis doctoral inédita. University of California, Santa Bárbara.

1999   "Reconstructing Prehistorical Political Economies and Cycles of Political Power in the Moche Valley, Peru". En Brian R. Billman y Gary M. Feinman (eds.), *Settlement Pattern Studies in the Americas*. Washington, D. C.: Smithsonian Institution Press, pp. 131-159.

2002   "Irrigation and the Origins of the Southern Moche State on the North Coast of Peru". *Latin American Antiquity*, vol. 13, n.º 4: 371-400.

2010   "How Moche Rulers Came to Power: Investigating the Emergence of the Moche Political Economy". En Jeffrey Quilter y Luis J. Castillo (eds.), *New Perspectives on Moche Political Organization*. Dumbarton Oaks Pre-Columbian Symposia and Colloquia. Washington, D. C.: Dumbarton Oaks Research Library and Collection, pp. 181-200.

BONNIER, Elizabeth
1997   "Preceramic Architecture in the Andes: The Mito Tradition". En E. Bonnier y H. Bischof (eds.), *Archaeologica peruana 2*.

Arquitectura y civilización en los Andes prehispánicos. Mannheim: Reiss-Museum, pp. 121-144.

Brennan, Curtiss T.
1978 Investigations at Cerro Arena, Peru: Incipient Urbanism on the Peruvian North Coast. Tesis doctoral inédita. University of Arizona.

1980 "Cerro Arena: Early Cultural Complexity and Nucleation in North Coastal Peru". *Journal of Field Archaeology*, vol. 7, n.º 1: 1-22.

Bruno, Maria
2014 "Beyond Raised Fields: Exploring Farming Practices and Processes of Agricultural Change in the Ancient Lake Titicaca Basin of the Andes". *American Anthropologist*, vol. 116, n.º 1: 130-145.

Burger, Richard L.
2008 "Chavín de Huántar and Its Sphere of Influence". En Helaine Silverman y William H. Isbell (eds.), *Handbook of South American Archaeology*. Nueva York: Springer Science+Business Media, pp. 681-703.

Burger, Richard L. y Nikolaas J. Van Der Merwe
1990 "Maize and the Origin of Highland Chavin Civilization: An Isotopic Perspective". *American Anthropologist*, vol. 92, n.º 1: 85-95.

Cagnon, Celeste M.
2008 "Bioarchaeological Investigations of Pre-State Life at Cerro Oreja". En Luis J. Castillo et ál. (eds.), *Arqueología mochica: nuevos enfoques*. Lima: Fondo Editorial de la Pontificia Universidad Católica del Perú, Instituto Francés de Estudios Andinos, pp. 173-185.

Castillo, Luis J.
2003 "Los últimos mochicas en Jequetepeque". En Santiago Uceda y Elías Mujica (eds.), *Moche: hacia el final del milenio*. Tomo II. Lima: Universidad Nacional de Trujillo, Pontificia Universidad Católica del Perú, pp. 65-123.

2010 "Moche Politics in the Jequetepeque Valley: A Case for Political Opportunism". En Jeffrey Quilter y Luis J. Castillo (eds.), *New Perspectives on Moche Political Organization*. Dumbarton Oaks

Pre-Columbian Symposia and Colloquia. Washington, D. C.: Dumbarton Oaks Research Library and Collection, pp. 83-109.

Castillo, Luis J. y Jeffrey Quilter
2010 "Many Moche Models: An Overview of Past and Current Theories and Research on Moche Political Organization". En Jeffrey Quilter y Luis J. Castillo (eds.), *New Perspectives on Moche Political Organization*. Dumbarton Oaks Pre-Columbian Symposia and Colloquia. Washington, D. C.: Dumbarton Oaks Research Library and Collection, pp. 1-16.

Castillo, Luis J. y Santiago Uceda
2008 "The Mochicas". En Helaine Silverman y William H. Isbell (eds.), *Handbook of South American Archaeology*. Nueva York: Springer Science+Business Media, pp. 707-729.

Chapdelaine, Claude
2003 "La ciudad de Moche: urbanismo y Estado". En Santiago Uceda y Elías Mujica (eds.), *Moche: hacia el final del milenio*. Tomo II. Lima: Universidad Nacional de Trujillo, Pontificia Universidad Católica del Perú, pp. 247-285.

Chapdelaine, Claude, Víctor Pimentel y Jorge Gamboa
2009 "Gallinazo Cultural Identity in the Lower Santa Valley: Ceramics, Architecture, Burial Patterns, and Sociopolitical Organization". En Jean F. Millaire y Magalie Morlion (eds.), *Gallinazo: An Early Cultural Tradition on the Peruvian North Coast*. Los Ángeles: Cotsen Institute of Archaeology Press, University of California, pp. 181-206.

Chepstow-Lusty, Alex et ál.
1998 "Tracing 4,000 Years of Environmental History in the Cuzco Area, Peru, from the Pollen Record". *Mountain Research and Development*, vol. 18, n.º 2: 159-172.

2003 "A Late Holocene Record of Arid Events from the Cuzco Region, Peru". *Journal of Quaternary Science*, vol. 18, n.º 6: 491-502.

Chicoine, David, Beverly Clement y Kyle Stich
2016 "Macrobotanical Remains from the 2009 Season at Caylán: Preliminary Insights into Early Horizon Plant Use in the

Nepeña Valley, North-Central Coast of Peru". *Andean Past*, n.º 12: 155-161.

CHICOINE, David y Hugo IKEHARA
    2014   "Ancient Urban Life at the Early Horizon Center of Caylán, Peru". *Journal of Fiel d Archaeology*, vol. 39, n.º 4: 336-352.

CHICOINE, David y Carol ROJAS
    2013   "Shellfish Resources and Maritime Economy at Caylan, Coastal Ancash, Peru". *The Journal of Island and Coastal Archaeology*, vol. 8, n.º 3: 336-360.

CHICOINE, David et ál.
    2017   "Territoriality, Monumentality, and Religion in Formative Period Nepeña, Coastal Ancash". En Silvana A. Rosenfeld y Stephanie L. Bautista (eds.), *Rituals of the Past: Prehispanic and Colonial Case Studies in Andean Archaeology*. Boulder: University Press of Colorado, pp. 123-149.

COBB, Charles R.
    1993   "Archaeological Approaches to the Political Economy of Nonstratified Societies". *Archaeological Method and Theory*, n.º 5: 43-100.

COHEN, Mark N.
    1972-1974 "Some Problems in the Quantitative Analysis of Vegetable Refuse illustrated by a Late Horizon Site on the Peruvian Coast". *Ñawpa Pacha*, n.º 10-12: 49-60.

CRAIG, Nathan M. et ál.
    2011   "Geologic Constrains on Raid-Fed *Qocha* Reservoir Agricultural Infraestructure, Northern Lake Titicaca Basin, Peru". *Journal of Archaeological Science*, n.º 38: 2897-2907.

D'ALTROY, Terence N. y Timothy K. EARLE
    1985   "Staple Finance, Wealth Finance, and Storage in the Inka Political Economy". *Current Anthropology*, vol. 26, n.º 2: 187-206.

DELGADO, Mercedes
    1992   "Investigaciones en Villa el Salvador". *Pachacamac*, vol. I, n.º I: 135-136.

DILLEHAY, Tom D.
2004 "Social Landscape and Ritual Pause: Uncertainty and Integration in Formative Peru". *Journal of Social Archaeology*, vol. 4, n.º 2: 239-268.

DILLEHAY, Tom D., Herbert H. ELING y Jack ROSSEN
2005 "Preceramic Irrigation Canals in the Peruvian Andes". *Proceedings of the National Academy of Sciences*, vol. 102, n.º 47: 17241-17244.

DILLEHAY, Tom D. y Alan L. KOLATA
2004 "Long-Term Human Response to Uncertain Environmental Conditions in the Andes". *Proceedings of the National Academy of Sciences*, vol. 101, n.º 12: 4325-4330.

DONNAN, Christopher B. y Luis J. CASTILLO
1994 "Excavaciones de tumbas de sacerdotisas moche en San José de Moro, Jequetepeque". En Santiago Uceda y Elías Mujica (eds.), *Moche: propuestas y perspectivas*. Trujillo, Lima: Travaux de l'Institut Français d'Études Andines, Universidad Nacional de La Libertad y Asociación Peruana para el Fomento de las Ciencias Sociales, pp. 415-424.

DONNAN, Christopher B. y Guillermo A. COCK (eds.)
1997 *The Pacatnamu Papers Volume 2 The Moche Occupation*. Los Ángeles: Fowler Museum of Cultural History, University of California.

DOWNEY, Jordan T.
2015 Statecraft in the Virú Valley, Peru, in the First Millennium A. D. Tesis doctoral inédita. The University of Western Ontario.

DRENNAN, Robert D., C. Adam BERREY y Christian E. PETERSON
2015 *Regional Settlement Demography in Archaeology*. Nueva York: Elliot Werner Publications, Inc.

DRENNAN, Robert D. y Christian E. PETERSON
2012 "Challenges for Comparative Study of Early Complex Societies". En Michael E. Smith (ed.), *The Comparative Archaeology of Complex Societies*. Cambridge: Cambridge University Press, pp. 62-87.

Dwyer, Edward B. y Jane P. Dwyer
- 1975 "The Paracas Cemeteries: Mortuary Patterns in a Peruvian South Coastal Tradition". En Elizabeth Benson (ed.), *Death and the Afterlife in Pre-Columbian America*. Washington, D. C.: Dumbarton Oaks.

Dyer, Mary Anne
- 1979 Threads of Time: Technique, Structure and Iconography in an Embroidered Mantle from Paracas. Tesis de maestría inédita. University of Virginia.

Earle, Timothy
- 2002 *Bronze Age Economics: The Beginnings of Political Economies*. Boulder: Westview Press.

Ericson, Jonathon E. et ál.
- 1989 "The Development of Maize Agriculture in the Viru Valley, Peru". En Theron D. Price (ed.), *The Chemistry of Prehistoric Human Bone*. School of American Research. Cambridge: Cambridge University Press, pp. 68-104.

Flores, Luis Ángel y Henry Tantaleán (eds.)
- 2012 *Arqueología de la cuenca del Titicaca, Perú*. Lima: Instituto Francés de Estudios Andinos, Cotsen Institute of Archaeology of UCLA.

Flores Ochoa, Jorge y Percy Paz Flores
- 1986 "Agricultura en lagunas (*qocha*)". En Carlos de la Torre y Manuel Burga (eds.), *Andenes y camellones en el Peru andino: historia, presente y futuro*. Lima: Concytec, pp. 85-106.

Franco, Régulo
- 2008 "La señora de Cao". En Krzysztof Makowski (ed.), *Señores de los reinos de la Luna*. Lima: Banco de Crédito del Perú, pp. 280-287.

Fraresso, Carole
- 2008 "Sistema técnico de la metalurgia Mochica". En Luis J. Castillo et ál. (eds.), *Arqueología mochica: nuevos enfoques*. Lima: Fondo Editorial de la Pontificia Universidad Católica del Perú, Instituto Francés de Estudios Andinos, pp. 153-171.

GARREAUD, Rene D.
2009 "The Andes Climate and Weather". *Advances in Geosciences*, n.º 22: 3-11.

GHEZZI, Iván
2006 "Religious Warfare at Chankillo". En William H. Isbell y Helaine Silverman (eds.), *Andean Archaeology III*. Nueva York: Springer, pp. 67-84.

GILLESPIE, Robert M.
1998 Health at the North Coast Site of Puemape During the Peruvian Formative Period. Tesis de maestria inédita. The University of Calgary.

GRIEDER, Terence y Alberto BUENO
1978 *The Art and Archaeology of Pashash*. Austin: University of Texas Press.

GUMERMAN, George J. y Jesús BRICEÑO
2003 "Santa Rosa-Quirihuac y Ciudad de Dios: asentamientos rurales en la parte media del valle de Moche". En Santiago Uceda y Elías Mujica (eds.), *Moche: hacia el final del milenio*. Tomo I. Lima: Universidad Nacional de Trujillo, Pontificia Universidad Católica del Perú, pp. 217-243.

HAAS, Jonathan et ál.
2013 "Evidence for Maize (*Zea mays*) in the Late Archaic (3000-1800 B. C.) in the Norte Chico Region of Peru". *Proceedings of the National Academy of Sciences*, vol. 110, n.º 13: 4945-4949.

HASTORF, CHRISTINE
2003 "Community with the Ancestors: Ceremonies and Social Memory in the Middle Formative at Chiripa, Bolivia", *Journal of Anthropological Archaeology*, vol. 22, n.º 4: 305-333.

HASTORF, Christine A. y Sissel JOHANNESSEN
1993 "Pre-Hispanic Political Change and the Role of Maize in the Central Andes of Peru". *American Anthropologist*, vol. 95, n.º 1: 115-138.

Helmer, Matt y David Chicoine
2015 "Seaside Life in Early Horizon Peru: Preliminary Insights from Samanco, Nepeña Valley". *Journal of Field Archaeology*, vol. 40, n.º 6: 626-643.

Hirth, Kenneth G.
1996 "Political Economy and Archaeology: Perspectives on Exchange and Production". *Journal of Archaeological Research*, vol. 4, n.º 3: 203-239.

Ikehara, Hugo
2010 "Kushipampa: el final del periodo Formativo en el valle de Nepeña". *Boletín de Arqueología PUCP*, n.º 12: 371-404.

2015 Leadership, Crisis and Political Change: The End of the Formative Period in the Nepeña Valley, Peru. Tesis doctoral inédita. University of Pittsburgh.

2016 "The Final Formative Period in the North Coast of Peru: Cooperation During Violent Times". *World Archaeology*, vol. 48, n.º 1: 70-86.

Ikehara, Hugo y David Chicoine
2011 "Hacia una reevaluación de Salinar desde la perspectiva del valle de Nepeña, costa de Áncash". En Milosz Giersz e Iván Ghezzi (eds.), *Andes 8: Arqueología de la costa de Áncash*. Warsaw: Centre of Precolumbian Studies, University of Warsaw, pp. 153-184.

Ikehara, Hugo, Fiorella Paipay y Koichiro Shibata
2013 "Feasting with Zea Mays in the Middle and Late Formative North Coast of Peru". *Latin American Antiquity*, vol. 24, n.º 2: 217-231.

Ikehara, Hugo y Koichiro Shibata
2008 "Festines e integración social en el periodo Formativo: nuevas evidencias de Cerro Blanco, valle bajo de Nepeña". *Boletín de Arqueología PUCP*, n.º 9: 123-159.

Isla, Johny y Markus Reindel
2006 "Burial Patterns and Sociopolitical Organization in Nasca 5 Society". En William H. Isbell y Helaine Silverman (eds.), *Andean Archaeology III*. Nueva York: Springer, pp. 374-400.

Izumi, Seiichi y Kazuo Terada (eds.)
    1972   *Andes 4. Excavations at Kotosh, Peru, 1963 and 1966*. Tokio: University of Tokyo Press.

Janusek, John
    1999   "Craft and Local Power: Embedded Specialization in Tiwanaku Cities". *Latin American Antiquity*, vol. 10, n.º 2: 107-131.

    2004   "Tiwanaku and Its Precursors: Recent Research and Emerging Perspectives". *Journal of Archaeological Research*, vol. 12, n.º 2: 121-183.

    2005   "Patios hundidos, encuentros rituales y el auge de Tiwanaku como centro religioso panregional". *Boletín de Arqueología PUCP*, n.º 9: 161-184.

Jennings, Justin
    2005   "La Chichera y el Patrón: Chicha and the Energetics of Feasting in the Prehistoric Andes". *Archeological Papers of the American Anthropological Association*, vol. 14, n.º 1: 241-259.

Jennings, Justin y Brenda J. Bowser (eds.)
    2009   *Drink, Power, and Society in the Andes*. Gainesville: University Press of Florida.

Johnson, Gregory A.
    1982   "Organizational Structure and Scalar Stress". En Colin Renfrew, Michael Rowlands y Barbara A. Segraves-Whallon (eds.), *Theory and Explanation in Archaeology*. Nueva York: Academic Press, 389-421.

Kato, Yasutake
    2014   "Kuntur Wasi: un centro ceremonial del periodo Formativo Tardío". En Yuji Seki (ed.), *El centro ceremonial andino-nuevas perspectivas para los periodos Arcaico y Formativo*. Senri Ethnological Studies 89. Osaka: National Museum of Ethnology, pp. 159-174.

Kaulicke, Peter
    1992   "Moche, Vicús Moche y el Mochica Temprano". *Bulletin de l'Institut français d'études andines*, vol. 21, n.º 3: 853-903.

2001 *Memoria y muerte en el Peru antiguo*. Lima: Fondo Editorial de la Pontificia Universidad Católica del Perú.

2010 *Las cronologías del Formativo. 50 años de investigaciones japonesas en perspectiva*. Lima: Fondo Editorial de la Pontificia Universidad Católica del Perú.

KLARICH, Elizabeth
2008 "¿Quiénes eran los invitados? Cambios temporales y funcionales de los espacios públicos de Pukara como reflejo del cambio de las estrategias de liderazgo durante el periodo Formativo Tardío". *Boletín de Arqueología PUCP*, n.º 9: 185-206.

KNUDSON, Kelly J., Ann H. PETERS y Elsa TOMASTO CACIGAO
2015 "Paleodiet in the Paracas Necropolis of Wari Kayan: Carbon and Nitrogen Isotope Analysis of Keratin Samples from the South Coast of Peru". *Journal of Archaeological Science*, n.º 55: 231-243.

LARCO, Rafael
1944 *Cultura salinar-síntesis monográfica*. Buenos Aires: Sociedad Geográfica Americana.

LAU, George F.
2002a "Feasting and Ancestor Veneration at Chinchawas, North Highlands of Ancash, Peru". *Latin American Antiquity*, vol. 13, n.º 3: 279-304.

2002b "The Recuay Culture of Peru's North-Central Highlands: A Reappraisal of Chronology and Its Implications". *Journal of Field Archaeology*, vol. 29, n.º 1-2: 177-202.

2007 "Animal Resources and Recuay Cultural Transformations at Chinchawas (Ancash, Peru)". *Andean Past*, n.º 8: 449-476.

2010a "Fortifications as Warfare Culture: The Hilltop Centre of Yayno (Ancash, Peru), AD 400-800". *Cambridge Archaeological Journal*, n.º 20: 419-448.

2010b "House Forms and Recuay Culture: Residential Compounds at Yayno (Ancash, Peru), a Fortified Hilltop Town, AD 400-800". *Journal of Anthropological Archaeology*, n.º 29: 327-351.

2011	*Andean Expressions: Art and Archaeology of the Recuay Culture.* Iowa City: University of Iowa Press.

Makowski, Krzysztof
1994	"Los señores de Loma Negra". En Krzysztof Makowski et ál. (eds.), *Vicús.* Colección Arte y Tesoros del Perú. Lima: Banco de Crédito, pp. 83-141.

2002	"Power and Social Ranking at the End of the Formative Period". En William Isbell y Helaine Silverman (eds.), *Andean Archaeology I. Variations in Sociopolitical Organization.* Nueva York : Kluwer Academic/Plenum Publishers.

2005	"Deificación frente a ancestralización del gobernante en el Perú prehispánico: Sipán y Paracas". En *Arqueología, geografía e historia: aportes peruanos en el 50.º Congreso de Americanistas, Varsovia-Polonia, 2000.* Lima: Fondo Editorial de la Pontificia Universidad Católica del Perú, pp. 39-80.

Massey, Sarah A.
1986	Sociopolitical Change in the Upper Ica Valley, BC 400 to 400 AD: Regional States on the South Coast of Peru. Tesis doctoral inédita, University of California, Santa Bárbara.

Millaire, Jean-François
2009	"Gallinazo and the Tradición Norcosteña". En Jean F. Millaire y Magali Morlion (eds.), *Gallinazo: An Early Cultural Tradition on the Peruvian North Coast.* Los Ángeles: Cotsen Institute of Archaeology Press. University of California, pp. 1-16.

2010a	"Moche Political Expansionism as Viewed from Virú". En J. Quilter y L. J. Castillo (eds.), *New Perspectives on Moche Political Organization.* Dumbarton Oaks Pre-Columbian Symposia and Colloquia. Washington, D. C.: Dumbarton Oaks Research Library and Collection, pp. 223-251.

2010b	"Primary State Formation in the Virú Valley, North Coast of Peru". *Proceedings of the National Academy of Sciences,* vol. 107, n.º 14: 6186-6191.

MILLAIRE, Jean-François y Edward EASTAUGH
    2011   "Ancient Urban Morphology in the Virú Valley, Peru: Remote Sensing Work at the Gallinazo Group (100 B. C.-A. D. 700). *Journal of Field Archaeology*, vol. 36, n.º 4: 289-297.

    2014   "Geophysical Survey on the Coast of Peru: The Early Prehispanic City of Gallinazo Group in the Viru Valley". *Latin American Antiquity*, vol. 25, n.º 3: 239-255.

MILLAIRE, Jean-François y Magali MORLION (eds.)
    2009   *Gallinazo: An Early Cultural Tradition on the Peruvian North Coast*. Los Ángeles: Cotsen Institute of Archaeology Press, University of California.

MOHR-CHÁVEZ, Karen L.
    1988   "The Significance of Chiripa in Lake Titicaca Basin Developments". *Expedition*, vol. 30, n.º 3: 17-26.

MONTENEGRO, Jorge
    2010   Interpreting Cultural and Sociopolitical Landscapes in the Upper Piura Valley, Far North Coast of Peru (1100 B. C.-A. D. 1532). Tesis doctoral inédita. Southern Illinois University, Carbondale.

MORRIS, Craig
    1979   "Maize Beer in the Economics, Politics, and Religion of the Inca Empire". En Clifford F. Gastineau, William J. Darby y Thomas B. Turner (eds.), *Fermented Food Beverages in Nutrition*. Nueva York: Academic Press, pp. 21-34.

MOSBLECH, Nicole A. et ál.
    2012   "Anthropogenic Control of Late-Holocene Landscapes in the Cuzco Region, Peru". *The Holocene*, vol. 22, n.º 12: 1361-1372.

MOSELEY, Michael E.
    1982   "Introduction: Human Exploitation and Organization on the North Coast". En Michael E. Moseley y Kent Day (eds.), *Chan Chan: Andean Desert City*. Alburquerque: University of New Mexico Press, pp. 1-24.

Mujica, Elías
    1975   Excavaciones arqueológicas en Cerro de Arena: un sitio del formativo superior en el Valle del Moche, Perú. Tesis de bachillerato inédita. Pontificia Universidad Católica del Perú, Lima.

Narváez, Joaquín
    2013   Pre-colonial Irrigation and Settlement Patterns in Three Artificial Valleys in Lima-Peru. Tesis doctoral inédita. University of Calgary, Calgary.

Ortiz Zevallos, Jessica
    2012   Excavaciones en el Conjunto E de Caylán, valle de Nepeña: un espacio residencial de élite del Formativo Tardío y Final. Tesis de licenciatura inédita. Pontificia Universidad Católica del Perú, Lima.

Paredes, Ponciano
    1984   "El Panel (Pachacamac): nuevo tipo de enterramiento". *Gaceta Arqueológica Andina*, n.º 10: 8-9.

Paredes Olvera, Juan
    2000   "La cultura Lima en el valle bajo del río Chillón". *Arqueología y Sociedad*, n.º 13: 133-158.

Paul, Anne y Susan A. Niles
    1984   "Identifying Hands at Work on a Paracas Mantle". *Textile Museum Journal*, n.º 23: 5-15.

Pechenkina, Ekaterina A. et ál.
    2007   "Skeletal Biology of the Central Peruvian Coast: Consequences of Changing Population Density and Progressive Dependence on Maize Agriculture". En Mark N. Cohen y Gillian Crane-Kramer (eds.), *Ancient Health: Skeletal Indicators of Agricultural and Economic Intensification*. Gainesville: University Press of Florida, pp. 92-112.

Peters, Ann H.
    1978   Paracas, Topará and Early Nasca: Ethnicity and Society on the South Central Andean Coast. Tesis doctoral inédita. Cornell University, Ythaca.

    2000   "Funerary Regalia and Institutions of Leadership in Paracas and Topará". *Chungará (Arica)*, vol. 32, n.º 2: 245-252.

2010   "Paracas: liderazgo social, memoria histórica y lo sagrado en la necrópolis de Wari Kayán". En Krzysztof Makowski (ed.), *Señores de los Imperios del Sol*. Lima: Banco de Crédito del Perú, pp. 211-223.

PETERSON, Christian E. y Robert D. DRENNAN
2012   "Patterned Variation in Regional Trajectories of Community Growth". En Michael E. Smith (ed.), *The Comparative Archaeology of Complex Societies*. Cambridge: Cambridge University Press, pp. 88-137.

PEZO, Luis
2010   Modo de vida y expectativas de salud de comunidades del litoral de la costa norte del Perú durante el periodo Formativo: análisis bioantropológico de los individuos del sitio arqueológico Puémape. Tesis de licenciatura inédita. Universidad Nacional Mayor de San Marcos, Lima.

PILLSBURY, Joanne y Banks L. LEONARD
2004   "Identifying Chimú Palaces: Elite Residential Architecture in the Late Intermediate Period". En Susan T. Evans y Joanne Pillsbury (eds.), *Palaces of the Ancient New World*. Washington, D. C.: Dumbarton Oaks Research Library and Collection, pp. 247-298.

PONTE, Víctor
2001   "Transformación social y política en el Callejón de Huaylas, siglos III-X d. C.". *Boletín de Arqueología PUCP*, n.º 4: 219-251.

POZORSKI, Shelia y Thomas POZORSKI
1987   *Early Settlement and Subsistence in the Casma Valley, Peru*. Iowa City: University of Iowa Press.

2003   "Arquitectura residencial y subsistencia de los habitantes del sitio de Moche: evidencia recuperada por el proyecto Chan Chan-valle de Moche". En Santiago Uceda y Elías Mujica (eds.), *Moche: hacia el final del milenio*. Tomo I. Lima: Universidad Nacional de Trujillo, Pontificia Universidad Católica del Perú, pp. 119-150.

Proulx, Donald A.
1982 "Territoriality in the Early Intermediate Period: The Case of Moche and Recuay". *Ñawpa Pacha*, n.º 20: 83-96.

2008 "Paracas and Nasca: Regional Cultures on the South Coast of Peru". En Helaine Silverman y William H. Isbell (eds.), *Handbook of South American Archaeology*. Nueva York: Springer Science+Business Media, pp. 563-586.

Quilter, Jeffrey y Luis J. Castillo (eds.)
2010 *New Perspectives on Moche Political Organization*. Washington, D. C.: Dumbarton Oaks Research Library and Collection.

Reindel, Markus
1997 "Aproximación a la arquitectura monumental de adobe en la costa norte del Perú". En Elizabeth Bonnier y Henning Bischof (eds.), *Archaeologica peruana 2. Arquitectura y civilización en los Andes prehispánicos*. Mannheim: Reiss-Museum, pp. 90-106.

Reindel, Markus y Johnny Isla Cuadrado
2013 "Cambio climático y patrones de asentamiento en la vertiente occidental de los Andes del sur del Perú". *Diálogo Andino*, n.º 41: 83-99.

Rengifo, Carlos E. y Carol Rojas
2008 "Talleres especializados en el conjunto arqueológico huacas de Moche: el carácter de los especialistas y su producción". En Luis J. Castillo et ál. (eds.), *Arqueología mochica, nuevos enfoques*. Lima: Fondo Editorial de la Pontificia Universidad Católica del Perú, Instituto Francés de Estudios Andinos, pp. 325-339.

Rice, Prudence M.
1987 *Pottery Analysis: A Sourcebook*. Chicago: University of Chicago Press.

Ringberg, Jennifer E.
2008 "Figurines, Households Rituals, and the Use of Domestic Space in a Middle Moche Rural Community". En Luis J. Castillo et ál. (eds.), *Arqueología mochica, nuevos enfoques*. Lima: Fondo Editorial de la Pontificia Universidad Católica del Perú, Instituto Francés de Estudios Andinos, pp. 341-357.

Roscoe, Paul
2013 "War, Collective Action, and the 'Evolution' of Human Polities". En David M. Carballo (ed.), *Cooperation & Collective Action: Archaeological Perspectives*. Boulder: University Press of Colorado, pp. 57-82.

Schreiber, Katharina J. y Josué Lancho Rojas
2003 *Irrigation and Society in the Peruvian Desert: The Puquios of Nasca*. Lanham: Lexington Books.

Seki, Yuji y Minoru Yoneda
2005 "Cambios de manejo del poder en el Formativo: desde el análisis de la dieta alimenticia". *Perspectivas Latinoamericanas*, n.º 2: 110-131. Nanzan University-The Center for Latinoamerican Studies.

Shady, Ruth
2006 "Caral-Supe and the North-Central Area of Peru. The History of Maize in the Land Where Civilization Came into Being". En John E. Staller, Robert H. Tykot y Bruce F. Benz (eds.), *Histories of Maize: Multidisciplinary Approaches to the Prehistory, Linguistics, Biogeography, Domestication, and Evolution of Maize*. Ámsterdam: Elsevier, pp. 381-402.

Shimada, Izumi
1994 *Pampa Grande and the Mochica Culture*. Austin: University of Texas Press.

1997 "Organizational Significance of Marked Bricks and Associated Construction Features on the North Peruvian Coast". En Elizabeth Bonnier y Henning Bischof (eds.), *Archaeologica peruana 2. Arquitectura y civilización en los Andes prehispánicos*. Mannheim: Reiss-Museum, pp. 63-89.

Shimada, Izumi et ál.
1991 "Cultural Impacts of Severe Droughts in the Prehistoric Andes: Application of a 1,500-Year Ice Core Precipitation Record". *World Archaeology*, vol. 22, n.º 3: 247-270.

Silverman, Helaine
1991 "The Paracas Problem: Archaeological Perspectives". En Anne Paul (ed.), *Paracas: Art & Architecture: Object and Context in South Coastal Peru*. Iowa City: University of Iowa Press, pp. 349-416.

1993   *Cahuachi in the Ancient World*. Iowa City: University of Iowa Press.

2002   *Ancient Nasca Settlement and Society*. Iowa City: University of Iowa Press.

SILVERMAN, Helaine y Donald A. PROULX
2002   *The Nasca*. Malden: Blackwell Publishing, Inc.

SOSSNA, Volker
2014   Impacts of Climate Variability on Pre-Hispanic Settlement Behavior in South Peru: The Northern Rio Grande de Nasca Drainage between 1500 BCE and 1532 CE. Tesis doctoral inédita. Christian-Albrechts-Unitersität zu Kiel.

STANISH, Charles
2003   *Ancient Titicaca The Evolution of Complex Society in Southern Peru and Northern Bolivia*. Berkeley, Los Ángeles: University of California Press.

STANISH, Charles et ál.
1997   *Archaeological Survey in the Juli-Desaguadero Region of Lake Titicaca Basin, Southern Peru*. Fieldiana Anthropology 29. Chicago: Field Museum of Natural History.

STOTHERT, Karen y Rogger RAVINES
1977   "Investigaciones arqueológicas en Villa El Salvador". *Revista del Museo Nacional*, tomo 43.

SWENSON, Edward
2007   "Adaptive Strategies or Ideological Innovations? Interpreting Sociopolitical Developments in the Jequetepeque Valley of Peru during the Late Moche Period". *Journal of Anthropological Archaeology*, n.º 26: 253-282.

SZPAK, Paul et ál.
2015   "Early Horizon Camelid Management Practices in the Nepeña Valley, North-Central Coast of Peru". *Environmental Archaeology*, vol. 21, n.º 3: 230-245.

TELLO, Julio C.
2005   *Paracas. Primera parte* (2.ª ed.). Lima: Fondo Editorial de la Universidad Nacional Mayor de San Marcos.

TERADA, Kazuo y Ryozo MATSUMOTO
1985   "Sobre la cronología de la tradición Cajamarca". En Fernando Silva Santisteban, Waldemar Espinoza Soriano y Rogger Ravines (eds.), *Historia de Cajamarca: 1. Arqueología*. Cajamarca: Instituto Nacional de Cultura-Cajamarca, Corporación de Desarrollo de Cajamarca, pp. 67-89.

TOMASTO CACIGAO, Elsa
2009   "Talking Bones: Bioarchaeological Analysis of Individuals from Palpa". En Markus Reindel y Gunther Wagner (eds.), *New Technologies for Archaeology: Multidisciplinary Investigations in Palpa and Nasca, Peru*. Berlín: Springer, pp. 141-158.

TOOHEY, Jason
2009   Community Organization, Militarism, and Ethnogenesis in the Late Prehistoric Northern Highlands of Peru. Tesis doctoral inédita. Department of Anthropology, University of California, Santa Bárbara.

TOPIC, John R. y Theresa LANGE TOPIC
2001   "Hacia la comprensión del fenómeno Huari: una perspectiva norteña". *Boletín de Arqueología PUCP*, n.º 4: 181-217.

TYKOT, Robert H., Richard L. BURGER y Nikolaas J. VAN DER MERWE
2006   "The Importance of Maize in Initial Period and Early Horizon Peru". En John E. Staller, Robert H. Tykot y Bruce F. Benz (eds.), *Histories of Maize: Multidisciplinary Approaches to the Prehistory, Linguistics, Biogeography, Domestication, and Evolution of Maize*. Ámsterdam: Elsevier, pp. 187-197.

UCEDA, Santiago
2010   "Theocracy and Secularism: Relationships between the Temple and Urban Nucleus and Political Change at the Huacas de Moche". En Jeffrey Quilter y Luis J. Castillo (eds.), *New Perspectives on Moche Political Organization*. Dumbarton Oaks Pre-Columbian Symposia and Colloquia. Washington, D. C.: Dumbarton Oaks Research Library and Collection, pp. 132-159.

UCEDA, Santiago y Moisés TUFINIO
2003   "El complejo arquitectónico religioso moche de Huaca de la Luna: una aproximación a su dinámica ocupacional". En

Santiago Uceda y Elías Mujica (eds.), *Moche: hacia el final del milenio*. Tomo II. Lima: Universidad Nacional de Trujillo, Pontificia Universidad Católica del Perú, pp. 179-228.

UGAN, Andrew, Jason BRIGHT y Alan ROGERS
2003 "When Is Technology Worth the Trouble?". *Journal of Archaeological Science*, n.° 30: 1315-1329.

VAN BUREN, Mary
2001 "The Archaeology of El Niño Events and Other 'Natural' Disasters". *Journal of Archaeological Method and Theory*, vol. 8, n.° 2: 129-149.

VAN GIJSEGHEM, Hendrik
2004 Migration, Agency, and Social Change on a Prehistoric Frontier: The Paracas-Nasca Transition in the Southern Nasca Drainage, Peru. Tesis doctoral inédita. University of California, Santa Bárbara.

VAN GIJSEGHEM, Hendrik y Kevin J. VAUGHN
2008 "Regional Integration and the Built Environment in Middle-Range Societies: Paracas and Early Nasca Houses and Communities". *Journal of Anthropological Archaeology*, n.° 27: 111-130.

VÁSQUEZ, Víctor F. et ál.
2003 "Zooarqueología de la zona urbana Moche, Complejo Huaca del Sol y la Luna, valle de Moche". En Santiago Uceda y Elías Mujica (eds.), *Moche: hacia el final del milenio*. Tomo II. Lima: Universidad Nacional de Trujillo, Pontificia Universidad Católica del Perú, pp. 33-63.

VAUGHN, Kevin J.
2004 "Households, Crafts, and Feasting in the Ancient Andes: The Village Context of Early Nasca Craft Consumption". *Latin American Antiquity*, vol. 15, n.° 1: 61-88.

2005 "Craft and the Materialization of Chiefly Power in Nasca". En Kevin J. Vaughn, Dennis Ogburn y Christina A. Conlee (eds.), *Foundations of Power in the Prehispanic Andes*. Arlington: Archeological Papers of the American Anthropological Association, 14, pp. 113-130.

VELARDE, María Inés y Pamela CASTRO DE LA MATA
2007 "Tecnología metalúrgica Pashash". *Acta Microscópica*, vol. 16, n.os 1-2 (Supp. 2): 287-288.

VERANO, John W.
1997 "Physical Characteristics and Skeletal Biology of the Moche Population at Pacatnamu". En Christopher B. Donnan y Guillermo A. Cock (eds.), *The Pacatnamu Papers Volume 2. The Moche Occupation*. Los Ángeles: Fowler Museum of Cultural History, University of California, pp. 189-214.

WEGNER, Steven A.
2004 "Identificando el área de dominio Recuay". En Bebel Ibarra (ed.), *Arqueología de la sierra de Áncash. Propuestas y perspectivas*. Lima: Instituto Cultural Rvna, pp. 121-134.

WELLS, Lisa E.
1990 "Holocene History of the El Niño Phenomenon as Recorded in Flood Sediments of Northern Coastal Peru". *Geology*, n.º 18: 1134-1137.

WILK, Richard R. y Lisa C. CLIGGETT
2007 *Economies and Cultures: Foundations of Economic Anthropology* (2.ª ed.). Boulder: Westview Press.

WILLEY, Gordon R.
1953 *Prehistoric Settlement Patterns in the Viru Valley, Peru*. Bulletin 155. Washington, D. C.: Smithsonian Institution.

WILSON, David J.
1987 "Reconstructing Patterns of Early Warfare in the Lower Santa Valley: New Data on the Role of Conflict in the Origins of Complex North Coast Society". En Jonathan Haas, Shelia Pozorski y Thomas Pozorski (eds.), *The Origins and Development of the Andean State*. Cambridge: Cambridge University Press, pp. 56-69.

1988 *Prehispanic Settlement Patterns in the Lower Santa Valley, Peru: A Regional Perspective on the Origins and Development of Complex North Coast Society*. Washington, D. C.: Smithsonian Institution Press.

1995 "Prehispanic Settlement Patterns in the Casma Valley, North Coast of Peru: Preliminary Results to Date". *Journal of the Steward Anthropological Society*, vol. 23, n.ᵒˢ 1-2: 189-227.

WITTFOGEL, Karl A.
1956 "The Hydraulic Civilizations". En William E. Thomas (ed.), *Man's Role in Changing the Face of the Earth*. Chicago: Wenner-Gren Foundation, pp. 152-164.

1957 *Oriental Despotism*. New Haven: Yale University, pp. 251-269.

WURSTER, Wolfgang W.
1997 "Desarrollo del urbanismo prehispánico en el valle de Topará, costa sur del Perú". En Elizabeth Bonnier y Henning Bischof (eds.), *Archaeologica peruana 2. Arquitectura y civilización en los Andes prehispánicos*. Mannheim: Reiss-Museum, pp. 12-27.

YOSHIDA, Bonnie Y.
2004 Status and Health amid Changing Social Conditions: Bioarchaeology of a Prehispanic Moche Valley Population. Tesis doctoral inédita. University of California, Santa Bárbara.

Capítulo 3

LAS PRIMERAS INTEGRACIONES DE LA DIVERSIDAD: ESCENARIOS Y EXPRESIONES ECONÓMICAS (500-1000 d. C.)

Rafael Segura

EN EL PRESENTE CAPÍTULO SE EXPONE y discute los escenarios económicos que configuraron el llamado periodo Horizonte Medio (500-1000 d. C.), que se caracteriza por la presencia de dos Estados multirregionales que dejaron honda huella en la trayectoria histórica de la sociedades andinas precoloniales: Wari y Tiwanaku.

Wari fue un Estado expansivo que prontamente devino en el primer imperio andino, asentando su presencia directa o indirecta en un amplio territorio que se extendía desde Cajamarca por el norte hasta el valle de Moquegua por el sur, y desde la franja costera del Pacífico hasta algunas cuencas en los Andes orientales de penetración hacia la Amazonía (véase figuras 1 y 2). Sin embargo, nunca tuvo una permanencia continua en este vasto espacio. Claramente se adjudicó una mayor incidencia en la sierra que en la costa, y dentro del contexto serrano, en la sierra sur antes que en la sierra norte. Tuvo como centro original el valle de Ayacucho, que se había nutrido poco antes del inicio del Horizonte Medio de las interacciones regionales con las sociedades del vecino departamento de Ica y de la distante zona altiplánica, entre otras.

Tiwanaku corresponde a un Estado cuya caracterización se encuentra en debate, pues mientras algunos lo definen como un Estado

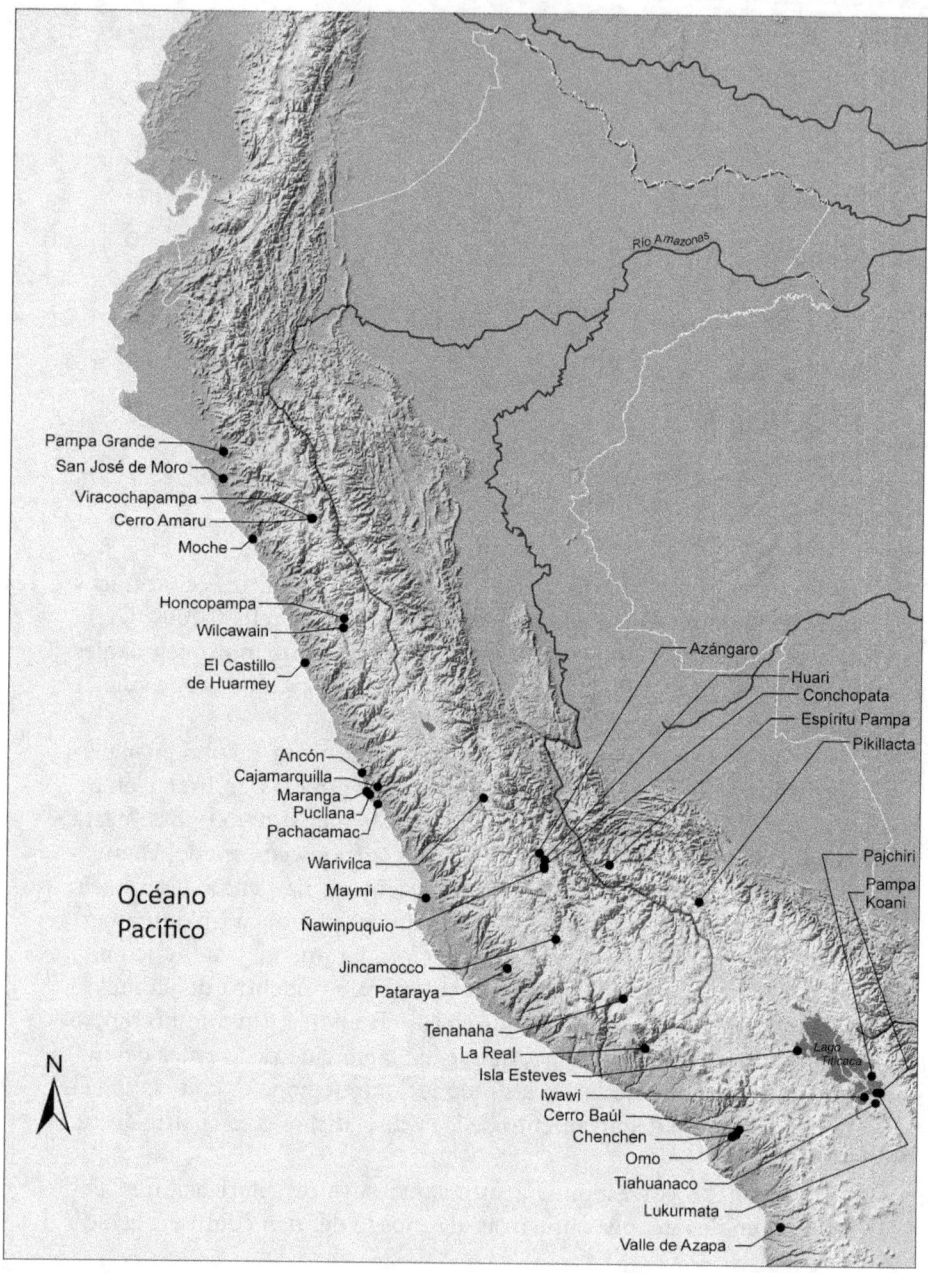

Figura 3.1. Sitios relevantes del periodo Horizonte Medio mencionados en el texto (preparado por Hugo Ikehara).

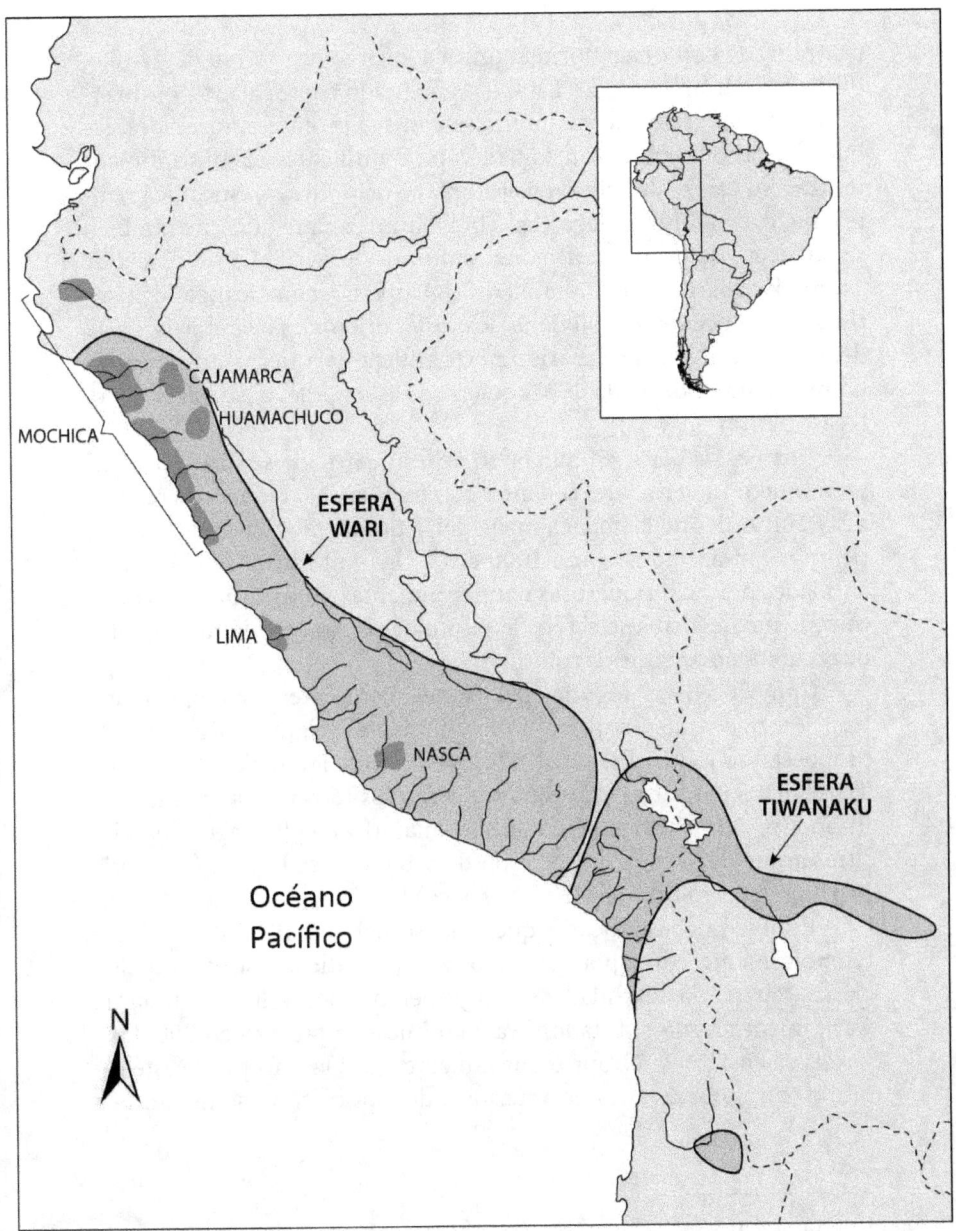

Figura 3. 2. Algunas de las principales culturas o comunidades políticas conocidas que coexistieron durante la primera mitad del Horizonte Medio. El auge cultural wari y tiwanaku se superpuso a varias culturas regionales preexistentes, incorporándolas o influenciándolas disparmente. Redibujado de Owen y Goldstein 2001, fig. 1 (cortesía Maite Espinoza).

centralizado con una autoridad única a lo largo de todo su desarrollo, otros lo sindican como un Estado segmentado conformado por diversas comunidades o fuerzas políticas con sus propias autoridades, las que en ocasiones pudieron confederarse o unificarse coyunturalmente. Tuvo su centro de origen en el altiplano del Titicaca, específicamente en la cuenca sur del lago (lado boliviano), una región que también se favoreció de las interrelaciones culturales previas. La presencia de Tiwanaku abarca casi la totalidad del Altiplano, con alcances discontinuos en el occidente boliviano, los valles orientales de ese país, parte del noroeste argentino, el árido norte chileno y la sierra sur peruana, no más al norte del valle de Moquegua y de los valles al sur del Cuzco. (véase figuras 3.1 y 3.2).

Además de coexistir a lo largo de gran parte de su historia, Wari y Tiwanaku tuvieron antecedentes comunes en las tradiciones religiosas y culturales de la cuenca norte del Titicaca, probablemente desde tiempos tan antiguos como 1000 a. C. Una vez estructuradas como entidades políticas poderosas e independientes, interactuaron económicamente de forma selectiva, al punto de compartir algunas fuentes de recursos en territorios contiguos.

Conviene hacer algunas precisiones para entender mejor la exposición que se desarrollará en las siguientes páginas. Siguiendo la propuesta de John Isbell, distinguimos Wari y Tiwanaku de Huari y Tiahuanaco para referirnos con los primeros términos a la cultura o Estado (p. e. Imperio wari, Estado tiwanaku) y con los segundos a los sitios arqueológicos que fungieron de capital en cada caso (p. e. sitio de Huari, centro urbano de Tiahuanaco).[1]

También debe indicarse que el lapso del 500 al 1000 d. C., que temporalmente corresponde al Horizonte Medio en su concepción clásica, abarca la totalidad del surgimiento, auge y fin del Imperio wari, mientras que el Estado tiwanaku inicia su proceso en 300 d. C. y colapsa en 1100 d. C. aproximadamente. Para los efectos de este capítulo, sin ignorar las fases anteriores de esta cultura, se incidirá en

---

1. Isbell 2001.

el lapso de coexistencia con Wari, que básicamente corresponde a su etapa de auge cultural.

Debe señalarse también que en algunos pasajes del texto se hará mención a los conocidos pisos ecológicos (quechua, suni, puna, etc.) de la geografía andina, tal cual lo planteado por Javier Pulgar Vidal.[2] No se hace una caracterización de cada uno de ellos por ser de conocimiento general en materia de geografía del Perú. En cualquier caso, el lector puede acudir a la referencia.

Finalmente, como un preámbulo importante, debe tenerse en cuenta que el surgimiento y desarrollo de Wari y Tiwanaku ocurre en un contexto de amplia diversidad cultural, con esferas económicas regionalizadas funcionales a distintas realidades políticas, tal cual lo revisado en el capítulo anterior. Muchas de tales culturas regionales prosiguieron muy robustas en pleno Horizonte Medio, enfrascadas en una interacción dinámica y variable con Wari y Tiwanaku. De este modo, puede decirse que tanto los Andes centrales (el actual territorio peruano) como los Andes centro-sur (la esfera Tiwanaku) fueron escenario de dos nuevos proyectos hegemónicos, políticos y económicos, sustentados sobre una diversidad cultural subyacente, no siempre suficientemente reconocida, pero de crucial importancia histórica.

Los datos paleoclimáticos

Gracias a los estudios paleoclimáticos, cada vez más sofisticados y precisos, es posible ahora ampliar nuestra comprensión del comportamiento y la trayectoria de las poblaciones prehistóricas andinas, al permitir ubicarlas dentro de realidades ecológicas esencialmente cambiantes. Con toda probabilidad, los eventos o procesos medioambientales más extensos y agudos supusieron retos, límites y oportunidades económicas particulares.

Si bien el planteamiento de que ciertas anomalías hidrológicas pudieron condicionar el derrotero de las sociedades del Horizonte

---

2. Pulgar Vidal 1946.

Medio,[3] fueron los estudios en el glaciar Quelccaya (Cuzco)[4] y más tarde en el nevado Huascarán (Áncash)[5] los que revelaron con una mayor precisión cronológica una alternancia muy pronunciada de largos e intensos periodos de sequía y periodos húmedos, desde fines del siglo VI hasta bien entrado el siglo VIII d. C.[6]

Fluctuaciones semejantes también han sido identificadas mediante análisis litológicos y geoquímicos de los sedimentos del lecho del lago Titicaca. Se ha detectado hasta cinco episodios de drástico descenso del nivel del lago que reflejan fases de sequedad muy severa,[7] una de las cuales, iniciada en el siglo XI, tiende a agudizarse en los dos siglos siguientes.[8]

Algunos perfiles palinológicos de la sierra refuerzan la conclusión del predominio de condiciones climáticas desfavorables durante el Horizonte Medio. Por ejemplo, Alexander Chepstow-Lusty analizó los granos de polen depositados en el fondo de la laguna de Marcacocha, cerca del Cuzco.[9] Su registro de cerca de 4000 años de historia ambiental incluye un lapso crítico entre 100 y 1050 d. C. en el que la región experimentó un descenso de la temperatura, hubo poca actividad erosiva (lo que sugiere menos descarga de los ríos que alimentan el lago) y menos actividad agrícola.

En cuanto a la costa, una de las regiones que recientemente ha recibido bastante atención para el estudio del paleoclima es el valle de Palpa-Nazca, en Ica. Los avances, sin embargo, no han estado exentos de algunas discrepancias. Así tenemos que sobre la base del estudio de depósitos eólicos, algunos indican que todo el Horizonte Medio estuvo caracterizado por un incremento de la aridez, y que las condiciones semiáridas o más benignas solo sobrevinieron después del año

---

3. P. e. Cardich 1981, Paulsen 1976.
4. Thompson et ál. 2000.
5. Thompson et ál. 1995.
6. Thompson et ál. 1985.
7. Abbott et ál. 1997.
8. Kolata 2000.
9. Chepstow-Lusty et ál. 1998.

1000 d. C.[10] Otros, en cambio, basados en los sedimentos y restos orgánicos de los humedales de altura aledaños a Ica, reportan que entre 200 y 700 d. C. prevaleció un periodo húmedo con un consistente incremento demográfico, y que seguidamente se desató una sequía generalizada que se acentuó en el siglo X d. C., lo que dio paso a lo que algunos han llamado un prolongado "silencio arqueológico"; es decir, un periodo en el que ocurrió el abandono casi sincrónico de los sitios de la región sin evidencia de reocupación en lo que resta del Horizonte Medio.[11] Asimismo, un estudio novedoso en el lecho marino, frente a las costas del departamento de Lima, indica que por un lapso de 450 años, entre 800 y 1250 d. C., las concentraciones litológicas son tan bajas que solo cabe concluir que los ríos disminuyeron considerablemente su caudal por efectos de una prolongada y severa sequía.[12] Por su cronología, este lapso de aridez no compatibiliza bien con la secuencia del Quelccaya, pero sí con los datos de Palpa/Nazca.

Las inundaciones relacionadas con eventos ENSO también han sido ampliamente estudiadas, sobre todo en la costa, donde los depósitos de lodo de diferente granulometría y potencia han sido hallados asociados a niveles de ocupación arqueológica. Así, en la quebrada de Los Chinos, del valle de Moche, Gary Hukleberry y Brian Billman identificaron al menos trece grandes avenidas que alcanzan hasta el siglo VIII.[13] Uno de estos torrentes destructivos ocurrió en tiempos moche, dentro del lapso del Horizonte Medio. Estos hallazgos son congruentes con otros trabajos que ya habían sugerido que El Niño fue el causante de algunas de las inundaciones que destruyeron grandes segmentos de canales o muros construidos por los moche en las faldas de los cerros.[14] Evidencias de inundaciones de escala semejante también han sido observadas en la cuenca de Samaca, Ica,[15] y en el valle de

---

10. Eitel et ál. 2005.
11. Schittek et ál. 2015.
12. Rein et ál. 2004.
13. Hukleberry y Billman 2003.
14. Por ejemplo, Nials et ál. 1979.
15. Beresford-Jones et ál. 2009.

Moquegua.[16] En Lima, un estudio de los restos de diatomeas (fósiles de algas unicelulares) presentes en los sedimentos del fondo de la laguna de Urpikocha, en el sitio de Pachacamac, indica que al menos cuatro grandes eventos de inundación sucedieron antes de la llegada de los incas.[17] De estos, uno ocurrió en el siglo VI d. C., acompañado de un tsunami. Un fenómeno semejante aconteció siglos más tarde, durante el periodo Intermedio Tardío.

En general, a pesar de las discrepancias en la estimación cronológica precisa de estos eventos y procesos, que resultan comprensibles debido a las particularidades de los tipos de material analizados, de los métodos y técnicas de estudio empleados, y de los atributos ambientales de cada región, queda bastante claro que tuvieron lugar durante el Horizonte Medio, y que, en consecuencia, las sociedades del periodo no pudieron desenvolverse ignorando estas dinámicas ambientales. Las prácticas económicas de las poblaciones andinas, casi con toda seguridad, tuvieron que ser reajustadas a las condiciones naturales que les tocó experimentar. Tales respuestas sociales fueron por supuesto diversas, pero el lector debe advertir que además pudieron ser contradictorias de región en región. Existe bastante evidencia a lo largo de la historia de que, lejos de una racionalidad uniforme y previsible, a menudo la conducta humana es contraintuitiva ante realidades críticas o inciertas.[18]

Wari

Ayacucho: el nucleo territorial del nuevo Estado expansivo

Es posible desarrollar una aproximación a las economías del periodo partiendo del entendimiento de los nuevos procesos culturales y sociales ocurridos en el valle de Ayacucho, sin que ello signifique ignorar el rol de los contactos interregionales. El propósito es resaltar cómo

---

16. Goldstein y Magilligan 2011.
17. Winsborough et ál. 2012.
18. Redman 1999.

en este escenario local se gestaron los dos fenómenos que definieron o mediaron (según sea el caso) las relaciones económicas de gran parte de los Andes peruanos durante cuatro siglos: el desarrollo urbano en un contexto serrano sujeto a los vaivenes climáticos y el surgimiento del Estado expansivo en el marco de las profundas y previas relaciones interregionales con el Altiplano y los valles de Ica.

i. Paisaje agrario, proceso de urbanización y desarrollo de la ciudad de Huari

Según toda la evidencia disponible, hacia el final del periodo Intermedio Temprano, es decir, hacia el siglo VI d. C., las poblaciones del valle de Ayacucho habían afianzado su subsistencia en la práctica combinada de la agricultura y el pastoreo. Si bien es verdad que estas comunidades se hallaban lejos de la sofisticación tecnológica e institucional de sus descendientes wari, es muy claro, empero, que se hallaban en curso de conversión de la naturaleza en espacio productivo y de complejización social y política.

En términos más concretos, por esta época los habitantes de los valles de Pangora y Cachi estaban ampliando la frontera agrícola mediante la construcción de nueva infraestructura hidráulica y campos de cultivo. Luis Lumbreras, quien estudió la región con especial atención, atribuye esta "construcción humana de la geografía económica"[19] a las poblaciones de la denominada cultura huarpa, anteriores a Wari,[20] mientras que otros investigadores consideran más acertado adjudicarla a los esfuerzos de un Estado wari ya en franca formación.[21] En cualquier caso, asumiendo que en uno u otro escenario se trata de la misma población ayacuchana, que poco a poco abandonaba una identidad cultural tradicional para adoptar una nueva que traería consigo un inédito orden social y político en la región, se puede entender estos logros como parte de un solo proceso creativo de

---

19. Lumbreras 1974: 87.
20. Ibíd.
21. Isbell 1985, 1986.

aprendizaje y adaptación, desarrollado para dar respuesta a las nuevas condiciones medioambientales y sociales de la época.

Lumbreras informa de la existencia de terrazas agrícolas (andenes) de solo 1,5 m de ancho y superficie algo inclinada en zonas muy escarpadas, hasta aquellas de 10 m de ancho y mejor niveladas en sectores con menor pendiente. En cualquiera de los casos, no es raro que los conjuntos de terrazas cubran de forma continua desde las cumbres de los cerros hasta el fondo de los valles.[22] Más específicamente, en el sector Lagunillas, Lumbreras pudo excavar algunos de los terrados de cultivo, y notó que siguen con bastante precisión las curvas de nivel del relieve y que sus paramentos de piedra muestran diferente aspecto, sea que se usaron piedras grandes, pequeñas o una combinación de ambas ordenadas en hileras.[23] Estos esfuerzos agrícolas podrían parecer contradictorios en el escenario de secuencias de sequía poderosas, algunas muy prolongadas, en los inicios del Horizonte Medio, tal lo postulado por algunos autores.[24] En este sentido, no puede descartarse que la andenería huarpa haya sido construida un tiempo antes de estos eventos climáticos, precisamente cuando habrían imperado condiciones más húmedas en la sierra centro-sur peruana.[25] En realidad, hasta que no se disponga de estudios cronológicos y geoarqueológicos específicos en las terrazas mencionadas, el punto permanecerá abierto a debate.

El inicio del Horizonte Medio en esta región también está caracterizado por un proceso de concentración poblacional en el valle. Previamente, durante la mayor parte del periodo Intermedio Temprano, los asentamientos huarpa habían sido numerosos pero pequeños, generalmente consistentes en agrupaciones de viviendas simples de planta rectangular o circular hechas de piedra de campo.[26] Aunque algunas construcciones pudieron resaltar sobre otras, no se identifican edificios que sugieran una acumulación de poder o prestigio notable.

---

22. Lumbreras 1974: 97-98.
23. Ibíd., p. 99.
24. Moseley 2002, Shimada et ál. 1991, Thompson et ál. 1985.
25. Por ejemplo, MacNeish et ál. 1975, Thompson et ál. 1985.
26. Isbell y Schreiber 1978, Pérez 2012.

El caso parece haber sido el de una sociedad que vivía en conjuntos poblados de importancia relativamente equivalente, salpicados en el paisaje desde el fondo del valle hasta poco más de los 4000 msnm.[27]

Pero al final del periodo, uno de estos poblados, Ñawinpuquio, localizado sobre la cima de un cerro, comenzó a despuntar, ya que solo su núcleo arquitectónico mejor conservado, sin incluir la arquitectura perecible, superó las diez hectáreas. Asimismo, como una novedad, el sitio incluyó entre sus construcciones un área residencial que denota un evidente mayor esfuerzo constructivo, así como una plaza principal y un templo circular de piedra de tres muros concéntricos, presuntamente relacionados con el culto a la montaña Rasuwillka.[28] Es de resaltar también que el sitio presenta numerosos entierros huarpa y del inicio del Horizonte Medio, notándose que los primeros son individuales y tienden a mantener la simpleza de los siglos anteriores, mientras que los segundos muestran una mayor diversidad, al punto que incluyen algunos pocos entierros colectivos en "cistas" especiales.[29]

En general, la presencia integrada de las edificaciones mencionadas dentro del núcleo del asentamiento y la diversificación y complejización de los entierros sugiere que, en pleno tránsito hacia el Horizonte Medio, la sociedad ayacuchana estaba experimentando un proceso de acrecentamiento de la desigualdad social. Por esta razón, Juan B. Leoni identifica como una "élite local emergente" a quienes habitaban el complejo residencial de la cima de Ñawimpuquio.[30] A juzgar por la andenería del valle descrita ampliamente por Lumbreras, quizás fue la élite que venía consolidando su economía con el nuevo paisaje agrícola poco antes de que las condiciones climáticas se tornasen más secas.

Los trabajos sostenidos de William Isbell y sus colegas en el ámbito de toda la cuenca de Ayacucho[31] han permitido saber que prontamente Ñawinpuquio fue superado por dos nuevos polos de atracción

---

27. Pérez 2012.
28. Leoni 2007.
29. Leoni 2010.
30. Leoni 2006: 301.
31. Valles de los ríos Pongora y Cachi, véase Isbell 1977.

poblacional, estos propiamente wari: Conchopata y Huari, el primero localizado en la porción sur de la cuenca y actualmente en las afueras de la ciudad de Ayacucho, y el segundo en el mismo corazón del valle, y a la postre el centro mayor de todo el imperio.

Conchopata es el sitio wari mejor estudiado en todo Ayacucho, aun a pesar de haber sido severamente dañado por el crecimiento de la ciudad moderna. No fue la capital en cuanto a tamaño y complejidad arquitectónica, pero fue un centro de vital importancia en la medida que fue residencia de autoridades del más alto nivel social. En los recintos de élite de Conchopata, estos líderes afianzaron su poder presidiendo un nuevo tipo de ceremonia político-religiosa: la ruptura y entierro de grandes vasijas de cerámica en el marco de fiestas y banquetes ostentosos. También se involucraron en la producción de artículos diversos para su propio uso o el de sus aliados. El significado económico de estas actividades y sus implicancias para el naciente Estado serán discutidos más adelante.

Huari, en cambio, es la ejemplificación máxima del urbanismo wari. Su crecimiento y consolidación implicó no solo que Conchopata quedara relegada como segundo centro wari en el valle, sino también la práctica desaparición de muchos asentamientos rurales pequeños vía el movimiento migratorio hacia un centro gravitacional urbano cuyo núcleo pudo alcanzar las 500 ha. Es difícil precisar la cantidad de población que residió en el sitio durante su época de auge, aunque los estimados más aceptables se ubican en el rango de 10.000 a 70.000 habitantes.[32] Isbell y colegas encuentran que la ciudad, levantada sobre al menos cinco comunidades huarpa que parecen haberse ido fusionando en el tiempo, no fue un asentamiento planificado, sino que creció de modo oportunista, conforme las necesidades urbanas e ideológicas de sus residentes principales fueron surgiendo y siendo resueltas.[33]

De manera más concreta, la historia arquitectónica de Huari se encuentra reflejada en la construcción, uso y abandono de una serie de templos, y en las varias remodelaciones extensivas que determinaron

---

32. Isbell 1986.
33. Isbell et ál. 1991.

su configuración y densidad constructiva final. Conviene repasarla brevemente para entender las singularidades de la ciudad y sus implicancias económicas reales o posibles, dependiendo de cuánto han avanzado las investigaciones en el lugar.

Gracias a los estudios de la cerámica y la datación radiocarbónica, se sabe que entre los siglos VI y VII[34] se levantan las primeras grandes construcciones de piedra en la porción norte del sitio, en el sector denominado Moraduchayoq. Allí se distinguen una serie de agrupaciones arquitectónicas, algunas amuralladas, con edificios de planta rectangular o circular. Entre estos, destaca el que se considera uno de los edificios ceremoniales más antiguos de la ciudad: el Templo Semisubterráneo de Moraduchayoq, consistente básicamente en una plazoleta a desnivel de 24 m de lado con piso y muros construidos con bloques de piedra finamente tallada. Por su forma y factura, esta construcción revela contactos estrechos con los cánones arquitectónicos y religiosos del Altiplano, donde templos similares ya existían desde siglos antes.[35] Por la misma época, o muy poco después, otro templo, aunque de diseño diferente, fue construido en el sector Vegachayoq Moqo. Se trata de un edificio de planta en forma de "D" de aproximadamente 13 m de diámetro y con paredes de poco más de 1,5 m de espesor. El templo tiene su propia historia, pero la persistencia de su único ingreso en el lado plano de la "D", la acumulación progresiva de gran cantidad de ceniza en su interior, el uso regular de una serie de nichos en sus paredes (seguramente para objetos especiales) y la presencia de entierros humanos dentro y fuera indican que su función religiosa ceremonial se mantuvo.[36] Otros edificios en forma de "D" se han hallado en otros sectores del asentamiento. Es importante decir que para los arqueólogos el edificio-templo en forma de "D" es una marca de la ideología wari, por cuanto no se conocen antecedentes

---

34. La denominada fase Okros de comienzos del Horizonte Medio, véase Isbell 1997a.
35. Isbell et ál. 1991.
36. Bragayrac 1991.

de este diseño fuera de Ayacucho y porque siempre se los ha hallado, donde quiera que fuese, con restos wari diversos.[37]

Los siguientes dos siglos (VIII y IX) corresponden gruesamente a lo que Isbell denomina fase Moraduchayoq, ya bien entrado el Horizonte Medio.[38] Este es el tiempo cuando Huari alcanzó su apogeo. Tres grandes eventos destacan aquí. En primer lugar, al iniciarse esta fase, todavía los viejos templos recibieron amplio mantenimiento. En algunos casos se trató de verdaderas remodelaciones destinadas a acrecentar su fastuosidad, tal como sucedió con el Templo Semisubterráneo, aunque poco después fue abandonado. El Templo en "D" de Vegachayoq Moqo, por su parte, parece haber sido cuidadosamente enterrado. En segundo lugar, se observa áreas cada vez más extensas dentro o en los bordes del sitio, sin construcciones aparentes, pero con numerosos fragmentos de cerámica en superficie, lo que sugiere el remarcable incremento de los sectores residenciales con viviendas de material perecible. Y en tercer lugar, cristaliza un estilo propio de arquitectura urbana denominado estilo ortogonal, que consiste en la construcción planificada de grandes complejos de edificios trazándolos en función de ejes paralelos y perpendiculares, y adecuándolos al relieve del terreno en vez de construirlos como volúmenes elevados.[39] En el sector de Moraduchayoq, donde este tipo de arquitectura está bien representada, se ha determinado que típicamente la construcción se iniciaba cercando una gran área, generalmente de forma rectangular, a veces trapezoidal, con muros muy anchos y altos (más de 1 m de espesor y hasta 10 m de altura), para seguir con la edificación en el interior de una serie de recintos dentro de los cuales, a su vez, se finalizaba construyendo subdivisiones menores, en cada caso siempre siguiendo los ejes ortogonales del diseño.

Análisis más detallados han permitido determinar que los numerosos ambientes en el interior de los complejos en realidad

---

37. Isbell 1997a.
38. Ibíd.
39. Aunque se conoce de una única plataforma adyacente al Templo en "D" de Vegachayoq Moqo, véase Isbell 2004b.

corresponden a la repetición regular de una unidad básica denominada unidad grupo-patio: un cuadrángulo cercado con un patio al centro rodeado en cada uno de sus lados por recintos techados, los cuales se caracterizan por su largura, estrechez y subdivisión en cuartos menores.[40] La repetición de esta unidad dentro de un arreglo modular le proporciona al sector de Moraduchayoq de Huari, lo mismo que a una serie de sitios provinciales wari fuera de Ayacucho, el aspecto de una extensa malla de muros, semejante a la estructura reticular de los tejidos elaborados en telar. El lector debe advertir que tal organización modular estandarizada no es cosa menor, pues junto a su contenido simbólico se percibe un sentido de eficiencia. Con mucha probabilidad, este tipo de arquitectura urbana wari fue la expresión de un deseo de polifuncionalidad de los ambientes construidos y de economización de los procesos constructivos y del espacio disponible.

Los desechos hallados sobre los pisos de los recintos alargados de los grupo-patio revelan que varios de estos espacios pudieron ser dedicados a la producción de objetos diversos, pero sin duda muchos de tales edificios fueron viviendas de residentes de elevada capacidad adquisitiva, a juzgar por la presencia de objetos y recursos de mucho valor, tales como adornos de lapislázuli (una gema que debió provenir del norte chileno, por hallarse allí las únicas fuentes conocidas en Sudamérica), spondylus (el famoso molusco de las costas ecuatorianas) y cerámica fina, entre otros.[41] Como se ha visto ya desde capítulos anteriores, una característica de los grupos sociales con poder es su propensión a adquirir objetos exóticos para revalidar ante el resto su posición privilegiada.

También hay indicaciones de que uno de los eventos periódicos más importantes en estos ambientes fue la celebración de fiestas y banquetes. Esto se infiere de los abundantes restos de comida y de vasijas de cerámica para servir, tales como platos, tazones y vasos, muchos de ellos elegantemente decorados. Destaca en este marco el consumo de alimentos selectos, entre ellos carne de camélido, maíz y posiblemente

---

40. Isbell et ál. 1991.
41. Isbell 1997a.

chichas o bebidas fermentadas. No hay, empero, huellas que sugieran que aquí se mataban los animales para comerlos o que se cocinaba grandes cantidades de alimentos. Se trata ante todo de espacios de celebración donde los residentes y sus allegados sin duda la pasaban bien. Isbell ha señalado que se trataría de burócratas de alto rango.[42]

¿Vivieron los gobernantes supremos del imperio, aquí en Huari, durante esta fase de máximo crecimiento? Aunque se ha señalado que existió un palacio en el sector Vegachayoq Moqo,[43] la identificación inequívoca de las residencias de los emperadores aún es una meta por alcanzar. Pero debió haber sido así, pues está claro que dichos personajes eligieron enterrarse en la ciudad, a juzgar por la presencia de tumbas imponentes de piedra que desafortunadamente han sido saqueadas a lo largo de la historia. Resalta en este sentido un área de 750 m^2 dentro del sector Cheqo Wasi, en la parte central de Huari, donde se observa unas veinte cámaras cuadrangulares y rectangulares semisubterráneas de uso funerario, varias de casi 3 m de largo, 2 m de ancho y 2 m de alto, hechas de piedra labrada y tallada, finamente ensambladas unas con otras.[44] Algunas tuvieron hasta tres pisos interiores, y por lo general exhiben orificios en las paredes y en la losa que hacía de techo, un rasgo que, en el marco de los rituales mortuorios, Isbell interpreta como accesos para la interacción directa entre los vivos y los individuos enterrados.[45] Pero de todas las construcciones funerarias existe una particularmente impresionante: un mausoleo megalítico de poco más de 12 m x 6 m de planta y más de 10 m de profundidad localizado en el sector de Monqachayoc, a medio camino entre Moraduchayoq y Vegachayoq Moqo.[46] Aunque también muy saqueado y hasta parcialmente desmontado, pues desde la Colonia se reusaron sus bloques de piedra en otras construcciones, Ismael Pérez ha podido determinar que tuvo cuatro niveles internos de cámaras y galerías interconectadas, con el

---

42. Isbell 1997a.
43. Isbell 2004b.
44. Benavides 1991, Lumbreras 1969, Pérez 2000.
45. Isbell 1997b.
46. Pérez 2000.

tercer nivel representando un "camélido geometrizado" en vista de perfil.[47] Las dimensiones generales de esta tumba y su construcción a base de grandes bloques de piedra tallada, así como el hallazgo de numerosos huesos humanos desperdigados en el interior junto con los restos de objetos finos de cerámica, plata, oro y piedras semipreciosas, señalan que se trata de un verdadero mausoleo real en el corazón de la ciudad.

Un punto aparte a considerar durante esta fase de máximo crecimiento corresponde a la gestión del agua, puesto que Huari se ubica en una planicie ondulada donde no existen fuentes de agua estables. Aunque el sitio es atravesado por algunas quebradas, estas se encuentran generalmente secas debido al clima semiárido, con lluvias restringidas a los meses de diciembre a marzo, y a la lejanía en que se encuentran las lagunas de altura de la cordillera de Rasuwillka. Así, el abastecimiento de agua solo pudo hacerse mediante canales alimentados desde muy lejos. En efecto, esto es lo que han verificado Ismael Pérez y Alexander Salvatierra, quienes indican que el principal canal que trae agua al sitio parte de la laguna de Yanacocha, en la cordillera de Rasuwillka, a más de 4000 msnm y a 30 km de distancia.[48] Se trata de un canal empedrado de poco más de 50 cm de ancho, y que en varios tramos de su recorrido salva los cauces de las quebradas o las hondonadas de la planicie gracias a enormes acueductos de piedra, algunos de los cuales alcanzan 150 m de largo, 4 m de ancho en la cima y 15 m de altura.[49] Así también, en las cercanías al núcleo construido de Huari, el canal alimenta un sistema de cuatro cochas o reservorios con diámetros de 95 a 116 m y profundidades de 2,5 a 4 m, los que en conjunto pudieron almacenar unos 70.000 m^3 de agua.[50] Al ingresar a Huari, el canal se bifurca en ramales pequeños que se pierden entre los escombros de la ciudad. Pérez llama la atención sobre un sistema de abastecimiento de agua y de drenaje subterráneo que en ciertos sectores es claramente

---

47. Ibíd., p. 533.
48. Pérez y Salvatierra 2012.
49. Pérez 2010.
50. Ibíd.

observable en la porción norte del sitio.[51] Si Huari surgió cuando las lluvias perdieron su periodicidad habitual debido a los trastornos climáticos del siglo VI-VII, se esperaría un cuidado semejante en el suministro de agua desde los primeros proyectos constructivos.

A partir del siglo IX, Huari ingresa a la denominada fase Royac Perja, que a entender de Isbell comprende un último esfuerzo de remodelación de los edificios ya existentes y la construcción inicial de nuevos complejos de trazo más irregular y sin la tradicional organización celular de la fase anterior. En medio de esto, los cambios internos dentro de la sociedad wari parecen haberse acelerado porque súbitamente los nuevos proyectos constructivos se detuvieron. Así interpreta Isbell los varios casos de espacios cercados pero vacíos, sin señales de ocupación o construcciones en el interior, y las pilas de piedras de campo que nunca se llegaron a usar.[52] Huari fue abandonada prontamente, quizás en el curso del siglo X, aunque existe al menos un fechado radiocarbónico que sugiere que los líderes de la realeza wari todavía se estaban enterrando en los mausoleos de Monqachayoc en la primera mitad del siglo XI.[53] El colapso de Huari, que no deja de parecer súbito, pudo tardar un poco más de lo que originalmente se había pensado.

Esta descripción que brevemente se ha hecho de la historia del centro de Huari permite pensar en sus implicancias económicas. Un primer punto corresponde a la ubicación dominante de Huari en la red de asentamientos wari de la región. A partir del siglo VI-VII, se ve por primera vez en el valle de Ayacucho una jerarquía de sitios determinada por el tamaño de los asentamientos, su localización estratégica en el territorio en términos de comunicación o acceso a recursos y la presencia de edificios o artefactos que sugieran algún tipo de especialización administrativa arriba del ámbito doméstico. Isbell y Schreiber identificaron en la región una jerarquía de tres niveles encabezada por Huari como centro de primer orden, seguido de centros de segundo orden, menos grandes pero más numerosos, y de tercer orden, los más

---

51. Pérez 2010, Lumbreras 1969.
52. Isbell 1997a: 208-209.
53. Finucane et ál. 2007.

pequeños y numerosos de todos, aunque distintos de las simples aldeas del nivel más inferior.[54] Los estudios teóricos arqueológicos concuerdan en que una jerarquía de al menos tres niveles de asentamientos es uno de los atributos que caracteriza a los Estados prehistóricos, entendiendo que tal jerarquía es en realidad un sistema a través del cual fluyen, regulados por una burocracia estatal paralelamente jerarquizada, los recursos y la información que sostienen al Estado.[55] Isbell y Schreiber hicieron extensiva esta jerarquización fuera de Ayacucho, puesto que el dominio wari sobre una parte de los Andes se plasmó en la fundación o consolidación de centros provinciales, supeditados a la capital pero dominantes sobre una región particular. Esto implica que una red de caminos interregional tuvo que ser esencial para los flujos bidireccionales entre la metrópoli y la provincia, aunque en la práctica las interacciones colaterales entre regiones también tuvieron un peso importante en la configuración económica del periodo. Para los fines de este capítulo, lo importante de lo dicho es la noción de sistema o red, que teniendo función política también sirvió para articular de modo dispar las diversas realidades económicas de los Andes.

Como segundo punto, atendiendo a su condición urbana y a la idea común moderna de que una ciudad produce y consume bienes a gran escala, uno podría esperar encontrar en Huari evidencia de instalaciones para la manufactura y eventualmente el almacenaje. Con relación a lo primero, varios autores han mencionado la existencia de talleres donde se producían objetos diversos,[56] pero estos espacios nunca han sido suficientemente estudiados. Por ejemplo, más allá de los numerosos restos de turquesa o de minerales parecidos desperdigados sobre la superficie del sector denominado Turquesayoq, hay un virtual desconocimiento sobre las evidencias arqueológicas enterradas que permitirían un mejor entendimiento del trabajo de piedras semipreciosas en el lugar. Resulta difícil no imaginar algún tipo de producción de artículos especiales en Huari (textiles o cerámica, por ejemplo),

---

54. Isbell y Schreiber 1978
55. Wright y Johnson 1975.
56. González Carré 1992.

pero su estudio ha quedado rezagado en relación con la atención que ha merecido la arquitectura monumental ceremonial o palaciega. Respecto de lo segundo, hasta el presente no se ha identificado almacenes en los sectores investigados. Como se verá más adelante, los almacenes que debió construir el Estado wari para su sostenimiento económico son, en general, muy escasos o más bien difíciles de identificar.

Por último, cabe resaltar que la historia reseñada del crecimiento de Huari muestra un proceso urbano que tiene como eje la interacción entre actividades religiosas y políticas. Las cambiantes exigencias del culto, como se puede sospechar de una sucesión de templos que se construyen o se abandonan, se encuentran enlazadas con aquellas de las élites residentes, quienes estandarizan el espacio construido para el mejor despliegue de su poder. No hay duda de que esta dinámica generó la movilización de recursos de diferente naturaleza y distinta escala, entre los que se cuentan alimentos, artículos locales, bienes exóticos y la propia fuerza laboral humana. Por esta razón, la economía wari no puede ser entendida completamente sin el marco que le proporcionan la ideología y el ritual.

En general, puede decirse que si bien Huari ha sido entendido como el gran centro articulador de una inmensa red político-económica, que a su vez se entiende como expresión de un Estado altamente centralizado y expansivo, las investigaciones son todavía muy escasas respecto de la producción, circulación y consumo de artículos requeridos para la reproducción del estilo de vida de los residentes de la ciudad que fungió de capital del imperio. Afortunadamente, puede obtenerse una mejor comprensión de estos ámbitos económicos en el núcleo territorial del Estado wari a partir de las evidencias del sitio de Conchopata, un asentamiento donde se produjeron diversos artículos requeridos por el Estado.

ii. *Los ámbitos de producción artesanal en el valle de Ayacucho: alfarería y textilería en Conchopata*

Conchopata, localizado en el borde este de la actual ciudad de Huamanga o Ayacucho, fue residencia de señores wari y un importante centro de producción y consumo de bienes, donde la elaboración de cerámica ha merecido atención especial. En esta sección se expondrá las evidencias de tal actividad artesanal, empezando por la alfarería, para luego proseguir con la textilería y finalmente discutir algunas prácticas sociales en las que los productos elaborados o adquiridos se encontraron inmersos.

- *La producción alfarera*

De todas las ocupaciones promovidas por el Estado wari, la alfarería fue sin duda una actividad crucial, no solamente por abastecer de objetos de utilidad práctica (vasijas) a las poblaciones de distinto rango social, sino también por haber canalizado la propaganda política y religiosa del Estado mediante la incorporación de diseños y motivos pertinentes en los objetos producidos. ¿Por qué la alfarería se convirtió en una actividad económica preeminente en Ayacucho, precisamente durante este periodo y no antes? Dean Arnold ha planteado un escenario bastante plausible sujeto a la verificación del alcance regional de las dinámicas medioambientales que sobrevinieron desde fines del periodo anterior.[57]

Como se recordará, aunque no hay total consenso acerca de la duración y en algunos casos sobre el orden de alternancia de una serie de eventos climáticos extraordinarios, principalmente sequías que se prolongaron por décadas y fases húmedas de semejante duración con presencia de fenómenos El Niño, existe cada vez mayor consenso acerca de la ocurrencia efectiva de tales eventos y de su impacto en las sociedades del Horizonte Medio. A pesar de ciertas disparidades regionales, sobre todo entre la costa y la sierra, resulta pertinente señalar que los registros de la sierra tienden a afianzar la conclusión de que poco antes o durante el propio inicio del Horizonte Medio aquella vasta región del Perú padeció los efectos combinados de sequías y fases de disminución de la temperatura promedio habitual,[58] lo que

---

57. Arnold 1993.
58. Por ejemplo, Chepstow-Lusty et ál. 1998, Thompson et ál. 1995.

reorientó las economías regionales e incidió en el desarrollo de nuevas estrategias de ocupación territorial.

En este marco, Arnold considera que la sequía de tres décadas de fines del siglo VI d. C., detectada especialmente en los registros paleoclimáticos del glaciar Quelccaya, habría sido un factor crucial en el desencadenamiento de dos procesos concomitantes en el valle de Ayacucho, uno ecológico y otro ideológico, que llevaron al surgimiento de la especialización alfarera.[59] Por un lado, las poblaciones agrícolas del valle, que se hallaban en franco crecimiento demográfico, según los datos del número de asentamientos en el paisaje, incrementaron su presión sobre las tierras de cultivo, al ser estas cada vez menos disponibles o menos productivas por efectos de la sequía. Aunque las migraciones fuera del valle de Ayacucho fueron posibles, la configuración física de la cuenca no facilitó su descompresión poblacional, lo que obligó a una parte de la población local a desplazarse de la actividad agrícola a la alfarera. Tal reorientación ocupacional fue robustecida por las características geológicas del valle, rico en recursos arcillosos, y por los propios procesos de erosión que dejaron los bancos de arcilla expuestos y al alcance de la población. Paralelamente, argumenta Arnold, las nuevas condiciones climáticas y los problemas agrícolas desatados fueron afrontados por las élites locales mediante la construcción de una ideología que, en lo religioso, invocaba la protección de las fuerzas sobrenaturales para superar la crisis y, en lo político, proponía el reconocimiento de una nueva autoridad. Para ambos propósitos, la nueva ideología fomentó el desarrollo de una iconografía religiosa, hasta entonces desconocida en la región, y la adopción de nuevas prácticas rituales y festivas en las que las grandes vasijas de cerámica, primorosamente decoradas, adquirirían un papel central.

Aunque no probado en su totalidad, el planteamiento de Arnold resulta atractivo y hasta preliminarmente convincente, en la medida que los datos disponibles resultantes de una serie de factores recientes (cronologías más precisas, información paleoecológica a los que ahora se tiene acceso gracias a los nuevos métodos y técnicas de estudio, el

---

59. Arnold 1993: 217-226.

incremento en las investigaciones de campo, etc.) apuntan, en efecto, a una compleja y fluida relación entre dinámicas medioambientales y culturales, y al rol clave de esta sinergia en el proceso histórico andino.

La caracterización de la producción alfarera y de su significado en la economía del periodo wari en Ayacucho se ha centrado muy especialmente en el sitio de Conchopata, mas no en la capital Huari, donde, como se ha visto, los espacios mejor investigados han sido los de índole ceremonial y no productivo. Y es que la producción alfarera en Conchopata es completamente evidente. A continuación se expone algunos hallazgos e interpretaciones fundamentales.

Diversos arqueólogos y trabajos de investigación han acumulado a través de los años prueba material indiscutible de la producción de cerámica en Conchopata. Junto a la presencia de acumulaciones de arcillas o de otros minerales pulverizados sin procesar o en curso de depuración en varios sectores del sitio,[60] se cuenta grandes cantidades de herramientas para el trabajo alfarero. Por ejemplo, se ha hallado platos o bases de cerámica en forma de disco sobre los cuales los artesanos dieron forma inicial a la masa de arcilla plástica; paletas de piedra o cerámica para golpear y adelgazar progresivamente las paredes de las vasijas en formación; y moldes de una o dos piezas para confeccionar los cuellos de las vasijas, sus detalles decorativos o unas efigies escultóricas conocidas como figurinas. Igualmente, se ha recuperado numerosos "raspadores" para arrastrar la arcilla húmeda sobrante, alisadores para uniformizar cuidadosamente las superficies y pulidores de piedra para obtener lustre de las superficies exteriores de las vasijas ya secas pero aún sin cocer.[61] A esto se suma el hallazgo de canaletas de drenaje o desagüe debido a la importancia del agua en la preparación de las masas de arcilla a modelarse,[62] las que pudieron ser de apreciable volumen considerando que en el sitio se elaboró vasijas de gran tamaño. Así también, se ha identificado de cinco a seis hornos en forma de hoyos aproximadamente circulares, de más o menos 3 m

---

60. Ochatoma y Cabrera 2000.
61. Lumbreras 1974, Ochatoma 2007, Pozzi-Escot 1991.
62. Ochatoma 2007.

de diámetro y de 40 a 60 cm de profundidad, con los bordes y el fondo quemados, algunos de ellos todavía con ceniza y fragmentos de cerámica mal cocida o recocida.[63]

La etnografía alfarera y los estudios experimentales llaman a los hoyos poco profundos que los artesanos preparan para quemar vasijas "hornos abiertos", los cuales habitualmente se construyen en áreas descampadas o, como en Conchopata, en patios sin techo. Con ellos, si bien se puede quemar varias decenas de vasija por vez, no es posible sostener un buen control de las variaciones de temperatura ni alcanzar un calor muy elevado durante la cocción,[64] lo que resulta en un margen frecuente de pérdida por lote de vasijas quemadas. Por estas características, cabe pensar que la intensificación de la producción en Conchopata debió suponer el habilitamiento y uso reiterado de los hornos durante los meses secos del año (de mayo a octubre), así como una gran cantidad de material descartado durante ese lapso. Esto es muy interesante, pues como Arnold ha sostenido, el trabajo alfarero en Ayacucho no solo puede, sino que, de adoptarse, debe turnarse con las labores agrícolas, pues estas se acentúan fuertemente en los meses de lluvia, de noviembre a abril.[65] En pocas palabras, debido a la tecnología disponible en la sierra durante el periodo wari, uno puede inferir que la alternancia laboral entre agricultura y alfarería fue en grado muy significativo una función de la alternancia estacional que caracteriza a los Andes peruanos.

La variedad de estilos de cerámica presentes en el asentamiento, tales como Chakipampa, Okros, Huamanga, Negro Decorado, etc., su ubicuidad y abundancia, así como la sofisticación de las famosas urnas o cántaros gigantes, indican, una vez más, una producción cualitativa y cuantitativamente muy apreciable. Gracias al hallazgo de las herramientas mencionadas, los procesos de elaboración propiamente técnicos están siendo esclarecidos. Sin embargo, el gran tema de discusión recae en el tipo de producción que hubo en el sitio y en la identidad de

---

63. Cook y Benco 2000.
64. Rice 1987.
65. Arnold 1993.

los alfareros. ¿Quiénes fueron y cómo estuvieron organizados los ceramistas de Conchopata y qué nos dice ello de la producción artesanal del Estado wari? Es necesario atender brevemente algunas cuestiones teóricas para volver sobre estas preguntas.

La imagen de wari, como de otras grandes culturas del pasado andino, ha sido construida en gran medida siguiendo algunas premisas teóricas que, en su momento, se plantearon bajo un paradigma evolutivo con intenciones universales. En este sentido, y a propósito de la producción de cerámica en Conchopata, los arqueólogos Hartmut Tschauner y William Isbell han llamado la atención sobre los límites de los aportes del famoso prehistoriador australiano Gordon Childe durante la primera mitad del siglo XX, que han sido tan influyentes en la lectura de las culturas andinas prehispánicas.[66]

Childe sostuvo que a la "revolución neolítica", es decir, la domesticación de plantas y animales y el consecuente desarrollo de una economía propiamente productora en la antigüedad, le sigue la llamada "revolución urbana", que supone la aparición de la ciudad, y con ella una distinción de base entre la vida urbana y la rural, cada una con un sistema económico particular, pero ambas fuertemente interdependientes. Específicamente, mientras que el poblador urbano es concebido como productor de servicios y artefactos especializados a la par que como consumidor de los alimentos que le proporciona el poblador rural, este último prioriza el aseguramiento de su propia subsistencia de forma directa, generalmente mediante la actividad agrícola, pastoril o ambas, fuera de lo cual no acentúa ninguna labor económica exclusiva. Este modelo ha llevado a que los centros urbanos se entiendan también como comunidades de pobladores especializados a gran escala, que residen en áreas habitacionales o espacios domésticos, pero que producen artefactos en espacios distintos, construidos *ad hoc* para el trabajo artesanal en sectores específicos de la ciudad: los talleres. En el marco del proceso de urbanización ocurrido en el valle de Ayacucho durante el Horizonte Medio, y ante la evidencia de la circulación de artefactos inéditamente sofisticados con la imaginería religiosa del

---

66. Tschauner e Isbell 2012.

Estado wari, los arqueólogos han buscado talleres regentados por el Estado, distinguiéndolos mentalmente de las residencias domésticas de la región, por ejemplo, razonando que donde se hace cerámica no se hace comida.

En concordancia con la noción de que la elaboración de un artefacto requiere una serie de pasos, desde la preparación de los insumos hasta su mezcla o ensamblado final en el objeto resultante, se ha esperado encontrar espacios dedicados exclusivamente a cada una de estas fases de trabajo, incluso dentro de un mismo taller. Pero si bien estas segregaciones espaciales y funcionales pudieran haber existido en Conchopata, el caso es que los datos presentes no apoyan tal expectativa.

La mayoría de especialistas que han investigado el sitio coinciden en el hecho de que los restos de producción alfarera aparecen mezclados con aquellos de la vida cotidiana, tales como restos de alimentos, utensilios de cocina y artefactos diversos. Por su contenido, la basura no parece provenir de una actividad selectiva. Más importante aún, los espacios, que por la presencia de algunos elementos pudieran entenderse como talleres especializados, no contienen solo restos de producción alfarera, sino también materiales domésticos descartados, de modo que también podrían interpretarse como viviendas.[67]

Tschauner e Isbell han comprobado esto de una manera muy metódica con ayuda de programas informáticos (sistemas de información geográfica) y análisis espaciales y cuantitativos. Ellos encuentran que la frecuencia de distribución relativa por espacio arquitectónico de cuatro tipos de herramientas de trabajo alfarero (moldes, alisadores, pulidores y raspadores) es casi idéntica a la de los restos de talla lítica (que es otra actividad productiva efectuada en el asentamiento), y muy semejante a la de los restos de plantas y huesos de animales. Los autores concluyen que la distribución de estos restos no refleja una distribución real de las actividades dentro del sitio, sino, en el mejor de los casos, las formas en que los habitantes de Conchopata descartaban

---

67. Cook y Benco 2000, Ochatoma 2007.

su basura, mezclando los desechos de diversas actividades.[68] Si este fue el caso, siguen los autores, si prevaleció en Conchopata una conducta no especializada de eliminación de la basura, cabría suponer que ello fue así porque las propias actividades de producción tampoco fueron especializadas, al menos no en el sentido segregado que uno esperaría siguiendo los postulados de Childe. A este respecto, cabe indicar que si bien en el Perú actual son muy conocidos los casos de alfareros especialistas que elaboran cerámica en su propia casa,[69] debe resaltarse que se trata de una producción de artesanos rurales independientes, desligados formalmente de la regencia de un Estado y menos enfocados en producir objetos para el uso político de las autoridades. La producción de cerámica en los estilos wari más emblemáticos, en cambio, ha sido pensada precisamente en el sentido opuesto, como elementos constitutivos de una realidad urbana y con una mayor o menor, pero nunca ausente, intervención estatal; de allí que los hallazgos descritos líneas arriba sugieran que se necesita nuevas formas de pensar la especialización y producción artesanal en el valle de Ayacucho durante este periodo.

La consistente yuxtaposición de espacios y objetos caseros y artesanales revela que los productores de cerámica en Conchopata pueden ser entendidos como unidades domésticas, vale decir, como el conjunto de miembros emparentados que corresiden en una misma vivienda, y que por lo general corresponde o incluye a una familia nuclear (padres e hijos biológicos). Sin embargo, debido a la información recopilada por los conquistadores españoles poco después de la conquista[70] y a los estudios antropológicos del parentesco en los Andes,[71] es bastante más probable que las actividades económicas en Conchopata se hayan desarrollado dentro de la trama de la familia extensa; es decir, en el ámbito amplio de los parientes consanguíneos y políticos.

---

68. Tschauner e Isbell 2012: 154.
69. Por ejemplo, Camino 1982, Shimada 1994a.
70. Por ejemplo, Zuidema 1980.
71. Por ejemplo, Mayer 1980, Malengreau 1980.

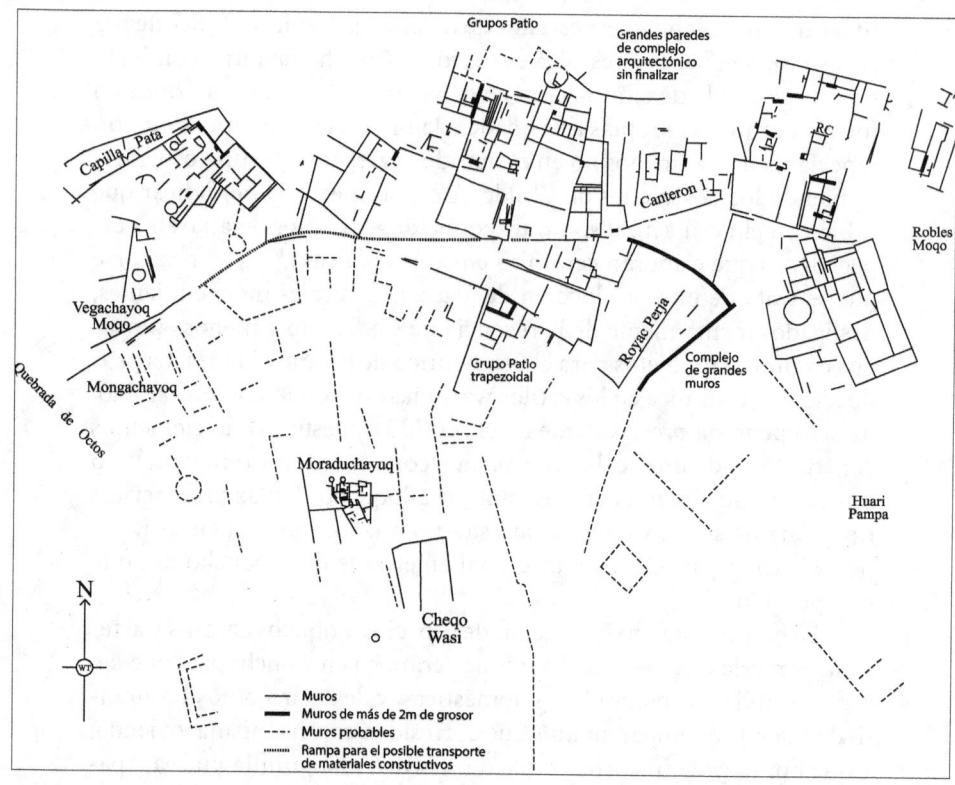

Figura 3.3. Plano del sitio de Huari, ejemplo culminante del desarrollo urbano en el valle de Ayacucho. Por su extensión y numerosas construcciones todavía enterradas, este plano refleja solo parcialmente la verdadera complejidad arquitectónica que el sitio alcanzó durante el Horizonte Medio. Redibujado de Isbell 1997b, fig. 4 (cortesía Maite Espinoza).

Dos elementos adicionales esclarecen de manera más precisa la identidad de los alfareros de Conchopata. En primer lugar, los espacios domésticos estudiados no conforman propiamente arrabales que se aglomeran en los extramuros del asentamiento, a la manera de los barrios pobres de la ciudad industrial, sino que son parte constituyente del propio núcleo urbano. En efecto, las viviendas conforman la arquitectura planificada del sitio, levantada con los mejores materiales y siguiendo el famoso trazo celular-ortogonal que los wari impusieron en los territorios bajo su control, a la vez que se ubican lado a lado de edificios especiales que materializan la ideología del poder, tales como palacios y templos en forma de "D".[72] Esto, junto al hallazgo en las residencias de bienes exóticos y piedras semipreciosas, tal como lapislázuli probablemente originario de Chile,[73] indica que aquí residían familias de nivel social notoriamente privilegiado, capaces de acceder a recursos que el común de la gente difícilmente obtenía. Por los atributos internos del sitio y su ubicación en el sistema de asentamientos de la región, queda poca duda de que se trata de la élite que comandaba la sociedad wari; de aquí que se deduzca que los artesanos vivían con sus señores, o que algunos miembros de la propia élite fueron, en lo ocupacional, una clase especial de artesanos. A raíz de estas evidencias, la condición simultánea de Conchopata como centro alfarero y de élite ha sido sostenida con creciente énfasis en la literatura especializada.[74]

Pero Conchopata todavía plantea una novedad más en el ámbito de la producción y la economía wari. Los residentes solían enterrarse en sus propias viviendas, una práctica que fue bastante consistente entre los miembros de la élite. El estudio de entierros humanos de diferente estatus identificados en el sitio muestra que se sepultaron mucho más mujeres que hombres, las primeras doblando casi en cantidad a los segundos.[75] Según los datos disponibles, esta distribución no se debe a una mala conservación de las osamentas de los individuos masculinos, sino que refleja con bastante aproximación la realidad: en Conchopata la población fue predominantemente femenina.[76] El hallazgo de un entierro de alto estatus en el que se encontró a un hombre joven acompañado de no menos de seis mujeres adultas, además de fetos e infantes, ha llevado a sugerir que los habitantes de Conchopata, y por extensión los wari del valle de Ayacucho, conformaron una sociedad

---

72. Isbell 2000.
73. Isbell y Groleau 2010.
74. Por ejemplo, Cook 2009, Isbell y Groleau 2010, Ochatoma 2007.
75. Cook 2009, Isbell 2004a, Tung 2012.
76. Tung 2012.

poligínica, esto es, que las familias típicas wari resultaban de la unión de un hombre con varias mujeres.[77] Ello explicaría la desproporción entre el número de hombres y mujeres en el asentamiento, y sugeriría que quienes producían la cerámica de élite no eran artesanos, sino artesanas. Aun cuando las mujeres de Conchopata no hayan sido las mujeres simultáneas de pocos hombres, todas las líneas de evidencia apuntan a que ellas tuvieron un rol crucial en la producción alfarera del corazón del imperio.

- *La producción textil*

A pesar de la enorme producción textil que caracterizó al Horizonte Medio, debe decirse que Conchopata proporciona la colección mejor estudiada de tejidos propiamente serranos.[78] No está del todo claro si en el sitio también fue importante la producción de telas, pero sin duda fue un lugar donde se las exhibía ampliamente. El uso y la función de los vestidos en una sociedad muy jerarquizada es un punto de partida válido para aproximarse a la producción y distribución de los tejidos mismos.

La relevancia económica del vestido radica en que todo individuo debe usar uno, tanto para protegerse como para expresar una identidad personal o colectiva y posicionarse socialmente. En este sentido, es pertinente preguntarse acerca de lo que vestían los wari y sus coetáneos en un contexto de creciente complejidad política, social e intercultural, y de cómo esta necesidad por marcar sus identidades requirió de nuevas o renovadas estrategias productivas coherentes con tal finalidad. Al lado de atuendos de cabeza, túnicas, fajas, bolsas y mantos, entre otras prendas, cabe destacar dos que las élites ayacuchanas demandaron con especial atención: unos emblemáticos gorros de cuatro puntas y un tipo de camisa andina que en tiempos de los incas se denominaron *unkus*.

---

77. Isbell 2004a, 2007.
78. Por ejemplo, Oakland y Fernández 2000.

Figura 3.4. Gorros wari de cuatro puntas, ejemplos de la indumentaria tejida del poder. Como otros componentes selectos del vestido requerido por los señores ayacuchanos y sus aliados provinciales, la confección de este tipo de gorros contribuyó al refinamiento del trabajo técnico textil y de sus expresiones iconográficas (Colección del Museo del Banco Central de Reserva del Perú).

Respecto de los gorros de cuatro puntas, Mary Frame ha hecho observaciones muy interesantes. Se trata de piezas tejidas muy diagnósticas en términos cronológicos, culturales y sociales, pues básicamente fueron producidas y usadas solo durante el Horizonte Medio, corresponden únicamente a los ámbitos culturales wari y tiwanaku (aunque mostrando en cada caso diferencias técnicas, además de las propiamente estilísticas) y fueron elaboradas para uso exclusivo de los miembros encumbrados de la sociedad.

Técnicamente, a menudo los gorros wari fueron hechos mediante una variedad de anudado que resultaba en un tejido muy tupido, firme y de aspecto afelpado. Sus cuatro puntas y la composición simétrica de los diseños y motivos que los decoran parecen haber simbolizado principios andinos de cuatripartición. Dado este contenido simbólico, Frame sospecha que debieron ser usados por individuos con reconocida actividad guerrera o ceremonial.[79]

---

79. Frame 1990: 8.

Por su parte, los *unkus*, que también empezaron a ser requeridos por los individuos de alto rango solo a partir del Horizonte Medio, se elaboraron cociendo dos paños rectangulares por el centro y dejando anchas aberturas a los lados y a mitad de la costura central para el ingreso de los brazos y la cabeza, respectivamente. Confeccionado de este modo, el vestido podía cubrir con bastante holgura hasta la porción superior de los muslos, y proporcionaba sobrado espacio para plasmar una variedad de diseños en formas y tamaños.

En muchos casos, a falta de los tejidos mismos por razones de su pésima conservación, las representaciones artísticas en otros soportes dejan en claro que hubo un uso combinado de estas prendas y otros accesorios. Por ejemplo, sobre la base de las representaciones antropomorfas en los grandes cántaros de Conchopata, Anita Cook encuentra que las gorras de cuatro puntas, los *unkus* y la pintura facial fueron usados de manera conjunta por las élites wari de aquel sitio ayacuchano.[80] La identificación de un "set" de prendas con funciones específicas de naturaleza social y política es ciertamente un avance estimulante para entender tanto el destino de los productos tejidos como las estrategias simbólicas de los poderosos, pero todavía se trata de un cuadro demasiado masculinizado en tanto poco o nada se sabe de las indumentarias femeninas, especialmente ante el hecho de que las mujeres también fueron integrantes conspicuas de las élites wari con responsabilidades críticas en el aprovisionamiento y demanda de bienes suntuarios.[81]

Aunque los *unkus* del Horizonte Medio fueron elaborados mediante una variedad de técnicas, cada una con más o menos arraigo en una región en particular, hay consenso en proponer que los grupos más directamente afiliados al Estado wari tuvieron especial predilección por las piezas tejidas en técnica de tapiz, una forma de tejido que se caracteriza por su estructura en cara de trama entrelazada, alta calidad tecnológica y aspecto primoroso. Debido a su estatus y exigencias técnicas, conviene precisar algunos alcances de este tipo de tejido.

---

80. Cook 1996.
81. Przadka Giersz 2014.

Un estudio realizado por Amy Oakland Rodman y Arabel Fernández de los tejidos de Conchopata indica que es posible distinguir tapices provenientes de la sierra de aquellos de la costa.[82] Los primeros se confeccionaron a base de lana de camélido, presentan torsión del hilo en "Z" y corresponden a la variedad denominada tapices entrelazados, ya que muestran tramas de diferentes colores entrabadas entre sí. Los segundos, en cambio, se elaboran preferentemente con algodón, muestran torsión del hilo en "S" y corresponden a lo que se conoce como tapices ranurados en tanto no existe entrelazamiento entre las tramas de colores distintos. Esta diferenciación regional en la producción textil que gruesamente permite ordenar las piezas en estudio no excluye una diversidad de productos sincréticos, en los que se mezclan atributos costeños y serranos.

Pero si bien ha quedado claramente establecido que el tapiz fue el tejido cumbre anhelado por las élites metropolitanas wari, y en ocasiones accesible a los señores de poder regional, no debiera proyectarse este tipo de tejido como una marca imperial necesariamente presente en toda el área bajo influencia ayacuchana, puesto que la estructura de tapiz, como se verá más adelante, no siempre gozó de la preferencia de los grupos locales, aun cuando estos tuvieron plena posibilidad de reproducirla o de adquirir los tejidos acabados.

Junto a los tapices, destacan los tejidos decorados bajo la técnica denominada *tie-dyed*, de origen costeño, que consiste en conseguir diseños aplicando tintes sobre la tela anudada, doblada o cocida sobre sí misma para lograr solamente el teñido de las partes expuestas (teñido por reserva). Los tejidos wari más complejos que exhiben esta técnica suponen un trabajo muy sofisticado, en tanto resultaron de la confección de una o varias telas (en el caso wari, usualmente paños de tramas y urdimbres discontinuas de fibra de camélido), su teñido por reserva siguiendo patrones decorativos previamente establecidos, su recorte en piezas pequeñas de acuerdo con el resultado obtenido, y

---

82. Oakland Rodman y Fernández 2000.

su ensamblaje final cociéndolas unas a otras para dar forma a una sola tela con un distintivo patrón decorativo.[83]

La sofisticación del *tie-dyed* como expresión artística basada en el color permite ubicar la producción de los textiles wari en la perspectiva de la tradición del uso de tintes y del proceso de teñido andinos. En cuanto a lo primero, las exigencias cromáticas requirieron de una gama de colorantes de diferente disponibilidad en la naturaleza, tales como la cochinilla (*Dactylopius sp.*), un insecto que parasita las cactáceas del género Opuntia (por cierto, muy comunes en Ayacucho), y que proporcionó el color rojo y sus derivados gracias a su contenido de ácido carmínico; el índigo, un colorante vegetal proveniente de las plantas nativas indigoferas que proveyó los tintes azules; o posiblemente las hojas de sauce (*Salix sp.*) para los tonos amarillos, entre otros.[84] La diversa procedencia de estos tintes (si mineral, vegetal o animal), su distribución en la desigual geografía andina y el mosaico multiétnico persistente en los Andes aun dentro de la esfera wari pudieron generar diferentes intensidades en la demanda y en las formas de acceso a estos insumos vitales para convertir en lenguaje simbólico los objetos tejidos.[85]

Los datos respecto del proceso de teñido son, en cambio, escasos si no inexistentes. Teniendo en mente las prácticas tradicionales del teñido de hilos y telas que aún se observan en los Andes peruanos, cabe suponer también un trabajo cuidadosamente organizado de selección, transporte y eventual almacenamiento de los pigmentos y mordientes requeridos, así como de la preparación de los tintes propiamente dichos. Si fue necesario teñir cantidades apreciables de tela o hilos, cabría especular acerca de la posible existencia de talleres de teñido, quizás dotados de grandes vasijas de cerámica para la preparación de las tinturas. El hecho de que no se conozca de hallazgos de este tipo resulta intrigante.

---

83. Pollard Rowe 2012.
84. Bastiand 2000, Wouters y Chirinos 1992.
85. Rehl 2000.

También, como expresión de la sofisticación textil del periodo, debe mencionarse los trabajos con decoración plumaria, que incluyen una variedad de artículos de vestir (pectorales, tobilleras, etc.), así como objetos para otros propósitos (abanicos, paneles para decoración de muros, etc.). Las representaciones humanas en la cerámica de Conchopata sugieren un especial aprecio por estos objetos plumarios.

En general, los requerimientos técnicos, el tiempo, el equipamiento y la pericia empleados en la fabricación de los tejidos decorados mediante la técnica del *tie-dyed* o el uso de plumas exóticas indican una prominente especialización en su producción y una distribución sumamente selecta en su consumo.

En cualquiera de los casos señalados, la escala de la producción de telas y el dominio necesario de técnicas sofisticadas de tejido, como ejemplifican los tapices, requirieron innovaciones tecnológicas cruciales y formas originales de organización del trabajo. Así, se ha determinado que la tapicería wari o afiliada a wari fue tejida en un instrumento hasta entonces poco conocido en el universo tecnológico andino: el telar de marco o de tensión fija (*free standing loom*). Este telar, bastante más ancho que alto, debía ser asentado en el suelo por el artesano para estabilizarlo y tejer piezas de considerable tamaño.[86] Producto de esto, se podía elaborar telas de tapiz de una sola pieza de más de 2 m de ancho, lo que permite deducir que los telares de este tipo debieron ser manipulados durante el proceso de tejido por más de dos personas simultáneamente.[87] Esto, sumado al procesamiento de grandes cantidades de materia prima, uso de pigmentos y planeamiento de diseños estandarizados, ha llevado a varios investigadores a sugerir que, en un escenario de producción textil dirigido o patrocinado por el Estado wari, la confección de telas en grandes talleres bien pudo alcanzar una organización muy compleja, en alguna medida conceptualmente parecida a la de una cadena de montaje en la producción industrial moderna.[88] Pero, como se ha señalado al discutir la producción alfarera,

---

86. Bird y Skinner 1974, Hulbert 2004, Sawyer 1967.
87. Oakland y Fernández 2000: 122.
88. Ibíd.

esta imagen de taller pudiera ser una proyección moderna sin respaldo en la realidad. En todo caso los términos de la especialización artesanal textil son también materia de mayor investigación.

iii. Los ámbitos de distribución y consumo en el valle de Ayacucho: la economía política de los festines

Supeditados a la información disponible y a los análisis mejor desarrollados, se ha hecho un repaso del acondicionamiento para la producción agrícola en el valle y de la producción de dos artículos cruciales (cerámica y textiles) en la economía del Estado ayacuchano. Debe discutirse ahora los mecanismos mediante los cuales lo producido circuló y alcanzó a los grupos sociales que estuvieron en condición de adquirirlos. Esto significa adentrarnos en la economía política wari, vale decir, a las formas en que las autoridades wari o sus afiliados crearon, sustentaron o incrementaron su poder a través de prácticas económicas. En este marco, los escenarios de ofrecimiento y adquisición de los bienes o recursos persiguen fines tanto económicos como políticos. Si, como sugiere Costin, son los patrones de consumo los que definen los atributos de la producción, entonces es imprescindible describir con cierto detalle uno de los escenarios de adquisición y dispendio mejor estudiados en el caso wari: la fiesta y los banquetes.[89]

No hay duda de que la fiesta y el banquete fueron instituciones cruciales para movilizar la economía y negociar el poder. Quizás, aparte de los incas, wari es la cultura que más evidencias ha dejado sobre la forma y escala de estas prácticas de generación y distribución de riqueza material y simbólica a la par que de adhesión social. Siguiendo a Michael Dietler, Donna Nash nos recuerda que las fiestas que organizaron y presidieron los líderes wari fueron del tipo que Dietler denomina "fiestas diacríticas";[90] es decir, reuniones exclusivas caracterizadas por su refinamiento y boato, donde los asistentes reafirman

---

89. Costin 1991.
90. Nash 2013, Dietler 2001: 85-86.

su condición de élite y los líderes anfitriones se encumbran sobre sus pares.

En efecto, la naturaleza selecta de estas fiestas se desprende de los espacios muy bien diseñados donde ocurrieron y de los materiales de alto estatus que han quedado entre sus desechos. Entre estos, comúnmente destacan las vasijas de una variedad de formas finamente decoradas de gran tamaño que habitualmente no estuvieron al alcance de los estratos bajos de la sociedad. En Conchopata, se ha hallado cántaros que superan los 200 l de capacidad, y no son pocos aquellos que sobrepasan los 100 l, con medidas que superan el 1 m de altura y con paredes de hasta 8 cm de espesor. Estas vasijas fueron recipientes donde el contenido, más probablemente líquido que sólido, pudo estar almacenado o retenido momentáneamente para su posterior distribución en vasijas más pequeñas entre los comensales. Comparados con las vasijas personales de servir, tales como copas, vasos, cuencos y cucharas, los grandes y pesados recipientes wari (de hecho Dorothy Menzel [1964] los llamó "urnas o cántaros gigantes") suponen el acondicionamiento de espacios especiales para el emplazamiento de estas vasijas difíciles de transportar, así como una inversión de trabajo alfarero que no se había visto en el precedente periodo huarpa respecto de la preparación de un apreciable volumen de barro suficientemente plástico, homogéneo y consistente por vasija; de su manipulación para el modelamiento manual de la pieza por uno o más artesanos; y de la cocción convenientemente controlada en el marco de una tecnología que no disponía de grandes hornos industriales.

El contenido más probable de estas vasijas parece haber sido la chicha o cerveza de maíz, entendiendo por cerveza una bebida alcohólica obtenida por fermentación de algún tipo de cereal.[91] Los indicadores que apuntan a este brebaje son, entre otros, la presencia de restos de maíz, principalmente tusas, entre los desechos orgánicos hallados sobre los pisos,[92] las representaciones de plantas de maíz en las

---

91. Hayashida 2015.
92. Sayre y Whitehead 2017.

propias vasijas decoradas,[93] el predominio firme de maíz en la dieta, según lo indican los análisis isotópicos de las osamentas humanas,[94] la existencia de equipos de molienda que presumiblemente sirvieron para triturar el maíz malteado o jora[95] y la analogía con los banquetes y libaciones festivas de los incas, donde la chicha de maíz fue indiscutiblemente uno de los alimentos fundamentales a disfrutar y compartir.[96]

Existe una extensa literatura acerca de la importancia cultural de las libaciones y la chicha de maíz en las sociedades andinas pasadas y presentes.[97] Basta decir en este capítulo que, en general, puede entendérsele como un "lubricante social y político", en el sentido de que sus efectos psicoactivos facilitan la autoidentificación de los comensales como una comunidad distintiva, y con ello la aceptación de reglas y jerarquías negociadas colectivamente.[98]

Existe poca duda de que otros alimentos fueron consumidos en los banquetes mencionados, tales como la carne de camélido, los tubérculos, la quinua o el maíz tostado;[99] pero aún se necesita estudios específicos enfocados en los restos alimenticios de sitios económicamente cruciales como Conchopata para entender mejor las bases alimenticias de la economía política wari.

Aunque el maíz parece haber sido un ingrediente crucial, pudo no ser la única fuente o ingrediente de las bebidas alcohólicas consumidas de región en región. El molle (*Schinus molle*), más estrictamente, las bayas de los árboles de molle que abundan en la región andina, también parecen haber sido empleadas en la elaboración de cervezas.

---

93. Knobloch 2002.
94. Finucane 2009.
95. Valdez 2006.
96. Dillehay 2003.
97. Por ejemplo, Salazar-Soler y Saignes 1993, Jennings y Bowser 2008.
98. Dietler 2006.
99. Sayre y Whitehead 2017.

Veremos un ejemplo de esto más adelante, al hablar de los escenarios regionales y del sitio de Cerro Baúl en el valle de Moquegua.[100]

Además de alimentos propiamente dichos, se tiene evidencia indirecta de que los banquetes y fiestas estuvieron relacionados con potenciadores rituales que ayudan a entender mejor la parafernalia ceremonial wari. Particular atención merece la identificación que Patricia Knobloch ha realizado de la *Anadenanthera colubrina* en la decoración pictórica de las vasijas wari, incluyendo los cántaros y urnas gigantes.[101]

La *Anadenanthera* es un árbol de la familia *leguminosae* cuyas semillas contienen triptamina, un alcaloide de reconocidas propiedades psicotrópicas. La planta fue bien conocida en Perú y Bolivia, pues se la ha identificado representada en los textiles wari de diferentes sitios y en las esculturas líticas del Altiplano. Con ayuda de fuentes etnográficas, Knobloch precisa que la activación de las propiedades alucinógenas se consigue moliendo las semillas para luego consumirlas como rapé, enema o humo. Sin embargo, ante la ausencia de tabletas de rapé en los sitios wari, la autora sugiere que el alucinógeno pudo consumirse mezclándolo con la chicha de maíz, tal como hicieron los incas siglos más tarde.[102] Es evidente que, de haber sido esto así, los señores wari pudieron condicionar de forma muy eficiente las capacidades perceptuales de los participantes para su adoctrinamiento más efectivo.

Por otro lado, junto al uso de estos estimuladores sensoriales, las vasijas mismas presentan una elaborada iconografía religiosa y política con seres sobrenaturales que enfatizaban, una vez más, el orden natural que legitimaba la autoridad. Los motivos de aves, felinos, plantas o seres híbridos antropomorfos parecen vincular a los anfitriones, y quizás a los asistentes invitados, con las fuerzas fertilizadoras de la naturaleza, el poder de los ancestros muertos y las narraciones míticas de origen y ordenamiento del cosmos.

---

100. Goldstein et ál. 2008.
101. Knobloch 2000.
102. Ibíd., p. 2000: 398.

A la par que la representación de divinidades propias del panteón wari, tal como la denominada "divinidad frontal con báculos" y de sus "asistentes alados" comúnmente asociados, los artesanos wari se esmeraron en darle aspecto antropomorfo a muchas vasijas, modelando rostros humanos en los cuellos de los cántaros y pintando los brazos y la indumentaria textil sobre el cuerpo del recipiente. ¿Quiénes se encuentran representados en estas vasijas-efigie, especialmente en aquellas de tamaño gigante? No existe consenso en las interpretaciones. Se ha mencionado que se trataría de gobernantes reales o ancestros wari, presentes en las fiestas o ausentes pero rememorados en tales ocasiones especiales.[103] Ya que cada personaje parece ser suficientemente distinto de los otros, a juzgar por los detalles de su pintura facial, tocado de cabeza y vestimenta sobre el cuerpo, Knobloch ha tratado de individualizarlos bajo la denominación de "agente" seguido por un número que corresponde al inventario de personajes que ella ha estudiado.[104] Bajo la idea de que el tratamiento facial y vestimenta expresan identidad, y considerando las figuras míticas que suelen acompañar a estos personajes, la autora encuentra que los "agentes" parecen corresponder a dos grupos wari, uno vinculado a la "divinidad frontal con báculos" y otro al de la "divinidad alada". El análisis iconográfico de estos grupos de agentes sugiere a la autora que se trataría de la metáfora de dos alianzas o coaliciones de líderes étnicos que, en el marco de la expansión imperial, pudieron enfrentarse militarmente.[105] De probarse la hipótesis de Knobloch, se reforzaría la interpretación de que las fiestas y rituales con libación wari fueron una verdadera amalgama político-religiosa donde se negociaba ritualmente el poder.

Hay un último elemento que debe discutirse, y que puede resultar inicialmente incomprensible considerando el valor ya no solo funcional para la elaboración y el almacenaje de chicha, sino también el significado religioso de las urnas y cántaros. En Conchopata, muchas —si no todas— las vasijas que conformaron el menaje de las fiestas y

---

103. Menzel 1964, Nash 2013.
104. Knobloch 2010.
105. Ibíd.

banquetes fueron rotas intencionalmente y luego enterradas con cuidado rompiendo los pisos, de modo que ha sido posible reconstruir, al menos parcialmente, un buen número de ellas. La destrucción de las vasijas, a todas luces simultánea, se consiguió golpeándolas contundentemente con objetos suficientemente sólidos. Menzel menciona que los golpes fueron preferentemente dirigidos sobre los íconos pintados en los recipientes, una afirmación que pudiera respaldarse más firmemente con un estudio detallado de las huellas de los golpes, lo que permitiría un mejor entendimiento del ceremonial de destrucción.[106] Además de Conchopata, el ritual básico y sus variantes han sido identificados en una serie de sitios wari.

Llegados a este punto es conveniente puntualizar brevemente algunas ideas generales acerca de la dimensión económica de los banquetes y los rituales de ruptura masiva de vasijas. Como ya se ha mencionado en secciones anteriores de este libro, en las economías sin moneda ni mercado las fiestas suelen ser prácticas institucionalizadas cruciales, ya que a través de ellas se consagra un intercambio de favores que permite a los participantes, y especialmente a los anfitriones, conseguir aprecio y obediencia por su generosidad "desinteresada", a la vez que una compensación obligatoria de parte de los agasajados en la forma de aportaciones de artículos exóticos, productos artesanales de valor socialmente aceptado, mano de obra o servicios distintivos. La práctica fue bien documentada entre los incas,[107] pero los restos de fiestas descritos sugieren que una estrategia semejante, pero seguramente no idéntica, operaba entre los wari.

Pero, como se ha visto, los restos estudiados indican que las fiestas, que fueron ritos, culminaron con la ruptura de las vasijas. Parecería tratarse de una conducta irracional y antieconómica toda vez que se destruía objetos plenamente útiles que, además, debieron ser valiosos en relación con el tiempo, los recursos y la energía humana que se destinó a su elaboración. La mayoría de arqueólogos ha entendido tales eventos de destrucción como verdaderos "sacrificios de ofrendas",

---

106. Menzel 1964, 1968.
107. Dillehay 2003.

y en este sentido cabe preguntarse por la dimensión económica de los actos sacrificiales.

Para muchos teóricos del ritual, el sacrificio es un medio de santificación de algo, un obsequio a las fuerzas sobrenaturales o un intercambio por el que se consigue una retribución sobrenatural, o incluso la combinación de algunas de estas variantes, pero siempre sobre la base de que lo sacrificado es socialmente muy valioso.[108] De manera semejante al "consumo conspicuo" de las fiestas, la destrucción ostentosa de una gran cantidad de objetos útiles y estimables puede ser entendida como un acto de extremado desprendimiento que se traduce, por contrapartida, en la adquisición o validación de un estatus que el ritual consagra. El hecho de que las vasijas sacrificadas incluyan muchos cántaros gigantes cara-gollete, y que en una ideología animista las propias vasijas pudieran haber sido concebidas como entidades activas o vivientes, ahonda convincentemente los vínculos entre los sacrificios de objetos especiales y los sacrificios de los seres humanos reales practicados por la sociedad wari.[109]

En general, el entendimiento del sacrificio como un medio de transacción, y no solo de interacción, entre lo sagrado y lo profano ha sido muy habitual en el estudio de los sacrificios en las sociedades preindustriales,[110] y parece dar cuenta, al menos parcialmente, de la destrucción masiva de las vasijas que completaron las fiestas y los banquetes wari.

Si bien la información sintetizada hasta aquí es fragmentaria, lo revisado permite tener una idea razonable del nivel de las necesidades económicas que se desprenden de la conformación de un centro como Huari y de sus asentamientos asociados en el valle de Ayacucho, y de algunas actividades productivas orientadas a la satisfacción de dichas necesidades, pero especialmente administradas con sentido político por las autoridades del nuevo Estado. Naturalmente, tal dinámica económica no es completamente entendible sin revisar la variedad de

---

108. Carter 2006: 2-7.
109. Cook 2001.
110. Hubert y Mauss 1981.

regiones alcanzadas de forma directa o indirecta por la acción política de las élites del imperio. A continuación se expondrá un panorama general de las articulaciones económicas en la que se encontraron inmersos tanto el núcleo territorial wari como las regiones, poblaciones y comunidades políticas fuera del valle de Ayacucho.

Más allá de Ayacucho: Wari y sus contemporáneos

Antes de empezar a revisar las prácticas económicas y su sentido fuera de Ayacucho durante el Horizonte Medio, conviene recordar que es ampliamente reconocido que el acento de las economías serranas (que es el territorio donde el Estado wari enraíza sus fundamentos originales) ha estado en aquello que John Murrra denominó "control vertical de un máximo de pisos ecológicos",[111] una estrategia económica que responde al "ideal andino" de la autosuficiencia alimentaria. El eje de aquella estrategia descansa en la capacidad de las unidades domésticas para, articuladas mediante lazos de parentesco y constructos ideológicos, colonizar ecologías dispares, explotarlas económicamente e intercambiar los productos obtenidos dentro de marcos de reciprocidad y redistribución, con mayor o menor intervención de las autoridades étnicas locales.[112] Si bien se reconoce que pudieron existir formas flexibles de producción, con diferente nivel de cercanía al modelo del control vertical, en todas se verifica el papel central de las unidades domésticas como unidades mínimas de producción y consumo.[113]

Debido a su propósito autárquico, la economía del control vertical no genera incentivos para producir más de lo necesario, una conducta que ha sido entendida como un rasgo estructural entre las poblaciones andinas a lo largo de la historia.[114] Al mismo tiempo, como consecuencia de la diversidad y dinamismo climático/ambiental de los Andes, también existe en la llamada racionalidad andina el atributo

---

111. Murra 1972.
112. Murra 1972, 1985.
113. Salomon 1985.
114. Mayer 2002.

arraigado de la aversión a la contingencia, en el sentido de que más que maximizar la producción (como ocurre en las economías modernas), las unidades domésticas desean minimizar el riesgo o la pérdida por cantidad de energía y esfuerzo invertidos.[115] Estos dos factores, quizás no únicos pero sí relevantes, parecen haber inhibido la intensificación de la producción de alimentos o artículos domésticos cuando no hubo una fuerza política estatal suficientemente fuerte que la impulsara, y quizás, por ello, explican en parte la ausencia hasta el siglo XVI de un mercado y de los modelos urbanos clásicos de occidente.

Con el propósito de comprender cómo los pobladores andinos trascendieron los límites de la autosuficiencia para participar en una economía que produce o moviliza recursos a gran escala bajo una autoridad central, el arqueólogo Ryan Williams ha recordado la incidencia de dos factores cruciales en el desarrollo de economías caracterizadas por la intensificación de la producción. Por un lado, la consolidación de una ideología promovida por la élite que encumbra un credo, valida la autoridad y promueve la integración social. Como se ha visto en páginas anteriores, en el caso wari este factor se encuentra representado, principalmente, por la sofisticada iconografía de sus artefactos y por las actividades rituales y políticas en las que se los usa, consume o circula. Por otro lado, los procesos medioambientales, dependiendo de su fase de desarrollo o severidad, suelen poner en movimiento una serie de adecuaciones humanas a diferente escala y, eventualmente, el reajuste de las instituciones económicas, sociales o políticas de una población. En este sentido, ante el riesgo o la incertidumbre, no pocas veces las crisis climáticas han estimulado la unificación de voluntades y la adopción de soluciones conjuntas bajo nuevos liderazgos. Vale recordar que, en cuanto al Horizonte Medio, hay cada vez mayor evidencia de que las dinámicas climáticas del periodo fueron un factor efectivo de presión sobre la población.

Williams sugiere que la combinación de ambos factores, una ideología novedosa construida por la élite ayacuchana y las dificultades generadas por la inestabilidad climática, con especial énfasis en los

---

115. Browman 1987.

periodos de sequía del siglo VI, crearon las condiciones iniciales para que los líderes wari pudieran disponer de numerosa mano de obra, y para que las poblaciones aceptaran la pertinencia o legitimidad de tal autoridad[116]. Recordemos que esta dinámica interactiva entre condiciones materiales muy concretas (el clima y sus efectos en el medio físico y biológico) y las ideas que sancionan modos de actuar colectivos (una ideología político/religiosa construida desde los intereses de un grupo social dado) es también un elemento fundamental en el modelo que Dean Arnold ha construido para explicar la aparición de la especialización alfarera en el valle de Ayacucho, precisamente durante el Horizonte Medio.[117] En este sentido, hay cada vez mayor consenso alrededor de la idea de que las economías indígenas solo pueden ser cabalmente entendidas en la perspectiva de las dinámicas ambientales y ecológicas.

El acceso a la fuerza laboral de la población le permitió a las élites gobernantes wari poseer la llave para transformar extensivamente el paisaje de las regiones bajo su control directo, a fin de incrementar su producción, especialmente agrícola y pastoril, a niveles que serían inalcanzables dentro de una economía doméstica habitual. Esta preocupación de la élite por producir alimentos y productos "de primera necesidad" a escala mayor para consumo de los diversos grupos de la sociedad[118] aproxima la economía wari al modelo de economía sostenido por los incas, caracterizado como un sistema en el que los productos básicos de subsistencia provenían de las fuentes del Estado.[119] Tratándose de organizaciones políticas que controlaron los mismos territorios y administraron recursos y poblaciones semejantes, uno puede sostener que el caso wari constituye un directo antecedente de la más compleja y extensa economía de *staple finance* que los incas implementaron varios siglos después. En esta línea de razonamiento,

---

116. Williams 2006.
117. Arnold 1993.
118. Lo que algunos autores denominan *staple finance economy*; véase Polanyi 1968, también D'Altroy y Earle 1985.
119. D'Altroy 2004.

se pasa a discutir las formas en que Wari buscó aumentar la productividad agrícola y el abastecimiento de bienes de primera necesidad.

i. Irrigación y agricultura

Si bien en el valle de Ayacucho hubo un importante acondicionamiento agrario e hidráulico del territorio desde antes de la instauración del Estado wari, que se incrementó y complejizó notablemente durante el Horizonte Medio, es en otros valles y regiones donde la capacidad constructora del Estado alcanzó niveles hasta entonces realmente inéditos. Los casos no son muchos, pero sí muy ilustrativos, y sintomáticamente se encuentran en valles interandinos de la sierra sur, más un caso (valle de Moquegua) localizado en la cabecera del flanco occidental de los Andes y perteneciente a la cuenca del Pacífico. Tal distribución resulta comprensible, pues fue en el sur donde más claramente wari ensayó una colonización o control territorial directo, quizás debido a la proximidad de esos valles a Ayacucho, a la cercanía cultural con sus respectivas poblaciones y a un importante nivel de semejanza ecológica. Con todo, su presencia no fue homogénea. En la sierra al norte de Ayacucho, en cambio, los datos reunidos hasta el momento no sugieren que wari haya dedicado un esfuerzo transformador semejante, por lo menos no de una manera suficientemente evidente.

Los ejemplos sureños que a continuación se revisan muestran las múltiples formas de la intervención wari sobre el paisaje para convertirlo en espacio de producción agraria y pastoril. En unos casos, es claro que el Estado buscó acentuar una complementariedad entre la crianza de rebaños y la agricultura, probablemente en un intento de preservar cierta flexibilidad económica ante condiciones ambiental o socialmente inestables; en otros casos, priorizó decididamente la producción agrícola en función de recursos más específicos y a base de notables trabajos de irrigación, y aun en otros, sin desatender su abastecimiento alimenticio, sometió lo productivo a propósitos geopolíticos. En cada uno de estos escenarios, el resultado fue una adecuación física sin precedentes en la historia local que, en mayor o menor medida, condicionó el uso del territorio en periodos subsiguientes.

El primer caso se encuentra claramente ejemplificado por el valle de Chicha-Soras, localizado entre los actuales departamentos de Ayacucho y Apurímac, y cuya situación antes del establecimiento de la presencia wari se caracterizó por un sistema de vida aldeano basado en una agricultura menor, sin grandes proyectos de infraestructura agraria e hidráulica. La incorporación de este valle a la esfera wari mediante su colonización, sin embargo, supuso la fundación de centros como Chiqnajota y Yako, que presentan edificios en forma de "D" y, entre sus restos muebles, cerámica fina de estilos wari.[120]

Junto con la construcción de nuevos sitios, los wari emprendieron un novedoso trabajo extensivo de terraceo de las laderas de los cerros y de canalización de las fuentes de agua de altura. El sistema, empero, fue hidrológicamente flexible, pues también se observa áreas aterrazadas que habrían sido regadas únicamente con las lluvias estacionales.[121] Tal pareciera que los colonos ayacuchanos estaban experimentando o tratando de adecuarse a las condiciones climáticas que oscilaban en el tiempo. En efecto, un estudio de restos de granos de polen y de sedimentos provenientes de dos bofedales (Toqsacocha y Ayapampa) localizados arriba de 4000 msnm y de algunas terrazas de cultivo señala que ciertamente hubo fluctuaciones notorias en el régimen hídrico local. La confrontación de datos polínicos y sedimentológicos sugiere, no obstante, que en algunos casos las señales de humedad no corresponden a fenómenos naturales, sino a esfuerzos artificiales por mantener los niveles de agua necesarios (por ejemplo, mediante represamientos) en contextos generales más bien secos.[122] En este sentido, lo definitorio parece haber sido la capacidad wari de operar con relativa constancia sobre un medio natural oscilante. De hecho, los estudios también indican que en algún momento de la segunda mitad del Horizonte Medio las terrazas dejaron de tener mantenimiento, aun cuando todavía eran perfectamente productivas, lo que

---

120. Meddens y Branch 2010.
121. Meddens 1991.
122. Branch et ál. 2007, Meddens y Branch 2010.

pone el acento en factores sociales más bien que naturales detrás del abandono del paisaje construido.[123]

De manera interesante, los datos de polen de las terrazas indican una débil presencia de maíz y más bien una notoria frecuencia de las familias botánicas chenopodiaceas y amaratheaceas, muy probablemente quinua y kiwicha, respectivamente.[124] Si bien es probable que la escasez de maíz no sea un hecho real sino consecuencia de la mala conservación de sus microrrestos, el estudio sugiere que a los wari también les interesaba el cultivo de otros granos andinos, y que no escatimaron esfuerzos en invertir trabajo y recursos para asegurar su cultivo. Ciertamente, el maíz fue un alimento importante entre las élites wari (recuérdese como ejemplo las evidencias reunidas en Conchopata), pero lejos de una producción generalizada, su consumo selectivo podría haber implicado su cultivo restringido a sectores específicos dentro de las grandes áreas de producción agrícola.

De igual modo, es importante considerar que el significado económico del valle de Chicha-Soras no se agotó en la agricultura. Su gran porcentaje de áreas en ecología de puna, ampliamente cubiertas con pastos naturales, parece haber favorecido de manera muy firme las actividades de pastoreo, especialmente cuando la disminución de las precipitaciones desincentivaron el cultivo en las terrazas de secano pero no comprometieron la reproducción de variedades de ichu más tolerantes a la escasez de agua.[125] De hecho, la presencia numerosa de corrales en algunos de los varios sitios del periodo atestigua una especial atención a la crianza de camélidos.[126]

El segundo caso corresponde al valle de Sondondo (en la provincia de Lucanas, camino a Ica), donde se ha documentado con bastante claridad cómo la intervención wari reorientó la economía, esta vez de prácticas pastoriles a propiamente agrícolas de gran escala.

---

123. Branch et ál. 2007.
124. Branch et ál. 2007, Meddens y Branch 2010.
125. Meddens 1991, Meddens y Branch 2010.
126. Meddens 1991.

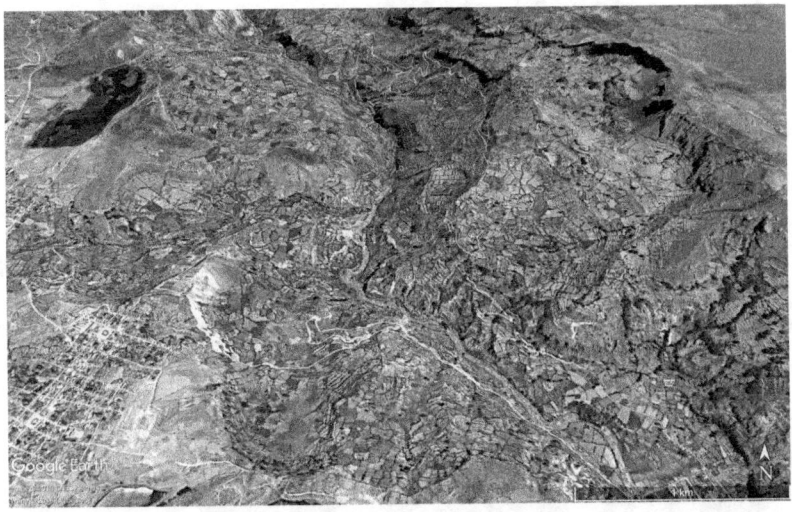

Figura 3.5. Vista de sistema de andenerías bajo uso actual en el valle de Sondondo, provincia de Lucanas, departamento de Ayacucho. Gran parte del sistema fue obra del esfuerzo constructivo wari para la producción agrícola a una escala nunca antes vista en la región. Siglos después los incas continuarían con un trabajo semejante en esta parte del paisaje ayacuchano. Google Earth Inc. Imagen satelital, febrero de 2018.

De manera análoga al valle de Chicha-Soras, antes del arribo wari los asentamientos fueron básicamente aldeas dispersas de casas de planta redondeada y muros de piedra pircada. Al estudiar este valle, Katharina Schreiber encontró que los poblados más grandes tendían a ubicarse en la franja de 3300 a 3600 msnm, mientras que los poblados chicos ocupaban de manera diseminada un rango más amplio entre 2800 y 3800 m de altitud.[127] Por un lado, esta distribución sugiere que la forma típica de ocupar el valle y explotar sus recursos fue mediante la tradicional estrategia de control vertical de pisos ecológicos,[128] y por otro, que hubo una preferencia por los pisos suni, donde los tubérculos son el principal cultivo. Los wari cambiaron esto radicalmente

---

127. Schreiber 1987, 2005.
128. Murra 1972.

desplegando una actividad constructiva hasta ese momento desconocida en el valle: erigieron un centro administrativo mayor conocido como Jincamocco, no menos de cuatro centros satélites supeditados a este, un camino que enlazaba Jincamocco con el valle de Nazca al sur y la capital Huari al norte, y un impresionante sistema integrado de andenes y canales de regadío. Al mismo tiempo, se percibe con claridad que los asentamientos pasaron a ubicarse preferentemente a lo largo de una franja altitudinal menos elevada, por debajo de los 3300 msnm, más cercana al piso quechua. Ello plantea la posibilidad de que el interés recayó en cultivos de clima más moderado, tal como el maíz, una planta que requiere altitudes más bajas, así como suelos bien irrigados y menos expuestos a las heladas.[129] De este modo, se observa que la intrusión wari en el valle generó un cambio drástico en relación con dos aspectos: primero convirtió a la agricultura en actividad principal de la población y luego parece haberle dado prioridad al cultivo del maíz sobre el de los tubérculos.

Las investigaciones han determinado que las terrazas agrícolas wari del valle son bastante distinguibles de las posteriores inca, que también son numerosas. En general, los andenes wari exhiben medidas muy estandarizadas con terrazas de hasta 1,80 m de alto y paredes verticales. Muestran también rellenos de tierra fértil traídos del fondo del mismo valle y canales de irrigación o drenaje.[130] Más aún, existe evidencia inequívoca de que previo a cualquier arquitectura construida y la laboriosa descarga masiva de tierra fértil, las laderas de los cerros fueron modeladas extensivamente, excavándolas a modo de inmensas graderías. A su turno, una vez culminados y ya en pleno uso, muchos andenes estuvieron sujetos a no menos de tres remodelaciones sucesivas.[131] Por la escala de estos trabajos y su orientación hacia cultivos que fueron de interés de las autoridades estatales, tal como el maíz, se reitera una vez más que en Sondondo el sistema de terrazas

---

129. Schreiber 2005.
130. Kendall y Rodríguez 2009.
131. Aguirre Morales 2009.

fue obra de un Estado centralizado, planificador y movilizador de una apreciable cantidad de mano de obra.[132]

En alguna medida, algunos valles de la región del Cuzco recuerdan el caso de Sondondo, en el sentido que también fueron "retrabajados" a gran escala para incrementar la productividad agrícola. En la cuenca de Lucre, esto supuso la construcción de una importante infraestructura hidráulica que tuvo como eje el centro provincial de Pikillacta, un sitio de más de 100 ha, construido al típico modo wari, con arquitectura ortogonal celular.[133]

Pikillacta se encuentra en el centro de una red de canales que en total suman no menos de 48 km lineales, y que tienen sus bocatomas en las nacientes del río Lucre y de la quebrada Chelque. El sistema es muy semejante al observado en Huari: un canal principal de 16 km de longitud alcanza, aguas abajo, el mismo centro de Pikillacta, luego de superar los profundos desniveles del terreno con ayuda de grandes acueductos de piedra de hasta 200 m de largo y 12 m de altura. Se ha estimado que el canal tuvo una capacidad de 850 a 1700 l por minuto, y que además de alimentar tres grandes reservorios con una capacidad conjunta de 807.000 l y de regar los campos de cultivo y asentamientos de los alrededores, distribuyó agua a los residentes de Pikillacta mediante una serie de ramales que corren dentro de la ciudad.[134] También como en Huari, el hecho de que en varios tramos estos ramales subyacen a los pisos y muros de los edificios sugiere que hubo un nivel de planificación en el que el espacio construido y el suministro de agua fueron concebidos de manera integral.

Pero al lado de esto, otros canales más pequeños también fueron cruciales, pues irrigaron extensiones muy grandes de andenería localizadas ya no solo en las laderas de los cerros, sino también en el cono aluvial. En general, el sistema de irrigación asociado a Pikillacta permitió cultivar granos y tubérculos en una extensión aproximada de 572 ha (alrededor de 5,42% del área total del valle), aunque esta cifra

---

132. Schreiber 2005.
133. McEwan 2005b.
134. Valencia 2005: 91-92.

no considera los campos irrigados que se ubican cerca pero fuera de la cuenca.[135]

El último caso en el sur corresponde al valle de Moquegua u Osmore, donde los hallazgos de Ryan Williams indican que hubo una notable expansión de la frontera agrícola e intensificación de la producción aprovechando las fases húmedas del 610 al 650 d. C. y del 760 al 1040 d. C., según los registros paleoambientales del Quelccaya.[136]

A diferencia de los casos de Chicha-Soras, Sondondo y Lucre, el valle de Moquegua (u Osmore) forma parte de la cuenca hidrográfica del Pacífico, por lo que las lluvias, aun arriba de los 3000 m de altitud, son bastante menos copiosas que las de los valles interandinos. En su recorrido desde el flanco occidental de la cordillera hasta el mar, el valle exhibe tres secciones claramente diferenciadas: el valle alto, que corresponde a la cabecera de la cuenca y recibe casi la totalidad de las lluvias estacionales; el valle medio, que es amplio y concentra las mejores tierras para el cultivo; y el valle bajo, que es hiperárido y cuenta con una planicie aluvial algo estrecha que desemboca en el litoral.

El arribo de los wari al valle de Moquegua significó una transformación profunda del valle alto (donde una serie de ríos tributarios convergen para dar forma al Moquegua aguas abajo), tal como queda atestiguado por la construcción de un canal de 14 km de longitud que llevaba aguas de una subcuenca tributaria a otra (del Torata al Tumilaca), atravesando la divisoria de aguas. Con esto, fue posible irrigar las laderas de dos cerros muy altos y visibles que los wari ocuparon para controlar el valle: Cerro Baúl y Cerro Mejía, encima de los cuales se construyeron sendos sitios wari.[137] Así, por primera vez en la historia del valle de Moquegua, se construyó un sistema de terrazas agrícolas sustentadas por irrigación. Estas, sin embargo, fueron menos densas y peor conservadas que sus contrapartes serranas, probablemente por efectos de los deslizamientos y la erosión.[138]

---

135. Ibíd., p. 96.
136. Williams 2006.
137. Williams 1997.
138. Ibíd.

Sin ignorar los beneficios de este importante acondicionamiento agrario, la evidencia indica que otro interés fundamental de los colonizadores wari en Moquegua fue geoestratégico. Una serie de investigaciones ha demostrado que los advenedizos ayacuchanos mantuvieron con sentido militar sus ocupaciones en el valle alto sin penetrar en el valle medio y bajo, que por el mismo tiempo se hallaba ocupado por colonos tiwanaku.[139] Estos también habían hecho trabajos de irrigación para incrementar su producción agrícola, pero sus canales no solo fueron más pequeños que los wari, sino que se hallaban en una posición de mayor vulnerabilidad hídrica al captar el agua del Moquegua después de que los wari la tomasen de los tributarios altos. Aunque por cierto tiempo waris y tiwanakus parecen haber compartido el valle y convivido de manera pacífica, Williams ha reunido evidencia de que durante la segunda mitad del Horizonte Medio los wari aprovecharon una fase de sequía para intensificar artificialmente la escasez de agua y provocar una crisis agraria entre sus vecinos tiwanaku. Tal debacle hídrica y económica explicaría el abandono final del asentamiento de Omo, el principal sitio tiwanaku en el valle.[140]

Asumiendo que los casos reseñados ilustran razonablemente la intervención wari en la sierra sur para maximizar la producción agrícola, puede decirse que la situación sureña contrasta con la de la sierra central y norte, donde no se ha identificado infraestructura hidráulica y agraria de envergadura semejante, por lo menos no una que se atribuya claramente al poder planificador y constructor del Estado ayacuchano. En estas regiones, el impacto agrario de wari se deduce de una forma muy indirecta, por lo que queda sujeto a futuras investigaciones en sitios concretos. Por ejemplo, se ha postulado que en la sierra central, en el valle del Mantaro y tributarios, el Estado wari habría forzado la reorientación económica del tradicional pastoralismo a la agricultura de tubérculos, aprovechando que a su arribo la región experimentaba una crisis demográfica: como parte de una tendencia iniciada en el periodo anterior, las poblaciones padecían un

---

139. Moseley et ál. 1991.
140. Williams 2002.

desbalance entre una limitada disponibilidad de tierras con pasturas y un incremento excesivo de la población que basaba su subsistencia en la actividad pastoril.[141] Este escenario, que fue fundamentalmente derivado del estudio del número y localización de los asentamientos en el valle, necesita evidentemente de mayores estudios y de la clarificación de sus posibles vínculos con centros wari verificados en el valle, como Warivilca.[142]

El escenario es completamente diferente a lo largo de gran parte de la costa, donde, como se ha visto en el capítulo anterior, las sociedades locales y sus élites dirigentes contaban con infraestructura hidráulica y agraria muy desarrollada anterior al surgimiento del propio Estado wari. Ante la ausencia de lluvias, aquí más que en cualquier otra parte del Perú el paisaje económico es esencialmente el paisaje irrigado artificialmente. En consecuencia, su productividad fue el sustento de sistemas políticos fuertes que se relacionaron con wari con diferente grado de independencia o que tardaron en acomodarse disparmente a la hegemonía serrana. Los procesos de ampliación de la frontera agrícola y los datos arqueológicos que lo prueban son tan abundantes que se necesitaría un libro aparte para dar cuenta de todos ellos. Sin embargo, se podría hacer un corto esbozo con algunos ejemplos de las costas norte, central y sur-medio (hasta el departamento de Ica).

En la costa norte, las sociedades mochica habían alcanzado un desarrollo agrario notable, no sin haber negociado laboriosamente sus capacidades tecnológicas y organizativas con las variables condiciones ecológicas que sobrevinieron desde principios del Horizonte Medio. Por esta época, en el valle de Lambayeque ya estaban trazadas las primeras versiones de los canales Collique y Taymi Antiguo, con el primero ampliando la zona cultivable hacia el sur para el abastecimiento del gran centro urbano de Pampa Grande y sitios anexos, y el segundo haciendo lo mismo en la margen opuesta, proyectando nueva tierra agrícola hacia las proximidades del valle de La Leche.[143] Las ampliacio-

---

141. Browman 1976.
142. Shea 1969.
143. Shimada 1994b: 60.

nes de campos agrícolas gracias a la irrigación también continuaron en el valle de Jequetepeque, donde, una vez ensanchado el valle hacia el sur, se emprendió el mismo proyecto hacia el norte con ayuda de cuatro canales independientes construidos sucesivamente en el tiempo, cada uno regando campos de mayor altitud.[144] Finalmente, en el valle de Moche, entre los siglos VI y VIII todo el sistema de irrigación mochica conocido estaba en operación, en el que resaltaba un conjunto de tres canales (Moro, Vinchansao y Mochica) que paulatinamente habían servido para ampliar la frontera agrícola desde el piso del valle hacia los flancos más elevados.[145] Con ello, las autoridades mochica pudieron proveerse de virtualmente toda la gama alimenticia agrícola conocida en el mundo andino hasta antes de la llegada de los conquistadores españoles en el siglo XVI.[146] Importante en este cuadro general es la existencia de grandes asentamientos sustentados por estos sistemas hidráulicos y agrarios, tales como Pampa Grande en el valle de Lambayeque y Galindo y Moche en el de Moche, todos centros urbanos con clara evidencia de producción artesanal especializada a gran escala y con patrones de subsistencia complejos y variados, en los que los cultígenos se acompañaron de otros alimentos de la más distinta índole (camélidos, peces marinos, aves domésticas, etc.). Asimismo, hay que destacar la presencia de edificaciones especiales destinadas al almacenamiento de productos agrícolas y objetos, tales como una serie de estructuras de adobe con compartimentos internos identificadas en Pampa Grande.[147] Estos datos señalan que, al menos en una parte de la costa norte peruana, las expectativas teóricas de una distinción económica entre el campo y la ciudad, con un sistema redistributivo comandado desde el centro urbano, tienen cierto nivel de verificación.

En la costa central, donde florecía la cultura Lima, parece haber prevalecido un cuadro en ciertos aspectos semejante, aunque se necesita un mayor control cronológico de los procesos de conversión

---

144. Castillo 2010: 95-97.
145. Billman 2002.
146. Pozorski 1976.
147. Anders 1981, Shimada 1994b.

agraria del paisaje. Los canales mejor estudiados corresponden a los del valle del Rímac, y en especial los de la margen sur, que precisamente riegan la porción del valle más adaptable a la agricultura gracias a su amplitud y relieve relativamente llano.[148] En este contexto, al iniciar el Horizonte Medio crecen aún más una serie de centros urbanos ceremoniales tales como Huaca Pucllana y Maranga.[149] A su vez, la ampliación del sistema de irrigación hacia el este, río arriba, llevó a la fundación de nuevos asentamientos monumentales como Catalina Huanca y Cajamarquilla.[150] Se debe resaltar que en este último sitio, de casi 140 ha, parecen haber existido numerosos almacenes subterráneos ya desde el momento de su fundación. A pesar de estas tendencias generales, carecemos de una mejor comprensión de los logros agrícolas y sus implicancias económicas, en buena medida debido a que en la arqueología de la cultura Lima el estudio sistemático de los restos botánicos no ha recibido atención suficiente o no ha llegado a publicarse científicamente, un problema que afortunadamente se está empezando a corregir.[151]

En la costa sur el proceso fue menos estable, por ahora sujeto a una reevaluación más visible a la luz de recientes investigaciones en la cuenca del Río Grande de Nazca y tributarios. Después de un dominio nazca del desierto mediante los famosos acueductos y puquios descritos en el capítulo anterior, sucede en el Horizonte Medio un proceso aparente de despoblación, antes atribuido a la amenaza wari que alcanzó muy puntualmente alguno de estos valles desde la sierra y ahora a secuencias de sequías prolongadas que definieron un proceso de desertificación generalizada.[152] En efecto, más allá de algunos pocos sitios con presencia o influencia wari como Pacheco y Huaca del Loro, en general parece haber ocurrido un descenso demográfico, de modo que para hallar algunos pocos sitios del Horizonte Medio hay que

---

148. Mejía Huamán 1998.
149. Casareto y Pérez 2016.
150. Maquera y Esteban 2014, Palacios et ál. 2014, Segura y Shimada 2010.
151. Por ejemplo, Marcone 2012 para un caso en el valle de Lurín.
152. Reindel e Isla 2013, Schittek et ál. 2015.

subir por los valles tributarios camino a la sierra. Allí, en una ecología de valle medio sobre los 1000 msnm, con lluvias estacionales poco generosas, se encuentran algunos escasos sitios propiamente wari pero pequeños, como Pataraya e Incawasi;[153] y más arriba, en Palpa, sobre los 3000 msnm, sitios con poblaciones costeñas (debemos presumir descendientes nazca) que se movilizaron hasta aquí en procura de asegurar su subsistencia.[154] Aunque la cronología y la secuencia real de estos eventos y procesos aún está por definirse, es claro que el Horizonte Medio fue un periodo de deterioro climático, movilización poblacional y acomodo wari en los valles de ingreso a la costa, en el que quedaron en segundo plano los esfuerzos de irrigación del periodo anterior y en suspenso un proceso de complejización económica como la ocurrida en los valles de la costa central y norte.

ii. Agropastoralismo

Como Duccio Bonavia ha anotado, más bien que un pastoralismo neto, practicado como actividad económica exclusiva o independiente, lo que ha prevalecido en los Andes ha sido una diversidad de formas de pastoralismo vinculadas a la agricultura.[155] En realidad, se ha tratado típicamente de un sistema mixto en el que los pastores, sin negar sus niveles importantes de especialización en el conocimiento de los nichos ecológicos de pastos, en la crianza de camélidos domesticados (llama y alpaca) y en el manejo de los recursos derivados (por ejemplo, en la producción de charki o carne seca salada), aprovechan también los cultivos de altura (especialmente tubérculos) dentro de un régimen de complementariedad ecológica.[156] Kevin Lane sostiene que este sistema complementario merece el nombre más específico de agropastoralismo.[157] Por esta razón, como también ha señalado Lane,

---

153. Edwards y Schreiber 2014.
154. Reindel e Isla 2013.
155. Bonavia 2008.
156. Ibíd., pp. 436-438.
157. Lane 2010.

las innovaciones tecnológicas en agricultura que se acaban de revisar debieron haber generado algún nivel de cambios en el manejo de los camélidos también. La limitación que se tiene, sin embargo, es que sabemos poco de aquellos hipotéticos cambios debido al carácter efímero de la evidencias que el pastoralismo, en cualquiera de sus variantes, deja para la arqueología, mucho menos identificables que las huellas de los grandes proyectos agrícolas y de irrigación.

Como es ampliamente conocido, los camélidos domesticados proporcionaron cinco beneficios fundamentales para los pobladores andinos: fueron requeridos por su carne como alimento, por sus excrementos como combustible o eventual fertilizante, por su fuerza y movilidad para el transporte, por su lana para los tejidos y por su rol en los rituales, en tanto fueron uno de los animales preferidos para los sacrificios. En el caso wari, sobre todo a base de las limitadas evidencias de Ayacucho y la sierra sur,[158] se deduce que, si bien se los consumía en las fiestas y banquetes de la élite y se los sacrificaba en los rituales importantes, jugaron un rol cada vez más crítico como animales de carga (la llama) y como proveedores de lana para la actividad textilera (las alpacas) en razón de las nuevas exigencias económicas y políticas del Estado. En este marco puede entenderse mejor el planteamiento de Meddens, acerca de valles como el de Chicha-Soras que ya hemos revisado, cuyo significado económico para el imperio no solo se refleja en la transformación masiva del paisaje para la agricultura, sino también en la paradójica preservación de extensas áreas intocadas para el mantenimiento de los pastos, cruciales para los rebaños de camélidos.[159] A decir de Luis Lumbreras, precisamente por esto, debido a su creciente importancia económica, se deriva la representación cada vez más frecuente de los camélidos domesticados en el arte y su inclusión en los rituales oficiales wari.

En algunos valles como Moquegua, el consumo de camélidos es prácticamente invisible hasta el Horizonte Medio, periodo a partir del cual tanto waris como tiwanakus los introdujeron y criaron con

---

158. Por ejemplo, Pozzi-Escot y Cardoza 1986.
159. Meddens 1989.

especial éxito. En el sitio wari de Cerro Baúl, por ejemplo, es bastante claro que los camélidos fueron parte importante del menú que se consumía en las fiestas y banquetes, y que su bosta se usó como combustible en las cocinas, tal como se ha comprobado en un espacio donde se preparaba grandes cantidades de chicha de maíz y molle.[160]

Lo que es interesante aquí es que gracias al estudio isotópico de los huesos de los animales consumidos o sacrificados, se ha podido determinar dos cosas muy reveladoras. En primer lugar, que algunos de los camélidos consumidos en Cerro Baúl fueron criados en el altiplano circum-Titicaca, lo que indica, una vez más, que los contactos e intercambios entre Wari y Tiwanaku posiblemente fueron muy amplios y persistentes durante el tiempo de su coexistencia. Y en segundo lugar, que la mayoría de los camélidos hallados en el lugar fueron criados en la costa.[161] Este hallazgo es perfectamente coherente con estudios anteriores en la costa norte, que indican que durante el Horizonte Medio la crianza de camélidos fue practicada en una variedad de ecologías no solo serranas, sino también costeñas.[162] En efecto, en el sitio mochica de Pampa Grande, al principio del Horizonte Medio, la presencia de camélidos es incuestionable, no solo como alimento, según se desprende de sus huesos en las áreas de cocina y basura, sino también como animales de carga. El hallazgo de cuartos con gruesas capas de excrementos de estos animales, probablemente llamas, hace pensar en su cuidado en un contexto urbano y en su potencial papel en la movilización de recursos y bienes de la periferia al asentamiento central.[163] En Ancón, el balneario cercano a Lima, se han identificado también corrales con excrementos de camélidos en un tiempo en que las influencias wari habían arribado a la costa central.[164] En general, hay suficiente evidencia para señalar que hubo un pastoralismo de camélidos andinos transversal al escalonamiento ecológico del Perú

---

160. Moseley et ál. 2005, Nash 2013.
161. DeFrance 2016.
162. Shimada y Shimada 1985, Thornton et ál. 2011.
163. Shimada 1994b: 184-189.
164. Menzel 1977: 110.

antes y después del auge wari, lo que podría sorprender ante la realidad de una costa peruana actualmente desprovista de estos animales.

Volviendo al caso wari, en razón de la presencia persistente de restos de camélidos en los centros de filiación ayacuchana, Susan deFrance ha planteado la hipótesis de que la crianza de estos animales también fue dirigida por el Estado wari. Los datos a la mano sugieren que la hipótesis es válida. Por ejemplo, los restos de camélidos de Conchopata examinados por Brian Finucane y colegas mediante análisis de isótopos estables de carbón y nitrógeno arrojan como resultado la presencia de dos grupos de camélidos: aquellos que se alimentaron de los pastos de altura, como se espera en situaciones normales conocidas, y aquellos (la mayoría en la muestra analizada) que se alimentaron de maíz.[165] Sabiendo que el maíz fue un alimento muy importante y de cultivo delicado, y que Conchopata fue un centro urbano donde las élites wari administraban el poder, este resultado debe reflejar una preocupación directa de las autoridades en las formas de crianza de los animales (deducibles por su tipo de alimentación) y en su empleo para fines específicos. A partir de la observación de la morfometría de algunos huesos largos de los camélidos estudiados, los autores especulan que el Estado wari pudo criar de manera especial camélidos selectos (llamas, especialmente) destinados únicamente al transporte a larga distancia.[166] De hecho, como se verá más adelante, la amplia circulación de artículos procedentes de Ayacucho y de las diversas regiones que estuvieron en contacto con Wari no habría sido posible sin las caravanas de camélidos.

La movilidad de los grupos dedicados al pastoreo merece discutirse con un poco más de detalle. Evidentemente, esta movilidad no debe ser entendida como un movimiento abierto en el territorio, sino como un desplazamiento itinerante a través de rutas definidas con diferente rango de distancia para la obtención de recursos. Por ello, no pocas veces, los grupos pastoriles han sido responsables de la propagación de prácticas o elementos culturales que han fortalecido la interconectividad interregional y la construcción de historias más

---

165. Finucane et ál. 2006.
166. Ibíd., p. 1773.

amplias e integradoras. En este sentido, además de la diseminación de subproductos propios de la actividad pastoril, como cuero, lana u objetos de hueso, tal movilidad facilitó la difusión de los emblemas wari y tiwanaku y de su ideología, vía los circuitos de intercambio o de acopio y distribución de recursos bajo control o influencia indirecta del Estado; pero a la vez permitió el arribo de elementos foráneos, "periféricos" o "provinciales" a sus centros de poder, echando a andar procesos de hibridación cultural en uno y otro sentido. En este escenario, Lane, siguiendo la hipótesis de David Beresford-Jones y Paul Heggarty de que el Estado wari fue el principal responsable de la dispersión del quechua en los Andes centrales, ha atribuido un rol clave en este proceso al movimiento a larga distancia de los grupos pastoriles vinculados al Estado.[167]

iii. La articulación de los centros de producción agropecuaria

Vista en conjunto, la evidencia indica que la producción de alimentos y de una serie de artículos de consumo básico entre los wari llegó a niveles que no habían sido alcanzados hasta entonces. Pero a la vez, en perspectiva histórica más general, tales logros resultan limitados con relación a la escala lograda posteriormente por los incas. Aunque importante, el acondicionamiento extensivo wari para fines agrarios se restringe básicamente a algunos pocos valles localizados en la sierra sur, que fue el territorio más afín a la experiencia ecológica ayacuchana. Fuera de ello, la producción agraria al servicio del Estado no conllevó una transformación física descomunal de los valles en todo el territorio donde se distribuyen la arquitectura y objetos wari. Igualmente, no es muy evidente una infraestructura muy grande para distribuir los recursos producidos. Dos componentes pueden ser revisados brevemente: la red de caminos y el sistema de almacenamiento.

Algunos investigadores han podido identificar o deducir porciones de caminos wari por su asociación con una serie de centros administrativos de diferente rango en el sistema de asentamientos. Este es

---

167. Beresford-Jones y Heggarty 2010, véase también Lane 2010.

el caso de Jincamocco, en el valle de Sondondo, construido sobre la vía que habría conectado la capital Huari con el valle de Nazca, en el departamento de Ica.[168] Otros segmentos viales se han registrado en Pikillacta y sus alrededores, donde incluso se ha podido detectar el ingreso de un gran camino amurallado al mismo centro de la ciudad, con dirección sur a norte.[169] En general, como Williams ha anotado, ya que los centros administrativos wari suelen ubicarse no más arriba de los 3000 msnm (por su preferencia en las ecologías donde se puede cultivar maíz), los caminos wari parecen haber sido trazados básicamente en el piso quechua (entre 2000 y 3000 m de altitud). Quizás la poca conservación de esta red caminera se deba precisamente al hecho de haber sido construida principalmente en este piso ecológico y altitudinal, el más poblado de la sierra, y por ello intensamente alterado por los grupos humanos a lo largo de la historia.

Aunque con ayuda de las nuevas tecnologías al servicio de la investigación (p. e. Sistemas de Información Geográfica, SIG) se puede deducir sobre la cartografía y luego confirmar mediante trabajos en el campo el posible trazo preciso de las rutas wari, es evidente que el estudio de las redes de caminos anteriores al desarrollo inca aún transita por su fase inicial.[170] Dentro de este estado de cosas, recientemente se están formulando algunos planteamientos interesantes. Por ejemplo, debido a que la ubicación de Cerro Baúl marca la frontera sur de la expansión wari sobre la cadena occidental de la cordillera de los Andes, y que entre este sitio y la capital Huari existe amplia evidencia de asentamientos y artefactos wari diseminados, Williams sostiene que debió haber existido un camino o ruta troncal que unía Cerro Baúl con el valle de Ayacucho.[171] Esto coloca a la sierra del departamento de Arequipa como una región con gran potencial para entender las articulaciones económicas wari. Los recientes estudios en valles como el de Cotahuasi en la sierra arequipeña encajan con esta expectativa, aunque

---

168. Schreiber 1992.
169. Isbell y Schreiber 1978, McEwan 1991.
170. D'Altroy 2017.
171. Williams 2017.

sugieren que tales caminos, más bien que articular centralizadamente la periferia a un núcleo económico único por mandato del Estado, eran rutas de intercambio promovidas y quizás hasta controladas por otras comunidades políticas no wari para su propio beneficio.[172] Con todo, la distribución de los sitios wari sugiere que la infraestructura vial estatal no solo se encuentra menos conservada que la inca, sino que a todas luces fue también menos extensa que aquella.

El segundo punto mencionado corresponde a un sistema de almacenamiento que, en una economía de *staple finance* y a la luz de la experiencia inca, debiera ser inequívoca y hasta cierto punto masiva (tómese en cuenta el ejemplo inca de Huánuco Pampa y sus almacenes de maíz y tubérculos a discutirse en el siguiente capítulo). Tal expectativa se basa, nuevamente, en el modelo de Estado de Childe, en el sentido de que si hay almacenes de capacidad superior al requerido por una unidad doméstica individual, hay excedentes, y si hay excedentes hay necesariamente una clase gobernante de nivel estatal apropiándose de la producción de los campesinos. No obstante, desde el punto de vista del almacenaje, tales expectativas teóricas aún no se comprueban bien con los datos disponibles. Por algún tiempo, por ejemplo, se sostuvo que los centros administrativos wari exhibían sendos sectores de almacenamiento, en razón de la presencia de numerosos cuartos pequeños, de medidas y forma estandarizadas, en centros como Azángaro y Pikillacta. No obstante, las posteriores investigaciones[173] han determinado que tales ambientes corresponden más bien a áreas domésticas o a espacios de función ritual.

En realidad, solo en la sierra norte se ha hallado estructuras que por su diseño y ubicación parecen corresponder a verdaderos almacenes.[174] Se trata de veinticuatro edificios circulares de piedra con pisos elevados y ventilación localizados en la cima de Cerro Amaru, en la sierra del departamento de La Libertad. Según revelan John y Teresa Topic, los análisis de fitolitos de muestras del interior de estas

---

172. Jennings 2015.
173. Anders 1991, McEwan 2005a.
174. Topic 1991.

construcciones arrojan la presencia de ichu, que correspondería a los techos caídos de los almacenes, y de maíz, que correspondería a los cultivos almacenados. El caso de Cerro Amaru llama poderosamente la atención puesto que hasta ahora es irrepetible en todo el paisaje construido wari a lo largo y ancho del territorio atribuido al imperio.

Ciertamente, esta aparente poca presencia de las estructuras de almacenaje podría deberse a un problema de identificación debido a los métodos y técnicas tradicionales empleados por los arqueólogos, pero no deja de ser intrigante que habiendo semejanzas entre los wari y los incas respecto del acondicionamiento de paisaje productivo mediante proyectos de irrigación y terraceo, y en relación con la presencia de artefactos para la cuantificación y registro (véase más abajo la discusión sobre los quipus wari), no exista como punto de enlace los antecedentes wari de los almacenes inca. Hay acá un tema por reconsiderar, estudiar y discutir con datos empíricos cuidadosamente recuperados. Entre tanto, debido a esta débil evidencia de infraestructura estatal para el almacenamiento de bienes de consumo básico y alimentos, Timothy Earle y Justin Jennings consideran que los wari poseyeron una economía de *staple finance* limitada.[175]

Finalmente, cabe considerar también que la agricultura estatal wari debió contar con mecanismos de planificación de la siembra, del mantenimiento de los cultivos y de su cosecha. Posiblemente, la crianza de numerosos camélidos pudo requerir de un ordenamiento semejante, paralelo o interconectado con el trabajo agrícola. Esto plantea la necesidad de un cronograma de las actividades agropecuarias y, en términos más concretos, la formalización de un calendario.

Por desgracia, es muy poco lo que se puede decir al respecto. Ciertamente un calendario puede plasmarse en una serie de objetos o de rasgos del paisaje construido o modificado, pero su identificación certera podría ser difícil porque los indicadores naturales o astronómicos que intervienen no se pueden traducir directamente a través de nuestros criterios culturales. En el caso wari, el conocimiento actual

---

175. Earle y Jennings 2012.

se limita a los aportes de Martha Anders a partir de su trabajo en Azángaro,[176] en la sierra de Ayacucho.

En vista de que el núcleo arquitectónico del sitio consta de un complejo rectangular planificado con trazo ortogonal, Azángaro había sido interpretado como un centro administrativo wari secular; es decir, como un nodo en el sistema de asentamientos wari a través del cual se organizaba el flujo de recursos económicos y de información.[177] Bajo este entendimiento, se dedujo que un conjunto de recintos pequeños organizados en cuarenta hileras de celdas y divididos en dos franjas dentro del complejo eran recintos para el almacenamiento de alimentos o artefactos. Sin embargo, la cuidadosa investigación de Anders, fuertemente apoyada en la analogía con el sistema de ceques del Estado inca, sugiere que el complejo cumplía funciones calendáricas y ceremoniales más bien que estrictamente administrativas.[178] La autora interpreta que el llamado sector central del complejo amurallado rectangular corresponde a dos calendarios, uno basado en observaciones solares para la regulación de las actividades políticas y otro basado en observaciones lunares y siderales para la regulación de las actividades agrícolas.[179] Ya que no se ha hecho una reevaluación del planteamiento de Anders con nuevos datos empíricos, o un análisis semejante en otros sitios wari, la presencia de calendarios estatales continúa siendo un tema abierto en la agenda de estudios del Horizonte Medio.

Finalmente, se debe acotar que la calendarización de actividades pudiera necesitar algún tipo de desarrollo mnemotécnico. Es importante considerar que el registro de actividades productivas y de lo producido se hizo en tiempos de los incas mediante el uso especializado de unos artefactos de cuerdas conocidos como quipus.[180] ¿Contaron los wari, a la luz de sus exigencias económicas y administrativas, con

---

176. Anders 1991.
177. Isbell y Schreiber 1978.
178. Anders 1986.
179. Anders 1991: 192.
180. Urton 2003.

instrumentos contables semejantes? Es difícil de responder, pero desde hace un tiempo se conoce en colecciones públicas y privadas un número de quipus wari de diferente procedencia, generalmente sin los detalles específicos de su hallazgo. Gary Urton, quien ha hecho estudios recientes de todos los ejemplares conocidos, encuentra que los quipus wari fueron distintos de sus contrapartes inca en su base numérica: los quipus inca tuvieron una organización de base diez, mientras que los quipus wari parecen haberse organizado sobre la cifra cinco.[181] Asimismo, los quipus wari se clasifican al menos en dos tipos: los colgantes y los de lazo y ramal.[182] Vistas estas diferencias, es razonable preguntarse acerca de si los quipus wari tuvieron los mismos usos administrativos que los quipus inca. Por la ausencia de más datos, la respuesta debe quedar aplazada, debiéndose probar primero que los ejemplares wari fueron realmente artefactos contables. Hay indicios de que efectivamente esto fue así, pues un quipu wari recientemente hallado en el sitio El Castillo del valle de Huarmey parece contabilizar el número de individuos o de ofrendas enterradas dentro de grandes tumbas de élite.[183] Urton piensa que el quipu inca es la versión evolucionada del quipu wari, aunque reconoce que tal proceso de transformación aún no está bien comprendido.[184] Más allá de esto, aún debemos esperar la profundización de las investigaciones para discutir con mayor certidumbre la incidencia de estos objetos en algunos aspectos de la administración y sistema económico wari.

iv. La producción y movilización de recursos y bienes manufacturados

Como ya se ha señalado, en la economía tradicional de la región andina (sin mercado), típicamente las unidades mínimas de producción y consumo son las unidades domésticas, lo que les permite mantener el control sobre su seguridad económica y alimentaria. Como ya se ha

---

181. Urton 2014b.
182. Urton 2014a.
183. Ibíd.
184. Urton 2014b.

indicado también, la búsqueda de excedentes solo resulta de la intervención de fuerzas con intereses suprafamiliares que logran articularse en contextos políticos y ambientales específicos, tal como la de una autoridad centralizada cuya existencia depende tanto de los recursos naturales y humanos a los que accede como de su capacidad de responder a las necesidades básicas de la población. Debe agregarse un ingrediente más. A menudo, las unidades domésticas consiguen todo lo que necesitan del entorno inmediato, ya no solo alimentos, sino también objetos de diversa naturaleza, de modo que las posibilidades de conexiones económicas sobre amplios territorios son muy escasas. Pero a medida que los grupos dirigentes de la población o élites se complejizan, estas despliegan una creciente necesidad por acceder a recursos no locales y objetos exóticos o lujosos, principalmente porque estos artículos son marcadores de estatus inherentes al desarrollo de su poder. El desarrollo de este fenómeno o conducta ha sido revisado a lo largo de los capítulos anteriores.

En el caso específico de wari, cabe recordar el boato y la sofisticación ya discutidos de los artículos exhibidos en las fiestas y rituales de Conchopata. En este sentido, debemos incorporar el concepto de *wealth finance economy*: la producción de bienes exóticos y lujosos encomendada por las élites para su consumo propio o para intercambiarlos con sus pares a fin de mantener o acrecentar su poder.[185] Si bien este tipo de economía preexistía al Estado wari, la novedad, a partir del Horizonte Medio y desde el escenario ayacuchano, es que ahora la circulación de bienes pasa a ser promovida por élites que son parte de un aparato estatal expansivo bastante definido, lo que acrecienta enormemente la escala de producción y el alcance territorial del flujo de manufacturas y recursos exóticos. En este marco, el Estado wari logra lo que es imposible desde una economía doméstica: activar redes de intercambio macrorregionales de muy larga distancia.

Sin embargo, debe hacerse una precisión importante. Wari no fue un Estado que actuó en el vacío. Las élites de diversas sociedades, con diferente nivel de desarrollo político, afiliadas más o afiliadas menos

---

185. D'Altroy et ál. 1985, Earle y Jennings 2012.

a wari, ocupan la diversidad del espacio andino, y en consecuencia generan sus propias demandas de bienes, acordes con sus particulares agendas políticas. Recuérdese la complejidad de las sociedades costeñas y de sus élites ya bien desarrolladas desde mediados del periodo Intermedio Temprano, algunas al tope del poder de Estados regionales.

Lo dicho lleva a considerar que no todo flujo de bienes, ni ruta de intercambio, fue necesariamente controlado por el Estado wari. Más aún, como expresión de esta pluralidad de intereses donde wari fue disparmente hegemónico no solo fluyen objetos genuinos requeridos por las élites ayacuchanas, sino también copias o imitaciones, que para las élites no wari tuvieron un valor simbólico importante. Al mismo tiempo, la participación en estas redes, como productor, consumidor o facilitador de la circulación de bienes, parece haber desencadenado nuevos posicionamientos sociales, incluso dentro de Ayacucho, de modo que la circulación de originales o imitaciones no parece haber discriminado entre áreas metropolitanas y provinciales. Lo importante era la iconografía que portaban estos objetos como medio de propaganda ideológica, religiosa y política, vital para construir sentidos de identidad y jerarquía social funcionales a los propósitos mundanos de los grupos de poder. En resumen, los datos indican que el Horizonte Medio se caracterizó por un espectro de redes de intercambio desigualmente hegemoneizadas por wari, y no por una red monolítica con epicentro único en Ayacucho.

Para entender los posibles términos de producción y circulación de bienes, la siguiente exposición se va a basar, principalmente, en los datos proporcionados por la cerámica y los tejidos, por la sencilla razón de que con mucha frecuencia las sociedades del Horizonte Medio plasmaron en ellos los símbolos de su identidad o ideología (que es lo que precisamente los hacía atractivos), y por ser objetos que han sido estudiados con mayor minuciosidad. Esto, sin embargo, no significa que en las páginas siguientes se ignore otros artículos o materias primas, los que en conjunto ilustran la diversidad de opciones que las élites tenían para alimentar su *wealth finance economy*.

Una forma de visualizar espacios productivos alternativos a los metropolitanos de wari y de las redes de intercambio que los articulan reside entonces en el estudio de la distribución de la cerámica. A pesar de la variedad de estilos wari existentes, solo se conoce un taller alfarero adicional directamente afiliado al Estado ayacuchano (además de Conchopata). Este corresponde al sitio de Maymi, en el costeño valle de Pisco, departamento de Ica. En general, la evidencia reunida en Maymi prácticamente replica la de Conchopata en varios aspectos. Comparte con el taller ayacuchano prácticamente el mismo inventario de herramientas y también presenta varios hornos semiabiertos circulares, de aproximadamente 3 m de diámetro por 40 cm de profundidad, con huellas de quema intensa y con restos de cerámica recocida. Aquí también la producción se llevó a cabo dentro de espacios domésticos o viviendas de buena factura, en este caso hechas de adobe, de modo que tanto herramientas de trabajo como desechos de la vida cotidiana se encontraron muy mezclados.[186] De todo esto se colige que entre Ayacucho e Ica, territorios adyacentes históricamente relacionados, existía una forma más o menos común de hacer cerámica de tipo wari, que seguramente resultó del intento estatal de estandarizar tecnológicamente la producción.

Es importante puntualizar que el hallazgo en Maymi de una vasija escultórica de un felino elaborada con piezas parciales de cinco moldes diferentes sugiere que los artesanos estaban ensayando formas de producción en serie más complejas. Normalmente el uso de moldes se interpreta como un recurso efectivo ante la presión sobre la producción, pues permite fabricar más vasijas en menor tiempo.[187] Visto esto así, cabe preguntarse sobre cuál era el destino de las piezas elaboradas en los talleres de Maymi. Sin descartar que los productos cerámicos pudieron haber circulado por redes de intercambio en un territorio amplio, cabe tener en cuenta que, también como en Conchopata, Maymi se distingue por la presencia de espacios ceremoniales y por una serie de pozos en los que se enterraron ritualmente numerosas vasijas finas luego de ser rotas intencionalmente, casi sin ninguna duda

---

186. Anders et ál. 1994: 252-253.
187. Rice 1987: 126.

dentro del marco de fiestas y rituales regentadas por las élites afiliadas a la ideología wari.[188]

En Conchopata se ha sugerido que parte de las vasijas ceremoniales nunca salieron del lugar (lo que es entendible en el caso de las vasijas grandes y pesadas), de modo que su producción y sacrificio ritual se llevó a cabo en el mismo sitio.[189] El hecho de que también en Maymi la fiesta haya sido un evento recurrente e importante, a juzgar por la elevada proporción de vasijas de servir, abre la posibilidad de un escenario semejante: el contexto de uso de las vasijas (al menos de una parte de ellas) habría sido los rituales y las fiestas que culminaron con el sacrificio de la vajilla. ¿Fue la repetición del ritual en plazos cada vez más cortos un incentivo para la intensificación de la producción alfarera? De haber sido así, ¿cuál habría sido el factor que incitó una mayor frecuencia de los eventos ceremoniales? Ante estas interrogantes nos encontramos con planteamientos algo ya antiguos pero todavía vigentes, pues ya Dorothy Menzel había especulado, desde una interpretación funcional del rito, que la actividad ceremonial plasmada en la llamada "tradición de ofrendas" del Horizonte Medio (ruptura y enterramiento ritual de vasijas de estilo wari) pudo deberse a la incidencia de algún tipo de crisis climática.[190] Los actuales datos paleoclimáticos, que revelan dinámicas ambientales muy críticas durante el periodo, permiten mantener tal posibilidad, y como consecuencia de ello sugerir una ecuación creíble: que, en algún grado, la intensificación ritual conllevó la intensificación productiva; aunque seguramente habría que agregar una serie de motivaciones propiamente políticas, entendibles dentro del nuevo cuadro de negociación entre las élites ayacuchanas y sus pares extrarregionales.

Fuera de la identificación precisa de talleres es posible deducir áreas de producción y la circulación de los productos alfareros de manera más indirecta. Un ejemplo claro se encuentra en las relaciones entre Ayacucho y el Cuzco, develadas a través del estudio de cientos de fragmentos de cerámica del centro wari de Pikillacta y de otros sitios

---

188. Anders 1990.
189. Isbell y Groleau 2010.
190. Menzel 1968.

de la cuenca de Lucre en el Cuzco.[191] Los detalles de este estudio son importantes.

La muestra de cerámica se agrupa en varios estilos alfareros contemporáneos, unos propiamente de estilos wari y otros de estilos locales no wari. Dentro de la colección wari o afiliada a wari se cuentan los estilos Okros, Chakipampa y Huamanga, mientras que la cerámica local está representada por los estilos Q'otakalli y Araway. Como los estilos de cerámica se definen principalmente por las formas y decoración observable, se ha tenido que recurrir al análisis de activación de neutrones para caracterizar las arcillas con que se hicieron las vasijas, identificar las fuentes de arcilla conocidas en la geografía y de allí determinar las áreas de producción más probables. De estos análisis se ha obtenido lo siguiente: dentro de la cerámica wari, el estilo Okros, el más abundante y fuertemente relacionado con los eventos ceremoniales y burocráticos, procedería de la misma cuenca de Lucre. La cerámica Chakipampa, de uso semejante, fue elaborada tanto en la cuenca de Lucre como en Ayacucho, mientras que la cerámica Huamanga, que es minoritaria en la muestra, procede únicamente del valle de Ayacucho. Por lo tanto, Pikillacta y otros sitios cuzqueños adquirirían cerámica wari, algunas veces importada desde Ayacucho, pero las más de las veces producida en el mismo Cuzco. Por las proporciones de los estilos y sus procedencias estimadas, se deduce que circulaban en esta región del Cuzco vasijas wari que fueron con mucha frecuencia imitadas localmente.

Frente a esto, la cerámica local tampoco fue uniforme. La de estilo Q'otakalli fue elaborada en la propia cuenca de Lucre bajo cánones muy fieles a la tradición de la región, mientras que la cerámica Araway, si bien también procedente de Lucre, tendió a imitar la cerámica wari de estilo Huamanga. Esto puede haber sido iniciativa de los propios alfareros o de sus patrocinadores, en su búsqueda de afiliarse o aproximarse a la identidad wari por emulación.

Hasta qué punto el Estado wari controló la explotación de bancos de arcilla y la elaboración de objetos de cerámica de estilos wari en

---

191. Glowacki 2005.

cada área potencial de producción es un punto sujeto a mayor investigación. Mary Glowacki se siente inclinada a interpretar que los administradores wari controlaron en buena medida la producción alfarera de la región del Cuzco, pero estudios adicionales sugieren un escenario más plural.[192] Por ejemplo, se sabe que la cerámica wari hallada en algunos sitios cuzqueños, como Batan Urqu, provino de diferentes fuentes de arcilla, y no de una única fuente, lo que habría dificultado el control directo wari sobre el suministro de recursos minerales claves.[193] Estos estudios también muestran que en Conchopata, en el mismo valle de Ayacucho, se empleaba cerámica de estilos wari procedentes del Cuzco, lo que permite deducir que la cerámica de prestigio circulaba en una y otra dirección.[194] A la luz de estos resultados, surge la impresión alternativa de que la producción de cerámica wari en el Cuzco no fue tan estandarizada (ergo, controlada) como se pudiera creer luego de observar la espectacular arquitectura de Pikillacta.

Los esfuerzos por producir y circular cerámica que imita a los modelos ayacuchanos no solo se emprendieron en grandes centros wari intrusivos, sino también en sitios pequeños donde la presencia wari fue débil o episódica. A título de ejemplo puede mencionarse el sitio de Tenahaha, en el valle de Cotahuasi, sierra del departamento de Arequipa.[195] Aquí, gracias a los beneficios de una mayor productividad agrícola, conseguida básicamente a raíz de un esfuerzo propio sin intervención wari, los líderes locales emprendieron la consolidación de sus privilegios mediante una serie de estrategias materiales e ideológicas. En este marco desarrollaron un interés especial en identificarse con los símbolos de poder wari para asegurar su encumbramiento local, sin necesariamente pertenecer a los linajes o red de burócratas ayacuchanos.[196] En efecto, los análisis estilísticos y composicionales (análisis de activación de neutrones) de vasijas fragmentadas

---

192. Glowacki 2005.
193. Montoya et ál. 2009.
194. Ibíd.
195. Jennings 2015.
196. Ibíd.

procedentes de residencias y tumbas de Tenahaha indican que la cerámica más apetecida por estas élites fue aquella de aspecto foráneo. Se trata de vasijas pertenecientes a los estilos denominados Pullhuay y Viñaque Cotahuasi, que imitan los estilos ayacuchanos pero fueron producidas localmente. En realidad, no hay en Tenahaha cerámica propiamente wari de Ayacucho.[197]

Parece de todo lo expuesto que en el sur del Perú, donde el poder wari se hizo más patente, los escenarios de producción y consumo de la cerámica fueron muy variados, con casos específicos de control directo y otros de imitación independiente, en general, distintos de un cuadro de dominio rígido y total, quizás realistamente imposible, sobre la actividad alfarera.

Es importante señalar que junto con la cerámica de estilos wari propiamente serranos, circulaba cerámica de otros estilos entre las élites wari y no wari, lo que sugiere circuitos paralelos de búsqueda y adquisición de los objetos de alfarería. Dos casos llamativos son los de la cerámica de estilo Cajamarca, originaria del valle del mismo nombre en la sierra norte del Perú, y la cerámica de estilo Nievería, procedente de la costa central.

Hemos visto en el capítulo anterior que las sociedades Cajamarca tuvieron una tradición cultural muy fuerte, la que se proyecta en el Horizonte Medio y se refleja en su cerámica ceremonial más lograda, denominada por los especialistas Cajamarca Cursivo Floral, distintiva por su fina decoración pintada sobre vasijas hechas con arcilla blanca de tipo caolín. Las vasijas de este estilo, principalmente platos, copas y cuencos, han sido halladas en una diversidad de sitios wari de la costa (Castillo de Huarmey), sierra (Huari, Conchopata, Cerro Baúl) e incluso selva alta (Espíritu Pampa en el Cuzco), siempre acompañando las vasijas de estilos propiamente wari. No hay duda de que para las élites wari o aliadas a wari, esta cerámica representaba un objeto de prestigio especial, al punto que no solo la adquirieron sino que, en ocasiones, la imitaron con cierta fidelidad, aunque para ello hubo que

---

197. Bedregal et ál. 2015.

renunciar al uso de la arcilla caolín, cuyas fuentes son inexistentes en otras regiones del Perú.[198]

Existe la hipótesis bien sustentada de que la cerámica exótica o novedosa fluía hacia y desde las élites wari mediante dinámicas de intercambio, y que esta habría sido la forma dominante (pero no exclusiva) en que wari proyectó su presencia sobre gran parte de la sierra norte del Perú.[199] De hecho, en Áncash, los sitios wari como Honcopampa y Wilkawaín no se emplazan en la geografía a manera de centros de control directo sobre un territorio extenso y delimitado, sino como nodos discontinuos estratégicamente localizados en las rutas tradicionales de intercambio.[200] Pero, una vez más, esta situación podría admitir variaciones y escenarios estatales más clásicos en la tradición andina. Ya que hay evidencia creciente de que los wari alcanzaron el valle de Cajamarca hacia el 700 d. C., estableciendo una serie de centros de control convenientemente localizados, el arqueólogo japonés Shinya Watanabe considera plausible que, posterior a una etapa en la que habrían predominado las relaciones de intercambio, el Estado ayacuchano haya movilizado selectivamente artesanos cajamarca para producir la cerámica de estilo Cursivo Floral de su preferencia, de modo semejante a la estrategia empleada por los incas siete siglos más tarde con el reasentamiento de alfareros chimú en el Cuzco.[201]

Más allá de la sierra, la cerámica Cajamarca Cursivo Floral también está presente dentro del ámbito de acción de las élites mochica de la costa norte, tal como queda demostrado por el hallazgo de estas vasijas en tumbas sofisticadas y ricas en los cementerios de San José de Moro, en el valle de Jequetepeque.[202] Este intercambio inicial entre cajamarquinos y mochicas en el Jequetepeque y otros valles de la costa norte parece haber dado lugar a un posterior proceso de imitación de la cerámica cajamarquina, lo que originó un estilo híbrido que

---

198. Watanabe 2009.
199. Lau 2012, Topic y Topic 2000.
200. Lau 2012.
201. Watanabe 2001.
202. Castillo 2000.

precisamente se conoce como Cajamarca Costeño, y que se encuentra muy distribuido en todo el departamento de Lambayeque. No obstante, no puede descartarse otros escenarios complejos de adquisición o reproducción de la cerámica Cajamarca a la luz de la reciente verificación de la penetración guerrera de los cajamarca en el valle bajo de Jequetepeque.[203]

Un segundo estilo de cerámica que se halla presente fuera de su área de origen sin ser necesariamente un estilo wari propiamente serrano es el Nievería, que se entiende como un derivado de la influencia wari sobre la tradición alfarera Lima tardío de la costa central, aunque últimamente va quedando en evidencia su carácter marcadamente ecléctico, bastante más complejo que el de la simple combinación de rasgos wari con rasgos lima.[204]

La cerámica Nievería fue producida en el valle del Rímac durante la primera parte del Horizonte Medio, en un tiempo en que las élites lima habían logrado incrementar casi hasta su máximo potencial la producción agrícola del valle, a la par que ampliado o fundado en tiempo relativamente breve una serie de asentamientos con enormes edificios de adobe o tapia. En este contexto, las vasijas Nievería alcanzan puntualmente algunos sitios de la costa norte y la sierra de Áncash, con toda probabilidad como objetos de prestigio intercambiados o como regalos.[205] Por ejemplo, en las tumbas de élite de San José de Moro se las ha hallado como objetos importados junto a las vasijas de estilo Cajamarca Cursivo.[206] Por contrapartida, en el valle del Rímac se ha hallado unas pocas imitaciones de vasijas Moche tardío en tumbas donde las vasijas propiamente wari también estuvieron presentes.[207] En resumen, lo importante de estos dos últimos casos reseñados es que la distribución de la cerámica (originales e imitaciones) sugiere fuertemente que durante el Horizonte Medio también

---

203. Rosas 2007.
204. Valdez Velásquez 2015.
205. Castillo 2000, Lau 2012.
206. Castillo 2000.
207. Mogrovejo y Segura 2000, Stumer 1956.

existieron redes de intercambio paralelas a las que establecía wari con sus contemporáneos.

La complejidad de la distribución y circulación de la cerámica se ve replicada por la de los textiles, que fueron otro artículo de prestigio e identidad ubicuo en los Andes peruanos. Ya lo eran desde el periodo anterior, pero como sucedió con la cerámica, ahora son objetos de propaganda política de alta efectividad, en razón de su portabilidad, visibilidad (como atuendo o adorno) y de sus posibilidades para plasmar una rica iconografía estatal. En este marco cabe indicar que los cambios en las costumbres mortuorias también presionaron por una mayor producción textil, ya que durante el Horizonte Medio se populariza el enterramiento de los individuos en forma de fardos funerarios (uno o varios individuos en posición sentada flexionada con indumentarias y envueltos con numerosas capas de telas), que en algunas regiones reemplaza a la antigua modalidad de cuerpos extendidos con pocos envoltorios textiles.[208] Debido a que el enterramiento en fardos fue culturalmente más firme o es arqueológicamente más evidente en la costa, las aproximaciones al "universo" textil del Horizonte Medio han recaído fuertemente en los tejidos hallados en esta region, incluso para caracterizar la producción de la sierra, excepto notables excepciones, como el caso de Conchopata discutido páginas atrás.

La complejidad de la producción textil y su aprovechamiento por parte de las autoridades wari tiene una clara dimensión espacial, en el sentido de que hay suficiente evidencia que indica interacciones e incluso especializaciones regionales en el abastecimiento de materias primas en las diversas etapas de producción y en el consumo de los bienes acabados.

Con relación a las materias primas, varios investigadores han señalado que el uso de fibras de algodón puede ser visto como un marcador de las telas procedentes de la costa, o al menos de una incidencia importante de las tradiciones textiles costeñas sobre los tejidos apetecidos por las élites wari, ya que este cultivo no puede crecer en hábitats

---

208. Segura 2017.

más elevados y fríos.[209] Alternativamente, el algodón costeño pudo haber sido acopiado de alguna forma en los centros de la sierra, donde finalmente la fibra fue hilada y tejida. De hecho, varios autores piensan que los valles medios del departamento de Ica, por su clima y localización aledaña a Ayacucho, pudieron servir de corredores costa-sierra y suministrar algodón a los centros metropolitanos.[210] No obstante, poco puede adelantarse ante la ausencia de estudios más específicos sobre este importante cultivo para la economía textil wari.

La fibra de camélido, en cambio, pudo ser obtenida de ecologías más diversificadas, ya que, como se ha mencionado, antes de la conquista europea del siglo XVI estos animales tuvieron una presencia territorial más amplia de la que tienen actualmente, que involucró tanto la sierra como la costa.[211] Como ya se ha discutido, las investigaciones arqueológicas han verificado que la presencia o crianza de camélidos en la costa comienza a incrementarse de forma inédita o se hace más visible precisamente a partir del Horizonte Medio.[212]

Más allá de las materias primas básicas para el tejido (algodón y lana), se sabe también que los tejedores de la costa se abastecieron de recursos verdaderamente exóticos. Esto se observa en los tejidos plumarios, siempre hechos con una base de algodón, pero con inserciones de plumas de aves procedentes de diversas ecologías andino-amazónicas.[213] En el sitio de La Real (valle de Majes, Arequipa), las plumas usadas en algunos tejidos hallados en tumbas de líderes afiliados a wari corresponden a cóndores de la sierra y loros, pero también a aves amazónicas de espectacular colorido como el guacamayo rojo (*Ara chloropterus*) y el guacamayo azul y amarillo (*Ara ararauna*).[214] Los contactos con el bosque húmedo amazónico no pueden sorprender, tanto porque esto ya era práctica común en sociedades de periodos

---

209. Oakland y Fernández 2000.
210. Edwards et ál. 2009.
211. Bonavia 2008.
212. Por ejemplo, Menzel 1977, Shimada y Shimada 1985, Thornton et ál. 2011.
213. King 2012.
214. Yépez et ál. 2016.

anteriores, como por el hecho de que los wari llegaron a ocupar algunas cuencas de la selva alta en el departamento del Cuzco.[215]

Pero los indicios de especialización regional también alcanzan a las etapas mismas de transformación de la materia prima, tal como lo demuestran las evidencias de las actividades de hilado en sitios fuera de los valles propiamente ayacuchanos. Un caso interesante, por ejemplo, es discutido por Amy Coleman Goldstein a propósito de su estudio de textiles provenientes del valle de Chuquibamba (Arequipa) y del sitio de Cerro Baúl (Moquegua), sur del Perú.[216]

En un contexto regional de fuerte afiliación a una identidad local, que asimila selectivamente las prácticas o materiales wari, Coleman Goldstein encuentra fuertes indicadores de especialización local en el procesamiento de los hilos para la confección de telas finas. Esto se encuentra indicado por el hecho de que el contacto con wari coincide en el tiempo con la tendencia en Chuquibamba a usar piruros de cerámica decorados de cada vez menor diámetro y peso, lo que indica tanto una tendencia de especialización notable como un incremento en la demanda por hilos cada vez más finos para la indumentaria o tejidos selectos. Dicha tendencia ha sido corroborada por otros estudios en el valle de Majes.[217] Si bien se sabe que piruros de esta característica tienden a emplearse preferentemente en el hilado de fibras de algodón,[218] la autora no descarta también su uso en la confección de hilos finos de lana de camélido, quizás de vicuña o alpaca. Su estimado de hasta 32.000 m de hilo fino contenidos en una sola camisa *unku* de tamaño normal resulta ilustrativo de la cantidad de materia prima y tiempo invertidos en solo una etapa de toda la cadena productiva textil. Coleman Goldstein piensa que las habilidades especializadas de las poblaciones locales, como la del hilado en la región de Chuquibamba-Majes, fueron

---

215. Fonseca 2011.
216. Coleman Goldstein 2010.
217. Por ejemplo, Yépez et ál. 2016.
218. Edwards et ál. 2009.

reorientadas por los funcionarios wari para abastecer a las élites locales que contribuían con la economía política del Estado ayacuchano.[219]

Finalmente, respecto de la adquisición de las telas acabadas, se observa una diversidad de preferencias y opciones determinadas por la ubicación de los interesados dentro un arco de intereses políticos y étnicos que van desde la élite metropolitana propiamente wari que personifica la ideología dominante hasta las élites regionales que reafirman una identidad local propia instrumentalizando algunos símbolos wari en función de sus intereses particulares. Por ejemplo, con relación a la región de Ica, un estudio de María Jesús Jiménez encuentra que los tejidos de la cuenca de Nazca acusaron claramente el impacto wari.[220] Esto se refleja en el hecho de que las élites de dicho valle importaron los tapices serranos (distinguibles por sus tramas y urdimbres hechos solo de fibra de camélido) o bien buscaron imitarlos (con urdimbres de algodón y tramas de fibra de camélido). Tales imitaciones son tan bien logradas que, más bien que como resultado de un proceso de emulación cultural, la autora favorece un escenario de algún modo semejante al que Watanabe sugería para la producción de cerámica Cajamarca dentro de la esfera wari: que las autoridades ayacuchanas estuvieron en capacidad de movilizar cierto número de tejedores o tejedoras desde el centro imperial y de reasentarlas temporalmente en Ica para producir.

En cambio, en la costa norte, los tapices de la antigua región mochica mantuvieron una tradición fuertemente local con una influencia wari limitada (p. e. poco uso de la lana de camélido, preferencia por el tapiz ranurado, etc.). Jiménez observa que la influencia wari solo se percibe en la geometrización de los diseños y motivos o en la introducción de novedosos motivos abstractos.[221] Esta observación de que lo local conserva un arraigo muy fuerte ante lo foráneo se encuentra respaldada por la desigual presencia de los tejidos de estilo wari en valles como el de Huarmey. Allí, en su estudio de una colección de tejidos del

---

219. Coleman Goldstein 2010: 287.
220. Jiménez 2004.
221. Ibíd., p. 107.

sitio El Castillo de Huarmey, Heiko Prümers encuentra que 92% de las piezas se adjudican al estilo híbrido moche-huari, y el resto a variedades regionales, una de los cuales corresponde al estilo huari clásico.[222]

También la costa central exhibe una diversidad de productos textiles cuyos atributos técnicos y decorativos reflejan distintas condiciones de producción y consumo, si bien algunas veces cercanas al comportamiento de una provincia imperial, generalmente más congruentes con los intereses de un poder local independiente de Wari. Por ejemplo, en el valle del Rímac, las élites privilegiaron para sus atuendos la técnica propia de la doble tela antes que la del tapiz ayacuchano.[223] Lo mismo se observa en el cementerio de Ancón, al norte de Lima, donde se encuentra que las telas de fardos wari hallados en la segunda mitad del siglo XIX,[224] a menudo consideradas importaciones wari netas, fueron en verdad hechas localmente empleando la técnica de la doble tela o el tejido de patrón de urdimbres.[225] Un caso especial es Pachacamac, el centro ceremonial del valle de Lurín, donde si bien la producción textilera local domina los tejidos que acompañaron a los muertos, al final del Horizonte Medio sus residentes más poderosos reorientan sus intereses hacia los textiles "warificados" de la costa norte.[226] Frente a estos casos, resalta el sitio de Huaca Malena, al sur de Lima, en el pequeño valle de Asia, donde la limpieza de tumbas huaqueadas ha proporcionado una cantidad numerosa de fragmentos textiles más en línea con las normas y gustos wari imperiales.[227] ¿Se trata de tejidos elaborados en la costa para consumo de élites de distintas regiones, incluida las del valle de Ayacucho? ¿Fueron tejidos serranos traídos hacia la costa? Solo futuros estudios aclararán los escenarios más probables.

Un último elemento basado en el tejido, que no debiera perderse de vista por su presencia recurrente entre los restos arqueológicos,

---

222. Prümers 2000: 300-304.
223. Flores Espinoza et ál. 2012.
224. Reiss y Stübel 1880-1887.
225. Young-Sánchez 2000.
226. Segura y Shimada 2014.
227. Ángeles y Pozzi-Escot 2000.

por su funcionalidad ante las diversas necesidades humanas de la vida cotidiana y por sus implicancias en el manejo de los recursos naturales, es la cestería; es decir, la confección de objetos tejidos empleando fibras vegetales flexibles, preferentemente juncos o eneas que crecen en áreas inundadas o próximas a los cursos o fuentes de agua. Además de la producción de objetos diversos, tales como canastas, sogas o elementos de arquitectura liviana (techos o paredes de esteras), hay que recordar que muy comúnmente el enterramiento en forma de fardo funerario acentuó la demanda por esteras o petates sobre los que se colocaban los fardos o en los cuales se los cobijaba dentro de la tumba. Aunque hay cierta información etnográfica contemporánea que indica que la cestería básicamente se efectúa en el ámbito doméstico sin requerir una especialización formal,[228] no puede negarse la posibilidad de que, ante los procesos de nucleamiento poblacional en grandes asentamientos urbanos del Horizonte Medio, la difusión renovada del enterramiento de fardos y la tendencia ambiental a una mayor sequedad generalizada haya incrementado la presión sobre los "totorales", y por ello mismo el interés en el acceso a los hábitats acuáticos. Quizás el deseo de los wari por ocupar o fundar asentamientos próximos a fuentes de agua, por razones de subsistencia vital y control ideológico,[229] también haya generado el uso creciente de estos recursos.

v. La producción y circulación de otros bienes: metales y obsidiana

Finalmente, aunque sin agotar la gama de bienes y recursos que más intensamente circularon dentro de la esfera wari, conviene indicar algunos aspectos claves de la producción y distribución de algunos minerales esenciales en tanto, más allá de su utilidad práctica doméstica, fueron portadores de estatus y emblemas de poder.

Durante el Horizonte Medio, la producción de objetos de metal adquirió nuevas posibilidades gracias a la popularización del cobre

---

228. Ríos Acuña 2005, Asencios 2009: 171-181.
229. Glowacki y Malpass 2003.

arsenical y sus variantes, tanto en los Andes peruanos como en parte de Bolivia, el norte de Chile y el noroeste de Argentina.

Debido a su amplia distribución en el territorio, Heather Lechtman sostiene que el cobre arsenical puede funcionar como una marca inequívoca del Horizonte Medio.[230] Esta autora distingue tres variantes tecnológicas de cobre arsenical, cada una preferida en una determinada región de los Andes sudamericanos. Una región corresponde a los Andes centrales, principalmente ocupada por wari y sus sociedades allegadas. Aquí, la preferencia estuvo en la producción y empleo del cobre arsenical en su aleación básica binaria: cobre con contenido de arsénico. Una segunda región comprende el territorio de Bolivia y los Andes del noroeste argentino, caracterizada por la ocupación tiwanaku y por el uso dominante del bronce estañífero, debido a la abundancia de fuentes de casiterita (un óxido de estaño) en la región. Finalmente, Lechtman identifica la región de Atacama y el suroeste del Titicaca como un área donde se prefiere el bronce en aleación ternaria, esto es, bronce con arsénico y níquel. El níquel es infrecuente en el Perú, pero son conocidos sus yacimientos en el norte chileno, particularmente en Chuquicamata.[231]

Cabe anotar que las preferencias en cada región por un tipo de aleación particular no son absolutas. Los contactos de intercambio y el margen de acción de que cada élite dispone para adquirir bienes exóticos hace que a veces algunos contados objetos de una región aparezcan en la región vecina.

Los artefactos que preferentemente se elaboraron con estas aleaciones fueron fundamentalmente adornos personales, tales como agujas, tupus (que son prendedores o alfileres para sostener las telas del vestido), anillos, muñequeras, etc. Pero si bien el cobre arsenical es distintivo del periodo, este tipo de aleación no agota toda la gama de metales ornamentales en circulación. En efecto, los grupos más privilegiados, especialmente aquellos que fueron parte del aparato de gobierno wari, disponían de oro y plata para sus objetos. Los adornos

---

230. Lechtman 1997.
231. Lechtman 2005.

hechos de estos metales preciosos se hallan casi únicamente en tumbas fastuosas de la más alta categoría, casi sin duda pertenecientes a un escalafón de gobernantes o familias reales asentados en sitios claves sobre el territorio. Los ejemplos provienen de la misma capital de Huari, donde se han hallado algunos fragmentos de objetos de oro y plata entre los restos del gran mausoleo megalítico saqueado de Monqachayoq.[232] Los artefactos más saltantes, sin embargo, provienen de dos sitios provinciales. Primero, de una tumba colectiva en el sitio Castillo de Huarmey que contuvo más de sesenta individuos de élite, la mayoría de ellos mujeres enterradas con adornos finísimos de oro y plata (orejeras, tupos y cuchillos);[233] y segundo, de otra tumba parcialmente saqueada en Espíritu Pampa, en la selva alta del Cuzco, donde un gobernante wari fue sepultado con una máscara y pectoral de plata con motivos repujados, además de una gran variedad de objetos de piedras semipreciosas.[234] Por la riqueza del personaje enterrado, por la calidad de los objetos de metal y por su iconografía en un estilo wari casi "puro", Isbell sospecha que Espíritu Pampa pudo ser una colonia wari en la selva cuzqueña, y que una parte importante de los colonos pudieron ser orfebres al servicio del gobernante wari.[235]

La regionalización en la producción y consumo de los objetos de metal identificados por Lechtman de alguna manera refleja los de otros minerales, tal como la obsidiana, un vidrio volcánico muy apreciado por sus excelentes cualidades para cortar. Herramientas diversas de obsidiana, especialmente cuchillos y puntas, fueron ampliamente requeridas en la vida cotidiana mundana, pero sobre todo en las actividades ceremoniales. Por su naturaleza volcánica, en los Andes peruanos los yacimientos de obsidiana se localizan en la sierra sur. Gracias a una serie de técnicas analíticas físico-químicas, hoy sabemos que algunos de aquellos yacimientos fueron intensivamente explotados

---

232. Pérez 2000: 532.
233. Velarde y Castro de la Mata 2014.
234. Fonseca 2011, Valdez 2011.
235. Isbell 2016.

por el Estado wari y sus contemporáneos, y que los objetos elaborados fueron movilizados a distancias verdaderamente considerables.

Se ha determinado que antes de la expansión wari, la distribución de los objetos de obsidiana dibujaba una frontera más o menos nítida que corre entre los actuales departamentos de Cuzco y Puno. Se observa claramente que las poblaciones localizadas al norte de esta divisoria emplearon preferentemente la obsidiana de una fuente denominada Alca, en el valle de Cotahuasi, Arequipa. En cambio, las poblaciones al sur de esta divisoria preferían o solo tenían acceso a la fuente de Chivay, en el valle del Colca, también en la sierra arequipeña.[236] Esto indica que si bien las fuentes eran relativamente próximas entre sí, el destino de los productos finalizados siguió direcciones completamente opuestas, lo que indica algún tipo de regionalización económica. Esto, por supuesto, no impidió que algunos objetos de obsidiana de Alca ocasionalmente aparecieran en el área de distribución de los productos de obsidiana de Chivay, y a la inversa, lo que sugiere cierto nivel de intercambio entre el sur y el norte.[237]

Pero este estado de cosas cambió abruptamente con el desarrollo y consolidación del Estado wari, que populariza en toda la sierra sur su obsidiana preferida, procedente de la fuente de Quispisisa, en Ayacucho. Resultado de este proceso de cambio en las preferencias de consumo fue que la obsidiana ayacuchana terminó reemplazando a la obsidiana de Alca en su antigua área de distribución. Solo el Altiplano y los territorios actualmente bolivianos, en este momento controlado por el Estado tiwanaku, mantuvieron la demanda sobre la obsidiana de Chivay. Si bien es verdad que algunos objetos de obsidiana procedente de Quipisisa han sido hallados en territorio tiwanaku, resulta claro que la frecuencia o el alcance de los intercambios disminuyeron con relación a la situación previa a la expansión wari. En este sentido, las nuevas "economías de la obsidiana" en la sierra sur y el Altiplano parecerían haberse retrotraído hacia sus propias esferas wari y tiwanaku.

---

236. Burger 2006.
237. Burger et ál. 2000.

Ya que está probado que en la sierra wari penetró bastante al sur, hasta alcanzar la cabecera del valle de Moquegua,[238] Burger y colegas se preguntan acerca de cómo fue posible que las autoridades tiwanaku continuaran explotando la cantera de Chivay a pesar de que en el nuevo reordenamiento territorial el yacimiento quedara dentro de la esfera de control wari.[239] Dados sus atributos burocráticos y el nivel de penetración wari sobre la sierra sur peruana, los autores sospechan que tal acceso solo fue posible con pleno consentimiento de las autoridades ayacuchanas. De haber sido así, nuevamente encontramos señales claras de que existió una convivencia pacífica y seguramente duradera entre ambos Estados, lo que se traduciría en una adjudicación políticamente acordada de algunos recursos en el territorio.

Junto a los tipos de artículos de prestigio que se acaban de discutir, durante el Horizonte Medio se fortaleció y extendió el movimiento a distancia de otros recursos y objetos con larga historia en las preferencias de las élites andinas (crisocola, lapislázuli, turquesa, spondylus, etc.), todo lo cual indica una consolidación no antes vista de circuitos económicos funcional a la nueva complejidad política del periodo, marcada por la existencia de Estados expansivos en negociación continua con élites de variable dominio regional. Desde luego, estos artículos no fueron ni requeridos ni movilizados individualmente, sino que conformaron junto con otros componentes materiales lo que George Lau, sobre la base de sus investigaciones en Áncash e inspirado en la antropología de Mary Helms, denomina "paquetes", y que aquí se puede esbozar como un conjunto de objetos asociados entre sí que contiene, en razón de sus componentes materiales, significaciones culturales que trascienden lo inmediatamente práctico y utilitario, y que simboliza cosmologías y estilos de vida que robustecen la distancia social y la naturalización de la autoridad.[240]

Debido al dinamismo y amplitud territorial del movimiento de estos "paquetes materiales" altamente emblemáticos (p. e. cerámica

---

238. Moseley et ál. 1991.
239. Burger et ál. 2000.
240. Lau 2012.

con iconografía novedosa y textiles con plumas de aves amazónicas acompañados de objetos de obsidiana ayacuchana, etc.) y al papel crucial de la ideología wari en este fenómeno de reproducción material y simbólica (mediante control directo o por emulación), Earle y Jennings consideran que lo económicamente distintivo de Wari fue su remarcable desarrollo del *wealth finance economy*.[241] A la luz de lo revisado, uno puede sugerir que fue la búsqueda, conservación o incremento del poder de las élites andinas wari y contemporáneas lo que definió los atributos más visibles y el sentido último de sus economías durante el Horizonte Medio.

Síntesis

Se ha revisado en esta sección del capítulo cómo, en un contexto de inestabilidad climática, se desarrolló en el valle de Ayacucho un proceso de concentración urbana y surgimiento del Estado, centrado en Huari pero también con participación de otros sitios como Conchopata. A partir del siglo VI d. C., la formas tradicionales de cultivo, pastoreo e intercambio limitado de las que dispuso las sociedades huarpa del periodo anterior fueron largamente superadas por las nuevas necesidades económicas de la vida urbana y de una élite emergente apoyada en una novedosa ideología estatal.

Los nuevos requerimientos del poder que supone todo proceso de consolidación estatal fomentaron el desarrollo de la especialización artesanal (alfarera, textil, metalúrgica), la innovación tecnológica (moldes para cerámica, telar de marco, cobre arsenical), la expansión de la frontera agrícola (terraceo, irrigación) y el intercambio a larga distancia (spondylus, lapislázuli, plumas exóticas, etc.). La circulación de estos objetos, recursos y materias primas tuvo como escenario privilegiado las prácticas de reciprocidad andina, pero muy especialmente los mecanismos de redistribución, los que alcanzaron su versión más ritualizada y formal en las fiestas y banquetes que acostumbraban

---

241. Earle y Jennings 2012.

ofrecer los señores wari a sus allegados como parte esencial de su agenda política.

La expansión política de wari sobre una parte significativa de los Andes centrales descansó en una articulación económica interregional muy variable, con una especial incidencia en la sierra sur, un espacio que no solo le fue más cercano a los gobernantes ayacuchanos, sino culturalmente y ecológicamente más afín que el resto de los Andes peruanos. Wari, en efecto, hegemoneizó las redes de intercambio interregionales, pero con resultados dispares, pues al lado de enclaves directos como el de Moquegua, su intervención fue limitada en la orientación económica de las élites de la costa, principalmente norte y central, o en algunos valles pequeños de la propia sierra sur. Así, la realidad económica del imperio parece haber sido mucho menos uniforme que lo teóricamente creído, pero, por ello, mucho más dinámica y compleja de lo anticipado.

Tiwanaku

Proceso urbano y el núcleo altiplánico

Los antecedentes de Tiwanaku se enlazan con las tradiciones religiosas y los procesos políticos y sociales ocurridos alrededor del lago Titicaca desde aproximadamente 500 a. C. La formación e interacción de comunidades religiosas y políticas tales como Chiripa en la cuenca sureste del lago (lado boliviano) y Pukara y Sillumocco, en las cuencas norte y oeste, respectivamente (lado peruano), generaron con el tiempo un mayor nivel de complejidad cultural, la que, a partir de 300 d. C., pasó a centrarse en el sitio de Tiahuanaco, a 25 km de la orilla sur del lago y a 3842 msnm, el cual se constituyó en el epicentro de una transformación urbana sin precedentes en la región. Entre 400 y 1100 d. C., la ideología de poder tiwanaku dominó el altiplano y alcanzó de diversas formas y con consecuencias variables otras regiones fuera de su núcleo territorial original, prácticamente al mismo tiempo en que el Imperio wari se extendía por las vastas regiones al norte del Titicaca. Si bien el proceso tiwanakense sobrevivió por uno o dos siglos más a la desarticulación wari, también se truncó rápida o abruptamente. Existe evidencia paleoclimática de que tal final fue precipitado por el advenimiento de un periodo de fuertes sequías, cuyo impacto en la subsistencia de las poblaciones y sus líderes fue grandemente amplificado por las propias limitaciones ecológicas del entorno altiplánico.[242]

El sitio de Tiahuanaco llegó a alcanzar unas 400 ha de extensión y a tener una población conservadoramente estimada de entre 20.000 y 40.000 habitantes.[243] Los estudios del número, tamaño y distribución de los asentamientos a escala regional en los valles de Katari, Tiahuanaco y la península de Taraco (área actualmente boliviana) indican que hasta antes de 300 d. C. Tiahuanaco era un sitio pequeño más de los varios que se localizaban de manera dispersa en esta parte del Altiplano. Sin embargo, a partir del siglo IV, el sitio comenzó a crecer rápidamente y a absorber a la población de los sitios circundantes. Matthew Bandy sostiene que el movimiento migratorio regional hacia Tiahuanaco fue tan masivo que en la península de Taraco la población local llegó a disminuir hasta en 20%.[244] Si bien hay cierta discusión sobre la escala y rapidez de este proceso de nucleación poblacional, existe el consenso general acerca de que Tiahuanaco se convirtió en un polo de atracción poderoso, y que ello fue posible tanto por una tecnología agraria que permitió maximizar la producción como por un nuevo discurso ideológico que amalgamó exitosamente el poder político y un nuevo dogma religioso asequible a la población.[245]

El proceso de urbanización altiplánica comandado por Tiahuanaco puede ser observado en el proceso de monumentalización del sitio y en la articulación de nuevos centros a escala regional. Con relación a lo primero, no hay duda de que los líderes disponían de especialistas en la construcción y de la fuerza laboral de una apreciable cantidad de gente, pues solo de esa manera se pudieron construir de forma

---

242. Kolata 2003.
243. Janusek 2004.
244. Bandy 2013: 141-142.
245. Vranich 2013.

planificada los enormes complejos arquitectónicos del núcleo monumental de Tiahuanaco. Consideremos brevemente solo tres ejemplos. El complejo de Akapana, con sus siete terrazas superpuestas de planta cruciforme, alcanzó 182 m de ancho por 194 m de largo, y una altura máxima de 18 m. Sus bases consisten en bloques enormes de piedras talladas extraídas de las proximidades y engrapadas con grandes bloques de metal.[246] Por los hallazgos de ofrendas y sacrificios complejos en su interior, se entiende que el edificio cumplió principalmente una función ceremonial.[247] Kalasasaya corresponde a otro edificio terraplenado de andesita rodeado por un muro perimetral de 119 m de ancho, 128 m de largo y 4 m de altura.[248] Para su construcción debió traerse enormes bloques de roca desde cerca de la frontera entre Perú y Bolivia o incluso desde el otro lado de lago.[249] La orientación de sus muros y accesos principales hace sospechar que estuvo alineado astronómicamente. Finalmente, se puede mencionar el complejo Putuni, donde un edificio algo más pequeño de 69 por 55 m y una plataforma de 1,20 m de altura fue construido, en gran medida, con bloques de piedra extraídos de construcciones monumentales abandonadas. Este edificio ha sido identificado como un palacio.[250]

En cuanto a la aparición de centros urbanos en la región de Taraco, Tiahuanaco y Katari, el desarrollo de Tiahuanaco potenció la interacción ideológica, económica y política con otros asentamientos que previamente no habían mostrado mayor complejidad. Estos también empezaron a crecer hasta convertirse en sitios urbanos de segundo orden o "satélites" tales como Lukurmata, Pajchiri y Ojje. Todavía debajo de estos se articularon sitios más numerosos pero más pequeños, de forma que se conformó una red jerarquizada de asentamientos de hasta cuatro niveles, todo un sistema urbano que para la teoría arqueológica (se ha visto con el caso wari) es signo inequívoco

---

246. Vranich 2001.
247. Manzanilla 1992.
248. Berenguer 2000.
249. Ponce Sanginés y Mogrovejo 1970.
250. Berenguer 2000.

del establecimiento de un Estado prehistórico.[251] Alan Kolata piensa que la población total de esta red debió superar las 300.000 personas.[252]

Si el proceso descrito de urbanización y conformación estatal corresponde al de un clásico Estado centralizado o a uno segmentado (donde se admite liderazgos paralelos en competencia, con unificaciones políticas solamente episódicas), es todavía un tema de debate.[253] Lo cierto es que, en cualquier caso, el sistema solo se pudo sostener con una nueva escala de producción de alimentos y de bienes manufacturados, acordes con la nueva demografía y la cada vez más exigente economía política de los líderes tiwanaku. De seguro fue necesario un replanteamiento tecnológico e institucional (por ejemplo, ampliando los alcances de las prácticas redistributivas mediante fiestas y ceremonias) para garantizar la viabilidad de una sociedad más grande, más jerarquizada y políticamente más compleja.

i. Producción agraria y el sistema de camellones

A la luz del tamaño de Tiahuanaco y otros centros tiwanakenses del Altiplano, es evidente que el gran reto fue cómo conseguir suficiente alimento para sostener una población creciente y una complejidad política que se nutría cada vez de un mayor número y una más grande diversidad de recursos. La base de la subsistencia tiwanaku fue por supuesto la agricultura, en buena consonancia con la predicción teórica de que en la prehistoria andina solo ella puede sustentar de forma sostenida sociedades complejas de gran tamaño. El tema central, sin embargo, es cómo intensificar la producción agrícola en un medio ecológico de altura, tipo suni y puna en el sur frío y seco, que impone restricciones severas a la reproducción de los organismos.

Ante este reto, la sociedad tiwanaku perfeccionó una serie de modalidades tecnológicas agrícolas que ya venían siendo implementadas de forma limitada por las poblaciones altiplánicas de los periodos

---

251. Janusek 2004.
252. Kolata 1991.
253. Véase Stanish 2013.

anteriores, y que responden a una adaptación flexible a las condiciones edafológicas, hidrológicas y meteorológicas de la meseta del Collao. Resaltan particularmente las terrazas agrícolas en las laderas, las *kochas* (depresiones internamente sectorizadas que cumplen doble función: almacenan el agua de las lluvias estacionales y proporcionan parcelas de cultivo a modo de chacra hundida) y los camellones o *waru waru* (campos elevados de cultivo construidos en las áreas inundables a las orillas del Titicaca). La evidencia arqueológica indica que, de todos estos recursos, la tecnología de los camellones fue la piedra angular de la producción agraria tiwanakense. Por sus implicancias económicas y por ser central en las concepciones políticas de Tiwanaku, conviene adentrarnos en algunos detalles esenciales.

Brevemente, los estudios experimentales han determinado que, además de crear nuevas superficies cultivables en las áreas inundables, los camellones permiten incrementar considerablemente la productividad agrícola gracias a su incidencia en la regulación térmica del aire que rodea los cultivos, protegiéndolos de las heladas altiplánicas, y en el enriquecimiento del suelo con nutrientes y fertilizantes naturales suspendidos en el agua que los rodea.[254]

Parece que gran parte de las orillas del Titicaca fue en algún momento acondicionada con camellones. En el lado peruano, básicamente se ha estudiado con detenimiento el complejo de camellones de la comunidad de Huatta, 30 km al norte de la ciudad de Puno, lo que ha develado una historia discontinua de construcción, uso, abandono y reúso desde aproximadamente 1000 a. C. hasta poco antes del arribo de los incas.[255] En esta historia, el cultivo en tiempos tiwanaku no está claro, aunque es bastante plausible. En el lado boliviano, en cambio, los camellones tiwanaku han sido plenamente identificados. Ellos componen la vasta mayoría de los tres mayores sistemas identificados al borde del lago próximos a Tiahuanaco: Pampa Koani en el valle del río Catari, Tiahuanaco en el valle del mismo nombre y Machaca en el valle de Desaguadero, los que en conjunto suman 190 km² de

---

254. Erickson 1985, Kolata 1991.
255. Erickson 1987.

camellones prehistóricos,[256] aunque esta cifra pudo ser más alta, ya que es probable que muchas áreas trabajadas hayan desaparecido debido a los cambios de nivel de las aguas del Titicaca y a los procesos erosivos de los ríos y quebradas que descargan en el lago.

Aunque algunos investigadores sostienen que los sistemas de camellones pudieron ser construidos por comunidades autónomas ligadas por lazos de parentesco e involucradas en el trabajo cooperativo, semejantes a los ayllus del periodo inca,[257] Kolata plantea que los proyectos agrícolas de camellones solo pudieron ser realizados por un Estado con autoridad centralizada. Sus argumentos más sólidos provienen de sus estudios en el ya mencionado sistema de Pampa Koani, un complejo agrícola de 70 km^2 que se extiende entre las laderas de los cerros y la orilla del lago, con camellones de 5 a 20 m de ancho y hasta 200 m largo, generalmente de forma curvilínea.[258]

Kolata ha determinado que el acondicionamiento masivo del paisaje de Pampa Koani resultó de la convergencia de cinco componentes construidos a lo largo de los siglos: numerosos campos elevados o camellones a orillas del lago, un sistema de calzadas elevadas rectilíneas sobre la pampa, cinco grandes plataformas en forma de "L" alternadas con los camellones, conjuntos de terrazas agrícolas en las laderas cercanas y evidencias claras de un trabajo de canalización artificial del río Catari.[259] Además, debe contarse la presencia de una serie de montículos habitacionales pequeños dispersos en la planicie. Si bien hay evidencia de que la ocupación de la pampa con sus primeras transformaciones del paisaje empezó hacia 1000 a. C., cuando se desarrollaba la cultura que los arqueólogos denominan Chiripa, es bastante claro que el sistema de Pampa Koani fue fundamentalmente un esfuerzo tiwanaku desplegado intensivamente durante las fases IV y V de su cronología arqueológica, es decir, entre 400 y 1100 d. C.

---

256. Kolata 1991.
257. Erickson 1987.
258. Kolata 1991.
259. Kolata 1986.

Figura 3.6. Vista de sistema de camellones (franjas de terreno elevadas para el cultivo) de Pampa Koani sobre la orilla sureste inundable del lago Titicaca, en territorio boliviano. Esta ingeniosa forma de acondicionamiento del paisaje agrario constituyó uno de los sustentos tecnológicos de la economía y Estado tiwanaku. Google Earth Inc. Imagen satelital, febrero de 2018.

Debido al carácter de los desechos hallados en la excavación de varios de los montículos habitacionales pequeños y de algunas de las plataformas, Kolata encuentra que los primeros corresponden a residencias de campesinos, muy probablemente dedicados al cultivo en los camellones y terrazas; mientras que las plataformas corresponden a las residencias de administradores o de sus subordinados burocráticos encargados de la regulación, supervisión y eventual programación de las labores agrícolas.[260]

Bien se sabe que las estimaciones demográficas y de productividad en la prehistoria son difíciles y siempre se encuentran sujetas a debate, pero conviene mencionar algunos cálculos para adquirir una

---

260. Kolata 1986: 753-758.

idea aproximada del significado económico que pudieron tener los camellones tiwanakenses.

Según Kolata, de las 7000 ha de superficie cultivable ganada con la construcción de los camellones en Pampa Koani, solo se habría cultivado de manera efectiva la mitad de aquella cifra, ya que el resto es ocupado por canales de distribución y drenaje. Las 3500 ha resultantes implicaron mover 3.500.000 m^3 de tierra, lo que supondría un tiempo de trabajo acumulado de 1.346.000 días o de 714.285 días, según el criterio que se tome para calcular el ratio hombre/horas de trabajo.[261] Tomando como base estos cálculos y el cultivo tradicional de papas en la región, se concluye que el sistema de Pampa Koani pudo producir hasta 30 millones de papas al año, lo que bien pudo alimentar hasta 56.000 personas en ese lapso.[262]

Pero el cálculo puede ampliarse al considerar los camellones de Tiahuanaco y Machaca. Poniendo en balance la posibilidad de que no todos los camellones de estos tres sistemas fueron cultivados al mismo tiempo, y asumiendo que los agricultores tiwanaku realizaron dos cultivos al año, tal como hacen tradicionalmente los campesinos locales para reducir riegos de pérdida, Kolata estima que la producción total pudo alimentar a entre 105.000 y 205.000 personas. Ya que los cálculos demográficos de este mismo autor para toda el área metropolitana de Tiahuanaco (los tres valles indicados: Catari, Tiahuanaco y Desaguadero) son de 365.000 personas, Kolata concluye que la producción de los sistemas de camellones mencionados complementada con otras fuentes alimenticias ampliamente disponibles (peces y otros animales del lago, otros cultivos de ladera, carne de camélido, etc.) sustentaron sobradamente a todos los habitantes del gran centro de Tiahuanaco y su entorno regional inmediato.[263] Más aún, Kolata cree que gracias a este sistema de cultivo nunca hubo riesgo de una catástrofe maltusiana en tiempos de Tiwanaku.

Ya que la producción agrícola de los camellones de Pampa Koani con sus complementos señalados habría superado los requerimientos

---

261. Denevan 1982 vs. Erickson 1985.
262. Kolata 1986: 760.
263. Kolata 1991.

alimenticios de los habitantes del complejo y sus alrededores, las cosechas debieron ser movilizadas necesariamente a otro lado. Kolata sostiene que precisamente las grandes calzadas permitieron el transporte en llamas de los productos cosechados hacia centros urbanos como Lukurmata, Pajchiri y, por supuesto, Tiahuanaco.

A decir de Kolata, las extensas áreas de cultivo, el probable sistema de transporte y la extensa red hidráulica que recorre todo el complejo articulando diversas fuentes de agua (quebradas, río Catari, etc.) parecen más coherentes con la idea de un Estado centralizado que gestionó a distancia la producción.[264] Esto, sin embargo, añade este autor, no niega necesariamente que en algún momento de su historia inicial hayan existido sistemas de camellones, seguramente más pequeños, construidos y cultivados rotativamente por grupos sociopolíticos autónomos. Como se ha dicho, no hay pleno consenso sobre el carácter centralizado del Estado tiwanaku, de modo que si bien se reconoce sus logros en el acondicionamiento agrícola, no se ha enfatizado una evaluación de la tecnología de los camellones desde la perspectiva de un *staple finance economy*.

Producción manufacturera en el núcleo Tiahuanaco

Debido al tamaño y la complejidad de Tiahuanaco, y a la abundancia, alta calidad y relativa estandarización de los objetos hallados en los diversos templos y sectores residenciales del centro urbano (cerámica, textiles, litoescultura, bisutería, etc.), se ha postulado que la ciudad debió contar con artesanos especializados que producían bajo el patrocinio de las élites en talleres diferenciados.[265] La sofisticación material de los objetos y recursos que adquieren las élites tiwanaku —o que movilizan hacia territorios extrarregionales— permite sostener que, en consonancia con otros sistemas políticos andinos, hubo un *wealth finance economy* muy desarrollado, crucial en la forma de operar de los grupos sociales privilegiados. Sin embargo, persiste el problema de la falta de

---

264. Ibíd., p. 120.
265. Por ejemplo, Ponce-Sangines 1981.

investigación y datos para validar un modelo de producción más específico, pues, a diferencia de los espacios ceremoniales, aquellos de producción son francamente raros o insuficientemente estudiados. Veamos brevemente la producción de cerámica y de instrumentos musicales de hueso, que son los dos casos mejor documentados hasta ahora.

Es evidente que con el desarrollo de Tiwanaku sobrevinieron grandes cambios en la producción alfarera para consumo de las élites, pues se observa cómo un rango de vasijas selectas, con nuevos atributos compartidos, irrumpieron en las preferencias de los grupos de poder del centro urbano y luego de otros sitios altiplánicos. Tres tipos de vasijas resumen esta nueva producción especializada: los vasos kero, los tazones y los incensarios con cabeza de animal. Si bien algunos de estos tipos de vasijas tuvieron antecedentes en la producción alfarera de la región del Titicaca, prontamente se convirtieron en formas que portaron casi tan exclusivamente los símbolos de la religión tiwanaku que normalmente se les ha considerado como marcadores materiales indiscutibles de esta cultura.[266] Se trata de vasijas que fundamentalmente cumplieron función ceremonial, principalmente en fiestas de relación política, eventos sacrificiales y rituales mortuorios. Aunque se supone que estos objetos debieron ser elaborados por alfareros especialistas bajo la dirección estatal, se debe aplazar un diagnóstico definitivo hasta que se identifique y estudie un taller de producción de cerámica de élite y ceremonial. Las lecciones proporcionadas por el estudio de los talleres especializados wari plantean que se debe proceder con cautela a este respecto.

Más información se tiene con relación a la producción de la cerámica para uso doméstico. Aunque puede sorprender, solo se conoce de un único taller alfarero tiwanaku denominado Ch'iji Jawira, localizado a 1,2 km al este del núcleo arquitectónico urbano de Tiahuanaco. Se ha determinado que entre 700 y 800 d. C. (fases IV y V de la cronología arqueológica tiwanaku) aquí se producía cerámica de forma intensiva. La evidencia de ello es prácticamente omnipresente en los varios sectores del sitio, y, como en los casos wari, se encuentra mezclada con

---

266. Burkholder 2001.

Figura 3.7. Vaso kero de cerámica de estilo Tiwanaku con representación de un ave (posiblemente cóndor). Estos vasos constituyen un emblema de la alfarería y economía política tiwanakense, toda vez que su uso se enmarcaba en actos públicos y libaciones ceremoniales estatales en los que se sellaban los compromisos de reciprocidad y redistribución (Colección Museo Nacional de Arqueología Antropología e Historia del Perú).

restos domésticos tales como huesos de animales, espinas de pescado, desperdicios botánicos, batanes para la molienda casera, etc.[267]

Claudia Rivera ha organizado la presentación de la evidencia de producción de cerámica de Ch'iji Jawira en tres dimensiones: la tecnología de producción, la organización de la producción y la distribución y consumo de lo producido. Seguimos a esta autora en su exposición.

Respecto de la primera dimensión, las áreas de quema de cerámica, que son múltiples, pueden ser adjudicadas a la categoría de "hornos abiertos" bastante simples, pues básicamente consisten en grandes fogatas alimentadas con excrementos de camélido como combustible y parcialmente tapadas con grandes tiestos de cerámica. Existen claras concentraciones de arcilla decantada y bolas de masas de arcilla en

---

267. Rivera 2003.

preparación, a veces mezcladas con ceniza. Igualmente, se ha recuperado vasijas como keros y tazones con pigmentos de óxidos de hierro (hematita para el rojo, limonita para el amarillo y brocantita para el verde). Las herramientas o huellas para formar las vasijas y darles acabado son múltiples: tiras de arcilla cruda —que indican que la técnica de construcción fue el anillado—, platos de alfarero, alisadores, raspadores, bruñidores, espátulas, buriles, etc. Con estas herramientas e insumos, los alfareros produjeron cerámica doméstica de la más amplia variedad de formas y tamaños, y solo muy excepcionalmente alguna vasija para el ritual.

En cuanto a la organización de la producción, Rivera considera que la interpretación más correcta es que los productores estuvieron organizados en unidades domésticas o familiares. Muy probablemente se trató de conjuntos de familias ligadas por relaciones de parentesco y conformantes de un barrio o comunidad, quizás de algún modo semejantes a los ayllus del periodo inca. Por analogía etnográfica, la autora piensa que los ceramistas fueron hombres y mujeres adultos, aunque los niños también pudieron participar, a juzgar por la presencia de figurinas y vasijas en miniatura imperfectamente modeladas. Estos alfareros habrían trabajado autónomamente, sin intervención ni control de burócratas del Estado o de élites, ya que no existen en el sitio construcciones administrativas, religiosas o residencias de alto estatus. Además, la cerámica producida careció de las típicas imágenes religiosas tiwanaku. No está claro si se trató de alfareros a tiempo parcial o completo, aunque debieron intensificar sus labores en los meses secos del año. Finalmente, Rivera deduce que se habría tratado de alfareros provenientes o culturalmente ligados al valle de Cochabamba, por el estilo de la cerámica presente en las viviendas de los artesanos y por la alta frecuencia de restos de maíz en sus basurales. Cabe recordar que varios investigadores han sospechado que el valle de Cochabamba fue una región maicera que abasteció a los centros tiwanaku del Altiplano.[268]

Para terminar, en cuanto a la distribución de los objetos producidos, Rivera encuentra difícil sugerir escenarios concretos a falta de

---

268. Kolata 1993.

estudios más especializados, aunque nota que muchos de los tipos de vasijas producidos por el taller se encuentran presentes en los diversos sectores del gran centro de Tiahuanaco de manera espacialmente segregada. Por lo tanto, se propone la hipótesis de que los artesanos habrían fabricado cerámica para grupos específicos que mantenían sus distinciones sociales o funcionales dentro de la capital.[269]

Un segundo ejemplo de producción artesanal corresponde a los hallazgos de elaboración de antaras de hueso en la periferia de Lukurmata. Aquí, las excavaciones realizadas en el sector Misiton permitieron descubrir una intensa ocupación doméstica, reflejada en la superposición de no menos de seis pisos con uso persistente y abundantes desechos culturales, así como en la creciente segmentación del espacio mediante la construcción de nuevos muros divisorios.[270] En este contexto, la producción de antaras fue evidente: cuchillos de cuarzita, guijarros desgastados por frotación, costillas pulidas de camélido, tubos (acabados o en preparación) de huesos de camélido de diferente longitud y frecuencia tonal, abundantes segmentos recortados de hueso, etc. Ante el hecho de que no se ha hallado antaras completas y finalizadas, se abren varias posibilidades: el ensamblaje mediante cuerdas pudiera haberse realizado en otro espacio, la modalidad de adjudicación no habría permitido la permanencia de los objetos acabados en el propio taller, durante el proceso de abandono los residentes pudieron haberse llevado consigo las antaras útiles o, simplemente, la secuencia de producción no fue finalizada.

En cualquier caso, la distribución de estas herramientas, insumos, productos y subproductos en los espacios domésticos sugiere que los productores no fueron familias individuales sino un conjunto de familias ligadas por algún tipo de vínculo, más allá de su común actividad laboral y corresidencialidad. En este sentido, se trataría de artesanos pertenecientes a alguna clase de organización suprafamiliar.[271]

---

269. Rivera 2003: 313.
270. Janusek 1999: 117-118.
271. Ibíd.

Si los casos de producción alfarera en Ch'iji Jawira y de antaras en Lukurmata fueran representativos de la producción artesanal en Tiwanaku, con su reiterada presencia de grupos de parentesco laborando dentro de sus propios espacios residenciales, habría que concluir que la actividad doméstica y la especialización artesanal fueron consustanciales en esta cultura.

Pastoralismo y articulación económica interregional

Hay consenso en considerar que la actividad pastoril fue uno de los ejes centrales de la economía tiwanaku. Esto tiene sentido principalmente porque el altiplano circumlacustre con sus extensos pastizales constituye un hábitat ideal para estos animales, y porque la ocupación económica pastoril siempre ha estado profundamente incorporada en los patrones culturales de la región, tal como lo demuestran las fuentes etnohistóricas y etnográficas.[272] Arqueológicamente hablando, la ubicuidad de los restos de camélidos en espacios domésticos y rituales en los sitios tiwanaku del Altiplano y la repetida representación de estos animales en el arte del periodo apuntan a que los rebaños de camélidos debieron ser un recurso altamente valioso.

Ya sabemos que los camélidos proporcionan diversos beneficios económicos. En el caso de tiwanaku, se ha resaltado muy especialmente su papel como medio de transporte. Alexander Browman ha tratado de explicar la lógica de esta necesidad trajinante en el contexto altiplánico.[273] Para este autor, el modelo del control vertical de pisos ecológicos de Murra, que responde a una distribución escalonada de los nichos ecológicos con recursos diversificados, no tiene aplicación práctica para las comunidades locales, puesto que el Altiplano es una configuración geográfica horizontal muy extensa y con mucho menos variedad ecológica. De hecho, Tiahuanaco se localiza aproximadamente en el centro de la enorme meseta, casi equidistante de las lejanas Cordillera Real al este y la Cordillera Occidental al oeste. Por ello, Browman propone

---

272. Por ejemplo, Flores Ochoa 1977.
273. Browman 1980.

el denominado "modelo altiplánico", que consiste en la articulación económica de las diversas poblaciones productoras y consumidoras mediante caravanas de camélidos. Es decir, se trata de un modelo fundamentado en el enlazamiento de extensas rutas de intercambio.

En efecto, debido a la presencia de objetos o recursos foráneos procedentes de áreas muy lejanas en Tiahuanaco y otros sitios urbanos, y a la presunta movilización de excedentes agrícolas, la mayoría de investigadores concuerda en el papel clave del tráfico de los camélidos domesticados sobre el territorio. De alguna forma, se entiende que la economía tiwanaku solo pudo ponerse en marcha con el movimiento de las caravanas adentrándose o atravesando la cordillera.

En el esquema descrito ha sido frecuente pensar que la crianza de rebaños y su empleo en el transporte de bienes y recursos estuvieron bajo control del Estado tiwanaku.[274] Sin embargo, una serie de estudios zooarqueológicos no respaldan bien dicho escenario. Por ejemplo, el análisis de huesos de camélidos de Tiahuanaco y otros sitios cercanos realizado por Ann Webster muestra el predominio de camélidos jóvenes no mayores de 18 meses, lo que no se condice con la expectativa de hallar animales adultos desplegando todo su potencial de carga. Webster sospecha que el interés de quienes criaron estos animales fue la carne y no su capacidad de transporte. En una muestra de restos de camélidos excavados en viviendas del sitio rural de Iwawi, Julie Park encuentra un predominio de animales muy jóvenes o muy viejos, así como la recurrencia de signos de infecciones. La autora interpreta que los camélidos de Iwawi difícilmente fueron parte de rebaños estatales especializados únicamente para el transporte, al modo de los incas. Sus datos sugieren, más bien, una crianza a pequeña escala en contextos domésticos independientes y con propósitos múltiples: obtención de lana, carne y transporte. Más recientemente, Claudine Vallières ha llegado a una conclusión semejante a partir de su análisis de restos faunísticos del sector Mollo Kuntu de Tiahuanaco. El transporte fue

---

274. Por ejemplo, Browman 1980, Kolata 2003.

importante, pero los camélidos también fueron ampliamente usados para otros fines.[275]

Por lo dicho, resulta evidente que el tema de debate actual no reside en si las caravanas de camélidos fueron o no esenciales para la economía tiwanaku, sino en la escala de dicha actividad y en cómo estuvo articulada con el sistema político y social tiwanakense.

Tiwanaku: más allá del Altiplano

En esta oportunidad no se va desarrollar con detalle los tipos de vínculos extrarregionales que Tiwanaku sostuvo con territorios y poblaciones más allá del Altiplano, en parte porque esta complejidad relacional excede grandemente el territorio actualmente peruano. Sin embargo, conviene proporcionar una visión panorámica de la red de producción y distribución de bienes y recursos tiwanakense para entender no solo cómo esta trama se configura de acuerdo con las diversas realidades ecológicas y sociales de los Andes centro-sur, sino también para comprender las particularidades de la presencia altiplánica al norte del Titicaca. Como ya se ha indicado, en el caso del Perú, nuestra percepción de la penetración tiwanaku o de los contactos que su poder generó no debe perder de vista la presencia del Imperio wari en la sierra sur.

El valle de Cochabamba, 175 km al sureste del altiplano, en la sierra central boliviana, fue considerado por algunos investigadores como una de las principales despensas alimenticias de Tiwanaku, principalmente suministradora de maíz.[276] No obstante, no se ha encontrado evidencia que señale un control directo tiwanakense o una explotación agrícola en la forma de un control vertical de pisos ecológicos dirigido por el Estado. En realidad, la aparición de materiales tiwanaku en la región no se relaciona con ningún proceso de expansión e intensificación agrícola. Por el contrario, continuaron dominando los patrones locales y tradicionales de producción de la tierra.[277]

---

275. Webster 1993, Park 2001, Vallières 2016.
276. Kolata 1993.
277. Higueras 2001.

Lo que más bien caracteriza a la presencia tiwanaku en el valle es la distribución y circulación de bienes de prestigio entre las élites locales y sus pares altiplánicos, tales como cerámica fina, piedras semipreciosas, bronce estañífero y textiles, entre otros. La circulación de copias locales de cerámica y textiles tiwanaku sugiere un interés de los propios grupos privilegiados del valle en acercarse o articularse a las redes de intercambio altiplánicas con cierto nivel de autonomía.[278]

En la región de Oruro, que corresponde al altiplano central de Bolivia, Tiwanaku introdujo una serie de objetos de prestigio, entre los que resaltan sus conocidos tazones, pero no sus famosos incensarios o sahumadores. Por los cambios en el sistema de asentamiento y la ausencia o débil aceptación de objetos ceremoniales, Browman considera que las influencias altiplánicas fueron principalmente de carácter secular.[279]

A pesar de su lejanía, a más de 700 km del centro urbano de Tiahuanaco, el valle de San Pedro de Atacama, en el norte chileno, tuvo un significado económico importante para el Altiplano. El Estado tiwanaku jamás ocupó ni parece haber establecido enclaves coloniales en San Pedro, pero desarrolló una fuerte interdependencia con las élites del oasis atacameño a través de un intercambio definido por el flujo hacia la meseta de minerales y de objetos prestigiosos con la simbología tiwanaku enviados a Atacama. Está bien claro que esta región de norte chileno proporcionó principalmente recursos minerales. Destaca el cobre, generalmente en aleación ternaria con arsénico y níquel, pero también cobre estañífero, que, sin ser una aleación local, los artesanos locales lograron reproducir para satisfacer las preferencias tiwanaku.[280] Se añade el suministro de piedras semipreciosas como malaquita, turquesa, atacamita y lapislázuli, entre otras. Por los cementerios excavados, se sabe que al menos una parte de las élites atacameñas que lograron articular el intercambio con el Altiplano desarrollaron un profundo proceso de aculturación y desplegaron los

---

278. Ibíd.
279. Browman 1997.
280. Berenguer 2000.

símbolos de poder tiwanaku como propios. De hecho hubo individuos que se exhibieron casi totalmente al modo tiwanaku, vistiendo ropas de tapices y gorros de cuatro puntas.[281]

Un componente importante de las poblaciones atacameñas en contacto con Tiwanaku fue el uso de sustancias psicoactivas, según se desprende de la costumbre de enterrar a los muertos con sus respectivos equipos de inhalación de polvos: comúnmente una bolsa de lana que contiene una tableta de madera tallada (a menudo referida como tableta de rapé), un tubito de madera o hueso para inhalar, una cucharilla de madera y algunas bolsas de cuero para portar los polvos. Los análisis indican en estos artefactos la presencia de sustancias como la bufotenina, un alcaloide que proviene del árbol de la *Anadenanthera colubrina*.[282] Debemos recordar que las élites wari también consumieron esta sustancia, aunque en sus tumbas o espacios rituales nunca se ha hallado equipos inhalatorios semejantes.

Por la distribución de estos artefactos "mágicos" en las tumbas del norte chileno y tiwanaku del Altiplano, y por su frecuente representación en el arte, incluyendo la litoescultura de Tiahuanaco, se puede sostener que el ritual inhalatorio fue clave en la experiencia ceremonial y política tiwanaku, y que esto fue posteriormente transferido al ámbito de las transacciones económicas y los contactos interculturales en los nuevos territorios más allá del altiplano.

En el valle de Azapa, a 270 km de distancia, también en el norte chileno, pero esta vez muy cerca de la frontera con el Perú, la situación fue un poco diferente. Los datos de los cementerios y sitios residenciales sugieren fuertemente que aquí sí se establecieron colonias tiwanaku, aunque no hay evidencia de edificios administrativos, ceremoniales o militares. Asimismo, las poblaciones tiwanaku solo penetraron el valle hasta la porción media que dista varias decenas de kilómetros del litoral del Pacífico. Es posible que esta preferencia por el valle medio se haya debido al deseo de mantener un posicionamiento

---

281. Oakland 1992.
282. Torres 2001.

clave para controlar la ruta de intercambio entre la sierra y la costa o al interés en las tierras donde se pudiera cultivar maíz.[283]

En el territorio peruano, la presencia directa Tiwanaku está presente en dos áreas: la orilla oeste del lago Titicaca, en el actual departamento de Puno, y el lejano valle de Moquegua, a más de 250 km de distancia del Altiplano. En el caso puneño, hay indicación de algunos asentamientos tiwanaku, pequeños y de carácter residencial, en y alrededor de la bahía de Puno, entre los que resalta la isla Esteves, donde hace un tiempo se identificó un asentamiento (ahora ya destruido) relativamente grande de no menos de 10 ha con presencia de arquitectura monumental.[284] La evidencia indica que estas comunidades subsistieron gracias a una economía basada en los recursos del lago y la agricultura intensificada en las orillas lacustres.

i. Tiwanaku en el valle de Moquegua

Se desarrolla ahora la situación del valle de Moquegua en el sur peruano por corresponder al caso de colonización tiwanakense mejor estudiado hasta el presente. Si bien queda claro que no hubo un patrón único de colonización o interacción económica en toda la esfera tiwanaku, o que tales formas de ocupación territorial y vínculos variaron en el tiempo, Moquegua ofrece un caso extremadamente útil para los análisis comparativos interregionales, esenciales para entender la complementariedad económica entre el Altiplano y las áreas circundantes.

La población autóctona del valle de Moquegua al momento del arribo de los primeros colonos tiwanaku hacía uso de un estilo de cerámica conocido como Huaracane. Estas poblaciones vivían principalmente en el valle medio, en aldeas de casas simples de piedra construidas sobre terrazas muy próximas a la planicie aluvial. Debido a su ubicación, por la ausencia de una jerarquía de sitios y de grandes

---

283. Browman 1997, Knudson y Price 2007.
284. Núñez y Paredes 1978, Stanish 2003.

trabajos de irrigación, se deduce que los huaracane tuvieron una "economía agrícola no intensificada".[285]

Los datos disponibles sugieren que el arribo de los colonizadores tiwanaku al valle alrededor del 600 d. C. no estuvo caracterizado por contactos visibles con la gente local, pues no se observa que los tiwanaku reocuparan los sitios huaracane ni que se haya desarrollado una cultura material mestiza. Daría la impresión de que ni los inmigrantes altiplánicos ni los locales moqueguanos estuvieron interesados en interactuar. Una vez instalados en el valle, los tiwanaku iniciaron una historia de ocupación y transformación del valle medio que transita por dos fases: Omo y Chen Chen, las que en conjunto se extienden aproximadamente de 600 a 1100 d. C.[286]

Cabe enfatizar que hay múltiples líneas de evidencia que señalan que, en efecto, se trató de colonos procedentes del Altiplano, y no de gentes de otros lados "apropiándose" de los símbolos materiales tiwanaku, ni de gente local huaracane emulando el estilo de vida tiwanaku, al modo atacameño. Por ejemplo, la cerámica casera para cocinar que estos colonos empleaban es virtualmente idéntica a la de sus contrapartes domésticas del Altiplano. Este dato es interesante, pues al no ser bienes suntuarios o exóticos, los objetos domésticos suelen ser parte de las identidades más íntimas y conservadoras de la gente, y no de roles adoptados públicamente para negociar poder o estatus. Más contundentes son los análisis isotópicos de estroncio practicados en restos óseos humanos del cementerio de Chen Chen, que indican la presencia de algunos individuos originarios de la meseta del Collao o que por lo menos vivieron sus primeros años en dicho territorio.[287]

Con el tiempo, ya en la fase Chen Chen, la población tiwanaku de Moquegua creció notablemente, hay muchos más asentamientos residenciales en el valle medio y aparecen cuatro grandes complejos de sitios localizados en la proximidad de las áreas cultivables irrigadas con una red de canales que los huaracane nunca poseyeron. Estos

---

285. Goldstein y Owen 2001: 141-145.
286. Ibíd., pp. 145-149.
287. Knudson et ál. 2004.

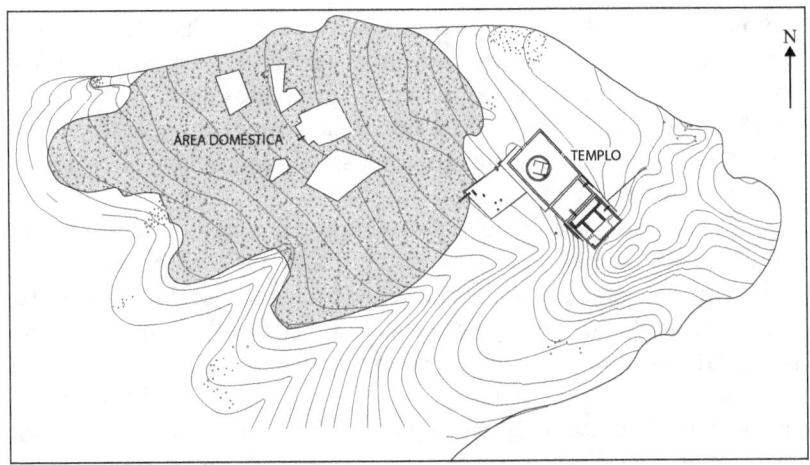

Figura 3.8. Plano del sitio Omo 10 en el valle de Moquegua con el único templo tiwanaku conocido fuera de la región circunlacustre del Titicaca. A pesar de tu tamaño comparativamente pequeño respecto de otros valles de la costa peruana, Moquegua fue uno de los enclaves económicos más importantes de los líderes altiplánicos de Tiahuanaco. Redibujado de Goldstein y Owen 2001, fig. 16 (cortesía Maite Espinoza).

canales discurren por las áreas planas o semiplanas del fondo aluvial, y casi nunca por las laderas de los cerros. Paul Goldstein y Bruce Owen opinan que esto parece haber sido así, principalmente, porque los tiwanaku estuvieron especialmente familiarizados con el cultivo de áreas planas abiertas, tal como ocurre en el Altiplano a orillas del Titicaca.[288] Como ocurre con muchas comunidades migrantes en el mundo actual, parece que los tiwanaku también trataron de reproducir en tierras lejanas su mundo conocido.

Una serie de herramientas nuevas en el valle, tal como hachas de piedra y batanes para moler granos, apuntan también a una mayor productividad agrícola. Por las condiciones ecológicas locales y por su conocido consumo en el gran centro Tiahuanaco, se postula que el cultivo dominante fue el maíz. En efecto, la presencia de este cereal como componente importante de la dieta se refleja en los análisis

---

288. Goldstein y Owen 2001: 156.

isotópicos realizados en muestras de individuos de Chen Chen.[289] En este punto es importante indicar que, bajo la idea de que Tiwanaku fue un estado centralizado que tomaba productos de su periferia, se esperaría que los colonos de Moquegua hayan enviado sus excedentes de maíz al centro metropolitano; esto, sin embargo, aún no está plenamente probado.

En el contexto económico favorable que se acaba de describir, los tiwanaku de Moquegua construyeron el único edifico público ceremonial que se conoce en el valle: el templo de Omo, en el sitio Omo 10. Este consiste en un complejo de tres terrazas de adobe con su fachada principal revestida de piedra, al modo tiwanakense, y un patio hundido en la cima de la terraza más alta. Su función ceremonial se encuentra atestiguada por su orientación hacia Cerro Baúl, el cerro huaca del valle sobre el que los wari, en historia casi paralela, habían construido un gran asentamiento, y por el hallazgo en sus pisos y cuartos de objetos conocidos para el ritual, entre los que se encuentran keros, incensarios, ofrendas de fetos de camélidos y de camélidos jóvenes, cuentas de malaquita, lapislázuli y spondylus, y al menos un fragmento de tapiz tiwanaku con la imagen de un personaje "sacrificador".[290]

En general, no hay ninguna evidencia conocida que sugiera que los tiwanaku conquistaron militarmente el valle de Moquegua y que sometieran a la población local. Parece, más bien, que no les interesaba aquella gente, y que su único propósito era acceder pacíficamente a las tierras cultivables del valle. Es curioso constatar que esta conducta tiwanakense de rechazo a la mezcla con las poblaciones moqueguanas se haya replicado con los wari, pues resulta muy interesante cómo altiplánicos y ayacuchanos evitaron grandemente los contactos.

Como se indicó varias páginas atrás, Wari y Tiwanaku ocuparon segmentos diferentes del valle, con los primeros estableciéndose en el valle alto y los segundos en el valle medio. Casi no hay materiales wari en el lado tiwanaku y al revés, lo que sugiere que la interacción entre ambas comunidades fue extremadamente limitada o episódica.

---

289. Somerville et ál. 2015.
290. Goldstein 1993.

Hasta los pocos sitios tiwanaku que se encuentran en las faldas de Cerro Baúl, a no mucha distancia del asentamiento wari de la cima, carecen de artículos procedentes de la esfera ayacuchana. Si no hubo intercambio de objetos de prestigio o finos, es posible que tampoco intercambiaran los productos de sus cosechas. Por esta razón, Owen y Goldstein señalan que entre waris y tiwanakus de Moquegua hubo una efectiva "barrera de intercambio".[291]

Para entender mejor los atributos económicos de la colonia tiwanaku de Moquegua, Williams ha propuesto establecer algunos ejes puntuales de comparación con los wari.[292] En primer lugar, el mayor canal tiwanaku tuvo 10 km de largo, irrigó aproximadamente 93 ha de tierra en el valle medio y llevó hasta 80 l de agua por segundo, bastante menos (un quinto) de lo que conducía el principal canal wari en el valle alto. En segundo lugar, como se ha indicado, los tiwanaku no cultivaron en terrazas ni transformaron sustancialmente el relieve del valle medio como sí lo hicieron los wari en la parte alta. De hecho, Wari dejó un legado hidráulico a las culturas posteriores. Tiwanaku, no. En tercer lugar, la demografía en uno u otro caso es contrastante: los cálculos de Goldstein indican que en cierto momento hubo un máximo de 2000 wari contra 4000 u 8000 colonos tiwanaku.[293] Como cuarto punto de comparación, se indica que las casas tiwanaku son simples, de quincha, de forma y tamaño variables; mientras que las residencias wari, organizadas en el típico plan ortogonal, presentan tres categorías que corresponderían a estratos sociales. Se sabe que la categoría superior ostenta casas muy grandes de piedra, una de ellas (¿un palacio?) de hasta 1240 m^2.[294] Parece, entonces, que entre los wari hubo residentes que disponían de mayores recursos que entre los tiwanaku. Finalmente, esto queda corroborado por la presencia y distribución de objetos manufacturados o bienes exóticos entre ambos grupos culturales. Por ejemplo, hubo un mayor acceso a los objetos

---

291. Owen y Goldstein 2001: 180.
292. Williams 2013.
293. Goldstein 2005.
294. Williams 2013: 34.

de obsidiana entre los wari. De hecho, solo en el asentamiento wari de la cima de Cerro Baúl se encontró no menos de 300 herramientas de obsidiana, mientras que en los sitios tiwanaku de las faldas del mismo cerro apenas se recuperó un objeto de esta roca y algunos desechos de retoque lítico.[295] Una situación semejante se observa entre los objetos de metal. Ambas colonias adquirieron objetos en las tres modalidades de aleación de cobre indicadas por Lechtman (bronce de cobre arsenical, bronce de cobre estañífero y bronce ternario de cobre, arsénico y níquel; véase sección sobre wari en este capítulo), pero estos objetos siempre fueron más numerosos entre los wari que entre los tiwanaku.

La cerámica brinda proporciones diferentes: bastante más restos de cerámica entre los tiwanaku que entre los wari, lo cual es entendible debido al mayor número de población de origen altiplánico. Sin embargo, hay otra dimensión importante a considerar: los estudios de fragmentos de vasijas y de muestras de arcilla cruda mediante una técnica analítica denominada en inglés *laser ablation inductively coupled plasma mass spectrometry* proporcionan resultados que confirman que cada grupo colonizador explotó sus propias fuentes de arcillas (altiplánicos en el valle medio y ayacuchanos en el valle alto).[296] Sobre la base de estos resultados y sus propias observaciones, Williams tiende a pensar que la cerámica fina wari tuvo una producción local más homogénea que la tiwanaku, lo que sugeriría una producción alfarera más controlada por las autoridades estatales.[297]

Además de todo lo dicho, parece que la obsidiana, los metales y la cerámica fina estuvieron mucho más homogéneamente presentes entre los colonos tiwanaku que entre los wari. En el primer caso se les halla con semejante proporción en los diversos sitios, espacios habitacionales y tumbas. En cambio, entre los ayacuchanos, se observa que los espacios de élite concentraron la mayoría de dichos materiales. Se deduce, por lo tanto, que no solo la gente tiwanaku tuvo menos acceso que los wari a varios objetos con fuerte carga simbólica de prestigio,

---

295. Ibíd., p. 35.
296. Sherrat et ál. 2009.
297. Williams 2013: 36.

sino que cuando pudo conseguirlos su distribución fue mucho más igualitaria que en la jerarquizada sociedad wari.

En resumen, se podría pensar que a diferencia de la ocupación wari, destinada a controlar recursos para alimentar el estatus de sus élites y su estrategia imperial ante las poblaciones locales (mediante el uso político de los excedentes agrícolas o la circulación de objetos en la forma de dones, regalos, etc.), la orientación de la colonia tiwanaku fue económicamente más cerrada sobre sí misma. Si esta fue una colonia que efectivamente alimentaba económicamente al centro Tiahuanaco o si preponderantemente se alimentaba a sí misma sin perder algunos vínculos tradicionales con la "metrópoli", es un tema importante que subyace al rótulo generalizado de Tiahuanaco como Estado colonizador, y que necesita todavía una mayor investigación.

ii. Síntesis

Se ha visto en esta segunda sección del capítulo cómo otro proceso de urbanización prehistórica cristalizó en el altiplano circum-Titicaca. Prontamente, a partir de 400 d. C., Tiahuanaco se convirtió en el centro urbano más importante, grande y complejo del Altiplano, pasando a ocupar el nivel más alto de la jerarquía de asentamientos a escala regional. La viabilidad de Tiahuanaco como polo de atracción para las poblaciones de la cuenca sureste del Titicaca descansó en la potenciación del sistema agrícola de camellones, cuya sorprendente productividad revela una exitosa experiencia de adaptación a las ecologías de altura y a la institución de una ideología religiosa, materializada en la arquitectura, la litoescultura y los objetos portables, que legitimó las pretensiones de las élites sobre los recursos económicos.

Sea que el Estado tiwanaku haya sido más o menos centralizado, o más o menos segmentado, queda claro que pudo promover entre la población la producción de bienes con cierto nivel de estandarización (como queda demostrado por la cerámica ceremonial y los tejidos de élite) y a una escala antes desconocida. Entre tanto, todo indica que la población común, las unidades domésticas, fueron incorporadas a este sistema productivo sin cambiar sustancialmente sus particulares modos de vida.

La activación de las redes de intercambio regional e interregional fomentadas por las nuevas necesidades urbanas del Altiplano fue posible gracias a las caravanas de camélidos que recorrían la cordillera o la atravesaban de este a oeste. Aunque faltan mayores estudios para dilucidar cómo fue incorporada la actividad pastoril al aparato estatal, es del todo plausible que los camélidos hayan sido esenciales en el mantenimiento o instauración de extensas rutas de intercambio, tal como la que operó entre el Altiplano y San Pedro de Atacama en el norte chileno o el valle de Moquegua en el sur peruano.

Hacia el siglo XI, cuando el Estado wari llegaba a su fin, prevalecía en los Andes centro-sur una articulación económica muy vital con base en el tráfico de bienes de prestigio tiwanaku o de interés tiwanaku que involucraba a regiones y poblaciones de cuatro países modernos (Bolivia, Chile, Argentina y Perú). En cada región, sin embargo, la intensidad, forma y consecuencias de tal interdependencia mostraba un perfil propio, una diversidad de opciones que sobrevivirá al colapso tiwanaku acaecido un siglo después.

Síntesis del capítulo

Sobre la base de lo revisado a lo largo de este capítulo, y a modo de síntesis y reflexión, puede plantearse algunos puntos finales.

En primer lugar, es muy valioso constatar que a medida que las técnicas analíticas aplicadas a la investigación paleoclimática se han refinado, se ha avanzado considerablemente en avizorar los escenarios medioambientales que enmarcaron los procesos culturales de los Andes peruanos. Los datos disponibles mencionados en este capítulo indican que ya no solo el comienzo del Horizonte Medio (tal como se enfatizó hace veinte años atrás), sino, en verdad, todo el periodo estuvo signado por oscilaciones climáticas y ambientales abruptas y extraordinarias, tales como el descenso de la temperatura promedio en el lapso de siglos, sequías prolongadas cuya periodicidad definen tendencias de aridización, ocurrencia cíclica de fenómenos El Niño de gran magnitud, etc. Estas condiciones inestables sobrepasaron el siglo XI, que suele marcar el fin del periodo, y continuaron teniendo impacto considerable en las poblaciones del Altiplano, al punto que el colapso del Estado tiwanaku ha sido grandemente atribuido a los perjuicios de una poderosa sequía. Solo después de ello, ya bien entrado el siguiente periodo Intermedio Tardío (véase el capítulo siguiente), las condiciones ambientales parecen haberse estabilizado por un lapso de varios siglos. Pero al lado de los posibles efectos "catastróficos" de estas dinámicas naturales, cabe resaltar sobre todo la diversidad de las respuestas sociales que generaron y sus consecuencias en la configuración económica del periodo. Especialización laboral, movimientos migratorios, innovación tecnológica, etc. son algunas de las acomodaciones que han sido discutidas en este capítulo. Lejos de un simplista determinismo ambiental, queda claro que, en lo que respecta a las sociedades del pasado andino, las prácticas económicas no pueden ser razonablemente entendidas sin un conocimiento mediano de las realidades ecológicas.

Un segundo punto a mencionarse es la trascendencia del fenómeno urbano. Por primera vez en la historia antigua de los Andes centrales y centro sur, se observa verdaderos procesos de urbanización que cristalizan casi de manera simultánea, algunos con mayor éxito (estabilidad) que otros. No solo las grandes ciudades como Huari, Tiahuanaco, Pampa Grande o Maranga, sino también los centros de menor rango o tamaño pero estructuralmente partícipes de los sistemas urbanos regionales generaron un nuevo orden económico, definido por la complejización de la organización de la producción, la intensificación productiva y la amplificación del alcance espacial de la circulación o distribución de lo producido. Como se ha visto, dentro de los centros urbanos, esto se tradujo, por ejemplo, en una mayor demanda de especialistas y fuerza laboral para la construcción monumental y el planeamiento arquitectónico, en la reorientación de la producción de las unidades domésticas para satisfacer las necesidades de las nuevas autoridades políticas y religiosas que residen en la ciudad, y en la celebración cada vez más sofisticada de fiestas y banquetes para sancionar las obligaciones económicas y sociales. Hacia afuera, básicamente se plasma en la reconfiguración del paisaje agrario e hidráulico para la producción a gran escala y en el establecimiento de esferas de interacción económica o de redes de intercambio interregionales. A la luz de lo revisado, económicamente hablando puede sugerirse que lo definitorio fueron las dinámicas interactivas de las sociedades urbanas del Horizonte Medio. Esferas de interacción semejantes serán nuevamente observadas con el desarrollo de las posteriores culturas urbanas del periodo Intermedio Tardío, especialmente de aquellas de la costa norte como Sicán y Chimú.

En tercer lugar, en el contexto descrito, cabe resaltar la centralidad de la unidad doméstica como entidad productora. Desde un punto de vista moderno, esto es lo esperable en un contexto rural, pero no en un ámbito urbano. Lo casos que se ha revisado muestran que no es fácil identificar verdaderas cuadrillas de artesanos especialistas fabricando en espacios acondicionados para la producción en masa, como consecuencia de la división campo-ciudad prevista por el modelo de la revolución urbana y de su evolución hacia una economía industrial. Los pocos talleres de manufactura identificados en Wari y Tiwanaku invitan a pensar que en un mundo sin fábricas solo queda producir en las casas, y que los artesanos, lejos de pertenecer a una clase de profesionales que se emplean en el mercado, son invariablemente parte de redes familiares que producen como tales. Cuánto nivel de intervención en este contexto productivo doméstico tienen las élites o las autoridades políticas puede no ser simple de determinar. Wari y Tiwanaku fueron ambos Estados mutuamente diferenciados, y esto parece reflejarse en sus formas distintas de articulación entre las unidades productivas y la clase gobernante, incluso dentro de los centros urbanos, donde se esperaría únicamente un control directo de la producción. En el periodo siguiente, Intermedio Tardío, el entorno familiar y la ausencia en unos casos y presencia en otros del control directo del Estado en la producción de ciertas manufacturas volverán a señalarnos la diversidad de escenarios posibles y los límites de las analogías con la moderna producción industrial.

Finalmente, tanto Wari como Tiwanaku fueron en buena cuenta Estados de amplio alcance territorial. Wari fue un imperio, pero tuvo que adecuar su presencia en áreas lejanas a la realidad regional que le tocó enfrentar. Siguiendo una voluntad política de expansión, en unos casos estableció un control político directo, en otros le bastó (o solo pudo) hegemoneizar las relaciones de poder local, y en otros parece haber ejercido una influencia muy libre a través de medios diplomáticos y económicos. Cuando pudo, Wari parece haber movilizado población para implementar sus proyectos económicos. Tiwanaku, en cambio, pudo haber sido un Estado mucho menos centralizado. Su presencia o influencia en territorios fuera del núcleo altiplánico quizá fue consecuencia de una dinámica propiamente económica, por lo que buscó asegurar su intervención en las rutas y tráfico de bienes extrarregionales o en la colonización, efectiva pero puntual, de áreas circunscriptas y económicamente significativas para su subsistencia y economía política. En cualquier caso, sus colonias no parecen haber sido verdaderos brazos políticos estatales. Estas dos formas de "expansión" se construyeron sobre las variables redes de intercambio regionales y formas productivas locales que las antecedieron, y que con distintos grados de modificación les sobrevivirán. En suma, uno podría concluir que la integración cultural y económica del Horizonte Medio no significó la desaparición de la diversidad, sino su más eficiente articulación.

Referencias

ABBOTT, Mark B. et ál.
    1997   "A 3500 14C yr High-Resolution Record of Water-Level Changes in Lake Titicaca, Bolivia/Peru". *Quaternary Research*, n.º 47: 169-180.

AGUIRRE-MORALES, Manuel
    2009   "Excavaciones en los andenes de Andamarca, cuenca del río Negromayo, Lucanas, Ayacucho". *Arqueología y Sociedad*, n.º 20: 223-267.

ANDERS, Martha B.
    1981   "Investigation of State Storage Facilities in Pampa Grande, Peru". *Journal of Field Archaeology*, n.º 8: 391-404.

    1986   "Wari Experiments in Statecraft: A View from Azangaro". En Ramiro Matos, Solveig Turpin y Helbert Eling (eds.), *Andean*

Archaeology. Papers in Memory of Clifford Evans. Los Ángeles: University of California Los Angeles, pp. 201-224.

1990 "Maymi: un sitio del Horizonte Medio en el valle de Pisco". *Gaceta Arqueológica Andina*, vol. 6, n.º 17: 27-39.

1991 "Structure and Function at the Planned Site of Azangaro: Cautionary Notes for the Model of Huari as a Centralized Secular State". En William H. Isbell y Gordon F. McEwan (eds.), *Huari Administrative Structure: Prehistoric Monumental Architecture and State Government*. Washington D. C.: Dumbarton Oaks Research Library and Collection, pp. 165-197.

ANDERS, Martha et ál.
1994 "Producción de cerámica del Horizonte Medio Temprano en Maymi, valle de Pisco, Perú". En Izumi Shimada (ed.), *Tecnología y organización de la producción de cerámica prehispánica en los Andes*. Lima: Fondo Editorial de la Pontificia Universidad Católica del Perú, pp. 249-267.

ÁNGELES, Rommel y Denise POZZI-ESCOT
2000 "Textiles del Horizonte Medio. Las evidencias de Huaca Malena, valle de Asia". *Boletín de Arqueología PUCP*, n.º 4: 401-424.

ARNOLD, Dean E.
1993 *Ecology and Ceramic Production in an Andean Community*. Cambridge: Cambridge University Press.

ASENCIOS L., Rodolfo G.
2009 Investigaciones de las shicras en el sitio precerámico de Cerro Lampay. Tesis de licenciatura. Universidad Nacional Mayor de San Marcos, Lima.

BANDY, Mathew
2013 "Tiwanaku Origins and Early Development: The Political and Moral Economy of a Hospitality State". En Alexei Vranich y Charles Stanish (eds.), *Visions of Tiwanaku*. Los Ángeles: Cotsen Institute of Archaeology Press, pp. 135-150.

BASTIAND, María Soledad
2000 "Producción textil prehispánica". *Investigaciones Sociales*, n.º 5: 125-144.

BEDREGAL, Patricia et ál.
2015 "Chemical Characterization of Archaeological Ceramics from Cotahuasi Using Neutron Activation Analysis". En Justin Jennings y Willy Yépez Álvarez (eds.), *Tenahaha and the Wari State: A View of the Middle Horizon from the Cotahuasi Valley*. Tuscaloosa: The University of Alabama Press, pp. 146-165.

BENAVIDES, Mario C.
1991 "Cheqo Wasi, Huari". En William H. Isbell y Gordon F. McEwan (eds.), *Huari Administrative Structure: Prehistoric Monumental Architecture and State Government*. Washington, D. C.: Dumbarton Oaks Research Library and Collection, pp. 55-69.

BERENGUER R., José
2000 *Señores del lago sagrado*. Santiago de Chile: Museo Chileno de Arte Precolombino.

BERESFORD-JONES, David G. y Paul HEGGARTY
2010 "Broadening Our Horizons: Towards an Interdisciplinary Prehistory of the Andes". *Boletín de Arqueología PUCP*, n.º 14: 61-84.

BERESFORD-JONES, David G. et ál.
2009 "The Role of *Prosopis* in Ecological and Landscape Change in the Samaca Basin, Lower Ica Valley, South Coast Peru from The Early Horizon to the late Intermediate Period". *Latin American Antiquity*, vol. 20, n.º 2: 303-332.

BERMAN, Marc
1994 *Lukurmata: Household Archaeology in Prehispanic Bolivia*. Princeton: Princeton University Press.

BILLMAN, Brian R.
2002 "Irrigation and the Origins of the Southern Moche State on the North Coast of Peru". *Latin American Antiquity*, vol. 13, n.º 4: 371-400.

BIRD, Junius B. y Malica D. SKINNER
1974 "The Technical Features of a Middle Horizon Tapestry Shirt from Peru". *The Textile Museum Journal*, vol. 4, n.º 1: 5-12.

BJERREGAARD, Lena
2016   Lambayeque-style Textiles in the Ethnologisches Museum, Berlin. Coloquios "Nuevo Mundo Mundos Nuevos" [en línea]. Disponible en: <http://journals.openedition.org/nuevomundo/69290> (última consulta: 05/12/17).

BONAVIA, Duccio
2008   *The South American Camelids (an expanded and corrected edition)*. Los Ángeles: University of California, Cotsen Institute of Archaeology Press.

BRAGAYRAC, Enrique D.
1991   "Archaeological Excavations in the Vegachayoc Moqo Sector of Huari." En William H. Isbell y Gordon F. McEwan (eds.), *Huari Administrative Structure: Prehistoric Monumental Architecture and State Government*. Washington, D. C.: Dumbarton Oaks Research Library and Collection, pp. 71-80.

BRANCH, N. P. et ál.
2007   "Testing the Sustainability and Sensitivity to Climatic Change of Terrace Agricultural Systems in the Peruvian Andes: A Pilot Study". *Journal of Archaeological Science*, vol. 34, n.º 1: 1-9.

BROWMAN, David L.
1976   "Demographic Correlations of the Wari Conquest of Junín". *American Antiquity*, vol. 41, n.º 4: 465-477.

1980   "Tiwanaku Expansion and Altiplano Economic Patterns". *Estudios Arqueológicos*, n.º 5: 107-120.

1987   "Risk Management in Andean Arid Lands". En David L. Browman (ed.), *Arid Land Use Strategies and Risk Management in the Andes: A Regional Anthropological Perspective*. Boulder: Westview Press, pp. 1-23.

1997   "Political Institutional Factors Contributing to the Integration of the Tiwanaku State". En Linda Manzanilla (ed.), *Emergence and Change in Early Urban Societies*. Nueva York, Londres: Plenum Press, pp. 229-243.

2008 "Lumbreras and Peruvian Prehistory: A Retrospective View from Junin". *Bulletin of the History of Archaeology*, vol. 18, n.º 2: 13-25.

BURGER, Richard
2006 "Interacción interregional entre los Andes centrales y los Andes centro sur: el caso de la circulación de la obsidiana". En Heather Lechtman (ed.), *Esferas de interacción prehistóricas y fronteras nacionales modernas: los Andes sur centrales*. Lima: Instituto de Estudios Peruanos, pp. 423-441.

BURGER, Richard L., Karen L. MOHR CHÁVEZ y Sergio J. CHÁVEZ
2000 "Through the Glass Darkly: Prehispanic Obsidian Procurement and Exchange in Southern Peru and Northern Bolivia". *Journal of World Prehistory*, vol. 14, n.º 3: 267-362.

BURKHOLDER, Jo Ellen
2001 "La cerámica de Tiwanaku: ¿qué indica su variabilidad?". *Boletín de Arqueología PUCP*, n.º 5: 217-249.

CAMINO, Lupe
1982 *Los que vencieron al tiempo: Simbila, costa norte, perfil etnográfico de un centro alfarero*. Piura: Centro de Investigación y Promoción del Campesinado.

CARDICH, Augusto
1981 "El fenómeno de las fluctuaciones de los límites superiores del cultivo en los Andes: su importancia". *Relaciones de la Sociedad Argentina de Antropología*, vol. 14, n.º 1: 7-31.

CARTER, Jeffery
2006 "General introduction". En Jeffery Carter (ed.), *Understanding Religious Sacrifice: A Reader*. Londres: Continuum, pp. 1-11.

CASARETO, Dante y Patricia PÉREZ
2016 "El río Rímac, el valle de Lima y el uso del agua en el mundo prehispánico". En *Rímac: historia del río hablador*. Lima: Autoridad Nacional del Agua, pp. 13-36.

CASTILLO, Luis Jaime
2000 "La presencia de Wari en San José de Moro". *Boletín de Arqueología PUCP*, n.º 4: 143-179.

2010 "Moche Politics in the Jequetepeque Valley: A Case for Political Opportunism". En Jeffrey Quilter y Luis Jaime Castillo (ed.), *New Perspectives on Moche Political Organization*. Washington, D. C.: Dumbarton Oaks Research Library and Collection, pp. 83-109.

CHEPSTOW-LUSTY, A. et ál.
1998 "Trancing 4,000 Years of Environmental History in the Cuzco Area from the Pollen Record". *Mountain Research and Development*, vol. 18, n.º 2: 159-172.

COLEMAN GOLDSTEIN, Robin
2010 Negotiating Power in the Wari Empire: A Comparative Study of Local-Imperial Interactions in the Moquegua and Majes Regions during the Middle Horizon (550-1050 CE). Tesis doctoral. Northwestern University, Evanston.

COOK, Anita G.
1994 *Wari y Tiwanaku: entre el estilo y la imagen*. Lima: Pontificia Universidad Católica del Perú.

1996 "The Emperor's New Clothes: Symbols of Royalty, Hierarchy and Identity". *Journal of the Steward Anthropological Society*, vol. 24, n.º 1-2: 85-120.

2001 "Huari D-Shaped Structures, Sacrificial Offerings, and Divine Rulership". En Elizabeth P. Benson y Anita G. Cook (ed.), *Ritual Sacrifice in Ancient Peru*. Austin: University of Texas Press, pp. 137-164.

2009 "Visllani visllacuni: patrones de consumo a comienzos del Horizonte Medio". *Revista Chilena de Antropología*, n.º 20: 205-226.

COOK, Anita G. y Nancy L. BENCO
2000 "Vasijas para la fiesta y la fama: producción artesanal en un centro urbano Huari". *Boletín de Arqueología PUCP*, n.º 4: 489-504.

COSTIN, Cathy Lynne
1991 "Craft Specialization: Issues in Defining, Documenting, and Explaining the Organization of Production". En Michael B.

Schiffer (ed.), *Archaeological Method and Theory*, vol. *1*. Tucson: University of Arizona Press, pp. 1-56.

D'Altroy, Terence N.
2004   *The Incas: Inside an American Empire*. Nueva York: Recorded Books.

2017   "Introducción". En Sofia Chacaltana, Elizabeth Arkush y Giancarlo Marcone (eds.), *Nuevas tendencias en el estudio de los caminos*. Lima: Ministerio de Cultura, pp. 13-17.

D'Altroy, Terence N. y Timothy K. Earle
1985   "Staple Finance, Wealth Finance, and Storage in the Inka Political Economy". *Current Anthropology*, vol. 26, n.º 2: 187-197.

DeFrance, Susan D.
2016   "Pastoralism through Time in Southern Peru". En José M. Capriles y Nicolas Tripcevich (eds.), *The Archaeology of Andean Pastoralism*. Albuquerque: University of New Mexico Press, pp. 119-138.

Denevan, William M.
1982   "Hydraulic Agriculture in the American Tropics: Forms, Measures, and Recent Research". En Kent V. Flannery (ed.), *Maya Subsistence*. Nueva York: Academic Press, pp. 181-203.

Dietler, Michael
2001   "Theorizing the Feast: Rituals of Consumption, Commensal Politics, and Power in African Contexts". En Michael Dietler y Brian Hayden (ed.), *Feasts: Archaeological and Ethnographic Perspectives on Food, Politics, and Power*. Washington: Smithsonian Institution Press, pp. 65-114.

2006   "Alcohol: Anthropological/Archaeological Perspectives". *Annual Review of Anthropology*, n.º 35: 229-249.

Dillehay, Tom D.
2003   "El colonialismo inka, el consumo de chicha y los festines desde una perspectiva de los banquetes políticos". *Boletín de Arqueología PUCP*, n.º 7: 355-363.

EARLE, Thimoty.
1972 "Lurin Valley, Peru: Early Intermediate Period Settlement Development". *American Antiquity*, n.º 37: 464-477.

EARLE, Timothy y Justin JENNINGS
2012 "Remodeling the Political Economy of the Wari Empire". *Boletín de Arqueología PUCP*, n.º 16: 209-226.

EDWARDS, Matthew J.
2013 "The Configuration of Built Space at Pataraya and Wari Provincial Administration in Nasca". *Journal of Anthropological Archaeology*, n.º 32: 565-576.

EDWARDS, Matthew J., Francesca FERNANDINI y Grace ALEXANDRINO
2009 "Decorated Spindle Whorls from Pataraya". *Ñawpa Pacha*, vol. n.º 29: 1-14.

EDWARDS, Matthew J. y Katharina SCHREIBER
2014 "Pataraya: The Archaeology of a Wari Outpost". *Latin American Antiquity*, vol. 25, n.º 2: 215-233.

EECKHOUT, Peter
2013 "Change and Permanency on the Central Coast of Ancient Peru: The Religious Site of Pachacamac". *World Archaeology*, vol. 45, n.º 1: 137-160.

EITEL, B. S. et ál.
2005 "Geoarchaeological Evidence from Desert Loess in the Nazca-Palpa Region, Southern Peru: Paleoenvironmental Changes and their Impact on the Pre-Columbian Cultures". *Archaeometry*, vol. 41, n.º 1: 137-158.

ERICKSON, Clark L.
1985 "Applications of Prehistoric Andean Technology: Experiments in Raised Field Agriculture, Huatta, Lake Titicaca, Peru, 1981-1983". En Ian Farrington (ed.), *Prehistoric Intensive Agriculture in the Tropics*. Oxford: British Archaeological Reports, International Series, n.º 232, pp. 209-232.

1986 "Waru waru: una tecnología agrícola del altiplano prehistórico". En Carlos de la Torre y Manuel Burga (eds.), *Andenes y camellones en el Perú andino: historia, presente y futuro.* Lima: Consejo Nacional de Ciencia y Tecnología, pp. 59-84.

1987 "The Dating of Raised Field Agriculture in the Lake Titicaca Basin of Peru". En: William M. Denevan, Kent Mathewson y Gregory Knapp, *Pre-Hispanic Agricultural Fields in the Andean Region.* Oxford: British Archaeological Reports, International Series, n.° 359, pp. 373-383.

FINUCANE, Brian
2009 "Maize and Sociopolitical Complexity in the Ayacucho Valley, Peru". *Current Anthropology,* vol. 50, n.° 4: 535-545.

FINUCANE, Brian, Patricia MAITA AGURTO y William H. ISBELL
2006 "Human and Animal Diet at Conchopata, Peru: Stable Isotope Evidence for Maize Agriculture and Animal Management Practices during the Middle Horizon". *Journal of Archaeological Science,* vol. 33, n.° 12: 1766-1776.

FINUCANE, Brian et ál.
2007 "The End of Empire: New Radiocarbon Dates from Ayacucho Valley, Peru, and their Implications for the Collapse of the Wari State". *Radiocarbon,* vol. 19, n.° 2: 579-592.

FLORES ESPINOZA, Isabel et ál.
2012 *La doble tela de los muertos: tejidos especiales wari de Pucllana.* Lima: Avqui Editores.

FLORES OCHOA, Jorge (ed.)
1977 *Uywamichiq punanmakuna. Pastores de puna.* Lima: Instituto de Estudios Peruanos.

FONSECA SANTA CRUZ, Javier
2011 "El rostro oculto de Espíritu Pampa, Vilcabamba, Cusco". *Arqueología Iberoamericana,* n.° 10: 5-7.

FRAME, Mary
1990 *Andean Four-Cornered Hat: Ancient Volumes.* Nueva York: The Metropolitan Museum of Art.

GLOWACKI, Mary
    2005   "Pottery from Pikillacta". En Gordon F. McEwan (ed.), *Pikillacta: The Wari Empire in Cuzco*. Iowa City: University of Iowa Press, pp. 101-113.

GLOWACKI, Mary y Michael MALPASS
    2003   "Water, Huacas, and Ancestor Worship: Traces of a Sacred Wari Landscape". *Latin American Antiquity*, vol. 14, n.º 4: 431-448.

GOBIERNO REGIONAL DE JUNÍN
    2015   *Memoria descriptiva del estudio arqueológico del departamento de Junín a escala 1:100000*. Huancayo: Gerencia Regional de Recursos Naturales y Gestión del Medio Ambiente.

GOLDSTEIN, David J., Robin C. COLEMAN GOLDSTEIN y Patrick R. WILLIAMS
    2008   "You Are What You Drink: A Sociocultural Reconstruction of preHispanic Fermented Beverage Use at Cerro Baul, Moquegua, Peru". En Justin Jennings y Brenda J. Browser (eds.), *Drink, Power, and Society in the Andes*. Gainsville: University Press of Florida, pp. 133-167.

GOLDSTEIN, Paul
    1993   "Tiwanaku Temples and State Expansion: A Tiwanaku Sunken Court Temple in Moquegua, Peru". *Latin American Antiquity*, vol. 4, n.º 3: 22-47.

    2005   *Andean Diaspora: The Tiwanaku Colonies and the Origins of South American Empire*. Gainesville: University Press of Florida.

GOLDSTEIN, Paul y Frank MAGILLIGAN
    2011   "Hazard, Risk and Agrarian Adaptations in a Hyperarid Watershed: El Niño Floods, Streambank Erosion, and the Cultural Bounds of Vulnerability in the Andean Middle Horizon". *Catena*, n.º 85: 155-167.

GOLDSTEIN, Paul y Bruce D. OWEN
    2001   "Tiwanaku en Moquegua: las colonias altiplánicas". *Boletín de Arqueología PUCP*, n.º 5: 139-168.

GONZÁLEZ CARRÉ, Enrique
    1992   *Historia prehispánica de Ayacucho*. Huamanga: Universidad Nacional de San Cristóbal de Huamanga.

Harris, Olivia
    1985   "Una visión andina del hombre y la mujer". *Allpanchis*, vol. 21, n.º 25: 17-39.

Hastorf, Christine A. et ál.
    1989   "Settlement Archaeology in the Jauja Region of Peru: Evidence from the Early Intermediate Period through the Late Intermediate Period: A Report on the 1986 Field Season". *Andean Past*, n.º 2: 81-129.

Hayashida, Frances
    2015   "Chicha". En Karen Mescherer Metheny y Mary C. Beaudry (eds.), *Archaeology of Food. An Encyclopedia*. Lanham: Rowman & Littlefield, pp. 97-98.

Higueras, Álvaro
    2001   "El periodo Intermedio (Horizonte Medio) en los valles de Cochabamba: una perspectiva del análisis de asentamientos humanos y uso de tierras". *Boletín de Arqueología PUCP*, n.º 5: 625-646.

Hubert, Henri y Marcel Mauss
    1981   *Sacrifice: Its Nature and Functions*. Chicago: The University of Chicago Press.

Huckleberry, Gary y Brian R. Billman
    2003   "Geoarchaeological Insights Gained from Surficial Geologic Mapping, Middle Moche Valley, Peru". *Geoarchaeology*, vol. 18, n.º 5: 505-521.

Hulbert, Joyce
    2004   "Evidence of the Individual in the Cultural Material of Tapestry". *Textile Society of America Symposium Proceedings*, n.º 461: 299-305.

Isbell, William H.
    1977   *The Rural Foundation for Urbanism: A Study of Economic and Stylistic Interaction between Rural and Urban Communities in Eight-Century Peru*. Illinois Studies in Anthropology 10. Urbana: University of Illinois Press.

1985 "El origen del Estado en el valle de Ayacucho". *Revista Andina*, vol. 3, n.º 1: 57-106.

1986 "Emergency of City and State at Wari, Ayacucho, Peru, during the Middle Horizon". En Ramiro Matos, Solveig Turpin y Helbert Eling (eds.), *Andean Archaeology. Papers in Memory of Clifford Evans*. Los Ángeles: University of California Los Angeles, pp. 189-200.

1997a *Mummies and Mortuary Monuments: A Postprocessual Prehistory of Central Andean Social Organization*. Austin: University of Texas Press.

1997b "Reconstructing Huari: A Cultural Chronology for the Capital City". En Linda Manzanilla (ed.), *Emergence and Change in Early Urban Societies*. Nueva York, Londres: Plenum Press, pp. 181-227.

2000 "Repensando el Horizonte Medio: el caso de Conchopata, Ayacucho, Perú". *Boletín de Arqueología PUCP*, n.º 4: 9-68.

2001 "Reflexiones finales". *Boletín de Arqueología PUCP*, n.º 5: 455-479.

2004a "Mortuary Preferences: A Wari Culture Case Study from Middle Horizon Peru". *Latin American Antiquity*, vol. 15, n.º 1: 3-32.

2004b "Palaces and Politics in the Andean Middle Horizon". En Susan Toby Evans y Joanne Pillsbury (eds.), *Palaces of the Ancient New World*. Washington D. C.: Dumbarton Oaks Research Library and Collection, pp. 191-246.

2007 "A Community of Potters, or Multicrafting Wives of Polygynous Lords?". En Izumi Shimada (ed.), *Craft Production in Complex Societies*. Salt Lake City: University of Utah Press, pp. 68-96.

2010 "Agency, Identity and Control: Understanding Wari Space and Power". En Justin Jennings (ed.), *Beyond Wari Walls: The Nature of Middle Horizon Peru away from Wari Centers*. Albuquerque: University of New Mexico Press, pp. 233-254.

2016 "El señor wari de Vilcabamba y sus relaciones culturales". *Andes*, n.º 9: 39-90.

Isbell, William H., Christine Brewster-Bray y Lynda E. Spickard
1991 "Architecture and Spatial Organization at Huari". En William H. Isbell y Gordon F. McEwan (eds.), *Huari Administrative Structure: Prehistoric Monumental Architecture and State Government*. Washington D. C.: Dumbarton Oaks Research Library and Collection, pp. 19-53.

Isbell, William H. y Amy Groleau
2010 "The Wari Brewer Woman: Feasting, Gender, Offerings, and Memory". En Elizabeth A. Klarich (ed.), *Inside Ancient Kitchens New Directions in the Study of Daily Meals and Feasts*. Boulder: University Press of Colorado, pp. 191-219.

Isbell, William H. y Katherina Schreiber
1978 "Was Huari a State?". *American Antiquity*, vol. 43, n.º 3: 372-389.

Janusek, John W.
1999 "Craft and Local Power: Embedded Specialization in Tiwanaku Cities". *Latin American Antiquity*, vol. 10, n.º 2: 107-131.

2004 *Identity and Power in the Andes: Tiwanaku Cities through Time*. Nueva York, Londres: Routledge.

Jennings, Justin
2010 *Globalization and the Ancient World*. Cambridge: Cambridge University Press.

2015 "The Cotahuasi Valley during the Middle Horizon". En Justin Jennings y Willy Yépez Álvarez (eds.), *Tenahaha and the Wari State: A View of the Middle Horizon from the Cotahuasi Valley*. Tuscaloosa: The University of Alabama Press, pp. 16-47.

Jennings, Justin y Brenda J. Browser (eds.)
2008 *Drink, Power, and Society in the Andes*. Gainsville: University Press of Florida.

Jennings, Justin y Nathan Craig
2001 "Politywide Analysis and Imperial Political Economy: The Relationship between Valley Political Complexity and Administrative Centers in the Wari Empire of the Central Andes". *Journal of Anthropological Archaeology*, n.º 20: 479-502.

Jiménez, María Jesús
2004 "El Horizonte Medio en los Andes centrales a través de los textiles del Museo de América de Madrid". *Arqueología y Sociedad*, n.º 15: 93-118.

Kaulicke, Peter
2000 "La sombra de Pachacamac: Huari en la costa central". *Boletín de Arqueología PUCP*, n.º 4: 313-358.

2001 "Cronología, identidad y urbanismo en los Andes centrales y surcentrales entre los siglos V a X d. C. Algunas reflexiones finales". *Boletín de Arqueología PUCP*, n.º 5: 481-529.

Keatinge, Richard W.
1978 "The Pacatnamú Textiles". *Archaeology*, vol. 31, n.º 2: 30-41.

Kendall, Ann y Abelardo Rodríguez
2009 *Desarrollo y perspectivas de los sistemas de andenerías en los Andes centrales del Perú*. Cuzco: Centro de Estudios Rurales Andinos Bartolomé de Las Casas, Instituto Francés de Estudios Andinos.

King, Heidi
2012 "Feathers". En Susan E. Bergh (ed.), *Wari: Lords of the Ancient Andes*. Nueva York, Cleveland: Thames & Hudson, The Cleveland Museum of Art, pp. 207-214.

Knobloch, Patricia
2000 "Wari Ritual Power at Conchopata: Interpretation of Anadenanthera colubrina Iconography". *Latin American Antiquity*, vol. 11, n.º 4: 387-402.

2002 Who Was Who? in the Middle Horizon Andean prehistory. Disponible en: <http://www-rohan.sdsu.edu/~bharley/WWWHome.html> (última consulta: 01/02/19).

2010 "La imagen de los señores de Huari y la recuperación de una identidad antigua". En Krzysztof Makowski (ed.), *Señores de los Imperios del Sol*. Lima: Banco de Crédito del Perú, pp.196-209.

Knudson, Kelly J. y T. Douglas Price
2007 "Utility of Multiple Chemical Techniques in Archaeological Residential Mobility Studies: Case Studies from Tiwanaku-and

Chiribaya-affiliated Sites in the Andes". *American Journal of Physical Anthropology*, vol. 132, n.º 1: 25-39.

Knudson, Kelly et ál.
2004 "The Use of Strontium Isotope Analysis to Investigate Tiwanaku Migration and Mortuary Ritual in Bolivia and Peru". *Archaeometry*, vol. 46, n.º 1: 5-18.

Kolata, Alan L.
1986 "The Agricultural Foundations of the Tiwanaku State: A View from the Heartland". *American Antiquity*, vol. 51, n.º 4: 748-762.

1991 "The Technology and Organization of Agricultural Production in the Tiwanaku State". *Latin American Antiquity*, vol. 2, n.º 2: 99-125.

1993 "Understanding Tiwanaku: Conquest, Colonization and Clientage in the South Central Andes". En Don S. Rice (ed.), *Latin American Horizons*. Washington, D. C.: Dumbarton Oaks Research Library and Collections, pp. 193-224.

2000 "Environmental Thresholds and the 'Natural History' of an Andean Civilization". En Garth Bawden y Richard Martin Reycraft (eds.), *Environmental Disaster and the Archaeology of Human Response*. Albuquerque: Maxwell Museum of Anthropology, University of New Mexico, pp. 163-178.

2003 *Tiwanaku and Its Hinterland: Archaeology and Paleoecology of an Andean Civilization. Volume 2: Urban and Rural Archaeology*. Washington, D. C.: Smithsonian Institution Press.

Kuznar, Lawrence A.
2016 "Andean Pastoralism and Its Effect on Economic and Social Stability in the Andes". En José M. Capriles y Nicolas Tripcevich (eds.), *The Archaeology of Andean Pastoralism*. Albuquerque: University of New Mexico Press, pp. 11-16.

Lane, Kevin
2010 "¿Hacia dónde se dirigen los pastores? Un análisis del papel del agropastoralismo en la difusión de las lenguas en los Andes". *Boletín de Arqueología PUCP*, n.º 14: 181-198.

LAU, George
2012 "Intercultural Relations in Northern Peru: The Northern Central Highlands during the Middle Horizon". *Boletín de Arqueología PUCP*, n.º 16: 23-52.

LECHTMAN, Heather
1997 "El bronce arsenical y el Horizonte Medio". En Rafael Varón y Javier Flores (eds.), *Arqueología, antropología e historia en los Andes. Homenaje a María Rostworowski*. Lima: Instituto de Estudios Peruanos, pp. 153-186.

2005 "Arsenic Bronze at Pikillacta". En Gordon F. McEwan (ed.), *Pikillacta: The Wari Empire in Cuzco*. Iowa City: University of Iowa Press, pp. 131-146.

LEONI, Juan B.
2007 "La ocupación Wari de Ñawinpukyo: trazado espacial, arquitectura y organización social en una comunidad ayacuchana del Horizonte Medio". *Arqueología y Sociedad*, n.º 18: 131-154.

2010 "Early Intermediate Period and Middle Horizon Funerary Practices in Ayacucho: A View from the Site of Ñawinpukyo". *Ñawpa Pacha*, vol. 30, n.º 1: 65-90.

LUMBRERAS, Luis G.
1959 "Esquema arqueológico de la sierra central del Perú". *Revista del Museo Nacional*, n.º 28: 63-116.

1969 *De los pueblos, las culturas y las artes del Perú antiguo*. Lima: Moncloa-Campodónico Editores Asociados.

1974 *Las fundaciones de Huamanga: hacia una prehistoria de Ayacucho*. Lima: Nueva Educación.

2010 "Los orígenes de la sociedad andina". En Carlos Contreras (ed.), *Economía prehispánica*. Lima: Banco Central de Reserva, Instituto de Estudios Peruanos, pp. 23-135.

MACNEISH, Richard, Thomas PATTERSON y David BROWMAN
1975 *The Central Peruvian Prehistoric Interaction Sphere*. Papers of Robert S. Peabody, Foundation for Archaeology, vol. 7. Andover: Robert S. Peabody Foundation for Archaeology.

MALENGREAU Jacques
    1980   "Parientes, compadres y comuneros en Cusipata (Perú)". En: Enrique Mayer y Ralph Bolton (eds.), *Parentesco y matrimonio en los Andes* (pp. 493-536). Lima: Pontificia Universidad Católica del Perú.

MANZANILLA, Linda
    1992   *Akapana: una pirámide en el centro del mundo*. Ciudad de México: Universidad Nacional Autónoma de México, Instituto de Investigaciones Antropológicas.

MAQUERA, Erik y Milagros ESTEBAN
    2014   "Investigaciones arqueológicas en Catalina Huanca, un asentamiento de la sociedad lima del Horizonte Medio". *Boletín de Arqueología PUCP*, n.º 18: 81-104.

MARCONE F., Giancarlo
    2012   Political Strategies and Domestic Economy of the Lote B Rural Elite in the Prehispanic Lurín Valley, Peru. Tesis doctoral. University of Pittsburgh, Pittsburgh.

MAYER, Enrique
    1980   "Repensando más allá de la familia nuclear". En Enrique Mayer y Ralph Bolton (eds.), *Parentesco y familia en los Andes*. Lima: Pontificia Universidad Católica del Perú, pp. 427-462.

    2002   *The Articulated Peasant: Household Economies in the Andes*. Boulder: Westview Press.

McEWAN, Gordon F.
    1991   "Investigations at the Pikillacta Site: A Provincial Huari Center in the Valley of Cuzco". En William H. Isbell y Gordon F. McEwan (eds.), *Huari Administrative Structure: Prehistoric Monumental Architecture and State Government*. Washington, D.C.: Dumbarton Oaks Research Library and Collection, pp. 93-119.

    2005a   "Conclusion: The Functions of Pikillacta". En Gordon F. McEwan (ed.), *Pikillacta: The Wari Empire in Cuzco*. Iowa City: University of Iowa Press, pp. 147-164.

2005b   "Pikillacta Architecture and Construction Requirements". En Gordon F. McEwan (ed.), *Pikillacta: The Wari Empire in Cuzco*. Iowa City: University of Iowa Press, pp. 63-83.

MEDDENS, Frank
1989   "Implications of Camelid Management and Textile Production for Huari". En R. Michael Czwarno, Frank M. Meddens y Alexandra Morgan (eds.), *The Nature of Wari: A Reappraisal of the Middle Horizon Period in Peru*. Oxford: BAR International Series 525, pp. 146-165.

1991   "A Provincial Perspective of Huari Organization Viewed from the Chicha/Soras Valley". En William H. Isbell y Gordon F. McEwan (ed.), *Huari Administrative Structure: Prehistoric Monumental Architecture and State Government*. Washington, D.C.: Dumbarton Oaks Research Library and Collection, pp. 215-231.

MEDDENS, Frank y Nicholas BRANCH
2010   "The Wari State, its Use of Ancestors, Rural Hinterland, and Agricultural Infrastructure". En Justin Jennings (ed.), *Beyond Wari Walls: The Nature of Middle Horizon Peru away from Wari Centers*. Albuquerque: University of New Mexico Press, pp. 155-170.

MEJÍA HUAMÁN, Luis Felipe
1998   "El sistema hidráulico de Lima prehispánica: etapas constructivas del canal de Ate". *Boletín del Museo de Arqueología y Antropología de la Universidad Nacional Mayor de San Marcos*, n.º 4: 6-7.

MENZEL, Dorothy
1964   "Style and Time in the Middle Horizon". *Ñawpa Pacha*, n.º 2: 1-105.

1968   "New Data on the Huari Empire in Middle Horizon Epoch 2A". *Ñawpa Pacha*, n.º 6: 47-114.

1977   *The Archaeology of Ancient Peru and the Work of Max Uhle*. Berkeley: R. H. Lowie Museum.

MINISTERIO DE AGRICULTURA DEL PERÚ
2014   *Resumen ejecutivo: Inventario y caracterización de andenes en once regiones del Perú (Arequipa, Moquegua, Tacna, Junín, Cusco,*

Puno, Amazonas, Apurímac, Lima, Ayacucho y Huancavelica). Lima: Minagri.

MOGROVEJO, Juan y Rafael SEGURA LLANOS
2000 "El Horizonte Medio en el conjunto arquitectónico Julio C. Tello de Cajamarquilla". *Boletín de Arqueología PUCP*, vol. 4, n.º 1: 565-582.

MONTOYA, Eduardo et ál.
2009 "Caracterización de cerámicos wari mediante análisis por activación neutrónica". *Revista de la Sociedad Química del Perú*, vol. 75, n.º 4: 473-478.

MORRISON, Kathleen D.
2001 "Sources, Approaches, Definitions". En Susan E. Alcock et ál. (eds.), *Empires: Perspectives from Archaeology and History*. Cambridge: Cambridge University Press, pp. 1-9.

MOSELEY, Michael E.
2002 "Modeling Protracted Drought, Collateral Natural Disaster, and Human Responses in the Andes". En Susanna M. Hoffman y Anthony Oliver-Smith (eds.), *Catastrophe and Culture. The Anthropology of Disaster*. Santa Fe: School of American Research Press, pp. 187-212.

MOSELEY, Michael E. et ál.
1991 "Colonies and Conquest: Tiahuanaco and Huari in Moquegua". En William H. Isbell y Gordon F. McEwan (eds.), *Huari Administrative Structure: Prehistoric Monumental Architecture and State Government*. Washington, D. C.: Dumbarton Oaks Research Library and Collection, pp. 121-140.

2005 "Burning down the Brewery: Establishing and Evacuating an Ancient Imperial Colony at Cerro Baul, Peru". *Proceedings of the National Academy of Sciences*, vol. 102, n.º 48: 17264-17271.

MURRA, John V.
1972 "El control vertical de un máximo de pisos ecológicos en la economía de las sociedades andinas". En John V. Murra (ed.), *Iñigo Ortiz de Zúñiga, visita de la provincia de León de Huánuco en 1562*. Tomo 2. Huánuco: Universidad Nacional Hermilio Valdizán, pp. 429-476.

1975 "Rebaños y pastores en la economía del Tawantinsuyu". En *Formaciones económicas y políticas del mundo andino*. Lima: Instituto de Estudios Peruanos, pp. 117-144.

1985 "El archipiélago vertical revisited". En Shozo Masuda, Izumi Shimada y Craig Morris (eds.), *Andean Ecology and Civilization: An Interdisciplinary Perspective on Andean Ecological Complementarity*. Tokio: University of Tokyo Press, pp. 3-14.

NASH, Donna
2013 "The Art of Feasting: Building an Empire with Food and Drink". En Susan E. Berg (ed.), *Wari, Lords of the Ancient Andes*. Cleveland: Thames & Hudson, pp. 82-101.

NIALS, Fred L. et ál.
1979 "El Niño: The Catastrophic Flooding of Coastal Peru". *Field Museum of Natural History Bulletin*, vol. 50, n.º 7: 4-14 (parte 1); vol. 50, n.º 8: 4-10 (parte 2).

NÚÑEZ M. Mario y Rolando PAREDES
1978 "Estévez: un sitio de ocupación Tiwanaku". En Ramiro Matos M. (ed.), *Tercer congreso peruano del hombre y la cultura andina*. Vol. 2. Lima: Secretaría General del Tercer Congreso Peruano del Hombre y la Cultura Andina, pp. 757-764.

OAKLAND RODMAN, Amy
1992 "Textiles and Ethnicity: Tiwanaku in San Pedro de Atacama, North Chile". *Latin American Antiquity*, vol. 3, n.º 4: 316-340.

OAKLAND RODMAN, Amy y Arabel FERNÁNDEZ
2000 "Los tejidos Huari y Tiahuanaco: comparaciones y contextos". *Boletín de Arqueología PUCP*, n.º 4: 119-130.

OCHATOMA, José
2007 *Alfareros del imperio Huari: vida cotidiana y áreas de actividad en Conchopata*. Ayacucho: Universidad Nacional de San Cristóbal de Huamanga.

OCHATOMA, José y Martha CABRERA
2000 "Arquitectura y áreas de actividad en Conchopata". *Boletín de Arqueología PUCP*, n.º 4: 449-488.

2016   *Informe final del proyecto de investigación "Arquitectura del poder y cultura material en Monqachayuq-Wari"*. Ayacucho: Universidad Nacional de San Cristóbal de Huamanga.

Olivera Astete, Carlos
2014   "Huaca 20 en el complejo Maranga: la ocupación lima a inicios del Horizonte Medio". *Boletín de Arqueología PUCP*, n.º 18: 191-209.

Owen, Bruce D. y Paul S. Goldstein
2001   "Tiwanaku en Moquegua: interacciones regionales y colapso". *Boletín de Arqueología PUCP*, n.º 5: 169-188.

Paerregaard, Karsten
1990   "Buscando un cónyuge: matrimonio, herencia y ayuda mutua en un distrito del valle de Colca". *Anthropologica*, vol. 8, n.º 8: 56-99.

Palacios Jonathan, Erick Maquera y Carlos Toledo
2014   "Tecnología hidráulica, ampliación de la frontera agrícola y asentamientos no monumentales durante la época Lima". *Boletín de Arqueología PUCP*, n.º 18: 59-80.

Park, Julie E.
2001   *Food from the Heartland: The Iwawi Site and Tiwanaku Political Economy from a Faunal Perspective*. Tesis de maestría. Simon Fraser University, Vancouver.

Parsons, Jeffrey R., Charles M. Hastings y Ramiro Matos M.
1997   "Rebuilding the State in Highland Peru: Herder-Cultivator Interaction during the Late Intermediate Period in the Tarama-Chinchaycocha Region". *Latin American Antiquity*, n.º 8: 317-341.

Patterson, Thomas C., John P. McCarthy y Robert A. Dunn
1982   "Polities in the Lurin Valley, Peru, during the Early Intermediate Period". *Ñawpa Pacha*, n.º 20: 61-82.

Paulsen, Allison C.
1976   "Environment and Empire: Climatic Factors in Prehistoric Andean Culture Change". *World Archaeology*, vol. 8, n.º 2: 121-132.

Pérez C., Ismael
2000   "Estructuras megalíticas funerarias en el complejo Huari". *Boletín de Arqueología PUCP*, n.º 4: 505-547.

2010 "Canales, acueductos, reservorios, qochas y puquiales que abastecían de agua a la metrópoli Wari". En Luis Valle Álvarez (ed.), *Arqueología y desarrollo: experiencias y posibilidades en el Perú*. Trujillo: SIAN, pp. 103-128.

2012 "Asentamientos periféricos del centro urbano de Conchopata, Ayacucho". *Arqueología y Sociedad*, n.º 25: 143-168.

2016 Secuencia cultural previa a la cultura Huari en Ayacucho: aportes y propuestas. Tesis de maestría. Universidad Nacional Mayor de San Marcos, Lima.

PÉREZ, Ismael y Alexander GALLARDO
2012 "Estudio del material textil procedente de una tumba disturbada en Wari, Ayacucho". *Investigaciones Sociales*, vol. 16, n.º 28: 155-165.

PÉREZ, Ismael y Alexander SALVATIERRA
2012 "El canal de agua que abastecía a la ciudad de Wari, Ayacucho: proceso constructivo y componentes de funcionalidad". *Arqueología y Sociedad*, n.º 24: 283-300.

POLANYI, Karl
1968 *Primitive, Archaic and Modern Economics: Essays of Karl Polanyi*. Editado por George Dalton. Garden City: Doubleday.

POLLARD ROWE, Ann
2012 "Tie-dyed Tunics". En Susan E. Bergh (ed.), *Wari: Lords of the Ancient Andes*. Nueva York, Cleveland: Thames & Hudson, The Cleveland Museum of Art, pp. 193-203.

PONCE SANGINÉS, Carlos
1981 *Tiwanaku: espacio, tiempo y cultura*. La Paz: Editorial Los Amigos del Libro.

PONCE SANGINÉS, Carlos y Gerardo MOGROVEJO T.
1970 *Acerca de la procedencia del material lítico de los monumentos de Tiwanaku. I. Examen arqueológico, II. Estudio geológico petrográfico*. La Paz: Academia Nacional de Ciencias de Bolivia.

POZORSKI, Shelia
1976 Prehistoric Subsistence Patterns and Site Economics in the Moche Valley, Peru. Tesis doctoral. University of Texas, Austin.

Pozzi-Escot, Denise
    1991   "Conchopata: A Community of Potters". En William H. Isbell y Gordon F. McEwan (ed.), *Huari Administrative Structure: Prehistoric Monumental Architecture and State Government*. Washington, D. C.: Dumbarton Oaks Research Library and Collection, pp. 81-92.

Pozzi-Escot, Denise y Carmen Rosa Cardoza
    1986   *El consumo de camélidos: entre el Formativo y Wari en Ayacucho*. Lima: Instituto Andino de Estudios Arqueológicos, Universidad Nacional de San Cristóbal de Huamanga.

Prümers, Heiko
    2000   "El Castillo de Huarmey: una plataforma funeraria del Horizonte Medio". *Boletín de Arqueología PUCP*, n.º 4: 289-312.

Przadka Giersz, Patricja
    2014   "Ajuar personal: las mujeres de la élite wari y su atuendo". En Milosz Giersz y Cecilia Pardo (eds.), *Castillo de Huarmey: el mausoleo imperial wari*. Lima: Asociación Museo de Arte de Lima, pp. 101-127.

Pulgar Vidal, Javier
    1946   *Historia y geografía del Perú. Las ocho regiones naturales del Perú*. Lima: Universidad Nacional Mayor de San Marcos.

Redman, Charles L.
    1999   *Human Impacts on Ancient Environments*. Tucson: University of Arizona Press.

Rehl, Jane W.
    2000   "The Order of Things in Ancient Peru Visual Metaphors in Wari-Associated DWW Textiles". *Textile Society of America Symposium Proceedings*, n.º 828: 9-20.

Rein, Bert, Andreas Lückge y Frank Sirocko
    2004   "A Major Holocene ENSO Anomaly during the Medieval Period". *Geophysical Research Letters*, vol. 31, L17211: 1-4.

Reindel, Markus y Johny Isla
    2013   "Cambio climático y patrones de asentamiento en la vertiente occidental de los Andes del sur del Perú". *Diálogo Andino*, n.º 41: 83-99.

Reiss, Wilhelm y Alphons Stübel
1880-1887   *Peruvian Antiquities: The Necropolis of Ancon in Peru; a Series of Illustrations of the Civilization and Industry of the Empire of the Incas*. Nueva York: A. Ascher.

Rice, Prudence M.
1987   *Pottery Analysis: A Source Book*. Chicago: University of Chicago Press.

Ríos Acuña, Sirley
2005   "El arte del tejido en fibra vegetal: la cestería de Santa Rosa de Chontay". *Artesanías de América*, n.° 59-60: 151-172.

Rivera, Claudia
2003   "Ch'iji Jawira: A Case of Ceramic Specialization in the Tiwanaku Urban Periphery". En Alan L. Kolata (ed.), *Tiwanaku and Its Hinterland. Archaeology and Paleoecology of an Andean Civilization 2: Urban and Rural Archaeology*. Washington, D. C.: Smithsonian Institution Press, pp. 296-315.

Rosas R., Marco
2007   "Nuevas perspectivas acerca del colapso Moche en el Bajo Jequetepeque. Resultados preliminares de la segunda campaña de investigación del proyecto arqueológico Cerro Chepén". *Bulletin de l'Institut Français d'Études Andines*, vol. 36, n.° 2: 221-240.

Rothhammer, Francisco y Calogero M. Santoro
2001   "El desarrollo cultural en el valle de Azapa, extremo norte de Chile y su vinculación con los desplazamientos poblacionales altiplánicos". *Latin American Antiquity*, vol. 12, n.° 1: 59-66.

Salazar-Soler y Thierry Saignes (eds.)
1993   *Borrachera y memoria: la experiencia de lo sagrado en los Andes*. La Paz: Instituto Francés de Estudios Andinos, Hisbol.

Salomon, Frank
1985   "The Dynamic Potential of the Complementarity Concept". En Sosho Masuda, Izumi Shimada y Craig Morris (ed.), *Andean Ecology and Civilization: An Interdisciplinary Perspective on Andean Ecological Complementarity*. Tokio: University of Tokyo, pp. 511-531.

SAWYER, Alan R.
    1967   "Tiahuanaco Tapestry Design". En John H. Rowe y Dorothy Menzel (eds.), *Peruvian Archeaology*. Palo Alto: Peek Publications, pp. 165-77.

SAYRE, Matthew P. y William T. WHITEHEAD
    2017   "Ritual and Plant Use at Conchopata: An Andean Middle Horizon Site". En Matthew P. Sayre y Maria Bruno (eds.), *Social Perspectives on Ancient Lives from Paleoethnobotanical Data*. Cham: Springer International Publishing, pp. 121-144.

SCHITTEK, K. et ál.
    2015   "Holocene Environmental Changes in the Highlands of the Southern Peruvian Andes (14° S) and their Impact on Pre-Columbian Cultures". *Climate of the Past*, n.º 11: 27-44.

SCHJELLERUP, Inge
    2002   "Reflexiones sobre los Chachapoya en el Chinchaysuyu". *Boletín de Arqueología PUCP*, n.º 6: 43-56.

SCHREIBER, Katharina
    1987   "Conquest and Consolidation: A Comparison of the Wari and Inka Occupations of a Highland Peruvian Valley". *American Antiquity*, vol. 52, n.º 2: 266-284.

    1992   *Wari Imperialism in Middle Horizon Peru*. Ann Arbor: University of Michigan, Museum of Anthropology.

    2005   "Imperial Agendas and Local Agency". En Gil Stein (ed.), *The Archaeology of Colonial Encounters: Comparative Perspectives*. Santa Fe: School of American Research, pp. 237-262.

SEGURA, Rafael
    2017   "Repensando la interacción cultural durante la hegemonía wari: modelos interpretativos y evidencia funeraria en la costa central del Perú". En Rafael Vega-Centeno (ed.), *Repensar el antiguo Perú: aportes desde la arqueología*. Lima: Instituto de Estudios Peruanos, Pontificia Universidad Católica del Perú, pp. 273-311.

SEGURA, Rafael e Izumi SHIMADA
    2010   "The Wari Footprint on the Central Coast: A View from Cajamarquilla and Pachacamac". En Justin Jennings (ed.),

Beyond Wari Walls: Exploring the Nature of Middle Horizon Peru away from Wari Centers. Albuquerque: New Mexico University Press, pp. 113-135.

2014   "La interacción Sicán Medio-costa central hacia 1000 d. C. ". En Izumi Shimada (ed.), *Cultura Sicán: esplendor preincaico de la costa norte*. Lima: Fondo Editorial del Congreso del Perú, pp. 303-322.

Shea, Daniel
1969   Wari Wilka: A Central Andean Oracle Site. Tesis doctoral. University of Wisconsin, Madison.

Sherrat, Nicola et ál.
2009   "Ceramic Production during the Middle Horizon: Wari and Tiwanaku Clay Procurement in the Moquegua Valley Peru". *Geoarchaeology*, vol. 24, n.º 6: 792-820.

Shimada, Izumi
1991   "Pachacamac Archaeology: Retrospect and Prospect". En Izumi Shimada (ed.), *Pachacamac: A Reprint of the 1903 Edition by Max Uhle*. Filadelfia: University of Pennsylvania, pp. XII-LXVI.

1994a   "La producción de cerámica en Mórrope, Perú: productividad, especialización y espacios vistos como recursos". En Izumi Shimada (ed.), *Tecnología y organización de la producción de cerámica prehispánica en los Andes*. Lima: Fondo Editorial de la Pontificia Universidad Católica del Perú, pp. 295-319.

1994b   *Pampa Grande and the Mochica Culture*. Austin: University of Texas Press.

Shimada, Izumi et ál.
1991   "Cultural Impacts of Severe Droughts in the Prehispanic Andes: Application of a 1,500-year Ice Core Precipitation Record". *World Archaeology*, n.º 22: 247-270.

Shimada, Izumi et ál.
2010   "Un siglo después de Uhle: reflexiones sobre la arqueología de Pachacamac y Perú". En Peter Kaulicke et ál., *Max Uhle (1856-1944): evaluaciones de sus investigaciones y obras*. Lima: Fondo Editorial de la Pontificia Universidad Católica del Perú, pp. 109-150.

SHIMADA, Melody e Izumi SHIMADA
    1985   "Prehistoric Llama Breeding and Herding on the North Coast of Peru". *American Antiquity*, vol. 50, n.º 1: 3-26.

SOMERVILLE, Andrew et ál.
    2015   "Diet and Gender in the Tiwanaku Colonies: Stable Isotope Analysis of Human Bone Collagen and Apatite from Moquegua, Peru". *American Journal of Physical Anthropology*, vol. 132, n.º 1: 25-39.

STANISH, Charles
    2003   *Ancient Titicaca: The Evolution of Complex Society in Southern Peru and Northern Bolivia*. Los Ángeles: University of California Press.

    2013   "What Was Tiwanaku?". En Alexei Vranich y Charles Stanish (eds.), *Visions of Tiwanaku*. Los Ángeles: Cotsen Institute of Archaeology Press, pp. 151-166.

STUMER, Louis M.
    1956   "Development of Peruvian Coastal Tiahuanacoid Styles". *American Antiquity*, vol. 22, n.º 1: 59-69.

THOMPSON, L. G. et ál.
    1985   "A 1,500-year Record of Tropical Precipitation in Ice Cores from the Quelccaya Ice Cap, Peru". *Science*, n.º 229: 971-973.

    1995   "Late Glacial Stage and Holocene Tropical Ice Core Records from Huascarán, Peru". *Science*, n.º 269: 46-50.

THOMPSON, L. G., Ellen MOSLEY-THOMPSON y Heith A. HENDERSON
    2000   "Ice-Core Paleoclimate Records in Tropical South America since the Last Glacial Maximum". *Journal of Quaternary Science*, vol. 15, n.º 4: 377-394.

THORNTHON, E. K. et ál.
    2011   "Isotopic Evidence for Middle Horizon to 16th Century Camelid Herding in the Osmore Valley, Peru". *International Journal of Osteoarchaeology*, n.º 21: 544-567.

TOPIC, John R.
    1991   "Huari and Huamachuco". En William H. Isbell y Gordon F. McEwan (eds.), *Huari Administrative Structure: Prehistoric*

Monumental Architecture and State Government. Washington D. C.: Dumbarton Oaks Research Library and Collection, pp. 141-164.

Topic, John R. y Theresa L. Topic
2000 "Hacia la comprensión del fenómeno Huari: una perspectiva norteña". *Boletín de Arqueología PUCP*, n.º 4: 181-217.

2010 "Contextualizing the Wari-Huamachuco Relationship". En Justin Jennings (ed.), *Beyond Wari Walls: The Nature of Middle Horizon Peru away from Wari Centers*. Albuquerque: University of New Mexico Press, pp. 188-212.

Torres, Constantino M.
2001 "Iconografía tiwanaku en la parafernalia inhalatoria de los Andes centro-sur". *Boletín de Arqueología PUCP*, n.º 5: 427-454.

Tschauner, Hartmut y William H. Isbell
2012 "Conchopata: urbanismo, producción artesanal e interacción interregional en el Horizonte Medio". *Boletín de Arqueología PUCP*, n.º 16: 131-164.

Tung, Tiffiny A.
2012 *Violence, Ritual, and the Wari Empire: A Social Bioarchaeology of Imperialism in the Ancient Andes*. Gainesville: University of Florida Press.

Urton, Gary
2003 *Signs of the Inka Qhipu: Binary Coding in the Andean Knotted-String Records*. Austin: University of Texas Press.

2014a "Dos khipus wari del Horizonte Medio provenientes del Castillo de Huarmey". En Milosz Giersz y Cecilia Pardo (eds.), *Castillo de Huarmey: el mausoleo imperial wari*. Lima: Asociación Museo de Arte de Lima, pp. 251-257.

2014b "From Middle Horizon Cord-Keeping to the Rise of Inka Khipus in the Central Andes". *Antiquity*, n.º 88: 205-221.

Valdez, Lidio M.
2006 "Maize Beer Production in Middle Horizon Peru". *Journal of Anthropological Research*, n.º 62: 53-80.

2009 "Una ofrenda de cerámica ceremonia wari en La Oroya, valle de Acarí, Perú". *Revista de Antropología*, n.º 20: 189-204.

2011 "Wari e inca: el significado de Vilcabamba". *Arqueología Iberoamericana*, n.º 10: 3-7.

Valdez-Velásquez L., Rafael
2015 Revisión de la definición del estilo Nievería: un estudio de los materiales recuperados por Max Uhle, Louis M. Stumer y la Misión Arqueológica Italiana. Tesis de licenciatura. Pontifica Universidad Católica del Perú, Lima.

Valencia Z., Alfredo
2005 "Wari Hydraulic Works in the Lucre Basin". En Gordon F. McEwan (ed.), *Pikillacta: The Wari Empire in Cuzco*. Iowa City: University of Iowa Press, pp. 85-97.

Vallières, Claudine
2016 "Camelid Pastoralism at Ancient Tiwanaku: Urban Provisioning in the Highlands of Bolivia". En José M. Capriles y Nicolas Tripcevich (eds.), *The Archaeology of Andean Pastoralism*. Albuquerque: University of New Mexico Press, pp. 67-85.

Velarde, María Inés y Pamela Castro de la Mata
2014 "Los objetos de metal en el mausoleo wari de Huarmey". Milosz Giersz y Cecilia Pardo (eds.), *Castillo de Huarmey: el mausoleo imperial Wari*. Lima: Asociación Museo de Arte de Lima, pp. 223-239.

Vranich, Alexei
2001 "La pirámide de Akapana: reconsiderando el centro monumental de Tiwanaku". *Boletín de Arqueología PUCP*, n.º 5: 295-308.

2013 "Visions of Tiwanaku". En Alexei Vranich y Charles Stanish (eds.), *Visions of Tiwanaku*. Los Ángeles: Cotsen Institute of Archaeology Press, pp. 1-9.

Watanabe, Shinya
2001 "Wari y Cajamarca". *Boletín de Arqueología PUCP*, n.º 5: 531-541.

2009 "La cerámica caolín en la cultura Cajamarca (sierra norte del Perú): el caso de la fase Cajamarca Media". *Bulletin de l'Institut Français d'Études Andines*, vol. 38, n.º 2: 205-236.

WAYLEN, Peter R. y Cesar N. CAVIEDES
1986 "El Niño and Annual Floods on the North Peruvian Littoral". *Journal of Hydrology*, n.º 89: 141-156.

WEBSTER, Ann D.
1993 The Role of the South American Camelid in the Development of the Tiwanaku State. Tesis doctoral. University of Chicago, Chicago.

WILLIAMS, Patrick R.
1997 The Role of Disaster in the Development of Agriculture and the Evolution of Social Complexity in the South-Central Andes. Tesis doctoral. University of Florida, Gainesville.

2002 "Rethinking Disaster-Induced Collapse in the Demise of the Andean Highland States: Wari and Tiwanaku". *World Archaeology*, vol. 33, n.º 3: 361-374.

2006 "Agricultural Innovation, Intensification, and Sociopolitical Development: The Case of Highland Irrigation Agriculture on the Pacific Andean Watersheds". En Joyce Marcus y Charles Stanish (ed.), *Agricultural Strategies*. Los Ángeles: Cotsen Institute of Archaeology, UCLA, pp. 309-333.

2013 "Tiwanaku: A Cult of the Masses". En Alexei Vranich y Charles Stanish (eds.), *Visions of Tiwanaku*. Los Ángeles: Cotsen Institute of Archaeology Press, pp. 27-40.

2017 "Una perspectiva comparada de los caminos wari y tiwanaku: los antecedentes del Qhapaq Ñan incaico". En Sofía Chacaltana, Elizabeth Arkush y Giancarlo Marcone (eds.), *Nuevas tendencias en el estudio de los caminos*. Lima: Ministerio de Cultura, pp. 32-47.

WINSBOROUGH, Barbara et ál.
2012 "Paleoenvironmental Catastrophes on the Peruvian Coast Revealed in Lagoon Sediment Cores from Pachacamac". *Journal of Archaeological Science*, vol. 39, n.º 3: 602-614.

WOUTERS, Jan y Noemie Rosario CHIRINOS
    1992   "Dye Analysis of Pre-Columbian Peruvian Textiles with High Performance Liquid Chromatography and Diode-Array Detection". *Journal of American Institute for Conservation*, vol. 31, n.º 2: 237-255.

WRIGHT, Henry T. y Gregory A. JOHNSON
    1975   "Population, Exchange, and Early State Formation in Southwestern Iran". *American Anthropologist*, vol. 77, n.º 2: 267-289.

YÉPEZ, Willy J., Justin JENNINGS y Tiffiny A. TUNG
    2016   "La Real: un contexto funerario influenciado por los wari en el sur peruano". *Andes*, n.º 9: 121-170.

YOUNG-SANCHEZ, Margaret
    2000   Textiles from Peru's Central Coast 750-1100: The Reiss and Stübel Collection from Ancon. Disertación doctoral. Universidad de Columbia, Nueva York.

ZUIDEMA, Tom R.
    1980   "El sistema de parentesco inca: una nueva visión teórica". En Enrique Mayer y Ralph Bolton (eds.), *Parentesco y matrimonio en los Andes*. Lima: Instituto de Estudios Peruanos, pp. 57-113.

Capítulo 4

Economías tardías: producción y distribución en los Andes centrales antes y durante la expansión del Tawantinsuyu (900-1532 d. C.)

Rafael Vega-Centeno

En este capítulo se lleva a cabo una revisión de la historia económica de los Andes en la última etapa de desarrollo cultural previa a la llegada de poblaciones europeas, que comprende la primera mitad del segundo milenio de nuestra era. Como en los capítulos precedentes, esta revisión parte de una evaluación de las condiciones ambientales y demográficas del tiempo en cuestión, para posteriormente analizar las características de diferentes sectores económicos. Para la época previa a la expansión del Estado inca, se ha dividido la revisión entre comunidades costeras y comunidades altoandinas. Con relación a las primeras, se evalúa la naturaleza de las actividades agrícolas, manufactureras, pesqueras, de distribución y flujo de bienes, constructivas y de intercambios de larga distancia, con el fin de evaluar la naturaleza de las relaciones económicas entre tierras bajas y altas. Respecto de las poblaciones altoandinas, se revisa las diferentes estrategias económicas destinadas al control y explotación de la diversidad ecológica de dicha región. Finalmente, se evalúa el impacto económico de la expansión inca en relación con la intensificación de las actividades agrícolas, manufactureras y constructivas y la generación de demandas de producción y distribución de recursos de escalas sin precedentes.

Economía y sociedad entre 900 y 1450 d. C.

Conviene comenzar esta revisión recalcando que, durante el inicio del segundo milenio de nuestra era, alrededor del año 900, los Andes centrales entraron en una etapa conocida como periodo Intermedio Tardío o periodo de los Reinos y Señoríos Regionales. La arqueología reconoce que este periodo tuvo una duración de alrededor de medio milenio, entre el ocaso Wari y la expansión del Tawantinsuyu.

Es, a no dudar, un lapso bastante prolongado de la historia andina que, esperamos, sea subdividido en el futuro a partir de la identificación de procesos, cambios y continuidades compartidas entre diferentes regiones. En la actualidad, como una unidad sincrónica, el periodo Intermedio Tardío se caracteriza por la existencia de un significativo y variado conjunto de manifestaciones culturales que incluye, entre las más conocidas, a las culturas Sicán o Lambayeque,[1] Chimú,[2] Casma,[3] Chancay,[4] Ychsma,[5] Chincha,[6] Chiribaya,[7] Chachapoyas,[8] Yaro,[9] Wanka,[10] Chanca[11] y Killke.[12]

Existen otras manifestaciones culturales que, por ser menos conocidas, no son necesariamente menos importantes. Es frecuente, por otro lado, considerar a la cultura arqueológica como la expresión material de grupos e identidades étnicas, con lo cual el periodo Intermedio Tardío se nos presenta como una época de una significativa diversidad cultural con una no menos significativa multiplicidad de

---

1. Shimada 2014a.
2. Cordy Collins y Moseley 1990.
3. Vogel y Pacífico 2011.
4. Krzanowsky 1991.
5. Díaz 2017.
6. Sandweiss 1992.
7. Rago 2004.
8. Church y Von Hagen 2008.
9. Salcedo 2012.
10. Perales 2017.
11. Gonzales Carré 1992.
12. Bauer 2008.

identidades étnicas. Sin embargo, al contrastar fuentes arqueológicas con históricas, queda claro que el uso del registro arqueológico estaría simplificando el panorama étnico. Por ejemplo, en el valle de Lambayeque, donde se identifica a la cultura del mismo nombre, también conocida como Sicán, las fuentes documentales del siglo XVI y XVII indican la existencia de por lo menos cuatro unidades políticas sustentadas en identidades étnicas bien definidas: Jayanca, Túcume, Cinto y Collique.[13] En forma similar, la margen sur del valle del Rímac, que la arqueología identifica actualmente como territorio de la cultura Ychsma, albergaba, de acuerdo con fuentes documentales, a los curacazgos de Lati, Sulqo, Watka, Malanka y Amancaes, entre otros.[14]

Estos escenarios deben siempre considerar, por otro lado, que en la información de las fuentes históricas suelen subyacer las agendas e intereses de las poblaciones andinas enfrentadas a las vertiginosas transformaciones del siglo XVI, sea en la forma como los informantes se comunicaban con los cronistas o como los mismos cronistas indígenas, como Garcilaso de la Vega o Guamán Poma, construían sus narrativas. En ese sentido, si bien situaciones como las de Lambayeque y el Rímac nos sugieren un alto grado de diversidad étnica en el territorio andino en las épocas tardías —diversidad que podría subyacer bajo la cultura material de formaciones políticas de mayor escala como los templos Sicán, los palacios chimú de Chan Chan o las pirámides chincha de La Centinela—, se hace necesario evaluar, desde la evidencia arqueológica, la diversidad étnico-política existente en el territorio andino antes del dominio político del Tawantinsuyu.

Es notorio, por otro lado que, en términos económicos, las estrategias y formas organizativas dedicadas a la producción, distribución y consumo de bienes fueron diversas, en respuesta a singularidades territoriales y a bagajes culturales propios. Existieron, sin embargo, coincidencias significativas en cuanto a las actividades productivas y distributivas, que nos permiten esbozar una historia económica común en el área central andina, dentro de la cual pueden contemplarse ciertas trayectorias específicas.

---

13. Zevallos Quiñones 1989.
14. Rostworowski 1978.

El clima y las condiciones ambientales a inicios del segundo milenio d. C.

Las condiciones climáticas durante el periodo Intermedio Tardío parecen haber incluido escenarios contrastantes. Los registros de sedimentos glaciares recuperados en el Huascarán sugieren que, en general, estamos ante una etapa de condiciones más frías que las del presente, debido a procesos de enfriamiento global que tuvieron su pico alrededor del siglo XVII.[15] Por su parte, registros similares del glaciar Qelccaya permiten considerar que en una primera etapa (entre 900 y 1150 d. C.), el sur andino experimentó una fase de relativa humedad, que cambió hacia condiciones de aridez en los años siguientes, que incluye un periodo de particular aridez entre los años 1250 y 1310.[16]

Aparentemente, dentro de estas condiciones, la primera parte del periodo Intermedio Tardío experimentó una relativa estabilidad climática en comparación con otras etapas de la historia andina. Prueba de ello es que, dentro estos años, se registra una muy débil actividad de los eventos ENSO.[17] En este contexto, estudios de regiones específicas como el valle de Palpa indican condiciones favorables para la expansión agrícola por un incremento de lluvias en zonas altoandinas y el consecuente incremento de la descarga de los ríos hacia el Pacífico.[18]

Esta situación, aparentemente, habría sufrido cambios entre 1250 y 1310 d. C., cuando se registra una aridez muy severa en el sur andino.[19] Asimismo, diversas fuentes sugieren un ENSO de gran magnitud alrededor del año 1230.[20] En el caso del valle de Jequetepeque, el registro de superficies deflacionadas y dunas fósiles indican condiciones de sequía

---

15. Thompson et ál. 1995: 49.
16. Thompson et ál. 1985: 973.
17. Rein et ál. 2004.
18. Eitel y Mächtle 2009.
19. Thompson et ál. 1985.
20. Moseley 1990: 19-20, Dillehay et ál. 2009: 38, Hucleberry et ál. 2012.

que han podido ser fechadas entre los años 1245 y 1310,[21] en consonancia con los datos del glaciar Qelccaya.

Estas fechas coinciden con los inicios de la llamada "Pequeña Edad de Hielo",[22] y sugieren que estaríamos ante cambios climáticos de alcance global, a juzgar por la evidencia de anomalías contemporáneas en otras partes del mundo como el suroeste norteamericano[23] o las islas de Hawái.[24] Debe remarcarse que, si bien es esperable que dichos cambios o anomalías climáticas tuviesen implicancias en los procesos socioeconómicos de la segunda mitad del periodo Intermedio Tardío, dichas implicancias, entendidas como la respuesta de las poblaciones a fuertes oscilaciones climáticas o cambios en los regímenes hídricos, son aún materia de esclarecimiento.

En ese sentido, podemos considerar que, durante el periodo Intermedio Tardío, se dieron condiciones ambientales iniciales para una expansión de las actividades económicas, condiciones que se habrían alterado alrededor del año 1300, pero cuyas consecuencias en diferentes regiones no son aún del todo claras. Un siglo y medio después, la capacidad de decisiones autónomas en estas regiones fue limitada significativamente por la expansión del Tawantinsuyu.

Un territorio densamente poblado

Una de las manifestaciones tangibles más directas del desarrollo de una economía es el crecimiento demográfico. Sea este entendido como una constante que estimula la innovación tecnológica[25] o como la consecuencia de dichas innovaciones,[26] existe una evidente correlación entre la expansión de actividades productivas y el incremento en número y tamaño de las poblaciones.

---

21. Dillehay et ál. 2009.
22. Fagan 2001.
23. Cordell 1997: 383-384.
24. Nunn y Briton 2001: 4.
25. Boserup 1965.
26. Childe 1936.

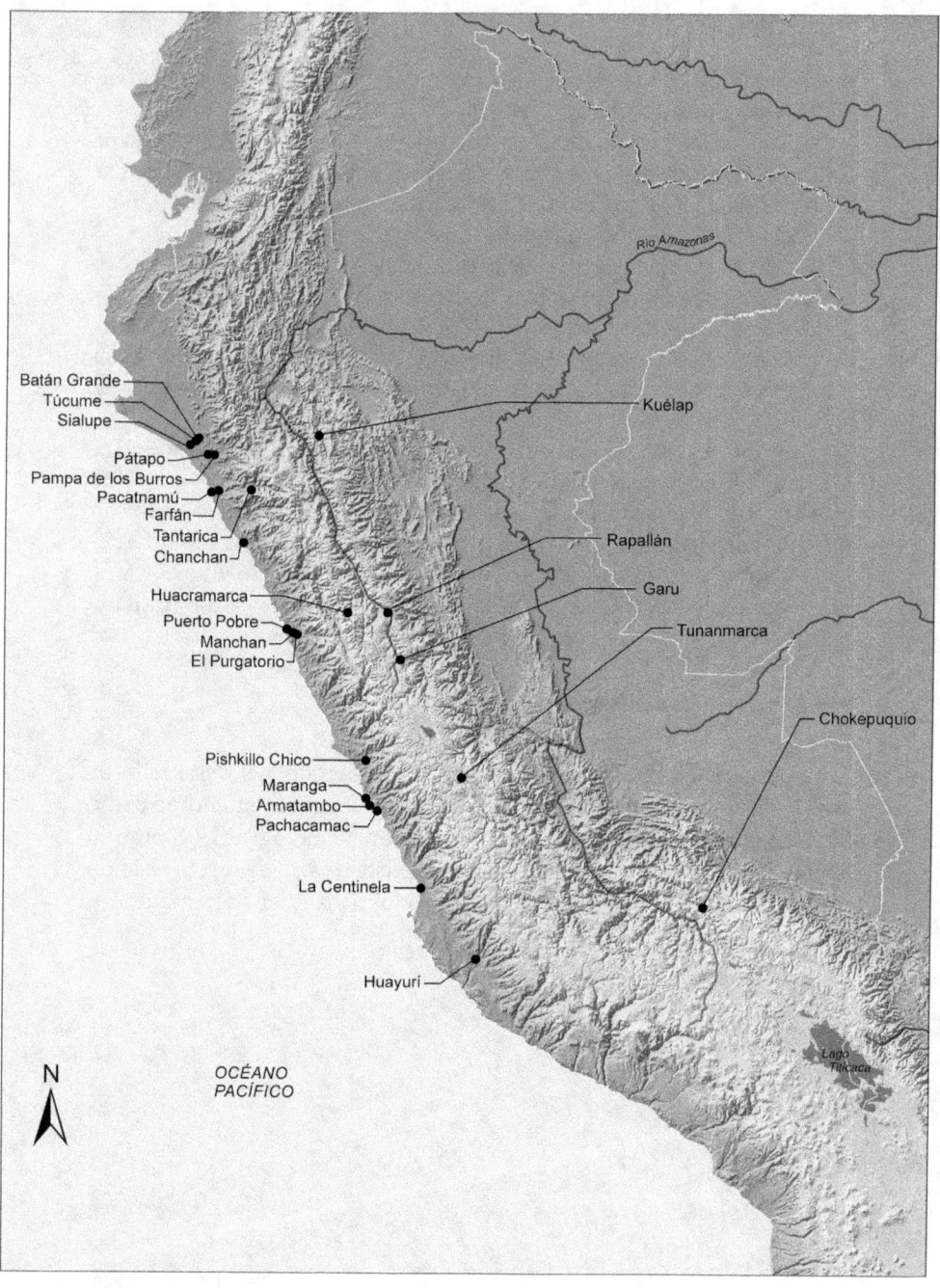

Figura 4.1. Mapa de los Andes Centrales con los principales asentamientos del Periodo Intermedio Tardío (elaboración Hugo Ikehara)

Al respecto, el territorio andino era ya testigo, para el año 900 d. C., de una larga historia de consolidación y crecimiento demográfico. Sin embargo, el periodo Intermedio Tardío es, en muchas regiones, el escenario de picos poblacionales nunca antes alcanzados en los Andes. Si bien no es posible construir de forma directa perfiles demográficos por métodos arqueológicos, pueden ser inferidos a partir de la medición del tamaño, número y densidad de los asentamientos, así como de su comparación con registros de épocas anteriores o posteriores.

Resulta complicado estimar el número de unidades domésticas por asentamiento, pero podemos aproximarnos en forma genérica al volumen habitacional a partir de su extensión. Así, haciendo un recorrido rápido por diversas regiones de los Andes centrales, es posible construir un escenario tentativo de los perfiles demográficos a partir de la descripción de la distribución y tamaño de los asentamientos (véase figura 4.1).

En la región de Lambayeque-La Leche, se cuenta con un registro detallado de asentamientos en la margen norte del valle de Lambayeque, que refleja un territorio densamente poblado entre las etapas de hegemonía Sicán y Chimú.[27] Asimismo, para esta época, encontramos un activo proceso de colonización de zonas inhabitadas en épocas anteriores como las pampas de Chaparrí.[28] Esta proliferación de asentamientos va de la mano con la presencia de algunos centrales de gran extensión, como el conglomerado urbano de Batán Grande, cuya zona nuclear cubre unas 130 ha.[29] Batán Grande es sucedido en el tiempo por Túcume, centro urbano de unas 220 ha de extensión.[30] Por último, para la época de la expansión Chimú en Lambayeque, encontramos asentamientos como Cerro Pátapo, comparable en extensión a Túcume.[31]

---

27. Tschauner 2014.
28. Hayashida 2006, 2014.
29. Shimada 2014c: 54-57.
30. Mincetur 2016.
31. Tschauner 2014: 350.

Procesos de concentración poblacional se dieron también en el valle de Moche, donde se encuentra Chan Chan, centro político del llamado Reino de Chimor (p. e. Chimú), cuyo núcleo urbano cubre un área de 6 km^2 circunscrito en un anillo periférico que, en total, se extendería por unos 20 km^2.[32] Se trata de un asentamiento urbano de escala sin precedentes en la historia andina, cuyo apogeo está relacionado además con un incremento demográfico y una significativa expansión de la frontera agrícola.[33]

Un escenario semejante, con picos poblacionales desde 900 o 1100 d. C., se ha propuesto para el valle de Casma.[34] Para esa época, destaca en este valle como centro urbano central el sitio de Purgatorio, que se extiende en un área de 5 km^2.[35]

En otras regiones, si bien la información sobre la ocupación territorial es menos sistemática, existen también indicios de un crecimiento demográfico notorio durante el periodo Intermedio Tardío, a juzgar por la escala de asentamientos como Pisquillo Chico, en el valle de Chancay, que abarca unas 33 ha;[36] Armatambo, en el valle del Rímac, con 80 ha;[37] o Huayurí, en el valle de Santa Cruz, con 20 ha.[38] El importante número de asentamientos correspondientes a esta época registrados en inventarios y catastros[39] refuerzan esta percepción. Finalmente, picos poblacionales para esta época han sido sugeridos también en el extremo sur, para el valle de Osmore.[40]

Estas tendencias al crecimiento demográfico no parecen haber sido, sin embargo, generales. Estudios de alcance regional en los

---

32. Kolata 1990: 107.
33. Billman 2002: 384.
34. Wilson 1995.
35. Vogel y Pacífico 2011.
36. Guzmán 2011: 94-97.
37. Díaz 2004: 575.
38. Siveroni et ál. 2004: 12-13.
39. Williams 1974, UNI-Ford 1994.
40. Reycraft 1998.

valles de Virú[41] o Nepeña[42] sugieren una reducción del número de asentamientos para el periodo Intermedio Tardío en comparación con el anterior periodo Horizonte Medio. Algo similar estaría ocurriendo en el valle del Santa,[43] donde se reporta una significativa reducción de asentamientos entre uno y otro periodo. Se registran 349 sitios para el periodo Horizonte Medio y apenas 34 para el periodo Intermedio Tardío. Las cifras se incrementarán ligeramente para la época inca (58 sitios). Se nota, sin embargo, que el tamaño promedio de los sitios aumenta, de 1,5 a 5 ha en el mismo lapso de tiempo, lo que sugiere que la contracción demográfica en el ámbito regional iría de la mano con un proceso de aglomeración o concentración poblacional en ciertos asentamientos estratégicos. Se ha estimado que la reducción de población sería en este valle de 453 a 255 habitantes por kilómetro cuadrado.[44]

Un panorama semejante se observa también para el valle del Jequetepeque, donde se reporta una dispersión poblacional, aparentemente relacionada con un escenario de fragmentación política posterior al colapso de las entidades políticas mochica. Este panorama cambia con la ocupación Chimú, que implicó un proceso de reorganización poblacional con la construcción de centros urbanos como Cerro Colorado, San José de Moro, Talambo, Farfán, Cañoncillo y Pactanamú.[45]

En síntesis, podemos considerar que, en los valles del flanco occidental de los Andes, durante el periodo Intermedio Tardío se dio un proceso de incremento demográfico que permite considerar que en varios lugares se llegó a picos poblacionales. Este proceso, sin embargo, no fue uniforme ni necesariamente sostenido, e incluyó regiones con contracción poblacional e incluso oscilaciones en los perfiles demográficos a lo largo del periodo que deberían ser materia de futuros estudios.

---

41. Willey 1953.
42. Proulx 1973.
43. Wilson 1988.
44. Ibíd., p. 219.
45. Dillehay et ál. 2009: 42.

En el caso de las cuencas interandinas orientadas hacia la cuenca del río Amazonas, los registros son desiguales, pero permiten esbozar algunas tendencias de la realidad demográfica durante el periodo Intermedio Tardío. Hacia el norte, en la cuenca del Utcubamba, asentamientos como Kuélap revelan procesos aglomerativos bastante intensos. Se trata de un asentamiento de 6 ha que cubre la cima de un promontorio. Es un asentamiento amurallado que cuenta con solo tres ingresos, y en su interior se han registrado 420 estructuras, en su mayoría residenciales.[46] Estas estructuras se organizaron originalmente formando anillos alrededor de patios, pero con el tiempo se fueron acomodando en disposiciones lineares o, simplemente, se presentan aglutinadas, lo que sugiere arreglos en un espacio cada vez más limitado.[47] Una estimación conservadora sugiere que pudo ser poblado por aproximadamente 3000 habitantes.[48] El registro de asentamientos similares como Makro, Olán o La Congona[49] indican que, lejos de ser un caso excepcional, Kuélap sería representativo de la alta densidad poblacional en el Alto Utbucamba para esta época.

Situaciones similares estarían ocurriendo en las cuencas del Alto Marañón. Una prospección del valle de Rapayán permitió documentar la existencia de 81 asentamientos en un área de 500 m², con un promedio de un asentamiento por cada 6 km².[50] Teniendo en cuenta la topografía escarpada de la región, es probable que, de cada bloque de 6 m², solo 20% del territorio sea habitable o susceptible de uso agrícola. En tal sentido, en Rapayán tendríamos un escenario de un territorio plenamente poblado. Los asentamientos en esta zona suelen ser de una hectárea de extensión, y, como en el caso de Kuelap, suelen estar sobre promontorios.[51] Un patrón semejante puede observarse en la misma cuenca del Alto Marañón, en el sitio de Garu,

---

46. Narváez 1988: 118.
47. Ibíd., pp. 126-138.
48. Ibíd., p. 140.
49. Gates 1997: 229.
50. Mantha 2015.
51. Ibíd.

donde encontramos un asentamiento compuesto por varios sectores distribuidos entre la cima y laderas de un cerro, en un área de 251 ha. En el interior del sitio, los sectores residenciales suelen presentar una alta concentración de unidades residenciales de más de una hectárea de extensión.[52] Otro ejemplo de asentamiento con alta densidad poblacional es el de Huacramarca, ubicado en el valle de Yanamayo. Se trata de un asentamiento de unas 2 ha sobre un risco a más de 4000 m de altura con más de 150 unidades residenciales distribuidas en 18 conjuntos con patio. La densidad de las estructuras impulsó la habilitación de sistemas de calles que permitiese un desplazamiento fluido, aunque restringido a su interior.[53]

Tal parece que hacia el centro y sur andinos se estarían dando procesos semejantes. Se ha registrado un incremento en el número de asentamientos para los siglos XI y XII de nuestra era en la cuenca sur del Mantaro,[54] así como para la región de Andahuaylas.[55] Sin embargo, es luego del año 1275 que se encuentra un significativo incremento en el número y tamaño de asentamientos en más de una región, lo que señala un crecimiento demográfico sostenido en la segunda mitad del periodo Intermedio Tardío, en fechas que, significativamente, coinciden con el inicio de la Pequeña Edad de Hielo y condiciones de particular aridez en los Andes. Este proceso de incremento demográfico ha sido documentado en detalle para el valle del Mantaro y la cuenca noroeste del Titicaca. En el primer caso, se cuenta con notables ejemplos de concentración poblacional en sitios como Tunanmarca, un extenso asentamiento amurallado de más 25 ha con una gran concentración de unidades residenciales que sugiere una población de hasta 10.000 habitantes.[56] En el caso de la cuenca noroeste del Titicaca, el incremento en la región parece estar relacionado a procesos inmigratorios[57] que

---

52. Salcedo 2012: 80-89.
53. Vega-Centeno 2008.
54. Lavallée y Julien 1983.
55. Bauer y Kellett 2010.
56. Earle 2005: 97.
57. Arkush 2012: 297.

Figura 4.2. Plano del sitio de Tunanmarca, Cuenca del Mantaro (cortesía de Manuel Perales)

nos estarían indicando que la presión demográfica en ciertas regiones se encontraría en la base de procesos de movilización poblacional en más de una dirección dentro del área andina para esta época.

Podemos decir, en síntesis, que al igual que en los valles del occidente de los Andes, las zonas altoandinas también estarían experimentando condiciones de alta densidad demográfica y, probablemente, picos poblacionales por primera vez ocurridos. Es en estas condiciones que las actividades económicas de las poblaciones andinas adquirirán sentido y relevancia durante el periodo en cuestión.

Los valles de la costa

Como hemos señalado anteriormente, durante el periodo Intermedio Tardío, los valles de la costa peruana alojaron a un mozaico de grupos culturales que, por otro lado, estuvieron organizados alrededor de formaciones políticas de escala y complejidad también variada. Se presenta a continuación las características de las actividades económicas en estos valles y sus mutuas implicancias con las formas de organización social y política existentes.

i. La producción agrícola

Tal como se ha visto en los capítulos precedentes, los valles del llano costero andino venían siendo intensamente trabajados con fines agrícolas desde por lo menos dos milenios antes del inicio del periodo Intermedio Tardío. En tal sentido, los patrones de producción agrícola desarrollados en esta época constituyen una continuación de los esfuerzos y estrategias realizados en épocas anteriores. Debe notarse, sin embargo, que, para el periodo Intermedio Tardío, las técnicas de producción llevaron a la ampliación de la frontera productiva hacia zonas antes eriazas, tanto a partir de la construcción de canales de derivación como de la habilitación de zonas agrícolas mediante la construcción de campos elevados o chacras hundidas. Resulta importante revisar algunos ejemplos de este tipo de estrategias.

Para la región de Lambayeque, Paul Kosok señaló hace más de cincuenta años que en la costa norte, en el marco de la hegemonía Chimú, se consolidó lo que él definió como un sistema de irrigación que, a través de canales intervalle, integraba a los valles de Motupe, La Leche, Lambayeque y Zaña, y habría contenido casi un tercio del total de tierras cultivadas en la planicie costera.[58]

Investigaciones posteriores han permitido confirmar que, por ejemplo, entre los valles de Lambayeque y La Leche, para el periodo Intermedio Tardío y durante la hegemonía de la cultura Sicán-Lambayeque y posterior dominio Chimú, se tuvo pleno uso del canal Taymi; una obra hidráulica de más de 40 km de recorrido que llevaba aguas del río Chancay hacia el valle de La Leche, cubriendo la franja desértica entre este valle y el de Lambayeque. Gracias a este canal, el desierto existente entre ambos valles se convirtió en una extensa franja fértil. La construcción del Taymi parece haberse dado en el siglo VI d. C., durante la hegemonía Mochica en la región.[59] Se trata de una infraestructura medular para la producción agrícola de la costa lambayecana, que fue intensamente aprovechada durante el periodo Intermedio Tardío.

Junto con el uso y mantenimiento de infraestructura preexistente, durante el periodo Intermedio Tardío se emprendió también nuevos proyectos hidráulicos en la región de Lambayeque. Uno de los más importantes es el proyecto de irrigación de la Pampa de Chaparrí; una extensión de unas 21.000 ha ubicadas a unos 50 km al este de la línea costera. Esta pampa se forma en medio de una depresión sinclinal rellenada con depósitos aluviales provenientes de las estribaciones montañosas que los delimitan. La pampa está además bisectada por un curso intermitente de agua conocido como el río Sanjón; un tributario del río La Leche.[60] No se ha encontrado en ella evidencias de ocupaciones sistemáticas previas a la ocupación Sicán-Lambayeque, por lo que se considera que, para épocas anteriores al periodo Intermedio Tardío, debió tratarse básicamente de terrenos eriazos.

---

58. Kosok 1965: 115.
59. Tschauner 2001: 166.
60. Hayashida 2006: 248.

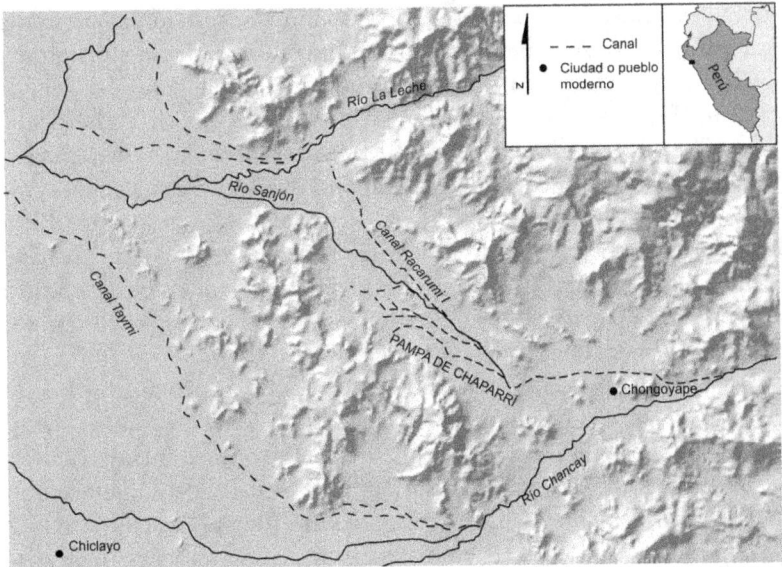

Figura 4.3. Mapa del sistema de canales de Ynalche, en la Pampa de Chaparrí, Lambayeque (cortesía de Frances Hayashida).

De esta forma, en tales terrenos, se construyó un sistema de canales comúnmente conocidos bajo el nombre de Racarumi o Ynalche.[61] Este sistema comienza con un ramal principal denominado Racarumi I, que tuvo su bocatoma en el río Chancay, a unos 75 km de la línea costera. Desde este punto, el Racarumi I se desplazaba en dirección sureste-noroeste a lo largo de unos 11 km de la margen norte del valle de Lambayeque para cambiar de curso en dirección al noroeste e ingresar a la pampa de Chaparrí. En la pampa, el Racarumi I recorre unos 25 km cubriéndola al norte del río Sanjón. La margen sur de la pampa fue irrigada por el sistema de canales Racarumi II. Se trata de tres ramales (Racarumi IIa, IIb y IIc) cuyas bocatomas se encuentran en el Racarumi I. El ramal Racarumi IIa fue construido cerca de la entrada del Racarumi I a la pampa, y recorre unos 8 km en dirección

---

61. Ibíd.

sureste-noreste, con unos 10° de desviación con relación al curso del Racarumi I, aproximándose al límite sur de la pampa. La bocatoma del Racarumi IIb fue construida a unos 4 km de distancia de la del Racarumi IIa, para comenzar un recorrido de unos 8,5 km en la misma dirección que este. Finalmente, el Racarumi IIc tenía su bocatoma a unos 8 km de distancia de la del Racarumi IIb. A diferencia de los otros ramales, el Racarumi IIc tenía una orientación este-oeste para 4 km de recorrido.[62] Se ha podido documentar que aproximadamente 3300 ha fueron cultivadas gracias a este sistema de canales en la margen suroeste de la pampa,[63] y está por definirse la extensión de los campos en la margen noreste.

La relevancia económica de la producción agrícola no solo está relacionada con la escala de producción, sino también con la organización de la propiedad de la tierra y derechos sobre la infraestructura hidráulica. Al respecto, fue común a lo largo del siglo XX considerar que los sistemas hidráulicos costeros requirieron para su construcción y administración de un sistema altamente centralizado.[64] Sin embargo, aproximaciones desde la etnohistoria para la costa norte han ofrecido una lectura alternativa. Patricia Netherly ha propuesto, luego de una extensa revisión de fuentes documentales, que existía un fuerte vínculo entre canales, la tierra que irrigaban y un determinado grupo humano (por general denominado "parcialidad"), y que estos vínculos, de acuerdo con la escala del canal, podían corresponder a diferentes jerarquías de parcialidades. El vínculo de las parcialidades con los canales partiría de su construcción, continuando luego con su mantenimiento y usufructo. Netherly concluye señalando la necesidad de revisar el paradigma que plantea la necesaria existencia de un Estado burocrático para la construcción y manejo de obras hidráulicas.[65]

---

62. Ibíd., pp. 249-250.
63. Ibíd., p. 250.
64. Véase Steward 1963 [1955], Willey 1953, Canziani 1989 y Lumbreras 1987, entre otros.
65. Netherly 1984: 247.

La evidencia arqueológica recuperada a lo largo de los canales Taymi y Racarumi parece reforzar los planteamientos de Netherly. En el caso del Taymi, la distribución de asentamientos en la época Sicán-Lambayeque se caracteriza por un proceso de consolidación de dos asentamientos principales relacionados con una red de asentamientos menores distribuidos a lo largo del canal y sus ramales, en lo que sería la génesis de las etnias de Cinto y Túcume.[66] En el caso del canal Racarumi, ha sido posible también identificar la existencia de cuatro asentamientos principales, asociados a cada uno de los ramales antes descritos. Cada uno de estos asentamientos parece corresponder a la cima de una red jerárquica de poblados distribuidos a lo largo de cada ramal.[67] Esta distribución sugiere la existencia de entidades políticas autónomas responsables probablemente de la construcción y mantenimiento de cada uno de los ramales.

Es significativo que, tanto en el caso del Taymi como el de Racarrumi, los sistemas locales de manejo de canales se alteren con la llegada del Estado chimú. Tanto en el caso del Taymi[68] como el Racarumi,[69] la existencia de grupos autónomos es reemplazada por una red de centros administrativos usualmente asentados en puntos de control visual como La Puntilla (cerca de la bocatoma del Taymi) y Cerro Arena (en medio de la pampa de Chaparrí). Estas evidencias sugieren que, si bien ambas obras hidráulicas no se concibieron o concretaron bajo la dirección de una entidad estatal, fueron apropiadas por esta, y su manejo administrativo fue reorganizado de acuerdo con las demandas del Estado chimú.

Los canales intervalle de Lambayeque pueden compararse con el canal de La Cumbre, diseñado y construido para llevar aguas del valle de Chicama hacia el valle de Moche en época Chimú. A diferencia de sus pares del caso lambayecano, se ha podido documentar que se trata de una empresa de gran escala ejecutada por el Estado chimú.

---

66. Tschauner 2014: 343.
67. Hayashida 2006: 252-253.
68. Tschauner 2014: 346-350.
69. Hayashida 2006: 257-258.

Este canal se construyó en el contexto de la continua expansión de la frontera agrícola en el valle de Moche. En épocas anteriores, esta frontera ya había experimentado significativos incrementos, y queda aún pendiente la irrigación de la zona baja de la margen del norte del valle (actualmente, las pampas de Huanchaco). Esta zona fue irrigada para la época Chimú con aguas del canal de Vinchasao.[70] Debe indicarse también que la demanda por agua en el valle de Moche incluía también a la población de Chan Chan, un complejo urbano de escala sin precedentes en toda la costa norte que requería de un flujo constante del acuífero subterráneo aledaño a su población.

El canal de La Cumbre parece haber sido construido alrededor del año 1200 d. C., en plena hegemonía chimú en los valles de Chicama y Moche. Probablemente su mayor singularidad es que, en la mayor parte de su curso, no cuenta con mecanismos de distribución de aguas. Se trata por lo tanto de un canal diseñado fundamentalmente para el traslado de aguas de un valle a otro (de Chicama a Moche) y, en particular, hacia las cercanías de un centro urbano de gran escala (Chan Chan).[71]

El canal tiene un total de 84 km de recorrido, si bien la distancia, en línea recta, de principio a fin, es de unos 42 km, hecho que evidencia su recorrido sinuoso, que va adaptándose a los relieves del terreno. Los primeros 17 km del canal se extienden en el valle de Chicama, desde una bocatoma ubicada a unos 44 km de distancia de la línea costera, en el inicio del cono de deyección del valle, a unos 350 msnm. De acuerdo con Ortloff, es probable que se haya tratado de un curso anterior que irrigaba la margen sur del valle de Chicama.

Transcurrido este tramo, el canal se desviaba en dirección al sur, para enfrentar ciertos desafíos geográficos. Uno de los más significativos era atravesar la Quebrada del Oso para ingresar a las pampas desérticas entre ambos valles. Esto pudo lograrse con la construcción de un acueducto, a partir de un terraplén macizo sobre el cual pasaba el canal en dirección a la división intervalle (a unos 230 msnm).

---

70. Billman 2002: 378.
71. Ortloff 1981: 93-95.

De allí, el curso continuaba por el lado oriental del cerro Campana hasta llegar a confluir con el canal de Vinchasao y, por lo menos en diseño, contribuir a la irrigación de las planicies de pampa Esperanza, río Seco y Huanchaco, además de cargar el acuífero aprovechable por Chan Chan.[72]

Este ambicioso proyecto, sin embargo, quedó al parecer inconcluso, al haberse detectado que no hubo flujo de agua en el extremo sur del canal.[73] Sin descartarse su uso en los tramos iniciales, al parecer queda claro que nunca llegó a funcionar en todo su potencial. Se ha planteado que esto se debió al imponderable de un fenómeno tectónico que alteró el relieve del desierto entre Chicama y Moche e inutilizó al canal al dejar ciertos segmentos en pendiente ascendente.[74] Esta hipótesis ha sido, sin embargo, puesta en discusión por quienes consideran que el fracaso del proyecto estuvo en ciertos aspectos del diseño de origen.[75]

Independientemente de su uso efectivo, la dimensión de la obra pone de manifiesto una escala de obra que tiene severas implicancias en relación con la movilización de trabajo y recursos, que nos habla de una economía de escala sin precedentes anteriores. La escala de la obra ha llevado inclusive a que algunos colegas consideren que el proyecto fue ejecutado con toda conciencia de sus fallas, como una forma de movilización de mano de obra y de materialización del poder de los gobernantes chimú.[76]

Si bien la interpretación de las intenciones políticas detrás de este tipo de proyectos es permanente materia de discusión, el canal de La Cumbre refleja, junto con otros canales intervalle, la escala que estaban adquiriendo las obras hidráulicas en la costa norte en el contexto de una población creciente y de una demanda por ampliar la frontera

---

72. Ibíd., pp. 95-96.
73. Ortloff et ál. 1982: 593. De acuerdo con Pozorski y Pozorski (1982), la ausencia de flujos de agua se comprobaría incluso desde la Quebrada del Oso.
74. Ortloff et ál. 1982.
75. Farrington 1983, Pozorski y Pozorski 1982.
76. Pozorski y Pozorski 1982: 867.

productiva. La relevancia económica (y probablemente también simbólica) de estas obras fue claramente percibida por el aparato estatal chimú, sea para su apropiación o para su diseño y construcción, en el marco de una economía política de escala macrorregional.

El caso norteño puede compararse con otros escenarios, como el de la margen sur del valle del Rímac. Sobre la base de información documental, María Rostworowski señaló que, para el momento de contacto con las poblaciones europeas, en la margen sur del valle existían los curacazgos de Lati, Sulco, Huatca, Lima, Malanka y Guala. Lo significativo de estos curacazgos era que cada uno reclamaba estar relacionado con un canal principal cuya bocatoma se encontraba en la margen sur del río Rímac. Nos referimos a los canales de Ate, Surco, Huatica, La Magdalena, Maranga y La Legua, respectivamente.[77]

El canal de Ate o Lati tenía su bocatoma en la zona de Santa Clara, desde donde trazaba un recorrido de unos 9 km bordeando las últimas estribaciones andinas para girar al sur hacia la zona de lo que actualmente es el distrito de La Molina. Uno de los asentamientos más importantes existentes en su curso es el de Huaquerones. Por su parte, el canal de Sulco partía de la zona de Santa Marta y recorría 29,5 km para desembocar en la zona de la playa La Chira. El sitio de Armatambo es el centro poblado de más importancia relacionado con él. El canal de Huatica tenía su bocatoma a la altura de la Estación de Desamparados y recorría unos 8,5 km para desembocar en la actual Bajada de Balta, encontrándose a lo largo de su curso sitios como las Huacas Santa Catalina, Limatambo, Santa Cruz y Pucllana.[78]

El estudio llevado a cabo por Joaquín Narváez ofrece un registro más detallado de los tres canales más occidentales. Estos no tenían su origen en la margen del río Rímac, sino en un canal matriz cuya bocatoma se encontraba a la altura del convento de Santo Domingo. Este canal matriz llevaba un recorrido hacia el oeste, y, a 1,5 km, se abría el

---

77. Rostworowski 1978: 45-107.
78. Narváez 2013: 13.

canal de Magdalena. Luego, casi 1 km después, este canal se bifurcaba en los canales de Maranga y La Legua.[79]

El canal de Magdalena recorría unos 7 km, y habría irrigado un área de 7,8 km^2 [80] integrado por un conjunto de asentamientos de diferente escala, en su mayoría desaparecidos, con excepciones como la de Huaca Huantille.[81]

El canal de Maranga recorría unos 7,5 km desde su origen, y habría irrigado un área de unos 13 km^2 e incluido también un conjunto de huacas, entre las que destacan el conjunto de Mateo Salado, a mitad de su recorrido, y el Complejo de Maranga, al final de este.[82]

Por último, estaba el canal de La Legua, con alrededor de 4,1 km de recorrido y 13 km^2 de terreno irrigado. Al igual que en otros casos, un conjunto de asentamientos se articulaba a lo largo de su curso, muchos de los cuales han sido destruidos, como el complejo de Makat Tampu. Pequeños conjuntos como Huaca Palomino corresponderían con el curso de este canal.[83]

Es importante precisar cuánto de este sistema de irrigación precedía a los asentamientos del periodo Intermedio Tardío. Al respecto, la asociación de los canales de La Legua, Maranga o Huatica con importantes centros políticos de la cultura Lima como Makat Tampu, Maranga y Pucllana, respectivamente, sugiere que se trataría de canales que, al menos en su primera versión, habrían sido construidos durante el periodo Intermedio Temprano. En contraste, en el caso de los canales de Sulco y Lati, no existen asentamientos de envergadura hasta aquellos claramente asignados a la cultura Ychsma, del periodo Intermedio Tardío. En tal sentido, puede sugerirse que para este periodo estaríamos ante la continuación de la empresa de ampliar la frontera productiva del valle, expandiendo las hectáreas de cultivo hacia el

---

79. Ibíd., p. 76.
80. Ibíd., p. 79.
81. Ibíd., pp. 84-88.
82. Ibíd., pp. 108-190.
83. Ibíd., pp. 194-196.

sur-este del río, llegándose hacia su máxima extensión, solo limitada por el Morro Solar y las lomas de Atocongo.

En contraste con los sistemas de irrigación identificados en Lambayeque, solo los tres canales más occidentales evidencian un sistema detrítico con un canal matriz y tres canales derivados; mientras que los canales de Huatica, Sulco y Lati se presentan como proyectos autónomos entre sí. Esto probablemente debe relacionarse con las dinámicas económico-políticas entre las distintas unidades políticas o curacazgos que habitaban el valle para el periodo Intermedio Tardío y sus necesidades de consolidación territorial. Recuérdese que, de acuerdo con Rostworowski, los terrenos correspondientes a cada curacazgo eran los que se encontraban al oeste (o la margen derecha) de cada canal.[84] Los curacazgos de Lima, Malanka y Guala se habrían acomodado a los canales preexistentes, mientras que en el caso de Lati, Sulco y Huatca, bien pudo tratarse de proyectos emprendidos por unidades políticas emergentes.

En todo caso, son varios los autores que señalan que el valle del Rímac no registró una unidad política para la ejecución de estos proyectos hidráulicos,[85] sino que estos fueron desarrollándose a partir de iniciativas de pequeñas unidades autónomas entre sí, si bien es probable que todas fueran tributarias de una entidad mayor como Pachacamac.

La expansión de la frontera agrícola tuvo como principal estrategia la construcción de canales de derivación como los antes descritos. Sin embargo, debido a ciertas condiciones topográficas o de características de suelos (salinidad, tipo de ph,), ciertos terrenos no eran susceptibles de ser aprovechados tan solo por la adición de agua y sedimentos limosos. Estas limitaciones exigieron otro tipo de estrategias de habilitación de terrenos específicas que se describen a continuación.

El primer caso a evaluar es el de la habilitación de campos elevados en el valle bajo de Casma. Los campos elevados son terraplenes construidos a partir de la excavación sistemática de grandes zanjas y

---

84. Rostworowski 1978.
85. Rostwoworski 1978, Narváez 2013.

la deposición de los desmontes de excavación hacia los lados no excavados, de tal forma que el territorio quede conformado por áreas elevadas aterrazadas circundadas por amplias zanjas. Este tipo de habilitación agrícola ha sido registrada en distintos lugares de Sudamérica y Mesoamérica, en territorios de relieve relativamente plano que se caracterizan además por tener un drenaje insuficiente y ser constantemente zonas expuestas a inundaciones. Así, encontramos campos elevados en la cuenca del Titicaca, bajo el nombre de *waru warus*.[86] También los hallamos en las tierras bajas ecuatorianas, a lo largo de la cuenca del Guayas, bajo el nombre de "camellones",[87] y, finalmente, los hay en la cuenca de México, donde son conocidos con el nombre de "chinampas".[88]

Los ejemplos mencionados corresponden a territorios donde la intensidad de las lluvias o el drenaje insuficiente por la poca pendiente del terreno hacen que las inundaciones sean el principal riesgo para el uso agrícola de los suelos. En ese sentido, llama la atención la implementación de un sistema de estas características en la aridez de un valle costero. La explicación puede estar en que el valle bajo de Casma, adyacente a la bahía del mismo nombre, es de poca altitud (menos de 20 msnm), y debió contar con varios puntos de afloramiento de capa freática, como la actual laguna de San Diego. En tal sentido, debía constituir un gran humedal difícil de drenar. A esto deberíamos añadir los posibles efectos de las lluvias generadas alrededor del año 1230, que debieron implicar una intensificación de la expansión del humedal. En ese sentido, el valle bajo de Casma debía ser una zona no apta para el aprovechamiento agrícola de no contar con una forma para drenar o redistribuir el exceso de agua en la superficie.

Se sabe por los materiales recuperados en los campos elevados y en los asentamientos a su alrededor[89] que estos campos fueron construidos en la época del control Chimú del valle. Es probable, en ese

---

86. Smith et ál. 1981.
87. Marcos y Álvarez 2016.
88. Calnek 1972.
89. Moore 1988, Koschmieder y Vega-Centeno 1996.

sentido, que el Estado chimú haya decidido adoptar una tecnología desarrollada desde hacía varios siglos atrás por sus vecinos norteños (p. e. la cultura manteña de la cuenca del Guayas) para habilitar los pantanales y humedales allí existentes.

Los campos elevados en Casma cubren en la actualidad unas 240 ha,[90] pero probablemente alcanzaron unas 3000 ha de extensión, cubriendo de un extremo al otro el valle bajo.[91] Los campos tenían extensiones variables, y solían ser de unos 40 m de ancho y contar con unos 5 m de altura con relación a las zanjas adyacentes.[92] Es probable, por otro lado, que fuera hecho en un periodo relativamente corto de tiempo, cuya construcción requirió la movilización de un número considerable de trabajadores.[93]

Se cuenta con evidencia palinológica extraída de estos campos, la cual indica la presencia de maíz, junto con un conjunto de plantas características de zonas de humedal como las totoras o eneas, además de conjuntos de familias como *chenopodiaceae* y *verbenaceae*, que suelen asociarse con suelos arenosos de alta salinidad.[94] En conjunto, el registro de granos de polen refuerza la idea de un medioambiente circundado por poblaciones costaneras (como la grama salada) y con remanentes de humedales, entre los que surge la presencia del cultivo de maíz, probablemente la razón principal para la habilitación de los campos elevados.

Es importante mencionar al respecto que probablemente por el tipo de cultivo proyectado (maíz) se trata de campos bajo el control del aparato estatal chimú. Esto se refuerza por la existencia de asentamientos chimú en asociación con los límites sur y norte de los campos. En efecto, hacia el extremo meridional del valle bajo destaca el sitio de quebrada Santa Cristina,[95] asentamiento correspondiente a una comu-

---

90. Moore 1988: 266.
91. Koschmieder y Vega-Centeno 1996: 193.
92. Moore 1988: 269.
93. Ibíd., pp. 270-271.
94. Zak 1984: 85-89.
95. Moore 1988: 272-273.

nidad probablemente dedicada al trabajo en los campos. Por su parte, en el extremo septentrional, se encuentra el asentamiento de Puerto Pobre,[96] donde se ubicaba otra comunidad relacionada con los campos elevados, pero, a su vez, existía un conjunto arquitectónico típico de los centros administrativos chimú, lo que materializó la presencia estatal en el control de los campos elevados.

Significativamente, tanto en quebrada Santa Cristina como en Puerto Pobre, los repertorios alfareros corresponden en su mayoría al estilo Casma, asociado con poblaciones locales. En tal sentido, es probable que el trabajo en los campos elevados haya implicado una reubicación de poblaciones locales destinadas a dicho fin, en el contexto del control político y económico del valle de Casma por parte del Estado chimú.

El segundo caso de estrategias específicas desarrolladas en el marco del periodo Intermedio Tardío corresponde a las llamadas chacras hundidas. Este tipo de terreno de cultivo fue detectado a lo largo de la costa peruana entre los valles de Chicama e Ica. De acuerdo con Parsons y Psuty, las chacras hundidas pueden organizarse en dos grupos.[97] En primer lugar, están las identificadas en los valles de Chicama, Moche, Virú, Santa, Lacramarca-Chimbote y Nepeña. El segundo grupo corresponde a chacras identificadas en los valles de Chilca y Asia.[98] Significativamente, no se ha encontrado terrenos con chacras hundidas entre ambos conjuntos de valles.

Como su nombre lo indica, las chacras hundidas consisten en terrenos cavados en la tierra. Por lo general a entre 1 y 2 m debajo del nivel original del suelo, son de tamaño variable, pudiendo tener de 10 a 30 m de ancho y de 30 a 100 m de largo, y se encontraban rodeadas por bordos de 3 a 7 m de altura con relación a la superficie.[99]

---

96. Koschmieder y Vega-Centeno 1996.
97. Parsons y Psuty 1981.
98. Parsons y Psuty 1981: 61. Existe un tercer grupo de chacras identificadas en los valles de Pisco e Ica, que han sido consideradas como áreas de habilitación tardía (alrededor del siglo XIX) para el cultivo de bienes comerciales como la vid o la palmera datilera. Parsons y Psuty 1981: 62.
99. Parsons y Psuty 1981: 61-62.

Junto con sus características formales, las chacras hundidas comparten una ubicación específica, en lo que suele llamarse "bajíos topográficos", cerca de la desembocadura de los ríos, a no más de 3 km de la línea de playa. Esto está directamente relacionado con la razón de ser de este tipo de terrenos, en tanto que se trata de zonas con un buen acuífero que, por otro lado, por la cercanía con los ríos, suele afrontar una acumulación grande de depósitos de grava, y, por otro lado, por su cercanía al mar, resulta una zona de acumulación de sedimentos arenosos de origen eólico. En otras palabras, se trata de terrenos bien provistos de agua, pero con suelos de bajo rendimiento agrícola.[100] En estas condiciones, la excavación destinada a generar estas chacras tiene el objetivo de llegar a la superficie de los suelos limosos de origen aluvial que se encuentran cubiertos por gravas o arenas.

Se trata a todas luces de un esfuerzo por habilitar terrenos difíciles, en los que, por otro lado, las condiciones que afectan el rendimiento agrícola no desaparecen con la construcción de las chacras hundidas. La deposición de sedimentos aluviales gruesos o de sedimentos eólicos arenosos, así como la salinización de suelos (en parte por su proximidad con el mar), son constantes limitaciones para lograr rendimientos agrícolas aceptables. Esto exigía constantes esfuerzos por incluir todo tipo de elementos fertilizantes (restos de plantas y animales, incluyendo excrementos de estos últimos) que permitiesen hacer la agricultura posible en estos terrenos.

Uno de los casos mejor estudiados es el de las chacras hundidas de Chilca. Allí se ha podido registrar este tipo de campos de cultivo a lo largo de unos 8 km entre Punta Lobos y el cerro Lapa Lapa,[101] extendidos en unas 7200 ha. Como se ha descrito, se trata de campos habilitados entre el llano arenoso de la franja costera y los pantanales y humedales dispuestos entre las dunas y los suelos agrícolas. Las excavaciones llevadas a cabo en estas chacras han permitido la recuperación de evidencias de maíz, algodón, maní, dos variedades de zapallo y

---

100. Ibíd., p. 64.
101. Ibíd., pp. 68-70.

calabazas,[102] lo que sugiere que son áreas destinadas a una variedad de cultivos de consumo humano, en contraste con los campos elevados casmeños, que más bien sugieren un cultivo especializado.

Fue importante también el registro de una variedad grande de huesos de peces, aves y roedores (cuy), que indican el uso de todo tipo de desecho orgánico como fertilizante. Este tipo de práctica fue registrada por Pedro Cieza de León, quien al recorrer la quebrada de Chilca señaló que:

> [...] se ve una cosa que es de notar por ser muy extraña, y es que ni del cielo se ve caer agua, ni por él pasa río ni arroyo, y está lo más del valle lleno de sementeras de maíz y de otras raíces y árboles de frutas. Es cosa notable de oír, lo que en este valle se hace, que para que tenga la humedad necesaria, los indios hacen unos hoyos anchos y muy hondos, en los cuales siembran y ponen lo que tengo dicho, y con el rocío y humedad es Dios servido que se críe, pero el maíz por ninguna forma ni vía podría nacer ni mortificarse el grano, si con cada uno no echasen una o dos cabezas de sardina de las que toman con sus redes en la mar, y así al sembrar las ponen y juntan con el maíz en propio hoyo que hacen para echar los granos, y de esta manera nace y se da en abundancia.[103]

Se sabe, por otro lado, que en la quebrada de Chilca no hubo formación política centralizada de gran escala. Por el contrario, se trataría de un escenario regional relativamente fragmentado en pequeñas unidades; algo que probablemente se reproducía en el valle de Asia. En contraste, las chacras ubicadas entre los valles de Chicama y Nepeña se encuentran dentro de los dominios del Estado chimú. En tal sentido, se trata de una estrategia que pudo desarrollarse tanto en el marco de una formación política estatal de gran escala como en el marco de pequeños cacicazgos o comunidades agrícolas de alcance local. En ambos casos, debido a su aparición tardía dentro de la historia andina, sugiere un esfuerzo por ampliar la frontera productiva hacia

---

102. Ibíd., pp. 80-81.
103. Cieza de León 2005 [1553]: 198.

zonas marginales imposible de ser productivas mediante las técnicas ancestrales, y que, por lo tanto, requerían de soluciones innovadoras.

A manera de síntesis, los casos presentados nos indican un escenario macrorregional donde, en el contexto probable de un crecimiento demográfico sostenido, se multiplicaban los esfuerzos por ampliar la frontera productiva hacia terrenos desérticos. Queda por estudiar hasta qué punto esto iba de la mano con innovaciones para incrementar el rendimiento de los terrenos agrícolas ya existentes.

Es importante remarcar que el escenario geográfico, comúnmente entendido como la costa peruana, se revela como un espacio diverso tanto en términos de regímenes climáticos como de extensión de terreno cultivable, así como de condiciones de aprovechamiento de suelos. Como era de esperarse, frente a esta diversidad, se dio en el periodo Intermedio Tardío una diversidad de estrategias para ampliar la frontera agrícola.

En términos políticos, tal como se señaló anteriormente, estamos ante un territorio dividido en comunidades organizadas alrededor de caciques o curacas, responsables del control territorial de pequeñas porciones en distintos valles. El registro histórico sugiere además que el control estaría relacionado con la administración de los canales principales, algo que se ve corroborado desde el punto de vista arqueológico por la distribución de asentamientos. Dentro de este contexto, destaca el surgimiento y consolidación, en la costa norte, de una formación política de gran escala como fue el Estado chimú, junto con otras entidades de control territorial difuso o indirecto como el Señorío Sicán o el Oráculo de Pachacamac. Además, hay que señalar que la existencia de las formaciones políticas macrorregionales no conllevó en ningún caso a la supresión de las unidades de poder locales.

Lo descrito nos lleva a discutir la implicancia económica y política de las obras hidráulicas para esta época. Suele considerarse que la irrigación artificial se pudo lograr solo debido a la existencia de entidades centralizadas de gran escala capaces de movilizar la mano de obra suficiente para obras de envergadura. Esta consideración, sin embargo, es puesta en tela de juicio por la información arqueológica y documental, que coloca a entidades sociopolíticas de escala local como las responsables de importantes trabajos de habilitación de terrenos agrícolas mediante canales de irrigación u otras técnicas. Es, por otro lado, en este mismo escenario que se puede ver el accionar de un Estado expansivo como el Chimú, apropiándose y administrando instalaciones preexistentes o conduciendo la construcción de obras de mayor escala, e incluso adoptando tecnologías de otras latitudes para la habilitación de zonas ecológicamente singulares.

Así, la diversidad en cuanto a dinámicas de producción no solo está relacionada con la variabilidad ecológica o geográfica, sino también con la existencia de economías de distintas escalas y propósitos que se encontraban coexistiendo al momento de la adscripción de estos territorios al Tawantinsuyu. Su adopción dentro de este nuevo Estado será tema a tratar en las páginas siguientes.

ii. *Intensificación y especializaciones en la producción de manufacturas*

Las poblaciones del periodo Intermedio Tardío fueron herederas de siglos de experiencia en la producción manufacturera de artefactos de piedra, madera o hueso, así como de cadenas de producción que implicaban transformaciones de insumos más complejas como la producción textil, cerámica o metalúrgica. Este tipo de actividades han sido con frecuencia motivo de discusión acerca del grado de especialización logrado en diferentes etapas de la historia para su producción o de la escala de producción que se alcanzaba. Se trataba de establecer hasta qué punto la producción requería de personas dedicadas a tiempo completo a este tipo de actividades y hasta qué punto se trataba de personas con conocimientos y habilidades exclusivas que les permitían adquirir un estatus singular en el concierto social. Un aspecto clave en el tema de la especialización es también el grado de control de entidades centralizadas del conjunto de la producción y su posterior distribución.

Discusiones de estas características estaban orientadas por la posibilidad de inferir el grado de desarrollo de instituciones políticas o diferenciación de clases sociales. Así, el control de la producción y distribución de cierto tipo de artefactos se evaluaba como manifestación del control económico (y por ende político) ejercido por entidades estatales de gran escala. Debe reconocerse, sin embargo, que las discusiones se basaban por lo general en especulaciones que partían del grado de elaboración de los productos antes que de evidencia directa de los espacios de producción. La insuficiencia de datos de campo directos es aún un problema para abordar la discusión de la producción manufacturera y sus implicancias económicas, tanto para el caso del periodo Intermedio Tardío como para otras épocas. Vamos a presentar en esta sección un esbozo de la naturaleza de ciertos sectores productivos a partir de los pocos ejemplos bien documentados de su naturaleza y actividades.[104]

Los ejemplos aquí señalados corresponden a la arqueología de la costa norte y, en particular, la región de Lambayeque. Como hemos visto en páginas anteriores, se trata de un territorio que fue escenario del desarrollo de las culturas Sicán (900-1300 d. C.) y Chimú (1300-1450 d. C.), local una e invasora la otra, que contaron con un repertorio cultural singular y, aparentemente, con formas de organización económica diferenciadas (tal como hemos observado para el manejo de terrenos irrigados).

Con relación a la producción alfarera, se cuenta con dos casos de estudio que permiten esbozar el escenario de la organización y escala de este tipo de manufactura. El primero es el del sitio de Pampa de los Burros, ubicado en la margen norte del valle de Lampayeque, cerca al inicio de su cono de deyección. Pampa de los Burros se encuentra en el límite entre la frontera agrícola y la zona eriaza, a unos 9 km al este del sitio de Pátapo y a 5 km al oeste del sitio de La Puntilla, ambos los centros administrativos chimú más cercanos.

En el sitio de Pampa de los Burros se logró identificar un asentamiento que se extendía por unas 7 ha y contaba con un área residencial de unos 1500 m². En este sector se pudo registrar una zona de cocina con numerosos fogones de probable uso simultáneo que sugieren un grupo residencial de tipo corporativo o una unidad multifamiliar.[105] A

---

104. Los ejemplos desarrollados corresponden a la producción alfarera y metalúrgica. Otro tipo de manufacturas, como la textil, no serán abordadas por no existir, para el periodo que nos toca, casos sólidos que permitan evaluar la escala, intensidad y naturaleza de la producción.
105. Tschauner 2009: 270.

unos 40 km de distancia hacia el oeste de este conjunto se encontraba un taller de alfarería.

El taller era un conjunto arquitectónico de planta rectangular que incluía un total de 18 recintos de tamaño y forma variable interconectados de tal forma que se generan subconjuntos en el interior. Destaca un área de 20 m x 25 m destinada al almacenamiento y secado de vasijas.[106] Por su parte, fue posible encontrar en los ambientes más amplios unos hornos de cocción de grandes dimensiones asociados con hoyos que contenían ceniza. De acuerdo con las vasijas allí producidas, cada uno de los hornos estaría en condiciones de "quemar" de 50 a 100 vasijas grandes o de 200 a 400 vasijas pequeñas en forma simultánea.[107] La existencia de un conjunto con varios espacios, incluyendo varios hornos, sugiere la actividad de varios maestros alfareros autónomos en sus espacios y dinámicas de producción.[108] Queda claro, por otro lado, que estos maestros alfareros vendrían a formar parte del conjunto multifamiliar adyacente.

Se ha podido registrar el tipo de producción de Pampa de los Burros. Allí, las vasijas se elaboraron fundamentalmente con el uso de moldes verticales, y se optó por la técnica de paleteado para aspectos decorativos. Sobre esta base, se produjeron cántaros, ollas, platos y botellas de asa estribo.[109] Debe notarse que, en el marco de la producción para la región del Lambayeque durante el periodo Intermedio Tardío, la técnica más generalizada para la producción de cántaros fue la del modelado por enrollado complementado con el uso de paleta y yunque. Frente a esta técnica, el uso de molde implica una mayor eficiencia en la frecuencia de objetos producidos, con implicancias directas en la escala de producción, así como en el grado de especialización de los alfareros.

Estamos por lo tanto ante un taller de especialistas en la producción de cierto tipo de vasijas, que estarían destacando frente a una

---

106. Ibíd., pp. 268-269.
107. Ibíd., p. 276.
108. Ibíd., p. 272.
109. Ibíd., pp. 274, 278.

producción doméstica paralela, de mayor distribución. Este tipo de taller, sin embargo, no muestra evidencias de alguna forma de control por parte de la entidad estatal chimú. Como se ha señalado, los centros administrativos chimú más cercanos están a considerable distancia de Pampa de los Burros. Por otro lado, no existe en esta pampa ningún tipo de instalación de control o almacenamiento que sugiera algún tipo de vigilancia de la producción de cerámica por parte de administradores estatales.

Las evidencias recuperadas en el taller fueron complementadas con un estudio de la distribución de materiales cerámicos en el valle de Lambayeque.[110] Este estudio permitió establecer que los bienes producidos en Pampa de los Burros se distribuían en los asentamientos ubicados a unos 15 km a la redonda del taller. De forma sugerente, los cántaros hechos con molde de Pampa de los Burros aparecen en los mismos lugares donde los cántaros modelados también están (y son estos inclusive más ubicuos, al igual que platos diferentes a los producidos en Pampa de los Burros). Es importante mencionar que, dentro del mismo rango, se encuentran centros administrativos chimú donde es también posible identificar los cántaros u otro tipo de vasijas producidas en Pampa de los Burros. Así, se presenta un escenario de un taller de especialistas que tejió una red de distribución (y probablemente de intercambio) de sus bienes de forma independiente a la administración estatal, que probablemente estuvo en la base de un sistema de relaciones socioeconómicas que articulaba a la unidad multifamiliar de alfareros con unidades familiares de otras regiones y oficios.

Tal como lo señala Tschauner, en Pampa de los Burros estaríamos pues ante una unidad multifamiliar de maestros alfareros produciendo de manera independiente recipientes hechos con molde para intercambiar con comunidades vecinas.[111] La organización interna de la producción habría sido de unidades familiares sin evidencias de liderazgos o estratificación interna. El grado de representatividad de este caso está por evaluarse, pero resulta sugerente la posibilidad de la

---

110. Ibíd., pp. 278-287.
111. Tschauner 2009: 288.

existencia de unos cuantos talleres más como los proveedores de cierto tipo de vasijas para el conjunto de valles de Lambayeque, funcionando de manera independiente al aparato estatal Chimú. Se trataría, por otro lado, de una producción especial, diferenciable de una producción doméstica, aún vigente, de vasijas de uso diario, producidas por los mismos usuarios.

La producción alfarera tuvo para esta época una tercera modalidad, relacionada con artefactos de manufactura más elaborada. Este tipo de producción se ha podido registrar para la época de hegemonía Sicán, pero es muy probable que fuese reproducido en época Chimú. Nos referimos a la producción de botellas de color negro y brillo metálico fabricadas con moldes que incluían una efigie antropomorfa entre la parte superior del cuerpo y el pico de la botella (conocidas comúnmente como "Huaco Rey").

Las investigaciones arqueológicas permitieron reconocer y estudiar un taller de alfarería de la época Sicán Medio en el sitio de Huaca Sialupe,[112] ubicado a pocos kilómetros del actual poblado de Mórrope, en el valle bajo del río La Leche, a unos 15 km de distancia de la línea costera. Se compone de cinco montículos arenosos que vienen a ser dunas estabilizadas que cubren un área de unas 10 ha.[113] En uno de estos montículos se identificó un taller de alfarería cuya extensión era de alrededor de 1700 m². Se trataba de un área de producción especializada que, en forma singular, compartía el espacio con un ámbito de orfebrería donde se trabajaba aleaciones de cobre arsenical y oro. Los investigadores notaron que las instalaciones de cocción del taller se encontraban en una ubicación y orientación estratégica para aprovechar los vientos que se desplazan del oeste para incrementar la intensidad de la quema de combustibles.[114]

El taller se componía de un conjunto de recintos rectangulares articulados entre los que se identifican áreas de secado y almacenamiento, así como áreas de quema que, como en Pampa de los Burros,

---

112. Shimada y Wagner 2007.
113. Ibíd., p. 173.
114. Ibíd., pp. 174-175.

Figura 4.4. Típica vasija Sicán-Lambayeque, conocida como "Huaco Rey" (Colección del Museo del Banco Central de Reserva del Perú – MUCEN).

incluyen depósitos de carbón y ceniza para actividades de precalentamiento. Se pudo establecer que los hornos estaban agrupados en dos áreas, con dos a tres hornos cada una, hecho que sugiere la existencia de por lo menos dos grupos de alfareros semiautónomos entre sí.[115] Es importante notar además que los hornos de alfarería de Huaca Sialupe son de menor tamaño que los de Pampa de los Burros, hecho que se relacionaría con el tamaño menor de las vasijas a producir, pero también con el hecho de que se cocía un menor número de vasijas por quema, probablemente para un mejor control de su cocción.

Estas ideas se corroboran con análisis arqueométricos que han permitido determinar que el brillo metálico obtenido en este tipo de vasijas se debe a la transformación del carbón en cristales de grafito

---

115. Ibíd., pp. 175-178, 191.

debido a su exposición a temperaturas de hasta 900 ºC en una atmósfera reductora (sin oxígeno). Si tomamos en cuenta que la temperatura suficiente para la cocción de la cerámica es de 450 a 500 ºC, queda claro que los hornos de Huaca Sialupe estaban diseñados para un manejo especial de temperaturas que permitiese este efecto singular en la superficie de las vasijas.[116]

La organización de este tipo de producción estuvo claramente ligada con la entidad política Sicán. Prueba de esto es la existencia, dentro del taller de Huaca Sialupe, de un recinto claramente diferenciado del resto por la calidad de su construcción y acabados, así como por la existencia de elementos especiales como banquetas o vajilla de consumo. Al parecer, se trataría del espacio que ocuparía algún tipo de supervisor de la producción. Asimismo, a no menos de 500 m de distancia del taller, se halla un centro administrativo Sicán, llamado Huaca Pared Uriarte, que cuenta con el tipo de arquitectura asignable a los centros de poder de esta cultura.[117] Estaríamos por lo tanto frente a una producción "patrocinada" por una entidad estatal para abastecerla de productos cuyas actividades demandaban. El Huaco Rey sería un ejemplo de este tipo de productos.

En el marco de este tipo de producción, fue importante el hallazgo de diferencias en los procedimientos de manufactura del mismo tipo de vasija por parte de los grupos de alfareros de Huaca Sialupe. Asimismo, fue posible registrar marcas en los moldes de manufactura que, al parecer, servirían para identificar a los productores (¿o los patrocinadores?) por parte de quienes recibieran las vasijas.[118] Estaríamos, por lo tanto, ante alfareros especializados que, si bien realizan su trabajo bajo el control de una entidad estatal, mantienen una autonomía en relación con sus procedimientos técnicos y construyen una identidad alrededor de sus productos. Recientemente, los hallazgos de un taller alfarero contemporáneo a Sialupe en Huaca La Pava[119] revela

---

116. Ibíd., pp. 182-185.
117. Ibíd., pp. 174, 178.
118. Ibíd., pp. 188-190.
119. Fernández y Sánchez 2014.

que estaríamos ante una red de talleres de características similares que suplirían la demanda de vasijas finas por parte de la élite sicán.

Así, en cuanto a la producción alfarera para esta época, puede distinguirse diferentes tipos de producción, en cuanto a escala, grado de especialización y redes construidas entre productores, patrocinadores y consumidores. Se trata de un escenario bastante complejo y dinámico del cual, en la actualidad, solo podemos hacer un esbozo de su complejidad, esperando futuras investigaciones que ayuden a completar el escenario. Debe destacarse, sin embargo, la constatación de que la usual clasificación binaria de producción doméstica autónoma vs. producción especializada anexa al Estado peca de simplista y oblitera el conjunto de variantes de producción que tranquilamente pueden coexistir y generar, en diferentes formas, redes de relaciones económicas en un marco regional (como el caso de Lambayeque) con sus esperados correlatos sociales. Esperamos que a futuro se pueda reconstruir escenarios comparables en otros valles de la costa peruana.

En relación con la metalurgia, es importante entender la naturaleza de la producción de metales en el contexto de una larga tradición que, como hemos visto en los capítulos anteriores, data de la primera parte del primer milenio a. C., y encuentra niveles muy elevados de maestría orfebre en el caso de formaciones culturales como Mochica, Nazca o Recuay, entre otras. Hemos revisado por otro lado que una innovación tecnológica destacable fue la producción de aleaciones de cobre en diferentes regiones de los Andes a partir del periodo Horizonte Medio.[120] Al respecto, fue significativa la consolidación en la costa norte de los Andes centrales del llamado "bronce arsenical", obtenido a partir de la inclusión de arsénico en 4 a 5% en el total de las piezas metálicas que tenían al cobre como componente principal. Todo parece indicar que esta aleación generaba, como en el caso del bronce clásico, una mayor ductibilidad, dureza y resistencia a la corrosión en las piezas. Más aún, la inclusión de arsénico en mayores proporciones permitía obtener colores diferenciados (del dorado al plateado) en la pieza resultante. Una última ventaja de este tipo de aleación se

---

120. Lechtman 1978, 1996.

relaciona con la capacidad del arsénico de actuar como fundente, hecho que permite reducir el punto de fundición. Diferentes ejemplares de épocas anteriores indican la inclusión de arsénico en piezas de cobre en épocas anteriores. No queda claro, sin embargo, si este tipo de inclusiones fueron fortuitas o, en el mejor caso, fueron parte de experimentaciones iniciales.[121]

En contraste, para el periodo Intermedio Tardío, la producción de este tipo de bronce arsenical se consolidó, y llegó en los tiempos de la cultura Sicán a niveles de producción de escala sin precedentes.

Hemos visto también que, en épocas anteriores, la producción metalúrgica estuvo fundamentalmente orientada a obtener objetos de naturaleza ornamental, que frecuentemente contenían cargas iconográficas de distinto grado de complejidad. Este tipo de artefacto continúa produciéndose en esta etapa (en la que destacan objetos como las máscaras funerarias, orejeras, narigueras, vasos y "forros" de vasijas cerámicas), pero, a diferencia de otras épocas, se encuentra también en el caso Sicán la producción de herramientas como cuchillos (tumis), punzones, piruros, puntas de palo cavador o azadas,[122] hecho que nos indica que la presencia de los objetos de metal en la vida de los pueblos se había incrementado significativamente en relación con épocas anteriores.

La escala de producción suele estimarse por el volumen de objetos producidos, estimación que estará siempre sujeta a los sesgos muestrales en los registros arqueológicos. Una forma alternativa de evaluar dicha escala es el examen de las zonas de producción; al respecto, se cuenta con una información detallada para el caso de la producción metalúrgica Sicán en la zona de Batán Grande, en el valle de La Leche.[123] La producción de bronce arsenical en los alrededores de la localidad de Batán Grande contaba con la presencia de una importante veta con óxidos de cobre, plomo y zinc, ubicada en el llamado Cerro Blanco, unos 3 km al sur de la zona de fundición. Se ha podido

---

121. Shimada 2014b: 39.
122. Ibíd., p. 42.
123. Shimada et ál. 1982.

registrar en Cerro Blanco que la actividad minera prehispánica partía por remover las venas superficiales de óxidos de cobre para, posteriormente, proceder a profundizar por unos metros. Han quedado como testimonio zanjas de paredes verticales a lo largo del curso de las venas del yacimiento.[124]

La zona de fundición estuvo ubicada en los flancos norte y oeste del Cerro de los Cementerios, un área donde fue posible identificar un sector residencial (probablemente para los trabajadores de la fundición); la zona de fundición, caracterizada por la presencia de hornos en un área de unos 200 m x 150 m; y la zona de molienda, caracterizada por la presencia de batanes de alrededor de 1 m de diámetro.[125]

La zona de fundición presenta hornos distribuidos en filas de 3 a 4, ubicados a 1 m de distancia entre ellos, en espacios separados por pequeños muros de poca altura que delimitaban los espacios relacionados con cada horno. Los hornos suelen estar orientados de este a oeste para aprovechar la dirección predominante de los vientos en Cerro de los Cementerios. Se ha calculado, por otro lado, que podrían haber existido hasta cien hornos funcionando eventualmente en forma simultánea.[126]

El horno de fundición registrado en Cerro de los Cementerios viene a tener una forma de pera, caracterizado por una parte frontal ancha y un extremo más delgado cuyo ápice funcionaba a manera de chimenea. Estos hornos tenían un largo de unos 30 cm, un ancho de 25 cm y una altura máxima de 25 cm, contando así con una capacidad de entre 1,25 y 3,5 l.[127]

La producción de bronce arsenical solía contemplar la mezcla de óxido de cobre (del que se podría obtener hasta 30% de cobre) además de un fluctuante (hematita o limonita) y una pequeña cantidad de escorodita, que viene a ser una forma oxidada de arsenopirita.[128] Los mi-

---

124. Ibíd., p. 952.
125. Ibíd., pp. 953-954.
126. Ibíd., p. 955.
127. Shimada 2014b: 41.
128. Shimada et ál. 1982.

Figura 4.5. Vista de hornos de fundición de metal del sitio de Huaca del Pueblo – Batán Grande, Lambayeque (cortesía de Izumi Shimada).

nerales ingresaban al horno en trozos pequeños (previamente molidos en los batanes) que debían alcanzar hasta unos 1100° para lograr el punto de fundición. Estudios experimentales demostraron que dicho punto de fundición solo se podía lograr a partir de la participación de cuatro a cinco personas que debían soplar continuamente para avivar el fuego por espacios de hasta tres horas en unas cañas con un extremo de cerámica. Los experimentos demostraron además que se consumía hasta 2 kg de carbón por hora durante el proceso de fundición.[129] Al final de un proceso de fundición, se calcula que se habían podido generar entre 300 y 600 g de metal.[130]

Se ha podido registrar que la superficie interior de los hornos estaba cubierta con una capa de arena y arcilla, hecho que debió prolongar su

---

129. Shimada 2014b: 41.
130. Bezur 2014: 105.

vida útil al crear una superficie refractaria. En algunos hornos, se ha encontrado varias capas de este tipo de enlucido.[131]

Al final del proceso se contaba con bloques de mineral donde el metal fundido se había agrupado conformando pequeñas "gotas" o *prills* incrustados en la escoria. Estos trozos de escoria pasaban entonces a los batanes, donde eran molidos con chungos de gran tamaño para, posteriormente, separar los *prills* para su posterior tratamiento.[132]

Los *prills* debieron ser, entonces, trasladados a los talleres de orfebres. En estos lugares, los *prills* eran fundidos en pequeñas vasijas cerámicas (crisoles) para luego vaciar el metal en líquido en lingotes de distintos tamaños.[133] Posteriormente, los lingotes pasaban a ser la materia de trabajo inicial en los talleres de orfebrería, donde el tratamiento más frecuente fue el martillado en frío hasta obtener láminas delgadas. Una vez más, el uso de bronce arsenical permitía llegar a elaborar láminas de hasta 0,1 mm de grosor debido a su mayor resistencia a presiones externas producto del martilleo.[134] Así, salvo algunos pocos objetos como piruros, casi la totalidad de objetos resultantes (desde instrumentos como tumis o pinzas hasta ornamentos como máscaras u orejeras) son hechos a base de láminas delgadas de metal eventualmente recortadas o repujadas.

El análisis de 86 puntas de cobre recuperadas de una tumba de élite encontrada en el Recinto Sicán (a pocos kilómetros de los talleres de fundición de Cerro de los Cementerios) indica una variación significativa en los contenidos de arsénico en las piezas, hecho que contrasta con la uniformidad morfológica de dichas puntas. Esto sugiere que, si bien las piezas pudieron proceder de los mismos talleres de orfebrería que fueron proveídos por metal de diferentes zonas de fundición o de una sola, pudo esta haber procesado mineral de diferentes minas,

---

131. Ibíd., p. 96.
132. Shimada et ál. 1982: 956.
133. Bezur 2014: 97.
134. Shimada 2014b: 42.

hecho que permite evaluar en perspectiva regional la escala de producción metalúrgica generada en el marco del apogeo Sicán.[135]

Otro aspecto a tomar en cuenta con relación a la producción de metales en Lambayeque para la época Sicán es la escala de movilización de trabajadores que esta actividad implicó. Si bien es muy probable la existencia de artesanos especialistas en las labores de fundición y, sobretodo, de orfebrería, dedicándose a tiempo completo a estas labores, es muy probable también que se requiriese de fuerza de trabajo temporal para el apoyo en las actividades de fundición, en particular para el proceso de soplado. Más aún, teniendo en cuenta que se trataba de un proceso de unas tres horas para la obtención del punto de fundición, debieron tenerse varios grupos que rotasen para el soplado. Es razonable contemplar, por lo tanto, cuadrillas de quine a veinte apoyos para este tipo de actividades durante el proceso de fundición en un horno. En tal sentido, la producción metalúrgica en Sicán, debido a sus características y escala, puede haber implicado una importante movilización de fuerza de trabajo temporal, con las implicancias que esto tiene en relación con la movilización y distribución de recursos. Le da además a la actividad metalúrgica un carácter de labor colectiva, en contraste con la distintiva imagen individual del herrero del Viejo Mundo y su fuelle.

Un último aspecto a discutir tiene que ver con las implicancias ecológicas que pudo tener el incremento en escala e intensidad de la producción alfarera y metalúrgica, considerando que estamos hablando de actividades llevadas a cabo en un ecosistema de desierto, en el cual las formaciones boscosas son reducidas, cuando no inexistentes, y, por lo tanto, los combustibles son bienes escasos. La costa norte cuenta con los llamados "bosques secos", dominados por especies como el algarrobo o el guarango, comúnmente consideradas como de "muy buena leña".[136] El incremento de la extracción y tala de árboles para suplir la demanda de combustibles de las pirotecnologías podría haber impactado en el desarrollo de los bosques secos, toda vez que su

---

135. Bezur 2014: 104-105.
136. Goldstein 2014: 150.

recuperación es bastante lenta, salvo por la intervención de estímulos excepcionales, como cuando se dan fenómenos ENSO.[137]

Al respecto, se ha podido registrar en Huaca Sialupe algunas características del manejo de combustibles en la época Sicán. En primer lugar, los hornos de cerámica se hallaron por lo general limpios de carbón, material abundante luego de un proceso de quema, hecho que sugiere su retiro y eventual reciclaje. Esto explicaría, en parte, que los talleres de orfebrería se encontrasen adyacentes, en tanto que estos requieren del carbón por su durabilidad como fuente calórica, y bien podrían ser el lugar del reciclaje planteado. Por otro lado, ha sido posible también identificar el uso de otras fuentes de combustión, como el estiércol de camélidos. Finalmente, no se halló pedazos de troncos en los restos del material usado, hecho que sugiere el empleo casi exclusivo de ramas que, por otro lado, mostraron abundancia de escarabajos, que suelen alojarse en la madera muerta, lo que indica que se trataba de ramas recogidas del suelo antes que taladas de sus árboles.[138]

Las evidencias recuperadas en Huaca Sialupe nos indican, al menos en forma preliminar, que existió una racionalidad en el uso y aprovisionamiento de combustibles leñosos en época Sicán que mitigara el impacto en la vida de los bosques secos, escenario a corroborar con futuras investigaciones.

La región de Lambayeque fue claramente un lugar bastante destacado para las manufacturas durante el periodo Intermedio Tardío. Lo revisado nos sugiere una dispersión de talleres de fundición y de orfebrería a lo largo y ancho del territorio, probablemente relacionados con diferentes centros de poder regional y local. Este tipo de organización puede contrastarse con aquella derivada de la consolidación y expansión del Imperio chimú, en particular a partir del año 1300.

La producción de manufacturas durante el apogeo Chimú parece haberse organizado de una manera mucho más centralizada y bajo un control estatal bastante estricto. Se tiene evidencias de que para el momento de mayor expansión de Chan Chan (entre 1350 y 1375 d. C.)

---

137. Ibíd., p. 151.
138. Ibíd., pp. 153-156.

la ciudad albergaba alrededor de unos 12.000 artesanos, casi la mitad de su población. Esta población parece haber crecido rápidamente (de unos 7300 en una fase anterior), hecho que sugiere una política de movilización de especialistas de otras regiones hacia la capital del imperio, incluyendo probablemente a artesanos lambayecanos.[139] Las semejanzas tecnológicas e iconográficas de artefactos de plata provenientes de Chan Chan con ejemplares de Lambayeque parecen corroborar esta hipótesis.[140]

Se ha podido diferenciar en Chan Chan dos tipos de áreas de manufacturas, unas ubicadas en los barrios de la ciudad y otras en las zonas adyacentes a las residencias de élite.[141] Los talleres de los barrios se ubican dentro de conjuntos residenciales que incluyen áreas de descanso, cocinas, almacenes, corrales y las zonas de trabajo. En estos talleres se encuentran tanto evidencias de trabajo orfebre como textil, lo que sugiere una división de labores por género.[142] En relación con el trabajo de orfebrería, básicamente se ha encontrado martillos y algunos lingotes, lo que indica que serían zonas donde se llevaría a cabo el trabajo básico de martillado para la obtención de láminas. En estos barrios de artesanos, es posible encontrar también edificios administrativos, que incluyen depósitos de acopio de lo producido por los talleres.[143] En el caso de los talleres anexos a las residencias de élite, estos suelen construirse en plataformas elevadas, así como presentan un mejor acabado de muros y cocinas más grandes. El tipo de trabajo llevado a cabo habría sido, por otro lado, de elaboración y acabado final de las piezas metálicas.[144]

Este tipo de producción de manufacturas, fuertemente controlada por el aparato estatal, parece haberse reproducido en centros administrativos provinciales, como lo sugieren las evidencias de Pacatnamú,

---

139. Topic 1990: 149-150.
140. Fernández y Castillo 2017.
141. Topic 1990: 152.
142. Ibíd., p. 155.
143. Ibíd., p. 156.
144. Ibíd., pp. 158-161.

en el valle de Jequetepeque,[145] o de Manchán, en el valle de Casma.[146] Por otro lado, se cuenta con evidencia de estructuras de control chimú en Cerro de los Cementerios, muy probablemente relacionadas con un interés por controlar las actividades de fundición allí realizadas desde épocas sicán.[147]

Los escenarios sicán y chimú nos revelan un contraste en la organización de la producción de manufacturas a gran escala. En un caso, se trata de una producción orfebre dispersa en el territorio, probablemente relacionada con las comunidades de origen a las que los orfebres estaban ligados. En el otro caso, se da un proceso de reubicación y concentración de orfebres en el centro político como parte de una política de control de la producción por parte de una entidad estatal. Aparentemente, las diferencias tienen que ver menos con la escala de producción que con el tipo de entidad política y sus necesidades.

No contamos con registros del mismo detalle para otras regiones. Se sabe, sin embargo, que, en áreas como la costa central, los objetos metálicos incluían tanto artefactos como ornamentos elaborados a partir de diferentes tipos de aleaciones de cobre, plata y oro.[148] Si bien no se conoce aún la ubicación de las zonas de fundición o de trabajo orfebre para esta región, el hallazgo de "tortas metálicas" en Huaca Palomino o de escorias de metal en los almacenes del museo de Ancón[149] son indicios para considerar que los objetos metálicos recuperados en la costa central fueron producidos en esta región y no transportados de otros lugares. La escala de dicha producción y sus implicancias económicas están aún por esclarecerse.

Se ha documentado, por otro lado, la existencia de talleres de orfebrería en el sitio de Tambo de Mora, en el valle de Chincha.[150] Se trata de talleres donde se ha podido registrar tanto hornos de

---

145. Keatinge y Conrad 1983.
146. Mackey y Klymyshyn 1990.
147. Shimada et ál. 1982, Topic 1990: 167.
148. Vetter 2011, Portocarrero 2011.
149. Vetter 2011: 238-239.
150. Alcalde et ál. 2010.

purificación y calentamiento como espacios para el acabado de productos. Si bien aún no se conoce las fuentes de extracción de minerales o de fundición original, el caso de Tambo de Mora es probablemente uno de los mejores contextos de producción orfebre (en particular de plata) susceptible de ser comparado con las evidencias de orfebrería y metalurgia norteña.

iii. Pesca, peces y pescadores en las economías andinas

La dieta andina involucra una importante variedad de plantas cultivadas que, conforme la población crecía, requerían, como hemos visto, de la ampliación de las fronteras agrícolas. Esta dieta, por otra parte, incluía también pescado y otros bienes marinos como un necesario complemento proteínico, toda vez que en los Andes nunca se criaron animales que se constituyeran en una fuente de proteínas para una población cada vez mayor.

En tal sentido, las poblaciones debían contar tanto con los bienes producidos en el campo como con aquellos extraídos por la pesca. En el marco de la creciente población del periodo Intermedio Tardío, es sugerente que las fuentes documentales reporten que, en el siglo XVI, la actividad pesquera fuera llevada a cabo por poblaciones especializadas en la captura y el salado de peces para su posterior intercambio con poblaciones del interior del territorio.[151] El producto de la pesca debía ser, además, salado para su conservación, hecho que convertía a las salinas en un bien estratégico dentro del aparato distributivo de bienes marinos.

La evidencia arqueológica es aún dispersa y fragmentaria. Esta, sin embargo, nos revela algunas características del tipo de actividad pesquera que habría existido durante el periodo Intermedio Tardío y el tipo de articulación de esta con otros ámbitos de la producción.

En el valle de Jequetepeque, se identificó un asentamiento de pescadores ubicado en la periferia del sitio de Pacatnamú, un centro de

---

151. Rostworowski 1977: 220-223.

control político ubicado a pocos metros de la línea de playa.[152] El asentamiento incluía hoyos rellenos de arena con claras propiedades para el almacenamiento de pescado seco. La presencia de estos hoyos sugiere que estaríamos ante una pesca excedentaria que permitiría a estos pescadores destinar parte de ella para el intercambio no solo de bienes agrícolas, sino también de bienes suntuarios. Al parecer, podríamos considerar aquí la presencia de especialistas no controlados por élites, con capacidad de producir excedentes para trocar por bienes exóticos, así como de otro tipo, como cuentas de cobre.[153] La ausencia de arquitectura de control parece indicar que existía una relativa autonomía de esta comunidad para el desarrollo de sus actividades de pesca e intercambio. Un escenario similar parece haberse recuperado en un sitio de Carrisal, un asentamiento de menor escala ubicado en las costas del valle de Zaña.[154]

Las pocas evidencias existentes parecen reforzar los planteamientos pioneros de María Rostworowski con relación a la autonomía y especialización de la actividad pesquera, así como la interdependencia entre comunidades pesqueras y agrícolas. Es necesario aún esclarecer la relación de estas comunidades con entidades políticas de mayor escala como Sicán, Chimú, Chincha o Pachacamac, si bien hasta el momento no se ha encontrado evidencias de control de las actividades pesqueras, como sí se verá para la época inca (véase más adelante). En todo caso, aún debe evaluarse en forma más detallada el rol y relevancia de la pesca como actividad económica en el contexto de las necesidades y dinámicas sociopolíticas que se venían desarrollando en los Andes para esta época.

iv. Distribución, redistribución y consumo. El flujo de los bienes producidos

Los registros arqueológicos han permitido recuperar información sobre la forma en que diversos bienes manufacturados fueron distri-

---

152. Gumerman 2002.
153. Ibíd., p. 254.
154. Osores 2015.

buidos a escala regional. Con frecuencia, sin embargo, es menos clara la información acerca de la distribución de bienes alimenticios y, por otro lado, la distribución a escalas locales. La información del periodo Intermedio Tardío no es una excepción a este estado de la cuestión. Acuden, sin embargo, las fuentes documentales para esbozar al menos un escenario posible de la forma en que diversos bienes fueron distribuidos en diversos ámbitos a lo largo de la costa peruana y sus implicancias.

Hemos discutido antes las posibles redes de intercambio que permitieron el flujo de bienes marinos y bienes agrícolas entre comunidades costeras (de agricultores y pescadores) y, probablemente, altoandinas. Asimismo, a partir del caso de Pampa de los Burros, se puso de relieve la distribución de vasijas de cerámica producidas por talleres autónomos de especialistas que debieron implicar, a su vez, algún tipo de redes de intercambio local o inclusive regional. Estas evidencias parecen coincidir con el escenario propuesto por María Rostworowski para las sociedades de la costa en el siglo XVI, caracterizado por la existencia de grupos de pobladores especializados en diferentes oficios (pescadores, alfareros, plateros, salineros, fabricantes de chicha, etc.), que debieron construir redes de interacción con poblaciones de agricultores para el intercambio de bienes.[155] Estaríamos por lo tanto ante un dinámico flujo de bienes a lo largo de los valles y de la costa peruana independientemente de la existencia de entidades políticas estatales.

Existen evidencias, por otro lado, de un tipo de modalidad de distribución de bienes asociada con entidades políticas centralizadas. Nos referimos, por ejemplo, al caso del Estado chimú y, en particular, al sistema de depósitos identificado en la ciudad de Chan Chan. Estos depósitos suelen estar asociados con las residencias de élite (las llamadas "ciudadelas"), y se trata de estructuras cuadrangulares de 4 a 6 m² de espacio interior que cuentan a menudo con un paso elevado en el umbral. Suelen encontrarse en alineamientos de cuatro a ocho estructuras dispuestas en forma paralela o transversal con otros

---

155. Rostworowski 1977.

alineamientos.[156] Se ha calculado que las primeras residencias de élite contaban con alrededor de 3000 m² de área de depósito, mientras que, en el momento de mayor crecimiento de la ciudad, estas residencias podían contar con 500 m² hasta más de 11.000 m² de área de almacenamiento. Este incremento en el número de depósitos parece coincidir además con una estandarización en su tamaño,[157] hecho que sugiere no solo el crecimiento del flujo de bienes, sino la necesidad de facilitar su registro y posterior administración. Los conjuntos de depósitos pueden aparecer, por otro lado, en otros conjuntos menores (llamados de "arquitectura intermedia"), y, como en el caso de las residencias de élite, su presencia se iría incrementando junto con el crecimiento de la ciudad.[158]

Lamentablemente, no se ha podido registrar el tipo de bienes almacenados, pudiendo tratarse tanto de alimentos como de manufacturas e incluso bienes exóticos. Es frecuente que los conjuntos de depósitos estén precedidos por instalaciones de control (llamadas "audiencias") de entrada y salida a ellos, hecho que refleja una regulación estricta del flujo de los bienes depositados. Es significativo, por otro lado, que, en vez de existir una zona central de almacenamiento de la ciudad, las zonas se distribuyan entre los conjuntos de élite, lo que sugiere que la dinámica redistributiva en relación con el tipo de relaciones sociales y políticas concomitantes descansaría más en las estructuras de poder generadas desde los linajes de élite con la población común antes que por la intervención de una entidad estatal suprafamiliar. Debe notarse, a su vez, que las ciudadelas son también el lugar donde yacen los restos de personajes centrales, depositados en elaboradas plataformas funerarias. En tal sentido, es muy probable que el flujo de bienes depositados y redistribuidos a partir de los depósitos allí existentes se llevase a cabo en el marco de un manejo ritual (¿culto a ancestros notables?) por parte de las élites allí residentes.

---

156. Kolata 1990: 130.
157. Ibíd., pp. 130-131.
158. Klymyshyn 1982: 139.

Llama la atención que no se haya registrado sistemas de depósitos de envergadura en los centros administrativos construidos por los chimú en su etapa de expansión; tampoco son reportados para sitios como Manchán, en Casma;[159] Farfán, en Jequetepeque;[160] o La Puntilla, en Lambayeque.[161] La racionalidad de la concentración de sistemas de almacenamiento de gran escala en el centro político es algo que requiere ser estudiado a mayor profundidad para entender la lógica de los sistemas redistributivos chimú.

Debe mencionarse que el caso chimú no es el único en el que se ha registrado sistemas de depósitos. Por ejemplo, en el sitio de Pachacamac, los conjuntos arquitectónicos principales que rodeaban el área central del santuario contaban también con sistemas de depósitos, si bien de menor escala que aquellos de Chan Chan.[162] Es muy probable que sistemas de almacenamiento comparables se encuentren en el interior de complejos arquitectónicos como Purgatorio, en el valle de Casma, o Pishkillo Chico, en el valle de Chancay. Estos, sin embargo, requieren ser identificados y caracterizados. Podría plantearse, sin embargo, que las distintas entidades políticas regionales o macrorregionales establecieron mecanismos de captación de bienes para su posterior almacenamiento y redistribución. La escala de este tipo de actividades debió estar directamente relacionada con la escala y naturaleza de la entidad respectiva. Por otro lado, el escenario de interdependencia económica en las poblaciones del común sugiere que estas no requerían de entidades políticas mayores para la obtención de bienes fundamentales. Las políticas redistributivas debían estar, por lo tanto, orientadas a la captación de otro tipo de bienes.

Estas últimas consideraciones pudieron estar relacionadas con ciertos bienes singulares cuyo consumo adquiriría implicancias económicas. En particular, se considera el consumo de alimentos y bebidas fermentadas en el contexto de grandes festines patrocinados por

---

159. Mackey y Klymyshyn 1990.
160. Keatinge y Conrad 1983.
161. Tschauner 2014: 347.
162. Farfán 2004: 455.

entidades políticas de diferente escala. Este tipo de práctica, registrada en detalle en las fuentes documentales del siglo XVI, parece remontarse por lo menos hasta la segunda mitad del tercer milenio a. C. (Kaulicke, en este volumen). Vale la pena evaluar, por lo tanto, la escala que este tipo de práctica habría podido adquirir en algunas sociedades del periodo Intermedio Tardío y sus implicancias.

Al respecto, merece destacarse el estudio de un tipo de vasija producido, al parecer, fundamentalmente para su uso en grandes festines. Se trata de los llamados "platos pintados sicán", de la cultura del mismo nombre.[163] Se trata de un tipo de recipiente abierto cuya superficie fue cubierta con pintura blanca sobre la que se aplicaron diseños con pintura roja. Se ha podido comprobar la abundancia de este tipo de recipientes en distintos contextos relacionados con rellenos constructivos y ofrendas funerarias, diferenciados de otro tipo de recipientes para contención de alimentos que no ofrecían decoración elaborada en sus superficies. Sin embargo, el análisis composicional de estos no evidenció algún tipo de producción especial (como la que hemos visto para vasijas de color negro en Huaca Sialupe). Por otro lado, el tipo de pintura usada sería de fácil desgaste en los procesos de lavado y retiro de contenidos luego de los eventos de consumo. Significativamente, los fragmentos de este tipo de vasija recuperados no muestran ningún tipo de desgaste, lo que sugiere que pudieron haber sido usados en pocas ocasiones (si no fue en una sola) antes de su descarte.[164] De ser así, estaríamos hablando de un tipo de recipiente producido especialmente para eventos especiales de consumo de alimentos y bebidas, con tamaño estandarizado y decoración elaborada que, además, tendría un rápido descarte. La necesidad de producirlo revela la relevancia, tanto por su número como por su valor simbólico, de los eventos de consumo masivo para la época Sicán.

Es típico encontrar en este tipo de eventos el consumo de bebidas fermentadas. Como se ha visto anteriormente (tal el caso de Cajamarquilla para el periodo Horizonte Medio, por ejemplo), el consumo de

---

163. Montenegro 1997.
164. Ibíd., pp. 251-253.

chicha en los Andes parece haber jugado un rol central para el éxito de este tipo de consumos. La importancia de esta bebida parece haber continuado durante el periodo Intermedio Tardío, tal como se manifiesta en las evidencias recuperadas en el sitio de Manchán, centro administrativo chimú del valle de Casma.[165] En este caso, las evidencias sugieren que la producción se llevó a cabo en las unidades domésticas autosuficientes, que, de acuerdo con determinadas demandas del Estado, procedían a la preparación de volúmenes de chicha que iban más allá del consumo de la unidad. Se trata de un tipo de producción alternativo al común escenario de especialistas dependientes del Estado en forma permanente o temporal.[166] Mayores evidencias permitirán, a futuro, verificar si se trata de un patrón generalizado de producción o una modalidad entre otras varias existentes. Por otro lado, no debe perderse de vista la relevancia de la demanda de chicha como factor que dinamiza la producción de maíz (que usualmente requiere un cuidado especial), la producción de vasijas de gran capacidad y de vasijas para el consumo (como los platos pintados sicán), el acopio de combustibles y la organización de grupos de productores, actividades cuya magnitud aún debe medirse para evaluar su rol dentro de las economías desarrolladas en el periodo Intermedio Tardío.

v. El papel de la construcción

La economía de cualquier sociedad está ligada con la infraestructura que dicha sociedad esté en condiciones de construir, y que, a su vez, se constituirá en factor de movilización de recursos y habilitación de condiciones para nuevas actividades productivas. Esto resulta evidente en el caso de la construcción de canales o depósitos, tal como hemos visto en líneas anteriores, pero está igualmente relacionado con el levantamiento de edificios públicos destinados a actividades rituales o administrativas. Las construcciones de gran escala no solo reflejan la capacidad de movilización de recursos de una sociedad, sino que el

---

165. Mackey y Klyhmyshyn 1990, Moore 1989.
166. Moore 1989: 690-691.

acto constructivo se convierte en dinamizador de la economía en tanto que genera dicha movilización de recursos y, con ello, abre espacio para la demanda de productos y la consolidación de relaciones sociales y políticas.

Al respecto, y en correspondencia con lo visto en la sección anterior, debe recordarse que el consumo de chicha en el marco de grandes festines se relaciona comúnmente con el reclutamiento de fuerza de trabajo para la construcción. Este tipo de modalidad ha sido registrada para épocas muy tempranas, así como para formaciones políticas conocidas como los Mochica o Lima (Ikehara, en este volumen; Segura, en este volumen). Hemos visto cómo se ha propuesto para estos casos que estaríamos ante los antecedentes de lo que en el siglo XVI se reconoció como la *mink'a*; una práctica institucionalizada de invitación a festines para comprometer mano de obra que, por otro lado, habría participado de manera temporal y escalonada, en lo que sería el antecedente de otra práctica institucionalizada que se reconoció en el siglo XVI: la *mit'a*.

Se considera que este tipo de organización de la construcción estuvo presente en el levantamiento de muros en Chan Chan[167] y muy probablemente en la construcción de otros monumentos a lo largo de la costa andina. La evidencia comúnmente presentada para este tipo de inferencia es la variabilidad percibida en los materiales empleados y su distribución segmentada en la construcción. Como se ha visto para el caso mochica, dicha diferencia puede venir acompañada de "marcas" de los constructores. Al respecto, el estudio de la modalidad de construcción de pirámides en el Recinto Sicán, en Batán Grande, nos sugiere un escenario de gran escala y complejidad en la organización de la construcción.[168] En el caso de Batán Grande, se ha podido registrar cerca de noventa marcas en los adobes, hecho que nos sugiere la participación de constructores de varias procedencias. Pero más aún, las marcas no corresponden a un tipo exclusivo de adobe, sino que pueden aparecer en varios tipos (diferenciados por su forma, tamaño

---

167. Moseley 1978: 594-595.
168. Cavallaro y Shimada 1988.

o composición). En tal sentido, la marca estaría identificando no solo a un grupo de adoberos, sino a un patrocinador de su producción que estaría congregando a más de una cuadrilla de adoberos. Por último, en vez de encontrar en las pirámides una distribución segmentada de los adobes por tipos, hallamos que estos aparecen mezclados, lo que sugiere que quienes las levantaron venían a ser grupos diferentes de aquellos que produjeron y transportaron los adobes. En tal sentido, la construcción de las pirámides en Sicán nos revela una organización de mayor complejidad que la registrada como la *mit'a* del siglo XVI, probablemente debido a la escala e intensidad del acto constructivo. El impacto de construcciones de esta magnitud debió sentirse en la economía regional, tanto por la movilización de mano de obra para la preparación de materiales constructivos (adobes, agua y barro para mortero, troncos de madera, etc.) y el acto constructivo en sí como por la provisión de productos para festines que garanticen la participación de trabajadores (alimentos, chicha, vasijas de consumo, vasijas de producción, etc.).

vi. *Bienes foráneos e intercambios a larga distancia*

Lo revisado hasta el momento nos permite concebir que las diferentes regiones del piedemonte costero tenían ciertos niveles de autosuficiencia en lo referente a la producción, distribución y consumo de bienes básicos para la subsistencia y desarrollo de las poblaciones. Esta autosuficiencia, por otro lado, parece haberse basado en redes de intercambio local y regional a través de la cual pobladores con ciertos grados de especialización accedieron a los productos generados por otros pobladores.

En este contexto, por otro lado, registramos la existencia de manufacturas y habilitación de campos agrícolas destinados a satisfacer la demanda de organizaciones macrorregionales de gran dimensión, claramente definibles como Estados en casos como Chimú y, probablemente, Sicán. El destino de esta producción bien puede asociarse con políticas de redistribución en el interior de los territorios gobernados. Sin embargo, existen evidencias de que los productos fueron distribuidos hacia puntos remotos, y, a su vez, se ha registrado la presencia de bienes foráneos (comúnmente denominados "bienes exóticos") que podrían indicar la existencia de redes de intercambio interregionales que permitían el flujo de bienes suntuosos o de prestigio demandados por las élites de diferentes lugares. Conviene revisar las evidencias de este posible escenario.

Tales evidencias se encuentran en las tumbas de élite registradas en la pirámide de Huaca Loro, dentro del Recinto Sicán.[169] Allí se ha podido recuperar la información sin alterar de dos tumbas de élite, que, a juzgar por las referencias de saqueos sistemáticos de gran dimensión, serían una pequeña muestra de todas las tumbas de élite existentes en este sitio. Nos centraremos en la llamada Tumba Este. La Tumba Este se encuentra en un pozo de unos 14 m de profundidad en cuyo fondo se encontraba una cámara funeraria de 3 x 3 m. Allí se enterró a un personaje de élite acompañado de otros cuatro individuos de distintos sexos. Las excavaciones permitieron recuperar alrededor de 1,2 t de bienes funerarios, dos tercios de estos objetos de metal (entre cobre arsenical, tumbaga y oro).[170] Teniendo en cuenta no solo el volumen de material metálico, sino la calidad de su elaboración (entre orejeras, pectorales, láminas, coronas, máscaras y otros objetos elaborados con técnicas de repujado y falsa filigrana, entre otras), estamos hablando de una impresionante movilización de trabajo para la producción y adquisición de estos bienes. Si proyectamos este volumen de producción sobre la premisa de que la Tumba Este es una de muchas otras, se trata de una movilización de trabajo y recursos cuyas implicancias económicas son evidentes. Esto resulta obvio también si incluimos en la revisión el registro que se hizo en la Tumba Este de cerca de 75 kg de cuentas de esmeralda, cuarzo, amatista, sodalita, turquesa, fluorita, ágata y ámbar, además de cuentas de conchas de *Spondylus príncips* y *Conus fergusoni*.[171] En este caso, no solo se debe evaluar el trabajo de pulimento y perforación de piedras y valvas, sino el proceso de adquisición de las materias primas.

---

169. Shimada 2014b: 54-69.
170. Ibíd., p. 54.
171. Ibíd., p. 61.

En efecto, el análisis mineralógico ha permitido establecer que la esmeralda proviene de la sabana bogotana, mientras que el ámbar de la Amazonía colombiana.[172] Por su parte, la sodalita y la turquesa procederían de la región de Azogues, en Cuenca, Ecuador. Finalmente, las valvas de spondylus y connus tienen su origen en las aguas calientes típicas de costas ecuatorianas.[173]

Junto con la presencia de objetos "foráneos" en contextos Sicán, debe mencionarse la existencia de cerámica del tipo negro-brillante Sicán en sitios distantes de la región de Lambayeque. Este tipo de cerámica se ha encontrado en lugares de la costa central como Ancón[174] o Pachacamac.[175] En este último sitio, además, se ha registrado la presencia de piezas textiles lambayecanas.[176]

Por otro lado, se ha hallado láminas de cobre arsenical sicán (conocidas comúnmente como "naipes") en sitios de culturas costeñas del Ecuador como Manteño o Milagro.[177] Es claro, en tal sentido, que la red de intercambios en las que estaba involucrada la élite Sicán no solo implicaba la recepción de ciertos bienes, sino también la exportación de otros, e incluso, como sugiere Shimada, bien pudo ser una suerte de intermediario para el área central andina de bienes norteños como las conchas spondylus.[178]

El escenario sugerido es, por lo tanto, de una red de intercambios a larga distancia que involucraría la participación de diferentes actores. Tendríamos así puntos de provisión y recepción de bienes en las regiones altoandinas o amazónicas de Ecuador y Colombia, y, hacia el otro extremo, en sitios como Ancón o Pachacamac (quedando pendiente la confirmación de lugares más sureños). De igual forma, existirían áreas no solo de provisión y recepción, sino de tránsito o

---

172. Ibíd., pp. 49-50.
173. Ibíd., p. 50.
174. Kaulicke 1997: 12.
175. Uhle 1991 [1903], lámina 5.
176. Segura y Shimada 2014: 311.
177. Shimada 2014b: 52.
178. Ibíd., p. 51.

intermediación, como la región Manteña de la costa ecuatoriana o el territorio de dominio Sicán. Se trata claramente de una red movilizada a partir de la demanda de las élites por bienes que, debido a su exotismo, adquieren valor por el prestigio que proporcionan a su poseedor. Las implicancias económicas de este tipo de red no solo tienen que ver con la intensificación de las actividades de extracción o producción de bienes en cada región involucrada, sino con el intercambio de información y conocimientos; así como con la probable construcción de alianzas y movilización de poblaciones. Los estudios paleogenéticos parecen sugerir este tipo de procesos en el caso de la relación entre las sociedades de las costas ecuatorianas y del norte peruano.[179]

Las fuentes documentales del siglo XVI revelan que estas redes de intercambio no desaparecieron con el fin de la hegemonía Sicán. Es muy probable que, con la pérdida de poder de la élite de esta cultura, el protagonismo en las redes de intercambio fuese asumida por el Estado chimú. Al respecto, debe mencionarse que, si bien no se han podido hallar tumbas intactas de la élite chimú, los estudios de las plataformas funerarias de la élite en Chan Chan han permitido recuperar información sobre la presencia de objetos de metal y de spondylus, y, si bien desconocemos el volumen de las ofrendas por tumba, la dimensión y elaboración de las estructuras funerarias sugieren que estos serían comparables con aquellas de Sicán.[180] Queda, sin embargo, aún por esclarecer la escala y vinculaciones que pudo tener la red de intercambios en tiempos de la hegemonía chimú en la costa norte.

Como se ha señalado, fuentes documentales de la época colonial temprana informan sobre la existencia de diferentes actores involucrados en el tráfico de bienes a larga distancia por vía marítima. Por ejemplo, existe la relación sobre "mercaderes" que contaban con su centro político en el valle de Chincha. De acuerdo con la fuente, estos mercaderes manejaban embarcaciones capaces de desplazarse hasta costas ecuatorianas, y que tenían, entre los principales bienes de transporte, conchas de mullu (*Spondylus príncipes*), objetos de cobre,

---

179. Shimada et ál. 2006: 242.
180. Conrad 1982.

pescado seco, ají, algodón, cuentas (chaquiras) y vasijas (calabazas) pintadas.[181] Resulta sugerente la correspondencia entre un buen grupo de los bienes relatados con aquellos documentados arqueológicamente. Por otro lado, la mención a alimentos nos sugiere que los productos de intercambio o comercio eran de una gama mucho mayor a la que el registro arqueológico permite reconocer. La información sobre los mercaderes chinchanos se complementa con la relación Samano-Xerez, en la que se narra el encuentro de los españoles, comandados por el piloto Bartolomé Ruiz, con una embarcación andina en 1526 durante la segunda expedición de Francisco Pizarro. En dicha relación, se describe en detalle el tipo de embarcación, y se indica a su vez que esta cargaba una gran variedad de bienes suntuosos como brazaletes, diademas, coronas de oro y otras aleaciones, cuentas de piedras, espejos y piezas textiles, entre otros. Los navegantes informaron a los españoles que estos objetos habían sido intercambiados por valvas y objetos acabados de concha (¿spondylus?), y que sus portadores respondían por el señor de Salangomé, uno de los señoríos usualmente incluidos dentro del grupo cultural Manteño.[182]

Tanto la relación de Chincha como la del encuentro en aguas norteñas corresponderían a formaciones políticas del siglo XVI, por lo menos unos tres siglos después del colapso del sistema político Sicán y un siglo después de la caída del Estado chimú por la conquista inca de la costa norte. Es una interrogante si los mercaderes chinchanos o manteños fueron pares de aquellos Sicán o Chimú o se constituyeron en protagonistas de la red de intercambio luego del colapso de estas formaciones políticas. En todo caso, resulta importante evaluar la importancia que iba adquiriendo la práctica de intercambios a larga distancia a lo largo del territorio andino costero, independientemente de las entidades políticas específicas involucradas. Estas podrían surgir o desaparecer, pero la red continuaría, evidenciando que el territorio andino avanzaba hacia un tipo de integración económica (entre sus

---

181. Rostworowski 1977: 255-256.
182. McEwan y Delgado 2008.

élites) con un correspondiente nivel de integración cultural, en el marco de una significativa diversidad étnica y política.

Resulta problemático entender la naturaleza de las transacciones comerciales en estas redes, toda vez que no hay evidencia contundente sobre la existencia de estándares para dichas transacciones a manera de moneda. Shimada ha planteado un posible medio estandarizado de cambio a partir del estudio de unas placas de cobre de medidas y forma estandarizada conocidas como "naipes", que suelen aparecer en contextos funerarios en grupos de 9 a 11, y, en casos excepcionales, de más de 1500 (tumbas de élite).[183] Si bien el carácter de moneda primitiva de los naipes requiere aún mayor esclarecimiento, la uniformidad del diseño y tamaños de estos resultan altamente sugerentes, y es importante profundizar en su estudio y comprensión.

vii. Las relaciones económicas entre tierras bajas y altas

Junto con las interacciones comerciales entre diferentes entidades políticas costeras, han existido diversos planteamientos con relación a las posibles interacciones entre entidades sociopolíticas costeras y altoandinas.

Se ha propuesto, por ejemplo, a partir de la presencia en sitios Sicán de objetos producidos en la región de Cajamarca, así como de objetos producidos localmente cuya factura emula los estilos altoandinos,[184] que existió un tipo de alianza económico-política entre las élites Sicán y Cajamarca.[185] Hace falta aún precisar la naturaleza y alcances de dicha alianza en caso de haber existido. La evidencia cerámica puede producir tres escenarios: la importación de cerámica fina Cajamarca (evidenciada por la presencia en Lambayeque de restos de vasijas hechas con arcillas cajamarquinas), la presencia de alfareros cajamarquinos en la región de Lambayeque (evidenciada por la existencia de restos de vasijas de estilo Cajamarca hechas con arcillas

---

183. Shimada 2014b: 51-52.
184. Shimada et ál. 1982: 173-174, Montenegro 1997.
185. Shimada et ál. 1982: 182-183.

locales) o la producción de vasijas locales que emularían los estilos cajamarquinos (evidenciada por la existencia de restos de vasijas de forma y decoración comparable pero diferente a las cajamarquinas). Los materiales recuperados sugieren que el primer y el tercer escenario son bastante probables, siendo menos clara la posibilidad del segundo. En todo caso, se requiere más evidencias para precisar cuáles fueron las implicancias económicas (en términos de manejo y movilización de recursos) de la supuesta alianza Sicán-Cajamarca.

Es importante, sin embargo, que esta presencia de materiales culturales altoandinos no haya sido registrada para épocas anteriores,[186] y se sugiere que, si bien el conocimiento entre las poblaciones de ambas regiones debió existir desde tiempos muy remotos, la intensidad de la interacción entre zonas altas y bajas varió de una época a otra, y, en el caso de las épocas tardías, parece haber existido un escenario particularmente dinámico de este tipo de interacción.

Más allá de la movilización de bienes como vasijas cerámicas, la interacción debió implicar la movilización de poblaciones, sea de forma permanente o para estadías cortas. Al respecto, la evidencia más sugerente de la organización de estos desplazamientos proviene de Chan Chan, en donde se pudo identificar dos espacios arquitectónicos con grandes cocinas comunales que han sido explicados como áreas para recibir visitantes a manera de caravasares.[187] Estos caravasares se encuentran en el centro de la ciudad, y se trata de ambientes que cuentan con cocinas comunales, grandes espacios habilitados como corrales y áreas de descanso con múltiples banquetas. Se trataría de ambientes capaces de albergar hasta a seiscientas personas, cantidad que permite suponer la recepción de caravanas posiblemente provenientes de regiones altoandinas. Se ha planteado que entre los bienes transportados por estas caravanas se encontraría la fibra de alpaca y lingotes de metal, probablemente provenientes de la crianza de camélidos en las zonas altas de Huamachuco y Áncash, y de yacimientos metálicos de la región de Quiruvilca. De ser así, estaríamos ante una

---

186. Ibíd., pp. 167-169.
187. Topic 1990: 161.

evidencia más concreta de interacciones que involucrarían redes de flujo terrestre de bienes en dirección este-oeste.

Existen, por otro lado, varias líneas de evidencia que indican que la interacción entre el Estado chimú y formaciones políticas altoandinas pudo tener otras facetas que incluyesen el desplazamiento de poblaciones costeras hacia la sierra. María Rostworowski, por ejemplo, nota la existencia de pueblos ubicados en la región de Cajamarca en el siglo XVI con nombres yungas que señalan la presencia de grupos foráneos en esa región;[188] presencia respaldada por el hallazgo de cerámica con fuerte influencia Sicán y Chimú en la región noroeste de la cuenca de Cajamarca.[189]

En la misma línea, en las cercanías de Contumazá, las evidencias en sitio de Tantarica ofrecen una visión más concreta de la presencia de poblaciones costeras en tierras altas.[190] Tantarica es un asentamiento ubicado en las laderas del cerro del mismo nombre. Se han distinguido allí tres sectores. En el Sector A, en las faldas y laderas del cerro, se ha registrado un conjunto arquitectónico de recintos planificados en terrazas que difieren significativamente de la arquitectura típica de la sierra norte. De igual forma, en el Sector C, en la parte alta del cerro, se ha identificado una zona funeraria de pozos, que difiere también del típico tratamiento funerario de la región.[191] Por su parte, la cerámica recuperada en el sitio incluye estilos alfareros chimú, junto con material propio de la alfarería Cajamarca.[192] Dado el conjunto de evidencias, es convincente considerar a Tantarica como una colonia chimú donde, por otro lado, habrían habitado también poblaciones locales, en una suerte de poblado multiétnico. De ser así, debe contemplarse que, en el marco de las interacciones costa-sierra, el Estado chimú tuvo una política de establecimiento de colonias en zonas altas para las que aún se requiere precisar el tipo de actividad realizada. Debe

---

188. Rostworowski 1992: 11-13.
189. Párssinen 1997.
190. Watanabe 2002.
191. Ibíd., pp. 120-122.
192. Watanabe 2002: 122-128.

mencionarse, por otro lado, la existencia de objetos de plumería chimú que incluyen plumas de aves selváticas como guacamayos o papagayos. En tal sentido, asentamientos como Tantarica podrían ser lugares de acopio o de tránsito de este tipo de bienes, como parte de una red de asentamientos que bien podría extenderse hacia las cuencas orientales de los Andes.

Es importante también preguntarse, dentro de una dinámica de intercambios, ¿qué es lo que ofrecían las sociedades costeras a las altoandinas? Si bien no se cuenta con evidencia arqueológica definitiva, es bastante probable que uno de los principales bienes haya sido el pescado, quizás en su mayoría salado. En ese sentido, sobre la base de la demanda de las élites costeñas por bienes suntuosos de procedencia foránea y de la posibilidad de oferta de bienes como pescado salado, se pudieron generar diversas formas de intercambio a larga distancia en ejes norte-sur y este-oeste. La forma de adquisición de bienes pudo ir desde algún tipo de comercio incipiente al establecimiento de colonias, incluyendo tanto desplazamientos marítimos como el despliegue de caravanas. Todo esto refuerza un panorama para los Andes centrales en el que, si bien en políticamente se encontraban disgregados en entidades de diferente escala y complejidad, económicamente habían desarrollado importantes mecanismos de integración.

Es importante mencionar, por último, que la interacción no debió estar exenta de situaciones conflictivas, tal como fue determinado en el caso de los cocales de Quivi, disputados entre los curacazgos de Colli y Yauyos.[193] Los testimonios registrados en el siglo XVI indican que territorios ubicados en la cuenca del río Chillón, a unos 50 km de la línea costera y a más de 1000 msnm, fueron en un momento parte de las tierras de los colli, y posteriormente, luego de una campaña militar, fueron ocupados por los yauyos, lo que ya hacia el siglo XVI da cuenta de una continua disputa por el acceso a dichos territorios.[194] En este caso, los testimonios indican que la importancia de las tierras de Quivi radica en la posibilidad de cultivar coca en esos terrenos debido a las

---

193. Rostworowski 1988a.
194. Murra 1975: 87-88.

condiciones climáticas, lo que revela intereses de poblaciones costeras en recursos de tierras altas más allá de los llamados bienes exóticos y, por otro lado, un problema de accesibilidad a bienes que empezaban a ser escasos, como las tierras en ecosistema de yunga occidental.

El caso de Quivi no debió ser excepcional, sino que revelaría una dimensión de las relaciones costa-sierra difícil de establecer arqueológicamente: la disputa por recursos en el marco de un crecimiento demográfico y de posibles constreñimientos medioambientales (véase páginas atrás). En tal sentido, las redes de intercambio, flujo de caravanas o asentamientos-colonias debieron formar parte de los mecanismos con los que las diferentes sociedades andinas encontraban solución a estos conflictos latentes. Dichas soluciones, sin embargo, debieron darse en el marco de disputas y demostraciones de poder que condicionaron las soluciones resultantes de dichas soluciones.

Realidades económicas en las regiones altoandinas

La información expuesta hasta el momento sobre las realidades económicas durante el segundo milenio debe complementarse con lo que sabemos de las poblaciones asentadas en las partes altas de los Andes.

Al principio del capítulo se ha señalado que las regiones altoandinas se caracterizaban por la existencia de un gran mosaico de manifestaciones culturales e identidades étnicas consolidadas en el contexto de una significativa atomización política. Esto se ve reflejado, en términos arqueológicos, en la profusión de asentamientos ubicados por lo general en posiciones defensivas, con frecuencia acompañados de muros, zanjas y otro tipo de dispositivos de protección. No ha sido posible identificar formaciones políticas de escalas macrorregionales, en contraste con las grandes formaciones estatales de épocas anteriores (p. e. Wari y Tiwanaku) o con las formaciones políticas que se venían desarrollando en forma contemporánea en el llano costero (p. e. Sicán, Chimú, Pachacamac, Chincha). Independientemente de los factores que llevaron a la gestación de este escenario, se trata de un contexto en el que las actividades económicas debían contemplar, por un lado, el máximo aprovechamiento de recursos en medio de una significativa variabilidad ecológica por parte de grupos étnicos de mediana o pequeña escala y, por otro lado, el riesgo que implicaba vivir en un contexto en el que la guerra a diversas escalas era una suerte de condición endémica.

El entendimiento de los comportamientos económicos de poblaciones altoandinas está muy marcado por el influyente estudio de John Murra y su modelo de control de pisos ecológicos en una lógica de archipiélago vertical.[195] Murra construye dos casos sólidos a partir del estudio de las visitas hechas por funcionarios coloniales a las provincias de León de Huánuco y de Chucuito. Con ellas, logra identificar patrones de distribución territorial de la etnia de los chupachu, a lo largo de la cuenca del Chaupiwaranga, y de los lupaqa, del suroeste de la cuenca del Titicaca.

En el caso de los chupachu, estos contaban con un asentamiento nuclear ubicado alrededor de los 3100 msnm, en ecosistema de quechua, alrededor del cual cultivaban maíz y tubérculos. Por otro lado, poseían asentamientos ubicados en zona de ceja de selva, a entre tres y cuatro días de distancia del núcleo, donde cultivaban ají, algodón y coca, además de obtener madera. Finalmente, contaban también con asentamientos a 4000 m de altura, en ecosistema de puna, ubicados a tres días de distancia, en los que se criaban camélidos y se accedía a canteras de sal.[196] Un aspecto significativo de este patrón de asentamiento era el carácter multiétnico de los asentamientos periféricos, donde los chupachu cohabitaban con miembros de otros grupos étnicos. De igual forma, las tierras de los chupachu no constituían una franja continua de territorio, sino que se encontraban intercaladas con tierras de otros grupos, hecho al que se debe la denominación de "archipiélago". En el caso de los lupaqa, Murra identifica la misma lógica de distribución territorial, pero desplegada en mayor escala. En el caso lupaqa, el núcleo se encontraba en la cuenca del Titicaca, en ecosistema de puna baja, donde se daba la crianza de animales además del cultivo de tubérculos. Las islas periféricas en este caso se encontraban,

---

195. Murra 1975.
196. Ibíd., pp. 62-71.

por un lado, a entre diez y quince días de camino en la costa, donde se cultivaba maíz y algodón, además de obtener guano y recursos marinos. Por otro lado, se hallaban también en ceja de selva, donde se cultivaba coca y se obtenía madera.[197] Murra identifica, como en el caso de los chupachu, el carácter multiétnico de los asentamientos periféricos y la intercalación de territorios de los lupaqa con los de otros grupos étnicos.

El trabajo de Murra proporcionó un modelo bastante consistente con la realidad ecológica de los Andes, así como con la racionalidad andina registrada en estudios antropológicos.[198] Fue asumido además como argumento para considerar que la racionalidad económica de los grupos étnicos se orientaba hacia la autosuficiencia, con lo que el espacio para los intercambios se veía significativamente reducido. Se trata de un aporte altamente significativo para entender la economía de las poblaciones andinas que, sin embargo, requiere ser confrontado con evidencias independientes para evaluar cuán generalizado puede ser el modelo. Debe recordarse siempre que el modelo se construye sobre la información de registros de la época colonial temprana, considerándose que se trataría de reflejos de realidades previas no solo a los españoles, sino a la expansión del Estado inca. En ese sentido, deberíamos encontrar correlatos materiales de este tipo de estrategia en los registros arqueológicos inmediatamente anteriores a la expansión inca y la invasión europea.

En la sierra central, un estudio de patrones de asentamiento en la región de Tarama-Chinchaycocha[199] sugiere la existencia de ocupaciones diferenciadas de pastores y agricultores. En las zonas de puna, se podía identificar con claridad los asentamientos de pastores con la presencia de viviendas y corrales, en contraste con las viviendas de agricultores ubicados en zonas de quechua. En ambas zonas ecológicas, era posible diferenciar asentamientos principales y secundarios. Lo interesante en este caso era que, en las zonas intermedias entre

---

197. Ibíd., pp. 71-80.
198. Golte 1982.
199. Parsons et ál. 2000.

puna y quechua, existían asentamientos de funciones especiales (p. e. con espacios ceremoniales). Asimismo, hacia los bordes de la quebrada se encontraban las zonas funerarias, posiblemente compartidas entre los miembros de los distintos asentamientos. Se trataría por lo tanto de una ocupación del territorio que, sin necesidad de una entidad política centralizada, garantizaba la cohesión económica y política a partir del flujo de bienes entre las zonas de quechua y puna en el marco de espacios rituales y funerarios compartidos. El estudio nota que para esta época se da, como en otras regiones, un emplazamiento de los poblados en promontorios elevados, pero entienden que esto no necesariamente tendría que ver con prácticas defensivas, sino con al aprovechamiento máximo de laderas y fondos de valle para usos agrícolas, en un contexto de crecimiento demográfico.[200] En este caso, las actividades agricultoras y pastoriles estarían distribuidas en grupos diferenciados que construirían una relación de interdependencia económica sancionada con una institucionalidad política por definir. En relación con territorios más bajos, se señala que existía una frontera étnica, que circunscribiría a los tarama-chinchaycocha en la región estudiada, estando asentados los wanka en la parte sur-este del valle.[201]

El análisis regional de Parsons y colegas nos plantea que el modelo de control vertical puede encontrar variaciones de acuerdo con el tipo de conformación étnica y geopolítica de los territorios. Sin embargo, es importante preguntarse si las actividades económicas de los asentamientos habían llegado a niveles de especialización que merezcan la clasificación entre pastores y agricultores. Estudios microrregionales permiten discutir esta posibilidad.

En un estudio de poblaciones del periodo Intermedio Tardío en las zonas altas de la Cordillera Negra, en Áncash, Kevin Lane ha registrado patrones de aprovechamiento de terrenos entre los 4200 a 3700 msnm que incluyen la construcción de un sistema de pequeñas represas que contenían cursos de arroyuelos provenientes de dos lagunas. Este sistema de represas generaba una formación de terrazas

---

200. Ibíd., pp. 136-138, 147, 196.
201. Ibíd., p. 190.

interconectadas que, en las partes altas, se constituían en una fuente de pastos para los rebaños de camélidos; mientras que a partir de los 3800 a 3700 msnm se constituían en terrazas susceptibles de ser cultivadas.[202] Lane considera que estamos ante estrategias que él define como agropastoralistas, lo que pone en cuestionamiento que pueda hablarse de "pastores" especializados en una sola actividad. Incluso, dependiendo del énfasis, él considera que debe pensarse en la existencia de comunidades agropastoralistas, comunidades de economía mixta (cuando la agricultura es preponderante y la ganadería complementa) y comunidades agrícolas (generalmente de tierras más bajas).[203] En el caso de las comunidades agropastoralistas asentadas en territorios de puna y suni, el trabajo de Lane permite poner en relieve cómo el pastoreo implicó una importante transformación del territorio en el área de puna que, a su vez, tuvo implicancias para zonas más bajas. Es importante, por otro lado, notar que el manejo de pisos ecológicos en una lógica vertical no implica, como en el caso chupacu o lupaqa, desplazamientos de varios días de camino. En el caso de la sierra de Áncash, parece razonable considerar el concepto de microverticalidad,[204] que alude al manejo de recursos ubicados en diferentes pisos ecológicos que pueden ser accesibles en un mismo día, y, por lo tanto, su usufructo no requiere necesariamente de asentamientos permanentes.

Al respecto, debe notarse que la sierra norte, en particular en la región de Áncash, tiene un relieve particularmente escarpado, que lleva a la existencia de picos nevados de más de 6000 msnm que flanquean fondos de valle de 2500 msnm (como es el caso del nevado Huascarán y la planicie donde se encontraba la ciudad de Yungay). En este tipo de territorio, el desplazamiento desde zonas de puna hacia zonas de quechua o incluso de temple no requiere de días de camino, sino de horas; en tal sentido, el tipo de modalidad vertical allí existente debió contar con estrategias diferenciadas de aquellas identificadas más al sur.

---

202. Lane 2006: 24-26.
203. Ibíd., p. 20-21.
204. Oberem 1981: 51.

Un caso ilustrativo de este tipo de realidad es el del asentamiento de Huacramarca,[205] ubicado en la cuenca sur del río Yanamayo. Huacramarca es un asentamiento aglutinado establecido en la cresta de uno de los cerros desde los que se domina el fondo del valle en la cuenca sur del Yanamayo: el cerro Huacramarca, ubicado a 4150 msnm en un ecotono de puna. Sin embargo, es un promontorio angosto rodeado de precipicios en tres de sus lados, por lo que no cuenta con zonas de pastizales para la crianza de ganado. Es importante notar, por otro lado, que debido a su emplazamiento el cerro Huacramarca está flanqueado en tres de sus lados por quebradas profundas. Hacia el sur, se encuentra la quebrada de Potaca, mientras que hacia el norte está la quebrada de Garguanga y hacia el este el fondo de valle del río Chacapata. Debido al relieve de los cerros circundantes, la quebrada de Garguanga y el valle de Chacapata, ubicadas entre los 3500 y 3700 msnm, reciben luz solar en la mayor parte del día y contienen tierras propicias para el uso agrícola. En contraste, la quebrada de Potaca se encuentra la mayor parte del día cubierta por la sombra de los cerros circundantes. En ese sentido, hasta el día de hoy no es una zona de potencial agrícola significativo, y, por el contrario, está dominada por la existencia de pastizales hasta sus cabeceras.

En este contexto, el cerro Huacramarca fue un escenario geográfico en el que, además del asentamiento principal, ubicado en la cima del cerro, existían asentamientos menores. Uno, situado en la falda del cerro, en la quebrada de Potaca, incluía corrales, mientras que otros se ubicaban en las laderas y faldas del norte del cerro, hacia la quebrada de Garguanga. Junto con estos asentamientos, se pudo registrar tramos de senderos que indican que se trataba de un sistema de ocupación del cerro que permitía un flujo de bienes o personas desde el asentamiento central hacia los secundarios, desplazamiento que tomaba de una a dos horas. Significativamente, la ocupación del cerro se sancionaba con una distribución de estructuras funerarias elevadas (*chullpas*) que constituían espacios de enterramiento colectivo y que formaban un anillo alrededor del asentamiento principal, a manera

---

205. Vega-Centeno 2008.

de marcadores de los derechos territoriales de sus habitantes. Se estaban aprovechando así recursos de diferentes nichos: pastizales hacia la quebrada de Potaca, campos de cultivo entre 3600 y 3800 msnm en Garguanga y campos de cultivo por debajo de los 3600 msnm en Chacapata. Este aprovechamiento se daba teniendo como eje central un asentamiento cuya ubicación altitudinal tiene menos que ver con algún tipo de recurso específico que con un dominio panorámico de la localidad, así como con una relación visual sin comparación con los nevados de la Cordillera Blanca.

El caso de Huacramarca, lejos de ser excepcional,[206] parece constituir una estrategia recurrente en una zona de tanto contraste topográfico como es la sierra de Áncash. En ese sentido, nos plantea la necesidad de profundizar en el conocimiento de las diversas formas como las comunidades altoandinas resolvieron, durante el segundo milenio de nuestra era, el desafío de la diversidad y dispersión de nichos ecológicos en la búsqueda de proveerse de los recursos fundamentales para su subsistencia y desarrollo.

Las condiciones para el desarrollo de las economías andinas en esta época pueden haber estado sometidas, por otro lado, a condiciones climáticas cambiantes. Por ejemplo, en el caso de la cuenca del Titicaca, Ortloff y Kolata afirman la existencia de condiciones de aridez extrema, en gran parte responsable del colapso de Tiwanaku.[207] En la etapa siguiente, la cuenca del Titicaca es dominada por asentamientos ubicados, como en otras regiones, en promontorios rocosos o cumbres de colinas y, con frecuencia, acompañados de instalaciones defensivas, lo que sugiere un escenario donde los conflictos y la guerra eran condiciones endémicas; algo que resulta coherente con prácticas funerarias que, a diferencia de las inhumaciones de la época anterior, incluyen la construcción de estructuras elevadas como las *chullpas*, destinadas en gran parte a reforzar a través de la visibilización de los ancestros los derechos de pertenencia sobre el territorio.[208]

---

206. Orsini 2006.
207. Ortloff y Kolata 1993.
208. Arkush 2012, Isbell 1997.

De acuerdo con Ortloff y Kolata, estaríamos ante estrategias adaptativas a condiciones de restricción de recursos hídricos y, por ende, de terreno cultivable. Más aún, el énfasis encontrado en las poblaciones del Altiplano por la crianza de animales, a diferencia de la agricultura intensiva de la época Tiwanaku, estaría relacionado con estrategias destinadas a hacer frente a las nuevas condiciones climáticas.

No puede terminarse la revisión de la historia económica de las poblaciones altoandinas durante el segundo milenio sin acotar que, lejos de ser escenarios poco dinámicos en cuanto a cambios de estrategias o escalas de producción, los aproximadamente quinientos años de este lapso, antes de la expansión tawantinsuyana, debieron ser testigos de dinámicas de producción, transformación de territorios, uso, reúso y replanteamiento de estrategias de producción, ligadas a cambios geopolíticos en el interior de cada una de las regiones. Sucede que, con frecuencia, la naturaleza y detalle de la información arqueológica no permite hacer la reconstrucción de estos procesos, motivo por el que solemos contar con reconstrucciones sincrónicas.

Algunos ejemplos, sin embargo, nos permiten esbozar el tipo de dinámicas que habrían ocurrido. Regresando al valle del Mantaro, se cuenta con una subdivisión de la etapa previa a los incas en las fases Wanka I (900-1300 d. C) y Wanka II (1300-1450 d. C.). En la primera fase, los asentamientos ubicados alrededor de la ciudad de Jauja son de entre 0,4 y 15,1 ha de extensión, y se encuentran en ubicaciones relativamente accesibles. En contraste, para la fase Wanka II, se da un cambio significativo en la configuración y en la ubicación de los asentamientos. Estos pasan a emplazarse fundamentalmente en promontorios altos, de difícil accesibilidad, incluyendo en su plana la existencia de dispositivos defensivos. Esto va de la mano con un proceso de aglutinamiento que lleva a la existencia de asentamientos como Tunanmara, de hasta 75 ha. En resumen, hay menos asentamientos que en la época anterior, pero estos son mucho más extensos y aglutinados, lo que indica un significativo incremento poblacional.[209]

---

209. Hastorf 1993: 62-67.

Junto con este incremento demográfico, se ha podido registrar interesantes cambios en la producción agrícola. Para la fase Wanka I, se cuenta con registros de maíz, tubérculos y legumbres creciendo en volumen de producción en contraste con fases anteriores. Sin embargo, para la fase Wanka II, se encuentra una reducción en la proporción de maíz y legumbres frente a un significativo incremento de los tubérculos que va de la mano con una presencia mayor de gramíneas como la quinua.[210] Esto ha sido interpretado como un paso, de la producción en las zonas de fondos de valle, a una producción con intensificación en las zonas altas, probablemente debido a las exigencias generadas por el incremento demográfico.

De acuerdo con Christine Hastorf, este proceso estaría yendo de la mano con el surgimiento de desigualdades y jerarquías incipientes, producto de la competencia por territorios cada vez más demandados por la población creciente.[211] Sería en el marco de este proceso de intensificación productiva que estarían llegando los incas al valle del Mantaro en su política de expansión.

Podemos señalar, a manera de síntesis, que los casos aquí descritos nos revelan un escenario de poblaciones altoandinas distribuidas en grupos de alcance comunal o regional que desarrollan una variada gama de estrategias para afrontar el desafío de contar con recursos económicos necesarios para su subsistencia en el marco de una significativa diversidad ecológica marcada por la gradiente térmica andina.

En este escenario, casos como los reportados por John Murra se presentan como estrategias representativas mas no universales de control de pisos ecológicos. La existencia de estrategias de cooperación-alianza entre pastores y agricultores o de desarrollo de asentamientos agropastoriles de altura son algunas de varias estrategias propuestas, junto con la posibilidad de un manejo territorial bajo una lógica de microverticalidad. Los estudios en el valle del Mantaro, por otro lado, llaman la atención para profundizar en el estudio diacrónico de los

---

210. Ibíd., pp. 172-181.
211. Ibíd., pp. 204-205.

procesos a partir de los cuales estas estrategias se irían desarrollando o consolidando.

i. *¿Economías de guerra?*

En páginas anteriores (Ikehara, en este volumen), se ha señalado cómo es que el incremento de los conflictos por el espacio y la tierra pudo crear un escenario de inestabilidad que llevaría a la generación de una economía de guerra, es decir, una situación en la que las diferentes comunidades invirtiesen gran parte de sus recursos y energías en dispositivos de defensa.

En el caso de las poblaciones que habitaron las regiones altas de los Andes centrales entre los años 1000 y 1450 d. C., se puede esbozar una situación comparable a aquella de los primeros siglos a. C. Tomemos para esto algunos ejemplos.

En el caso de Kuélap, estamos ante un asentamiento que aglutina unas 420 estructuras residenciales que pudieron albergar alrededor de 3000 habitantes.[212] Estos habitantes vivían en un espacio protegido tanto por su ubicación (el asentamiento se encuentra en el lomo de un peñasco cuyo lado oeste es un acantilado) como por un muro perimetral cuya altura oscila entre los 10 y 19 m. Este muro es interrumpido solo por tres accesos, que además tienen una estructura singular, en tanto que se trata de callejones amurallados de hasta 60 m de largo que culminan en un ingreso muy estrecho (con espacio para un solo individuo). Como parte de los mecanismos defensivos, Kuélap cuenta además con un torreón sobre su lado norte que permitía un control visual del entorno.[213]

Tunanmarca, en el valle del Mantaro, es otro caso emblemático de procesos aglomerativos que llevan, en este caso, a constituir un asentamiento de unas 25 ha de extensión que pudo albergar a una población de hasta 10.000 habitantes.[214] Tunanmarca se encuentra también en la

---

212. Narváez 1988: 140.
213. Ibíd., pp. 120-121.
214. Earle 2005: 97.

cresta de un promontorio, y cuenta además con un muro perimetral que en sus lados este y oeste tiene pasadizos que llevan hacia la parte central del asentamiento en forma controlada.[215]

Kuélap y Tunanmarca son dos ejemplos prominentes de un patrón bastante generalizado en toda la región altoandina desde el norte hasta el sur, caracterizado por un proceso aglomerativo, por el emplazamiento de los poblados en lugares de difícil acceso y control visual —como promontorios y crestas de cerros— y por la construcción de recursos defensivos como murallas perimetrales o torreones de vigilancia. Las murallas suelen además contar con un número restringido de accesos que por su diseño revelan un estricto control del desplazamiento a través de ellos.

Todos estos rasgos sugieren, en efecto, un escenario de conflictividad latente, que merecieron una inversión de ingenio y energías para proteger los poblados. No queda claro, sin embargo, si se trataba de una situación de guerra permanente o, simplemente, que los riesgos de conflictos se habían constituido en una condición endémica en las relaciones interétnicas o intercomunales. El actual concepto de economía de guerra alude en forma directa al momento en que se está llevando a cabo un conflicto armado y se deben reorientar los recursos en ese fin. Si bien es muy probable que varios de estos tipos de conflictos hayan ocurrido, es también muy probable que la mayor parte del tiempo se viviese en una situación de conflicto latente; conflicto que, dicho sea de paso, eventualmente podía canalizarse a través de alianzas políticas coyunturales.

Las razones para que se haya generado este escenario pueden ser varias. Podrían estar relacionadas con la caída de los grandes Estados macrorregionales de la época anterior (p. e. Wari y Tiwanaku). Sin embargo, los registros del valle del Mantaro nos indican que los procesos aglomerativos con fines defensivos no fueron inmediatos al colapso Wari, sino que fueron el producto de dinámicas regionales en las que tienen que ver, aparentemente, un incremento demográfico y, como hemos visto anteriormente, una coyuntura climática que, alrededor

---

215. Perales 2017, figura 11.3.

del año 1300 d. C., implicó una restricción del acceso al agua. En tal sentido, el crecimiento demográfico y las condiciones climáticas pudieron estar en la base de la generación de conflictos por el espacio y su resolución a partir de la consolidación de alianzas políticas y la reunión de grupos humanos en colectivos mayores.

Hay que mencionar, por otra parte, que las aglomeraciones en zonas altas y, en ciertos casos, la reducción de asentamientos pequeños en zonas bajas pueden también estar relacionadas con el intento de aprovechamiento máximo de las tierras hábiles para cultivo, con el consiguiente repliegue de los asentamientos a las zonas altas y promontorios rocosos. En cierto sentido, se podría ver como una estrategia análoga a aquella observada en el llano costero, donde los asentamientos se ubican preferencialmente al margen de los valles, en quebradas secas o desiertos.

En este contexto, lejos de considerar que la conflictividad latente viene a ser un limitante para las actividades económicas, puede verse más bien como un dinamizador de cierto tipo de prácticas, en tanto que para superar la inseguridad geopolítica sería necesario consolidar redes de alianzas, y para esto se hace necesario contar con bienes que ofrecer en el marco de las relaciones recíprocas que una alianza requiere.

Esto se observa claramente, una vez más, en el caso de Tunanmarca, donde se ha podido registrar la relación del asentamiento con el manejo (y quizás construcción) del canal principal del adyacente valle de Yanamarca. Un camino que parte de Tunanmarca conduce a unas estructuras cuadrangulares que han sido entendidas como reservorios a los que llegaría el canal antes mencionado. Así, diferentes comunidades del entorno de esa zona del Mantaro habrían sido testigos de la hegemonía de Tunanmarca a partir de la construcción y control de este canal.[216]

Esperemos que futuras investigaciones permitan identificar otros casos de intensificación de actividades económicas en este contexto de conflictividad latente y, de esta forma, evaluar de manera más

---

216. Perales y Loayza 2011.

completa el papel de la guerra dentro del desarrollo económico de los pueblos altoandinos tardíos.

ii. A manera de síntesis

La realidad económica en los Andes centrales antes de la expansión del Estado inca era, sin lugar a dudas, bastante diversa; sin embargo, es posible establecer algunas líneas compartidas a lo largo y ancho del territorio. A continuación, pasamos a revisar dichas líneas.

En primer lugar, hay evidencia creciente de que hacia el siglo XV el sostenido crecimiento de la población había llevado en la mayoría de regiones a situaciones de considerable densidad poblacional. Esta densidad parece haber conducido a la aglomeración de poblaciones en asentamientos más extensos que los de épocas anteriores y, por otro lado, a que estos asentamientos estén preferentemente ubicados en lugares marginales en relación con las actividades agrícolas, algo que en el caso altoandino estaría relacionado, a su vez, con estrategias defensivas.

En términos geopolíticos, tanto la evidencia histórica como arqueológica nos indican que el territorio andino se encontraba poblado por unidades sociopolíticas de alcance local o regional, comúnmente definidas en la literatura como naciones o etnias. Estos grupos parecen haber involucrado poblaciones de distintos tamaños, y, en correspondencia, implicaron formas de organización sociopolítica también diversas.

Si bien la caracterización de estas formaciones sociopolíticas es aún materia de investigación, parece claro que en todos los casos se trataba de grupos humanos involucrados, de una u otra forma, en actividades destinadas a la optimización de la producción agrícola. En el caso de los grupos en el llano costero, encontramos que la habilitación de tierras para la agricultura a partir de la construcción de canales de derivación continuó la herencia de épocas anteriores y llevó a la frontera productiva a su punto mayor. Tanto la información histórica como arqueológica nos indican que no fue necesaria la dirección de grandes entidades estatales para que este tipo de obras se llevasen a cabo. Es importante resaltar también que otro tipo de técnicas, como la habilitación de chacras hundidas o de campos elevados, contribuyeron a la ampliación de la frontera agrícola en el desierto costero. Para el caso de las poblaciones altoandinas, si bien los casos debidamente documentados son escasos, recientes contribuciones como la del valle del Mantaro revelan también la relación entre poblaciones y obras de irrigación, así como la orientación hacia la producción de cultígenos de altura en condiciones de población creciente.

Debe mencionarse, por otro lado, la importancia de la racionalidad vertical en el uso de recursos agrícolas en las poblaciones altoandinas. En este caso, las evidencias arqueológicas, junto con los modelos elaborados desde la etnohistoria, nos indican que, si bien la lógica de control vertical era compartida por todos los grupos, las estrategias y soluciones fueron concebidas para contar con la diversidad de recursos de la gradiente altitudinal.

La evaluación de la producción de alimentos es incompleta si no se contempla la actividad pesquera, fundamental para el acceso a fuentes de proteínas tanto en poblaciones del llano costero como en poblaciones altoandinas. Las fuentes documentales han sugerido por mucho tiempo la existencia de grupos especializados en la pesca, que establecieron relaciones interdependientes con agricultores. Las escasas evidencias arqueológicas existentes a la actualidad parecerían corroborar esta posibilidad. Se hace necesario sin embargo profundizar en el estudio de la naturaleza, relevancia económica e impacto nutricional de la pesca para esta época.

En relación con la producción de bienes manufacturados, como es frecuente, la información más clara está relacionada con los recipientes cerámicos. Es posible que a lo largo y ancho del territorio andino la principal forma de producción haya sido de tipo doméstico. En ciertos contextos, sin embargo, como es el caso de Lambayeque, esta producción pudo coexistir con formas de producción especializada, dedicada a la manufactura de cierto tipo de vasijas que suplían una demanda regional, con la consecuente generación de relaciones de interdependencia. Conocer el rango de alcance o desplazamiento de este y otro tipo de bienes manufacturados será fundamental para, en el futuro, terminar de configurar las características de la producción manufacturera en esta etapa y los vínculos socioeconómicos que a través de ella se generaban.

Como un preámbulo de lo que será la economía andina en tiempos del Estado inca, junto con las entidades políticas antes señaladas, se desarrollaron durante el segundo milenio d. C. entidades de mayor escala, algunas de las cuales han sido consideradas Estados. Nos referimos a las entidades Sicán y Chimú, y, aún con menor información, Ychsma-Pachacamac y Chincha. En cuanto a su economía, nos encontramos ante entidades que, como parte de sus agendas políticas, llevaron a cabo mecanismos de intensificación productiva en diferentes facetas.

Es claro, por ejemplo, que en el caso Sicán se condujo una expansión de frontera agrícola bajo las mismas pautas de las entidades sociales de base (probablemente preexistentes). En el caso Chimú, encontramos que, tanto en su zona nuclear como en las zonas de su expansión, se llevó a cabo estrategias para un control estatal directo de las zonas de producción, además de ambiciosas empresas de habilitación de nuevas áreas productivas. La intensificación de actividades productivas se manifestó incluso con mayor fuerza en la producción de manufacturas. Hemos visto, para el caso Sicán, la innovación tecnológica relacionada con la producción de cerámica de mayor factura, así como de producción de bronce arsenical en gran escala. El caso Chimú mostró también la importancia de las manufacturas y de su control a partir de la concentración de talleres dentro del casco urbano de Chan Chan. La posible migración (forzada probablemente) de artesanos de Lambayeque hacia Chan Chan parece ser un antecedente claro de la posterior política de desplazamiento de *mitmakuna* llevada a cabo por el Estado inca.

Es claro, por otro lado, que un aspecto clave de la economía política desplegada por las élites de estos Estados era la adquisición y el control de la distribución de bienes de prestigio, aspecto fundamental dentro de sus estrategias de poder. Como parte de esta política, se fueron desarrollando redes de intercambio de larga distancia en las que la navegación por mar parece haber jugado un rol preponderante para la circulación de bienes de norte a sur. En relación con la circulación de bienes desde las regiones orientales, al parecer se llevaron a cabo alianzas puntuales entre los Estados sicán o chimú con grupos altoandinos;

alianzas materializadas en la emulación de estilos alfareros, la creación de espacios de acogida para caravanas de viajantes e, incluso, la construcción de asentamientos en altura a manera de "colonias".

Junto con el control en la administración de bienes de prestigio, las estrategias de consolidación del poder parecen haber incluido, como en épocas anteriores, la organización y convocatoria a eventos de consumo conspicuo, en forma de festines. La escala y naturaleza de estos eventos están aún por ser esclarecidas en relación con las grandes entidades políticas. Llama la atención, no obstante, el hecho de que, en el caso Sicán, se empiece a producir vasijas específicas para eventos singulares, que aparentemente eran desechadas luego de pocos (si no uno) usos. Debe anotarse también la creación de espacios para la producción de chicha como los de Manchán, así como la supuesta habilitación de terrenos agrícolas para el cultivo exclusivo de maíz, como ha sido propuesto para los campos elevados en el valle de Casma. Ambos datos revelan el efecto dinamizador para la economía que tendría la organización y ejecución de estos festines a gran escala.

Podemos decir, a manera de conclusión, que el escenario en el cual se dio la expansión del Estado inca se caracterizaba por una notoria dispersión política sustentaba en un mosaico de identidades étnicas. Esta dispersión política no implicaba, sin embargo, un aislamiento económico, sino, por el contrario, el desarrollo de diferentes mecanismos de interacción que llevaron a la creación de formas de intercambio de bienes, alianzas económico-políticas y, por otro lado, de delimitación de territorios y derechos. Está claro, por otro lado, que, junto con estos mecanismos de integración de economías, se iba dando de la mano una clara integración cultural que le da una fisonomía coherente al mundo andino respecto de la naturaleza de las actividades económicas desarrolladas por sus habitantes. En ese sentido, el Estado inca supo aprovechar los conocimientos, infraestructura y prácticas económicas de todo este territorio para implementar una forma de economía política sin precedentes en los Andes centrales por su escala y complejidad.

La economía política en el Tawantinsuyu

No cabe duda de que, pese a la brevedad de su hegemonía, la expansión del Estado inca implicó una dinamización de las actividades económicas a escalas sin precedentes en el territorio andino. El volumen de información histórica y arqueológica es, por otro lado, mucho mayor que para épocas anteriores, lo que exige una síntesis que, probablemente, resulte siempre incompleta. Por otro lado, no debe perderse de vista que las imágenes construidas sobre los incas a través de las fuentes documentales de los siglos XVI y XVII merecen un manejo cuidadoso. Tal como lo ha señalado recientemente Frank Salomon, a diferencia de otros contextos culturales del mundo, no contamos en los Andes con fuentes provenientes del "interior cultural" del mundo andino previo a 1532, sino con relatos o descripciones marcadas por los vertiginosos primeros años de la invasión española.[217] Estamos ante narraciones de los primeros navegantes y soldados que llegaron a los Andes, de administradores del joven virreinato, de sacerdotes comprometidos en campañas de "extirpación de idolatrías", de poblaciones andinas o mestizas en búsqueda de reconocimiento como descendientes de los incas, y, en este último caso, con ciertos casos de mayor elaboración como en la crónica de Guamán Poma de Ayala.[218] Se trata por lo tanto de un universo muy rico de información, que, por otro lado, presenta los sesgos propios de las incomprensiones culturales e idiomáticas, además de la existencia de agendas personales o grupales que influenciaban en la forma y el contenido de lo narrado. Es por estas razones que hacer una revisión de la economía política del Estado inca requiere de una constante revisión de las narrativas existentes en las fuentes documentales a la luz de las evidencias materiales susceptibles de ser abordadas desde la arqueología.

Es desde esta perspectiva que, para poder llegar a presentar un panorama representativo de la realidad económica del Tawantinsuyu, comenzaremos por delinear los orígenes del Estado inca, su

---

217. Salomon 2015: 23.
218. Ibíd., pp. 24-34.

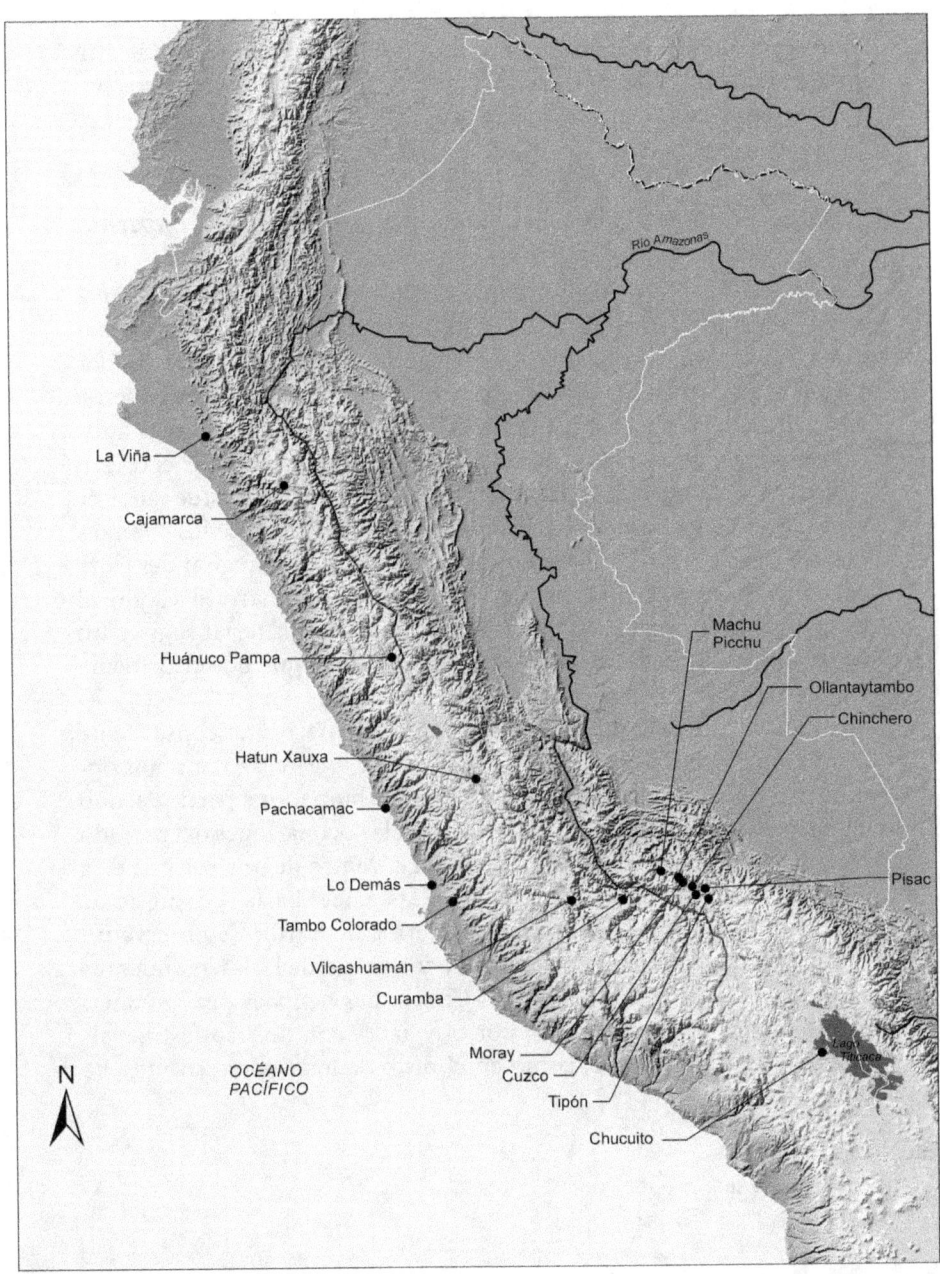

Figura 4.6. Mapa de los Andes centrales con los principales asentamientos del Periodo Horizonte Tardío elaboración Hugo Ikehara).

contribución al incremento de la producción agrícola y manufacturera, el desarrollo de su infraestructura y su manejo de recursos humanos, enfatizando en las huellas tangibles de dichas actividades y su potencial informativo.

El surgimiento. La región del Cuzco antes de la expansión imperial

Desde que John Rowe propuso que la expansión del Tawantinsuyu se dio a mediados del siglo XV, y, por lo tanto, cubrió un lapso de apenas unos ochenta años, se ha discutido mucho sobre el rápido auge del dominio inca, poniendo en relieve el protagonismo de sus gobernantes, en particular Pachacuti Inca Yupanqui.[219] Por otro lado, las sagas míticas del origen de los incas fueron la base para considerar que el origen y desarrollo de la hegemonía inca en la región del Cuzco fue igual de rápida, con la victoria de Pachacuti Inca Yupanqui sobre los chankas como episodio clave.[220] Estudios arqueológicos en la región del Cuzco, sin embargo, permiten poner en discusión esta narrativa sobre el origen del Estado inca, en tanto que la evidencia material sugiere un desarrollo más progresivo de la hegemonía de lo que posteriormente se convertirá en el Tawantinsuyu.

Con el fin de la hegemonía wari en el Cuzco y el consecuente abandono de Pikillaqta, la cuenca del Cuzco experimentó cambios significativos en los patrones de asentamientos humanos a partir del año 1000 aproximadamente. En contraste con las ocupaciones del periodo Horizonte Medio, cuando Pikillaqta era el centro de una red dispersa de aldeas asentadas principalmente en las partes bajas del sureste de la cuenca, para inicios del periodo Intermedio Tardío se observa un significativo incremento en el número y tamaño de los asentamientos en varios sectores de la región del Cuzco. Las ocupaciones humanas de esta época están asociadas, por otro lado, con diversos estilos alfareros.[221] Vemos así que, como en el resto de los Andes centrales, la

---

219. Rowe 1944.
220. Bauer y Smit 2015: 68-70.
221. Bauer 2004: 150-154.

cuenca del Vilcanota parece reflejar un escenario de dispersión étnico política.

Aparecen en este contexto nuevos asentamientos como Choquepukyo, en la región de Lucre, cuya organización espacial y patrones de construcción recuerdan a la antigua Pikillaqta.[222] Por otro lado, hacia el norte del valle del Cuzco, de escasa población en el periodo anterior, se observa una concentración de asentamientos asociados con la construcción de terrazas que permitieron habilitar varias hectáreas para cultivo. En contraste, regiones como la zona de Oropesa parecen haber estado casi deshabitadas para este momento, lo que sugiere procesos de reubicación de la población en ciertos sectores de la cuenca. Para el año 1200, se habría consolidado una red de asentamientos en la cuenca del Cuzco con sitios de entre 5 y 10 ha, que, a diferencia de otras regiones antes descritas, no presentan un patrón de posicionamiento defensivo, lo que sugiere una mayor centralización y control de recursos, probablemente regentado desde el mismo Cuzco.[223] En esta secuencia, para el año 1300, la red de asentamientos empezaría un proceso de expansión en el resto de la cuenca, con la correspondiente incorporación de otros pueblos, mientras que el centro del Cuzco experimentaría un proceso inicial de crecimiento urbano. De acuerdo con Bauer y Smit, la asimilación de las comunidades aledañas parece haber sido relativamente concertada en ciertas regiones como Paruro o Limatambo, pero habría experimentado resistencia en regiones como Cuyo, donde asentamientos como Pukara Pantillijlla muestran el conocido patrón de posiciones defensivas.

Es para esta época que se define el estilo alfarero que John Rowe denominó Killke.[224] Recientes trabajos arqueológicos dentro de la actual ciudad del Cuzco han permitido establecer que la distribución de cerámica Killke se aproxima en extensión al área que habría cubierto la ciudad en las épocas de expansión imperial.[225] En tal sentido, es

---

222. Bauer 2004: 172-173, McEwan et ál. 2002.
223. Bauer y Smit 2015: 75, 76-77.
224. Rowe 1944.
225. Bauer 2004: 156-158.

probable que para la época Killke, el Cuzco ya habría sido un asentamiento importante en la región, y que la traza urbana inca conocida en la actualidad sería parte de una reconstrucción de un extenso asentamiento preexistente, evento al parecer registrado en los relatos de los cronistas.[226] El Cuzco sería entonces, para esta época, la cabeza de un naciente Estado que en forma progresiva fue incorporando al conjunto de grupos étnicos que cohabitaban en las cuencas del Huatanay y el Vilcanota, así como zonas aledañas.

La reconstrucción propuesta por Bauer y sus colegas guarda correspondencia con información proveniente de fuentes documentales, que indica la existencia de diversos grupos étnicos que compartían el espacio.[227] No sabemos el nombre exacto del grupo étnico del que van a surgir los futuros incas, pero queda claro que el proceso de hegemonía logrado por estos involucró la asimilación de los grupos anteriormente mencionados.

De esta forma, la consolidación de la hegemonía de los incas en el valle del Cusco habría tenido como fundamento una estrategia de intensificación de la producción agrícola en su zona nuclear, es decir, la parte alta del valle del Huatanay, a través de un proceso de canalización de arroyos y aterrazamiento de las planicies aluviales adyacentes, y, sobre esta base, una estrategia de alianzas políticas y de asimilación de grupos que habrían recibido el "estatus étnico" de incas.[228] Como lo sugerido por el registro arqueológico, en las fuentes históricas se indica que las reacciones frente a la expansión inca fueron diversas, y encontró una resistencia entre los grupos del sureste de la cuenca, como los pinahuas y mohinas, mientras que la asimilación fue más rápida y sencilla en otras direcciones. Finalmente, para alrededor del año 1400 a 1450, el Estado inca se había consolidado en la cuenca del Vilcanota, y alrededor de esas mismas fechas comenzó su proceso de expansión más allá de su región de origen.

---

226. Rostworowski 1983.
227. Bauer 2004: 149, 159-176.
228. Ibíd., p. 149.

De ser comprobada esta interpretación de los procesos de formación del Estado inca, quedaría claro que, desde un inicio, las estrategias políticas desplegadas por los incas estuvieron ligadas con actividades de intensificación de actividades productivas; estrategias con un claro impacto en la economía de los territorios involucrados en su expansión y crecimiento.

La dinámica de la economía inca

Las fuentes documentales antes mencionadas han permitido reconstrucciones bastante detalladas de la dinámica de las actividades económicas generada por el funcionamiento del Estado inca.[229] Existe coincidencia en poner en relieve el valor de la fuerza de trabajo como fuente primaria de riqueza, en el mismo nivel (o quizás por encima) de la tierra o los rebaños de camélidos.[230] En ese sentido, gran parte del aparato administrativo estatal estaba orientado al control y manejo de la población de las provincias anexadas al imperio.[231]

Se reconoce también que luego de la conquista de un territorio se desarrollaba un discurso estatal en el sentido de que tierras, rebaños, bosques y aguas pasaban a ser propiedad del Estado. Sin embargo, solo una porción minoritaria de estos bienes quedaba como propiedad en uso, mientras que la gran mayoría era "devuelta" a las poblaciones locales, creándose la figura de la donación o cesión de parte, que generaba en última instancia una deuda de estas poblaciones con el Estado.[232] Esta política, de esta forma, comprometía a la población con el Estado inca; compromiso que, bajo la lógica de reciprocidad enraizada en al mundo andino,[233] debía honrarse con prestaciones de servicios que solían

---

229. Por ejemplo, Murra 1978, Rostworowski 1988b, Pärssinen 2003.
230. Rostworowski 1988b: 235.
231. Ibíd., pp. 236-237.
232. Murra 1978: 142-143, Rostworowski 1988b: 241.
233. Como un principio de transacciones económicas, la reciprocidad implica un compromiso entre dos personas o grupos relacionados por vínculos de parentesco real o simbólico. Un aspecto importante de este principio es que, una vez establecido

materializarse en turnos de trabajo rotativo en las "tierras del Estado", en actividades manufactureras, en labores de construcción e incluso en campañas bélicas.[234] Todo parece indicar que, de esta forma, todos los varones de los distintos ayllus y comunidades, físicamente aptos, estaban en la obligación de participar de estas prestaciones rotativas.[235]

Esta política solía exonerar de este tipo de prestaciones a las élites locales, quienes, a cambio, eran con frecuencia las encargadas de supervisar la prestación de servicios de las poblaciones locales.[236] De esta forma, el Estado inca construyó una red de alianzas asimétricas con las diferentes provincias conquistadas. En el marco de esta red, los incas debían ofrecer solvencia en la distribución de ciertos bienes de prestigio apetecidos por los líderes de las provincias subordinadas y, eventualmente, ofrecer su apoyo frente a situaciones de riesgo o precariedad (sequías, amenazas bélicas, etc.). A cambio, el Estado inca iba aumentando la disponibilidad de mano de obra para el incremento de sus ejércitos, para la producción agrícola en tierras especiales, para la producción de manufacturas o para la construcción o minería. Debe mencionarse que, en ciertos contextos, el Estado inca ejerció el control directo de las poblaciones, a las que reorganizó en unidades administrativas de sistema decimal.[237]

---

el vínculo, uno está obligado a cumplir con los compromisos derivados de la relación recíproca. De este modo, quien ofrece un servicio obtiene, antes que la devolución de este, el compromiso o deuda de la persona beneficiada. En tal sentido, bajo el principio de reciprocidad, una estrategia de poder puede desarrollarse acumulando compromisos a partir de la prestación de determinados servicios que comprometan a otros a su cumplimiento. En el caso andino (y en particular en el caso inca), los bienes ofrecidos por el Estado a señores o curacas de provincias comprometían su retribución mediante la tributación de los habitantes de dichas provincias en diferentes labores temporales, hasta saldar la deuda generada por aceptar los bienes.

234. Murra 1978: 139, 144.
235. Murra 1978: 152, Rostworowski 1988b: 237-238.
236. Murra 1978: 152.
237. D'Altroy 2015: 102.

La prestación rotativa de servicios era reconocida en la época inca bajo el concepto de *mita*.[238] Así, era posible distinguir diferentes tipos de *mita*, distinguiéndose en particular entre aquellas de mayor o menor intensidad.[239] Se trataba de prestaciones en actividades agropastoriles, militares, de transporte, producción de manufacturas, construcción, minería y servicios personales.[240] Servicios como la minería o construcción, de ritmo intenso, solían ocurrir en tiempos cortos, de modo que se daba una rotación de fuerza de trabajo para concluir la obra. En el caso de las mitas de menor intensidad, como las de labores agrícolas, pastoriles o manufactureras, se solía dar prestaciones por tiempos más prolongados, de diez años a más. En ese sentido, a los pobladores que cumplían esas mitas prolongadas se les conocía bajo el término de *mitmaq* o *mitimae*;[241] un rasgo particular de la condición de *mitmaq* era que los servicios eran por lo general prestados en territorios alejados de sus lugares de origen, política que parece haber estado relacionada con una lógica desarrollada por el Estado inca de archipiélago estructural, con "islas económicas" cuya ubicación obedecía fundamentalmente más a requerimientos de la administración territorial que a consideraciones ecológicas.[242] Se contempla, por otro lado, que fue importante también como estrategia de control político y militar de potenciales focos de insubordinación. La importancia del sistema de *mitimaes* al momento de la llegada de los españoles parece haber sido de gran magnitud, pues existía en las distintas provincias, según John Rowe[243] entre 10 y 80% de población en condición de *mitmaq*, calculándose hasta cuatro millones de habitantes (un tercio de la población total) en esta condición a lo largo de todo del Tawantinsuyu al momento de la llegada de los primeros europeos.[244]

---

238. Rostworowski 1988b: 237-238.
239. Murra 1978: 157.
240. D'Altroy 2015: 102.
241. Rostworowski 1988b: 221-224.
242. Murra 1975: 111.
243. Citado por Pärssinen 2003: 150.
244. D'Altroy 2015: 103-107.

Siendo la prestación temporal la principal forma de apropiación de fuerza de trabajo, varios autores han resaltado la presencia de poblaciones en servicio permanente de las élites incas.[245] Estas poblaciones, conocidas bajo el término de *yana*, habrían servido al Estado en labores de agricultura y pastoreo en las haciendas reales o en el servicio doméstico de estas. No existe un estimado preciso de la cantidad o porcentaje de población bajo esta condición, pero no parece haber sido de la misma magnitud que la población en condición de *mitmaq*.

Se ha considerado, por otro lado, que los excedentes generados bajo esta dinámica de producción se orientaban a políticas redistributivas que garantizaban el bienestar de la población del Tawantinsuyu. Esta visión idealizada del funcionamiento de la economía inca pone de relieve, sin embargo, un aspecto importante: la necesidad que tenía el Estado de legitimar su política de movilización de fuerza de trabajo con estrategias que lo mostrasen como cumplidor de los compromisos adquiridos a cambio de la "ayuda" recibida en las diferentes mitas, y, de esa manera, presentare como acatador de las reglas de reciprocidad. Como mencionó en su momento Johbn Murra, la generosidad del Estado inca era "institucionalizada y obligatoria". Se ha discutido el posible uso de estos excedentes para cubrir situaciones de escasez por sequía o malos años de cosecha.[246] Sin embargo, en lo político, la forma más eficaz de visibilidad de la redistribución de bienes fue la organización de banquetes o espacios de consumo comunal de comida y bebida; espacios en los que se construía alianzas, se movilizaba trabajo y se legitimaba liderazgos.[247] Diferentes tipos de banquetes o festines permitían así al Estado inca sellar relaciones no solo con las élites de las regiones conquistadas, sino con la población en general.

El mantenimiento de esta política económica requería que el Estado inca tuviese el manejo de la producción de los bienes de prestigio indispensables para hacer funcionar la red de alianzas, así como el control de una red de infraestructura que facilitase el desplazamiento

---

245. Murra 1978: 215-258, Pärssinen 2003: 154-148, D'Altroy 2015: 103.
246. Murra 1978: 176, 189.
247. Dillehay 2003: 358-359.

y acondicionamiento de las poblaciones bajo prestación de servicios. Esto desarrolló y dinamizó determinadas actividades económicas que pasamos a revisar.

Intensificación agrícola y manejo del agua

En su trabajo pionero sobre la economía del Estado inca, John Murra notaba la importancia que tuvo para este el cultivo del maíz, bien preciado tanto por su consumo como grano como por su uso en la elaboración de chicha. Murra describía además cómo, dentro del discurso mítico, los incas se atribuían la introducción del maíz en el valle del Cuzco, y su cultivo y consumo estaba ligado con diferentes tipos de ceremonias. El vínculo del maíz con el origen de los incas se transformaba luego en vínculo entre el maíz y los ancestros, para colocar así a esta planta en el centro de los rituales que legitimaban el poder y la hegemonía del Estado.[248]

El control de la producción del maíz era pues central dentro de la economía política del Estado inca, y conllevaba ciertos desafíos. Se trata de una planta que solo crece en climas templados y que, además, requiere de una irrigación constante. En tal sentido, conforme se iba expandiendo el Tawantinsuyu, la demanda estatal por maíz llevó a la necesidad de no solo controlar sino expandir las zonas aprovechables en altitudes que tuviesen el clima deseado; es decir, entre los 2000 y 3400 msnm. Es bajo esta lógica que se entiende la inversión inca en infraestructura agrícola e hidráulica.

La construcción de infraestructura hidráulica está presente desde la forma en que se diseñó la ciudad del Cuzco, ubicada al pie de una quebrada desde donde bajan los arroyos Saphi y Tullumayu hacia el río Huatanay. Estos arroyos fueron canalizados para delimitar el sector central de la ciudad, donde se encuentran los espacios principales. Desde el centro de la ciudad partían caminos hacia las cuatro partes del imperio. Alrededor de este sector, estaban doce barrios residenciales que constituían el anillo periférico de la ciudad y, más allá de

---

248. Murra 1978: 39-50.

estos, toda un área de construcción que estaba intercalada con zonas agrícolas en el llano, así como extensas andenerías. Todo esto, en total, habría cubierto aproximadamente unas 540 ha.[249]

El valle del río Vilcanota, próximo al Cuzco, en medio de un clima idóneo para el cultivo de maíz, ají o coca, fue testigo de la construcción de una serie de conjuntos arquitectónicos ubicados en lugares del paisaje que guardaban relación con fuentes de agua de subsuelo como manantiales, puquios, ojos de agua, cursos de agua, etc. En estos lugares, no solo se levantaban espacios arquitectónicos altamente formalizados, sino que estos iban acompañados de sistemas de andenes de gran escala. Puede decirse que la articulación de fuentes de agua, arquitectura formal y andenes fue una característica fundamental en los sitios inca más importantes.[250] Debe además notarse que en la mayoría (si no en la totalidad) de casos, estamos hablando de sitios que constituyeron las "haciendas reales" de los gobernantes incas y, posteriormente, de sus linajes herederos.[251] Es ya conocido que los linajes de élite cuzqueños tomaron en posesión tierras alrededor del Cuzco.[252] Se sabe además con cierta precisión quiénes fueron los poseedores de dichas haciendas y cuáles fueron las que tuvieron bajo su propiedad. Estos complejos arquitectónicos contemplaban, por lo tanto, áreas de producción, por lo general aterrazadas en las planicies y laderas del valle, áreas de depósito, zonas residenciales y áreas de culto. En algunos casos, están también relacionadas con áreas funerarias, lo que pone en relieve su rol de área de mantenimiento de culto a los ancestros y de producción y redistribución de bienes de los linajes de élite.[253] No debe ignorarse, por otro lado, el carácter extraordinario de las obras de acondicionamiento de andenes y conjuntos arquitectónicos, que revelan no solo una significativa movilización de fuerza de trabajo, sino

---

249. Agurto 1980: 120-121, Hyslop 1990: 34-50.
250. Hyslop 1990: 129-145.
251. Hyslop 1990: 298-301, Niles 2015.
252. Rostworowski 1988b: 243-244.
253. Niles 2015: 234-235.

también una complejidad de diseño ingenieril sin precedentes. Vale la pena revisar alguno de estos casos en detalle.

Tomemos, por ejemplo, el caso de Pisaq, un complejo arquitectónico ubicado a 2972 msnm construido como hacienda real por Pachacuti y posteriormente poseído por su panaca.[254] Allí se llevó a cabo un ambicioso proyecto de modificación y habilitación del paisaje, que implicó la canalización de un tramo de más de 6 km de largo del río Vilcanota (y la consecuente ampliación de la planicie productiva del fondo del valle) y la construcción de cerca de 65,5 ha de andenes en las laderas del promontorio en cuya cima se encontraban tres conjuntos arquitectónicos a lo largo de su cresta.[255] Este complejo arquitectónico y productivo estaba, además, relacionado con un canal y acueducto que encauzaba aguas de un manantial[256] ubicado pendiente arriba, que a su vez estaba relacionado con unos abrigos rocosos en los que se encontraban individuos enfardelados. Como se ha señalado antes, el análisis de la organización del asentamiento permite confirmar el carácter religioso y ceremonial del conjunto y su relación con el culto a los ancestros. De igual forma, en el marco de esta ritualidad, se había creado un espacio de intensificación productiva a partir de la habilitación de terrenos artificiales de cultivo. Esta misma relación entre, por un lado, el culto a los ancestros y al agua del subsuelo y, por otro lado, la expansión de la frontera productiva en climas propicios para la producción de maíz se puede observar en varios de los otros sitios antes mencionados a lo largo del Vilcanota.

En el caso de Ollantaytambo, hacienda real también relacionada con Pachacuti, a cerca de 50 km de distancia al oeste de Pisaq, es posible encontrar otra ingeniosa obra que permitió expandir la frontera productiva dentro del valle del Vilcanota. En este caso, se aprovechó la confluencia de este río con el Patakancha, un tributario de la margen norte. Esta confluencia genera un abanico aluvial que fue optimizado mediante la canalización del Vilcanota hacia la margen sur del valle, lo

---

254. Ibíd., p. 234.
255. Kaulicke et ál. 2003: 36.
256. Ibíd., p. 38.

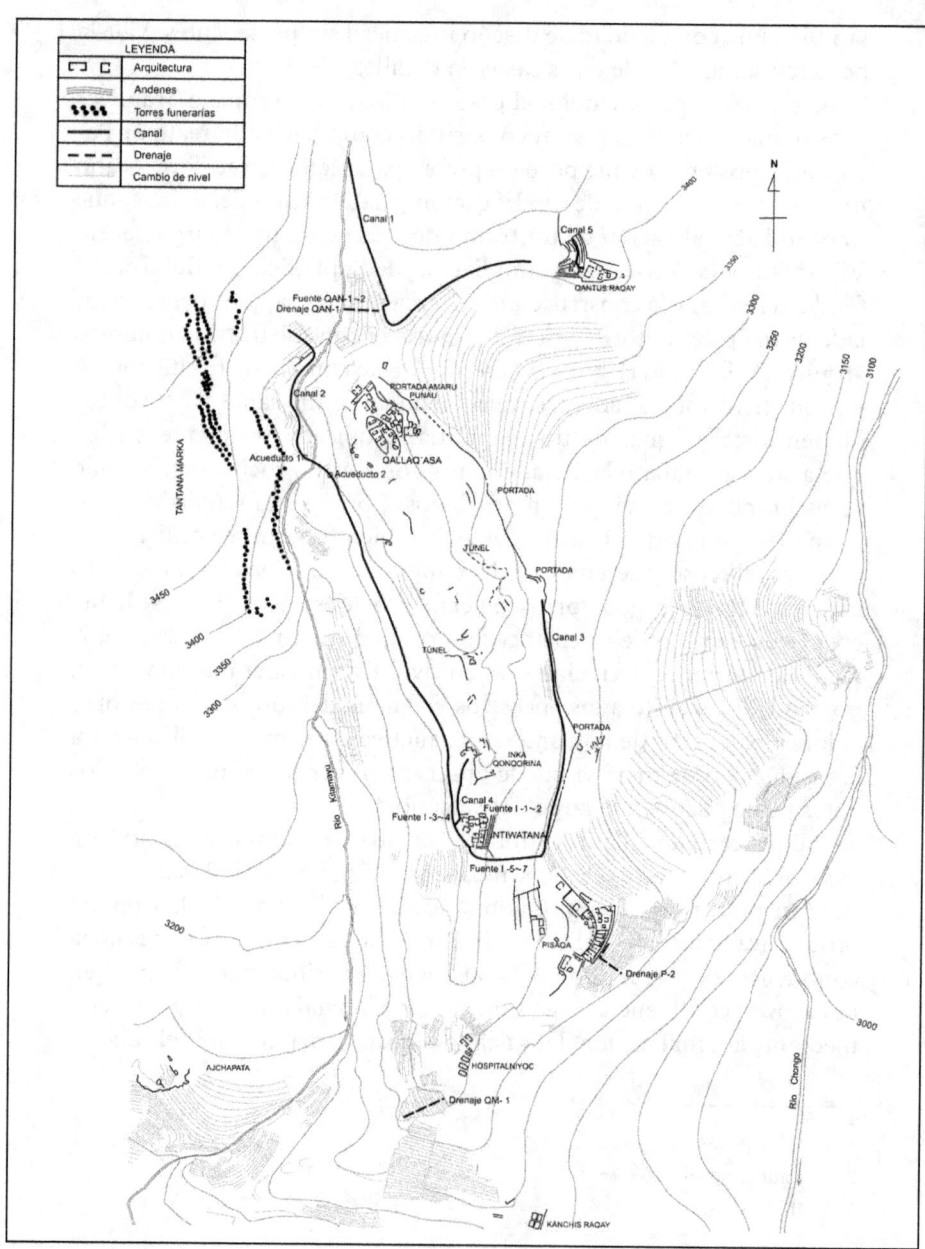

Figura 4.7. Plano del sitio de Pisac, Valle de Vilcanota – Cusco (Fuente: Kaulicke et al. 2003: Figura 2).

que generó una zona cultivable de más de 100 ha, que a su vez estuvo elevada a partir de la construcción de once andenes que aumentaron el nivel de las tierras del abanico.[257]

El área de Ollantaytambo, por otro lado, incluye además otros sistemas de andenerías como el de Sima Pukyu, en la margen opuesta del Vilcanota, y que se ubica en una zona de recolección de aguas subterráneas.[258] Por otro lado, hacia el otro margen, están los andenes de Ancopancha; pero más impresionantes aún son los de la zona de Choquebamba, a lo largo de la margen derecha del río Patakanca. En este caso, se trata de andenes que van desde los 2900 a los 3400 msnm.

Como en el caso de Pisaq, los andenes de Ollantaytambo son irrigados por un sistema de canales que, en este caso, parten de manantiales ubicados a 10 km de distancia y siguen una pendiente de 0,5%.[259] El vínculo entre agua, andenes y santuario (la zona monumental, más conocida de Ollantaytambo) se manifiesta una vez más como componente fundamental en las obras de infraestructura agrícola. Pueden mencionarse otros casos, como la hacienda real de Huayna Capac, en el valle de Yucay, donde se habilitó 7000 m^2 de tierra irrigada en andenes.[260]

Fuera de la zona del Vilcanota, encontramos otros ejemplos de infraestructura destinada a la intensificación productiva, como es el sitio de Tipón. Aquí estamos ante un conjunto de andenes conformado por un bloque central de trece terrazas ubicadas en una sección de pendiente moderada hacia la margen norte del río Huatanay, a unos 15 km al sureste de la ciudad del Cuzco. De acuerdo con los estudios de Keneth Wright y colegas, esta área central brindaba un aproximado de 50 ha de cultivo, a las que debía sumarse un conjunto de andenería periférica que cubre un área de 100 ha.[261]

---

257. Protzen 2005: 42, 46, fig. 1.9.
258. Ibíd., pp. 53-55.
259. Ibíd., p. 57.
260. Niles 2015: 235.
261. Wright et ál. 2001: 14-15, 34.

El conjunto de terrazas agrícolas de Tipón adquieren notoriedad no solo por su factura, sino sobre todo por el manejo de fuentes de agua utilizadas. La parte central fue irrigada principalmente por aguas de un manantial cuyo curso fue canalizado hacia las terrazas, en una manifestación material más del vínculo establecido entre zonas de agricultura intensiva y fuentes de agua subterránea.[262] Por otro lado, el resto del sistema de andenes fue irrigado a partir de la construcción de un canal que tomaba aguas del cercano río Pukara. La bocatoma se encontraba a 3790 msnm, a 1,35 km de distancia de la zona a irrigar. Desde allí se desplaza el canal, que adquiere en gran parte un curso estrecho, delimitado por bloques de piedra cuidadosamente acomodados. Lo más notable es que, en ciertos trechos, para evitar pendientes más pronunciadas, el canal era elevado a partir de muros paralelos hasta constituirse en un verdadero acueducto. De esta manera, se lograba el acceso eficiente a las aguas canalizadas del Pukara.[263]

Es importante resaltar que, evaluando estos ejemplos, se podría decir que la inversión en infraestructura tanto para la habilitación de terrazas agrícolas como para la conducción de aguas no parecería compensarse por el tamaño de los terrenos habilitados. Una afirmación de estas características omite que el objetivo de una hacienda real no se reducía al incremento de la productividad. Se trataba, en primer lugar, de terrenos especiales para cultivos especiales (p. e. maíz, ají, coca), pero además era una obra que marcaba una impronta en el paisaje que materializaba la grandeza o trascendencia del gobernante responsable de su construcción y su linaje. La ubicación próxima a zonas elevadas y a componentes del paisaje como cuevas indica además el importante valor simbólico de lo construido. En ese sentido, la presencia en el paisaje y un tipo especial de producción intensiva eran dimensiones que apuntaban al objetivo de afianzar la legitimidad y trascendencia del personaje (el soberano inca) y su linaje por medio de una materialidad monumental.

---

262. Ibíd., p. 36.
263. Ibíd., pp. 14-22.

Se sabe, por otro lado, que el acondicionamiento de terrazas agrícolas en laderas no fue un invento de la época inca. Por ejemplo, el estudio de los sistemas de andenes en el valle del Colca ha definido que estos fueron construidos por los collaguas antes de la invasión tawantinsuyana.[264] En el caso del Colca, el mayor impacto de la presencia inca estuvo aparentemente en la reorganización del manejo y distribución de aguas.[265] En tal sentido, antes que a una política de construcción masiva de terrazas, la estrategia agrícola inca estuvo orientada a la maximización de rendimientos en determinados contextos ecológicos, muy probablemente alrededor de la producción de maíz y su calidad. Es probable que, como en el Colca, en otras regiones la política económica implementada por los incas estuvo orientada a la reorganización del usufructo de las tierras y fuentes de agua; y podía eventualmente adjudicarse ciertas porciones de terreno como nuevas haciendas destinadas a diferentes grupos ligados al Estado.

Ejemplos de este tipo de terrenos lejos del Cuzco serían las andenerías de Huaytará, en Huancavelica.[266] En los valles costeros, se cuenta con referencias de campos de cultivo amurallados propiedad del inca Huayna Capac en el valle de Moche.[267] Estas referencias se condicen con el hallazgo de campos de cultivo amurallados en la Pampa de Chaparrí, posiblemente de la época inca.[268] Por otro lado, en el caso del valle del Mantaro, la política económica inca implicó el aprovechamiento de una franja de 50 km de terrenos entre las actuales localidades de Jauja y Huancayo, que antes de los incas se encontraban en estado eriazo, y, con la expansión del Tawantinsuyu y el establecimiento del centro administrativo de Hatun Xauxa, se convirtieron en terrenos del Estado; en total unos 15 km de tierra alrededor de este centro.[269]

---

264. Treacy 1994: 157-175.
265. Ibíd., pp. 176-177.
266. Hyslop 1990: 286.
267. Téllez y Hayashida 2004: 382.
268. Ibíd., pp. 377-384.
269. D'Altroy 2015: 108.

Se cuenta también con evidencias de las estrategias desplegadas por los incas para mejorar los rendimientos de los cultígenos. Nos referimos a los estudios en el sitio de Moray, ubicado en la pampa de Maras, una extensión de terreno al sur del Valle Sagrado y a unos 40 km al noroeste de la ciudad del Cuzco.

Moray se encuentra en un sistema de cuatro concavidades ubicadas al extremo occidental de la pampa. Estas concavidades cuentan en sus fondos con cuatro sistemas de andenerías de forma circular o elíptica. Uno de estos sistemas, conocido como Hatun Muyu,[270] posee andenes de 2,5 m de altura. El andén más profundo tiene un diámetro de 30,5 m, y se suceden luego once andenes más. El andén superior forma un campo elíptico de 62 m en su eje norte-sur y 50 m en su eje este-oeste. Debe mencionarse, por otro lado, que la concavidad, hacia el sur, presenta una pendiente moderada, mientras que, hacia el norte, tiene una pendiente muy abrupta antes de subir hacia la planicie de la pampa de Maras.

Las investigaciones revelaron que tanto la geometría de los andenes como su disposición dentro de la concavidad eran relevantes para entender la naturaleza de su construcción. En primer lugar, la medición de la temperatura de los suelos en los distintos andenes reveló una significativa variación térmica entre estos, pues las temperaturas son gradualmente inferiores en dirección al fondo del sistema. Así, durante el solsticio de invierno, la diferencia entre el andén superior y el del fondo podía ser de 5 a 10 °C en un mismo día, mientras que durante el solsticio de verano la diferencia se reducía a entre 2 y 5 °C.[271] En segundo lugar, existía también una importante variabilidad térmica dentro de un mismo andén en los registros anuales. Así, encontrábamos que en la parte norte de los andenes (aquella al pie de la pendiente abrupta) había temperaturas de 5 °C en julio y de 21 °C en enero. Registros similares de variación se obtuvo en las zonas orientales y occidentales de los andenes, pero en este caso la variabilidad se daba dentro de una

---

270. Earls y Silverblatt 1985: 445-446.
271. Ibíd., pp. 448-451.

secuencia diaria. Así, a lo largo de un día, la temperatura podía variar de 8,5 a 17,2 °C.[272]

Asimismo, los datos obtenidos permiten reconstruir la lógica de funcionamiento de los andenes de Moray. Queda claro que el volumen de construcción no se condice con el reducido terreno habilitado para cultivo. En ese sentido, no se trata de una simple ampliación de la frontera productiva, sino de la habilitación de espacios donde, al combinar las características climáticas de las depresiones con la geometría de los andenes, se creaba una secuencia de microambientes a manera de simulación de los microclimas que caracterizan la gradiente térmica de los Andes.

Así, Moray funcionaba como un centro de experimentación, y, a juzgar por la reproducción de climas gradualmente más fríos que el entorno natural (y, por lo tanto, menos favorables para el crecimiento de plantas domésticas), es probable que su objetivo fuese generar variantes domésticas más resistentes a climas fríos. Estos experimentos, de haber tenido éxito, permitieron ampliar la gama de posibilidades de cultivo de plantas como el maíz en microclimas cada vez menos favorables para su crecimiento.

Las andenerías de Pisaq, Ollantaytambo o Tipón, así como los andenes circulares de Moray, son la expresión material de un aspecto central de la economía política del Estado inca: la optimización de la producción de las mejores variedades de maíz y otros cultivos especiales, algo que, como veremos más adelante, está muy relacionado con las políticas de redistribución y movilización de mano de obra a lo largo y ancho del Tawantinsuyu. Las andenerías (en particular las del Vilcanota) no eran solo una forma de ampliación de la frontera productiva, sino también una marca en el territorio y el paisaje, que expresaba la generación de tierra de calidad superior.[273]

Por otro lado, la experimentación y obtención de variedades mejoradas, controladas por el Estado inca, ofrecían un importante bien de prestigio, de mucha relevancia dentro de las estrategias para

---

272. Ibíd., p. 451.
273. D'Altroy 2015: 110.

construcción de alianzas y compromisos con señores de las provincias conquistadas.

Así, como en los casos de formaciones políticas anteriores como Sicán o Chimú, encontramos estrategias que generan una intensificación de las actividades productivas, con incidencia no solo en la ampliación de fronteras productivas, sino también en la creación de nuevas variedades de cultígenos como parte de agendas de consolidación del poder a partir del control y manejo de bienes de prestigio.

Tal como lo señala Murra, otras plantas importantes en la alimentación andina, como la papa, otros tubérculos o la quinua, no merecieron la atención del Estado inca para su control o administración.[274] Esto se debe a que la estrategia estatal no estaba orientada al control total de la producción, sino al de determinados bienes estratégicos. En tal sentido, queda pendiente profundizar en las políticas desarrolladas por el Estado inca en relación con otros cultivos de importancia social, como por ejemplo la coca, para completar la perspectiva sobre la producción agrícola bajo el control estatal.

La actividad pastoril

Como se ha visto en este y capítulos anteriores, la crianza de animales en los Andes estuvo orientada fundamentalmente a la obtención de fibra para la manufactura textil o de medios de carga y transporte. Así, las alpacas eran criadas para lo primero y las llamas para lo segundo. Siendo la puna el piso ecológico con mayor cantidad de pastos y, por otro lado, difícil para el crecimiento de plantas domésticas, se constituyó en la zona natural para ubicación de rebaños y pastores, que en varios momentos de la historia parecen haberse especializado en esta actividad.

En el caso del Estado inca, como parte de las prácticas redistributivas, se requería de un volumen de piezas textiles de calidad, que generaba una demanda significativa por fibra de camélido. Para esta época, además, existía ya una crianza que permitía distinguir los tipos

---

274. Murra 1978.

de fibra de alpaca, entre ejemplares blancos, negros y pardos.[275] Además, el transporte de alimentos y otros bienes en las constantes actividades militares convertía a la crianza de llamas en una actividad estratégica para el éxito de las políticas de expansión.[276]

Esto explica la política inca de apropiarse de los rebaños y pastizales de los territorios conquistados. Por otro lado, la actividad misma adquirió formas más especializadas, que convirtió las praderas de puna en zona de pasto de rebaños de gran escala cuidados por adultos varones (a diferencia de la crianza ancestral, que involucraba infantes y adolescentes), quienes, al parecer, eran con cierta frecuencia *yanakuna*.[277] Se calcula que, para 1532, los rebaños del Estado estarían en todas las provincias del imperio, incluyendo cientos de miles de cabezas, y, por otro lado, se estaba introduciendo su crianza en zonas donde esta no se había dado en forma originaria, como la sierra del actual Ecuador.[278]

Estamos, por lo tanto, ante una trasformación no solo cuantitativa (por el número de cabezas) de la crianza de camélidos, sino también de la organización de la actividad, con las implicancias sociales que generaba el incremento de la población en servicio permanente.

La importancia de los recursos marinos

Se ha señalado líneas atrás la importancia de los recursos marinos, en particular el pescado, en la dieta andina. El Estado inca no debió ser indiferente a su importancia, hecho que se manifiesta en asentamientos costeros como Cerro Azul, ubicado en el valle de Cañete,[279] donde fueron encontrados sistemas de almacenamiento de excedentes que indicaban una pesca de mayor escala. Tal parece que este tipo de

---

275. Rostworowski 1988b: 259.
276. Murra 1978: 95.
277. D'Altroy 2014: 408.
278. Murra 1978: 95, D'Altroy 2014: 409.
279. Marcus et ál. 1999.

pesca se llevó a cabo desde antes de la llegada de los incas, y fue probablemente por eso que éstos reocuparon el sitio.

En esa misma línea, es revelador a la información del sitio de Lo Demás, ubicado en el valle de Chincha,[280] donde fue posible registrar un asentamiento de pescadores que incluía una zona de procesamiento de pescado, así como un área residencial de élite, probablemente responsable de la administración de los recursos. La zona de procesamiento consistía en canaletas donde el pescado pudo colocarse para ser salado o secado al sol. El registro de cabezas completas de pescado y otros elementos craneales indica también el procesamiento para su conservación o traslado. De acuerdo con Daniel Sandweiss, en Lo Demás estaríamos ante una pesca de gran escala, con excedentes susceptibles de ser destinados a tributación o a intercambio luego de suplir el consumo local.[281]

Si bien no existen evidencias claras de un control directo del Estado inca sobre la actividad pesquera de Lo Demás, es probable que su demanda obedeciera a la dinamización e incremento de la escala de la pesca en dicho sitio, sea para el pago de tributos o para su introducción en dinámicas de intercambio. Resultará importante, a futuro, contrastar este caso con otros para evaluar el impacto en la escala y naturaleza de la actividad pesquera que pudo tener la expansión del Tawantinsuyu.

La producción de manufacturas

Se sabe que las estrategias de poder desplegadas por el Estado inca no solo generaron la intensificación de las actividades agropastoriles, sino también el desarrollo de la producción de manufacturas a escalas sin precedentes, que a juicio de algunos autores podría considerarse de nivel industrial.[282] Estamos hablando de la producción de piezas textiles, vasijas cerámicas, objetos de metal, artefactos de piedra y madera,

---

280. Sandweiss 1992, 1996.
281. Sandweiss 1996.
282. Por ejemplo, D'Altroy 2015: 110.

piezas de cuero (sandalias en particular) e incluso alimentos procesados como la chicha. Pasaremos a revisar en detalle la naturaleza de tres de estas manufacturas: recipientes de cerámica, piezas textiles y artefactos de metal.

Los recipientes de cerámica suelen cumplir tres tipos de funciones: de procesamiento, transporte y almacenamiento de contenidos. Su presencia en las culturas, como se ha visto en capítulos anteriores, ha sido de larga data, y, junto con las funciones antes señaladas, cumplió también un rol social, al convertirse en soporte para imágenes y prototipos formales que materializaban contenidos simbólicos de relevancia sociopolítica. Este tipo de vasijas se convirtió así en un bien de prestigio cuya producción fue regulada.

En el caso del Estado inca, la producción de recipientes de cerámica mantuvo su importancia y, más aún, adquirió una relevancia adicional en tanto que este Estado requería de un número de recipientes cada vez mayor para suplir la demanda generada por las actividades de procesamiento y producción de chicha, así como su transporte y almacenamiento.

Las evidencias recuperadas hasta la actualidad muestran estrategias variadas en relación con el control de la producción de recipientes cerámicos. Por ejemplo, en el caso del valle del Mantaro,[283] frente a las formas de producción cerámica preexistentes, el Estado inca estableció una producción regional que controlaba las canteras de arcilla a ser usadas (diferentes de las utilizadas por la población local). Así, se producía cerámica inca con materias primas locales, que era a su vez distribuida dentro del ámbito regional del Mantaro. Se pudo además observar que esta producción correspondía básicamente a vasijas para almacenamiento y procesamiento, mientras que el examen de piezas más elaboradas y de uso en consumo, como platos decorados, fueron trasladados desde el Cuzco, aparentemente como bienes de prestigio. Se desprende de esto, por lo tanto, que existía una producción centralizada en el Cuzco dedicada a vasijas con decoración elaborada, fácilmente transportables por su tamaño y de uso en eventos de consumo,

---

283. D'Altroy y Bishop 1990.

y, por otro lado, una producción dispersa por regiones, para vasijas de procesamiento y almacenamiento.

Evidencias del valle de La Leche, en el norte del Perú, parecen corresponder con este tipo de práctica.[284] En este valle, en los sitios de Tambo Real y La Viña, fue posible identificar talleres, donde se encontró evidencia de la producción de cerámica con estilo local, con estilo Inca y a su vez una cerámica híbrida que combinaba elementos formales imperiales con patrones tradicionales de la región. Como en el caso del Mantaro, el análisis tecnológico reveló el uso de materias primas locales para la producción. Por otro lado, fue posible identificar que para la fabricación de vasijas incas (como el emblemático aríbalo) se usó técnicas de manufactura local como el molde de unión vertical. Por otro lado, sin embargo, el análisis de procesos de cocción reveló que tanto las temperaturas como el manejo de atmósferas de cocción correspondía a técnicas foráneas. Estas evidencias sugieren que estaríamos ante alfareros locales empleados para la producción de vasijas en estilo Inca e introducidos a nuevas técnicas de cocción. Esta producción controlada permitía, por otro lado, elaborar vasijas en estilo local, posiblemente para usos domésticos.

Al parecer, no existió en todas las regiones un control sistemático de la producción cerámica. En el otro extremo del Tawantinsuyu, en la región de Humahuaca (en la actual Argentina), se ha registrado la recurrente presencia de cerámica de formas inca que, por lo general, suelen tener un tratamiento de decoración superficial que responde a patrones locales. Para este caso, se ha propuesto que la producción fue básicamente de tipo local, y, en relación con lo Inca, probablemente generada a partir de una demanda del Estado inca por vasijas que debían ser provistas por la población local a manera de tributo.[285] La circulación de este tipo de vasijas en la región podría, por otro lado, haber tendido una red de distribución de las formas incas a manera de "bienes de prestigio" en el marco no solo de la legitimación de la

---

284. Hayashida et ál. 2002.
285. Runcio 2012.

expansión estatal, sino en la construcción de relaciones de poder en el interior de la población local.

Estos ejemplos nos muestran que las estrategias del Estado inca con relación a la producción de vasijas cerámicas se moldeaban de acuerdo con la demanda por vasijas que la administración de las provincias exigía y con la disponibilidad de recursos existentes, tanto en cuanto a materias primas como a mano de obra calificada. Se podía tener una producción local sujeta a tributación como una producción local controlada directamente por el Estado. Junto con eso, parece haber existido también una producción central destinada a bienes de prestigio para ser distribuidos por el Estado de acuerdo con su agenda política.

La producción de piezas textiles constituyó otra esfera de producción central en la economía política inca, en tanto que eran fundamentales, por un lado, para el avituallamiento de los ejércitos y, por el otro, para los dones que el inca ofrecía a sus aliados. Las piezas textiles eran, además, infaltables en diferentes rituales, como los de iniciación, pero también de culto a los ancestros. Se trataba además, como en épocas anteriores, de un medio de distinción social a partir del uso de prendas de alta elaboración. En el caso de los incas, las piezas de mayor calidad eran denominadas *cumbi*, y se elaboraban en talleres especializados, donde laboraban mujeres jóvenes. Estos talleres se encontraban en diferentes lugares alrededor del Cuzco, entre los que destacan aquellos ubicados en Capachica y Milliraya, a orillas del lago Titicaca.[286] Las telas *cumbi* eran la base para la elaboración de prendas que servían como un distintivo social de las élites incas frente al común, y, por lo tanto, se convertían en piezas de mucho valor, decisivas en las estrategias de dones desplegada por los incas con sus aliados. Se elaboraba así túnicas, *uncus*, mantas y bolsas de coca para varones y túnicas largas con cinturón y mantas para las mujeres.[287] Un aspecto importante de este tipo de piezas era que ellas detentaban los *tocapu*, campos de decoración ubicados por lo general en la parte superior de las prendas, que consistían en pequeños cuadrados de distintos colores

---

286. Phipps 2015: 200-201.
287. Ibíd., p. 202.

que albergaban variados diseños y elementos logográficos.[288] No solo la calidad de las telas, sino también los contenidos de los *tocapu* convertían a estas piezas en poderosos recursos simbólicos del poder y prestigio de quienes los vistiesen.

A diferencia de la producción alfarera, la textil parece haber sido más controlada por el Estado, partiendo del control del flujo de materia prima. Las y los tejedores solían estar ubicados en los centros administrativos incas, y tenían funciones bastante específicas. Así, existían los *qompi kamayuq*, encargados de las piezas finas, que incluían plumería; y las *mamakuna*, productoras de las piezas finas destinadas a rituales de sacrificio, a vestir ídolos y al gobernante. Otro grupo, las *aqllakuna*, también se encargaban de otro tipo de prendas finas.[289]

El proceso de hilado y tejido en sí no requiere un despliegue muy grande de instalaciones, más allá de los usos y priruros, y los telares de cintura. Sin embargo, el teñido de las fibras requiere de una serie de insumos como pigmentos, agua, vasijas cerámicas y combustible. Así, dependiendo de la escala de la producción textil, se dinamizaba todo un conjunto de actividades relacionadas con indudable impacto en la economía del entorno de la producción textil.

No existen cálculos precisos del volumen de producción textil durante la hegemonía inca. Sin embargo, tanto las referencias históricas como la dimensión de ciertas instalaciones indican claramente que se trata de una escala de producción textil sin precedentes en épocas anteriores. Su impacto en la economía en general debería ser tema de esclarecimiento e investigación en un futuro cercano.

En el caso de la producción de piezas metálicas, se sabe por fuentes históricas acerca del impresionante despliegue de placas de oro que adornaban el templo de Coricancha en el Cuzco, además de los "jardines" que lo rodeaban, consistentes en maíces, aves y plantas hechas de oro y plata. Pero además de las piezas ornamentales, el Estado inca se orientó a producir vasijas para servir, como vasos o platos, de oro y

---

288. Murra 1975: 145-170.
289. D'Altroy 2014: 429.

Figura 4.8. Vaso de plata de la época inca (Colección del Museo del Banco Central de Reserva del Perú – MUCEN).

plata; recursos para diferenciar el estatus de los invitados a festines.[290] Se elaboró además pequeños ídolos en oro y plata de forma antropomorfa o zoomorfa, además de objetos utilitarios (principalmente de bronce o cobre) como agujas, *tupus*, cinceles o cuchillos.[291]

Para tal fin, fue necesario ejercer un control de las cadenas de producción en diferentes partes del área andina. La minería era una actividad esparcida por todo el territorio antes de los incas. Estos, sin embargo, al parecer ejercieron un control sobre las vetas de oro y plata, mientras que la extracción de estaño se restringió al sur de Bolivia y el norte de Chile.[292] La metalurgia, por su parte, parece haber tenido dos polos: la costa norte peruana y la zona surandina (en particular

---

290. Ibíd., p. 438.
291. Ibíd., pp. 439-440.
292. Ibíd., p. 440.

alrededor de la cuenca del Titicaca); ambos correspondientes a las principales tradiciones metalúrgicas preincaicas.[293]

Tal parece que la producción metalúrgica tuvo un tipo de control parcial, con énfasis en los productos de plata y oro, pero con la posibilidad del desarrollo de metalurgias regionales o locales; en particular para la producción de objetos utilitarios de cobre.[294] En ese contexto, puede encontrarse cierta variabilidad tecnológica en la información sobre los centros de fundición de épocas incas, que parece reforzar el escenario de un control relativo de la producción en todo el territorio.

Por un lado, son conocidos por varias fuentes un tipo de horno de fundición consistente en un espacio cilíndrico o cónico-invertido hecho de arcilla, que incluía espacios para el ingreso de toberas. Estos hornos, llamados *wayrachina*,[295] parecen haber tenido una distribución relativamente amplia, con aparentes diferencias en su diseño. En el sitio de Viña del Cerro, en el valle de Copiapó, Chile, se halló veintiséis de estos hornos dispuestos en tres hileras en la ladera de una loma. Se trata de hornos de 3 m de diámetro y, aparentemente, 0,30 m de altura.[296] Por su parte, en el sitio de Quillay, en el noroeste argentino, se encontró también un centro de fundición con hornos en forma de torre abovedada cuyas paredes eran de adobe.[297] En el caso de Porco, en Potosí, hay otra concentración de hornos de fundición acompañados de muros de piedra, probablemente diseñados para conducir los vientos hacia los hornos.[298] Difiere, en relación con estos casos, el registro de zonas de fundición en el sitio de Curamba.[299] Curamba es un centro administrativo de nivel intermedio ubicado entre Vilcashuamán y el Cuzco, en el que se ha identificado una extensión de hasta 5 km de hornos de fundición en los flancos norte y oeste de una colina adyacente a la arquitectura

---

293. Ibíd., p. 441.
294. Ibíd., p. 442.
295. Petersen 2010: 47.
296. Niemeyer et ál. 1983.
297. Raffino et ál. 1996: 63-64.
298. Van Buren y Mills 2005: 18.
299. Del Mar 2005, Vetter et ál. 2008.

administrativa. La ubicación de los hornos en las laderas de esta colina, en tres hileras, era estratégica para aprovechar la fuerza de los vientos que llegan al sitio en esa dirección. A diferencia de las *wayrachina* de los otros sitios, los hornos de Curamba tienen una forma alargada, de unos 3 m x 0,4 m,[300] emplazados en la colina, que fue previamente modificada al cavarse el espacio para las tres terrazas, posteriormente rellenado con tierra arcillosa.[301] Además de la diferencia formal, los hornos de Curamba fueron hechos con piedra y mortero, distintos de los de paredes de arcilla refractaria de las *wayrachina*.[302]

Resulta sugerente que la producción metalúrgica generada por la demanda de bienes del Estado inca haya implicado incrementos en la escala e intensidad de las actividades en diferentes regiones y que, a la sombra de dicha política, se hayan desarrollado a la vez esferas de producción local y regional. En tal sentido, resultará en el futuro importante definir el destino de los bienes producidos en sitios como Curamba para completar la película de la naturaleza económica de la producción de metales en tiempos inca y su impacto en diferentes regiones.

La administración e infraestructura necesarias

Se ha señalado la importancia que tuvo para el Estado inca la movilización de recursos humanos para un conjunto de actividades económico-políticas. Una movilización eficiente requería, por un lado, un sistema de administración y control poblacional y, por el otro, una infraestructura que facilitase desplazamientos y estadías. A continuación, se hará una revisión de las características de ambas dimensiones en el Estado inca.

La escala del sistema de prestaciones de servicios temporales que había gestado el Estado inca requería de un control censal pormenorizado. Este sistema partía de la organización de los jefes de unidades domésticas en grupos de diez, por quienes respondía una persona (el

---

300. Del Mar 2005: 301.
301. Vetter et ál. 2008: 459.
302. Ibíd., p. 461.

chunka kuraka). Asimismo, diez de estas personas respondían a otra (el *pachaka kuraka*), diez de estas a otra más (el *waranka kuraka*) y diez de estas a otra más (el *hunu kuraka*). De esta forma, se contaba con la información de disponibilidad de 10.000 unidades tributarias. Los *hunu kuraka* respondían ante un *toqrikoq*, que venía a ser gobernador de alrededor de ochenta provincias y, finalmente, los *toqrikoq* de un *suyu* respondían ante un *apu*.[303] Este sistema permitía el flujo de información desde las unidades sociales básicas hacia las cabezas del Estado, y se pudo así programar la rotación de las prestaciones de servicios.

Un sistema de estas características requería de formas de contabilidad que fueron materializadas en los *khipu*, piezas textiles compuestas por cordones colgantes de un cordón principal, que presentaban nudos a lo largo de su extensión. Tanto el número de vueltas de los nudos como su ubicación en los cordones indicaban cantidades, mientras que los colores de los cordones podían indicar el tipo de bien registrado. Así, la correcta lectura de los *khipu* por los responsables de los registros censales (los *khipucamayoc*) aseguraba contar con la información requerida para el funcionamiento del Estado.[304]

La infraestructura levantada por el Estado inca tendió una red caminera diseñada para desplazamientos rápidos y seguros. Incluyó, asimismo, espacios para la recepción, habilitación de labores y almacenamiento de bienes. Fue de esta manera que el funcionamiento de la economía tawantinsuyana tuvo como cimiento la construcción o ampliación de caminos y la construcción de centros de residencia, producción y depósito; es decir, centros administrativos de naturaleza urbana. Ambas dimensiones de la actividad constructiva en tiempos del Estado inca tuvieron características e implicancias específicas.

La red de caminos inca o Qhapaq Ñan es la manifestación material más evidente del esfuerzo del Tawantinsuyu por integrar el territorio andino bajo su dominio. Su diseño, que incluyó alrededor de 40.000 km de red caminera,[305] establecía un sistema de vías tronca-

---

303. Urton 2015: 152-153.
304. Ibíd., pp. 152, 158-161.
305. Hyslop 2014: 358.

les. Una de estas vías, la principal, partía del Cuzco y conectaba a los centros principales de Vilcashuamán, Hatun Xauxa, Huanucopampa, Caxamarca, Tumipampa y Quito por el norte, mientras que por el sur unía al Cuzco con Hatun Qolla y Chucuito, para internarse en la puna boliviana hasta llegar al noroeste argentino. La otra vía conectaba a los centros costeros cruzando las extensiones del desierto andino para facilitar el tránsito de valle a valle. Junto con estas vías troncales, existían una serie de caminos de conexión entre ambas, que solían recorrer las quebradas de los valles occidentales para enlazar a los centros administrativos ubicados en ambos tipos de ecosistemas. Ejemplos de este tipo de caminos son el que unía a los centros de Hatun Xauxa y Pachacamac, el que conectaba a Chucuito con Arequipa o el que iba de Vilcashuamán a Tambo Colorado, en Pisco.[306]

La diversidad topográfica y climática del territorio andino obligó a diseñar una similar diversidad de soluciones técnicas en la construcción de la red caminera. En el caso del desierto costero, se debía resolver el tema de la orientación del caminante, que se logró con la colocación de postes o hitos que delimitaban la ruta del camino. En los valles existía siempre el riesgo del desplazamiento de animales o personas que pudiesen afectar los cultivos, por lo que los caminos tenían muros laterales que incluso impedían el contacto visual entre los caminantes y los moradores del valle. La entrada, salida o recorrido de las quebradas tenían siempre el problema de las pendientes, que, en un eje longitudinal, se aligeraban con rutas de pendiente moderada que en ciertos tramos podían incluir sistemas de escaleras espaciadas o concentradas; y, en un eje transversal, se resolvían con el aterrazamiento de la ladera a partir de su excavación o de la construcción de muros de contención y relleno. Por último, en los tramos ubicados en las planicies frías de la puna los caminos incluían un asfaltado de piedras.[307] Para cruzar ríos y quebradas, de acuerdo con la altura y largo

---

306. Hyslop 1992, 2014; Ministerio de Cultura 2016.
307. Hyslop 2014: 371-374.

del paso a cubrir, se incluyó puentes de madera, puentes colgantes e incluso sistemas de transporte por balsa.[308]

La utilidad de una red caminera está fuera de discusión, tanto para el desplazamiento de ejércitos como el de personas destinadas a diferentes tipos de trabajos o para el movimiento de mensajeros y caravanas. Puede decirse que fue una de las contribuciones en infraestructura más trascendentes de la historia del Tawantinsuyu, hasta el punto que cambió en muchas regiones la dinámica de desplazamientos hasta el día de hoy, cuando varios tramos del Qhapaq Ñan siguen en uso.[309]

Los centros de control administrativo y productivo levantados por el Estado inca tienen ciertas características en común, en medio de la diversidad que la topografía y las características sociopolíticas de las provincias conquistadas imponían. Kanchas y kallankas, las principales unidades espaciales que distinguen a los espacios urbanos construidos por los incas,[310] se organizaban en patrones ortogonales para alojar a quienes las habitaban para cumplir servicios para el Estado a través de la producción cerámica, textil, metalúrgica, de alimentos (principalmente chicha) u otro tipo de actividad requerida.

A los centros de producción antes descritos debemos sumar los centros de avanzada militar, que constituían asentamientos fortificados ubicados en lugares estratégicos de control de población.[311] Tanto estos asentamientos como los de producción albergaban a una población que, debido a su prestación de servicios a tiempo completo para el Estado, no era capaz de proveerse de sus medios de subsistencia. En tal sentido, como parte del funcionamiento del Estado inca, se hacía necesario un sistema de almacenamiento de alimentos que permitiese mantener a dichas poblaciones.

El almacenamiento presenta el principal desafío de la conservación de los bienes, amenazada constantemente por hongos y bacterias,

---

308. Ibíd., pp. 481-499.
309. Ministerio de Cultura 2016: 95.
310. Hyslop 1990: 16-19.
311. Ibíd., pp. 155-190.

así como por mosquitos, aves o roedores. En tal sentido, el Estado inca debió desarrollar una infraestructura de almacenamiento que, de acuerdo con las condiciones medioambientales existentes, garantizara su conservación.

Dentro del valle de Vilcanota, en las cercanías de Ollantaytambo, diferentes emplazamientos ponen en evidencia la importancia de los depósitos o *qolqas*, dispuestas en alineamientos regulares de cuatro a más de veinte. Las *qolqas* de esta zona suelen tener planta rectangular e, independientemente de su capacidad de almacenamiento, cuentan con vanos pequeños y se ubican en lugares que están expuestos a vientos de mediana a gran intensidad. De esta forma, tanto el diseño como la ubicación con relación al clima garantiza el enfriamiento de su interior, lo que contribuye a la conservación de los alimentos.[312]

El caso mejor estudiado de estos sistemas de almacenamiento es el de Huanucopampa,[313] un área de almacenamiento al pie de un cerro al sur del área nuclear del centro administrativo. En las laderas de este cerro se cuentan casi 500 *qolqas*, susceptibles de dividirse entre aquellas de planta circular y las de planta cuadrangular. Las de planta circular tienen alrededor de 3 m de diámetro interior, mientras que las de planta cuadrangular suelen tener espacios interiores de 12 a 16 m^2 aproximadamente. Es importante notar que las circulares se encuentran hacia el pie del cerro, mientras que las cuadrangulares están en hileras cerro arriba. Como en el caso de las *qolqas* en Ollantaytambo, en Huanucopampa los vanos de acceso son muy estrechos, además de que se encuentran siempre mirando hacia el cerro, y es probable que estuviesen cubiertos con algún tipo de tela.[314]

El funcionamiento de las *qolqas* estaba muy relacionado con su ubicación altitudinal, topográfica y la orientación de sus ingresos. Huanucopampa es un centro administrativo ubicado a 3650 msnm. El área de almacenamiento, por su parte, se encuentra entre esta altitud y los 3800 msnm, expuesta a temperaturas más bajas. Por otro lado, la

---

312. Huaycochea 1994.
313. Morris 1985.
314. Ibíd., pp. 328-331.

ubicación en la ladera del cerro la expone a intensos vientos fríos que chocan con los muros de las *qolqas* y se arremolinan en dirección a la entrada, lo que genera corrientes que ingresan con fuerza al interior de la *qolqa* y hacen descender más las temperaturas. Por otro lado, el diseño permeable de los pisos de las *qolqas* (hechos con piedras canteadas espaciadas) evita la acumulación de humedad. De esta forma, tanto la humedad como el incremento de la temperatura (por insolación) eran controladas, y se creaba así pequeños frigoríficos donde se almacenaron grandes cantidades de maíz (en las *qolqas* circulares) y tubérculos (en las rectangulares).[315]

Lejos de ser un caso aislado o excepcional, Huanucopampa era un sitio central en toda una red de almacenes ubicado en la sierra central que albergó al menos dos mil *qolqas* (que han sido registradas), distribuidas en los sitios de Tunsucancha (cerca de Huanucopampa), Pumpu, Tarmatampu y Hatun Xauxa (en el valle del Mantaro).[316] El uso a plenitud de todos estos espacios de almacenamiento explicaría bastante bien, por lo menos en esta región, el funcionamiento eficaz del sistema de acondicionamiento de *mitmaq* diseñado por los incas para la movilización de mano de obra y la producción de bienes.

A manera de síntesis

En las páginas anteriores hemos revisado la historia económica del área central andina en los últimos siglos previos a la llegada de los primeros europeos a este territorio. La cantidad y calidad de la información existente permite vislumbrar dinámicas económicas en el ámbito comunal caracterizadas por el manejo de la diversidad de nichos ecológicos y sus recursos. Este patrón, por otro lado, encontraba diversas maneras de materializarse en estrategias de control territorial y acceso a dicha diversidad. Por otro lado, se ha podido registrar, tanto en fuentes documentales como arqueológicas, cierta especialización en manufacturas o actividades extractivas (como la pesca) que conlleva-

---

315. Ibíd., pp. 333-351.
316. Ibíd., p. 328.

ban al establecimiento de formas de intercambio, al parecer, de alcance local y de pequeñas regiones. Se ha señalado cómo este escenario coincidía con una significativa dispersión del poder político en grupos étnicos o pequeños curacazgos eventualmente integrados en entidades confederativas mayores. Esta dispersión no significó, por otro lado, un aislamiento económico de los distintos grupos, sino la posibilidad de construcción de diferentes tipos y grados de interrelación en las que el intercambio de personas o recursos se hacía perfectamente factible.

Es en este contexto que, en distintos momentos y lugares, se dio el surgimiento de entidades políticas de mayor escala y complejidad que las antes mencionadas, constituyéndose en algunos casos en Estados expansivos como chimú y, por su puesto, inca. La existencia de estas entidades y la demanda de sus élites por bienes de prestigio que permitiesen construir sus redes de intercambio y alianzas políticas llevó a la intensificación de determinadas actividades económicas. Destacan así las estrategias para expandir las fronteras productivas a partir de obras de irrigación y habilitación de terrenos de gran escala, la innovación tecnológica en la producción cerámica o metalúrgica-orfebre y, por otro lado, el desarrollo de redes de intercambio de larga distancia con la concomitante expansión de actividades de navegación y habilitación de caminos.

En ese sentido, el impacto económico de la expansión del Estado inca se debe entender en el marco de una continuidad con prácticas económicas preexistentes, tanto en el ámbito comunal como en el político-estatal. La novedad del caso inca tiene que ver con que los agentes dinamizadores se desarrollaron en una escala sin precedentes. La producción de maíz y, probablemente, de coca no solo adquirió volúmenes nunca antes vistos, sino que implicó la construcción de andenerías a gran escala, además del desarrollo de centros de simulación ambiental para la creación controlada de nuevas variedades. Por otro lado, la producción y distribución de recipientes cerámicos, piezas textiles y objetos metálicos no solo implicó un incremento de escala y volumen de producción, sino una escala macrorregional de articulación de las distintas actividades requeridas para dicha producción (desde los lugares de extracción de materias primas, de procesamiento primario de insumos, de manufactura final y de almacenamiento).

Finalmente, el mantenimiento de este tipo de economía política requirió de la construcción de una nueva y gran infraestructura que incluía tanto una red caminera que cubriera todo el territorio como una distribución planificada de centros de producción y almacenamiento de bienes.

En tal sentido, los monumentos arqueológicos incas son un testimonio material de un nivel de desarrollo de actividades económicas nunca antes alcanzado por una entidad política en el área andina. Como hemos señalado antes, la dinámica de la economía política tawantinsuyana tuvo implicancias importantes no solo en la transformación del territorio y las economías locales, sino en la composición étnico-cultural de diversas regiones hacia donde *mitmaqs* iban siendo trasladados y, eventualmente, afincados.

Fue en el marco de este mundo económico, con un sello propio, con pautas y prácticas de larga data y con agentes políticos dinamizadores, que hicieron su entrada en el siglo XVI los primeros europeos para comenzar un proceso de transformación radical de la actividad económica en los Andes.

Referencias

AGURTO, Santiago
    1980   *Cusco. La traza urbana de la ciudad inca*. Cuzco: Instituto Nacional de Cultura.

ALCALDE, Javier, Carlos DEL ÁGUILA y Fernando FUJITA
    2010   "Plateros precoloniales tardíos en Tambo de Mora, valle de Chincha (siglos XIV-XVI)". *Arqueología y Sociedad*, n.º 21: 171-184.

ARKUSH, Elizabeth
    2012   "Los pukaras y el poder: los collas en la cuenca septentrional del Titicaca". En Luis F. Blanco y Henry Tantaleán (eds.), *Arqueología de la cuenca del Titicaca. Perú*. Lima: Instituto Francés de Estudios Andinos, pp. 295-320.

BAUER, Brian
    2004   *Ancient Cuzco: Heartland of the Inca*. Austin: University of Texas Press.

    2008   *Cuzco antiguo. Tierra natal de los incas*. Cuzco: Centro de Estudios Rurales Andinos Bartolomé de Las Casas.

BAUER, Brian y Lucas C. KELLETT
    2010   "Cultural Transformation of the Chanka Homeland (Andahuaylas, Peru) during the Late Intermediate Period (A. D. 1000-1400)". *Latin American Antiquity*, n.º 21: 87-111.

BAUER, Brian y Douglas K. SMIT
    2015   "Separating the Wheat from Teh Chaff. Inka Myths, Inka Legends, and the Archaeological Evidence for State Development". En Izumi Shimada (ed.), *The Inka Empire. A Multidisciplinary Approach*. Austin: University of Texas Press, pp. 67-80.

BEZUR, Aniko
    2014   "La tecnología y organización de la producción de aleación de cobre de Sicán". En Izumi Shimada (ed.), *Cultura Sicán: esplendor preincaico de la costa norte*. Lima: Fondo Editorial del Congreso del Perú, pp. 93-106.

BILLMAN, Brian
    2002   "Irrigation and the Origins of the Southern Moche State of the North Coast of Perú". *Latin American Antiquity*, vol. 13, n.º 4: 371-400.

BOSERUP, Esther
    1965   *The Conditions of Agricultural Growth. The Economics of Agrarian Change under Population Pressure*. Londres: George Allen.

CALNEK, Edward
    1972   "Settlement Pattern and Chimampa Agriculture at Tenochtitlan". *American Antiquity*, n.º 37: 104-115.

CANZIANI, José
    1989   *Asentamientos humanos y formaciones sociales en la costa norte del antiguo Perú*. Lima: Instituto Andino de Estudios Arqueológicos.

CAVALLARO, Raffael e Izumi SHIMADA
1988 "Some Thoughts on Sican Marked Adobes and Labor Organization". *American Antiquity*, vol. 53, n.º 1: 75-101.

CHILDE, V. Gordon
1936 *Man Makes Himself*. Nueva York: The New American Library.

CHURCH, Warren y Adriana VON HAGEN
2008 "Chachapoyas: Cultural Development at an Andean Cloud Forest Crossroads". En Helaine Silvermann y William Isbell (ed.), *Handbook of Southamerican Archaeology*. Nueva York: Springer, pp. 903-926.

CIEZA DE LEÓN, Pedro
2005 [1553] *Crónica del Perú. El señorío de los incas*. Caracas: Biblioteca Ayacucho.

CONRAD, Geoffrey W.
1982 "The Burial Platforms of Chan Chan. Some Social and Political Implications". En Michael Moseley y Kent Day (eds.), *Chan Chan: Andean Desert City*. Albuquerque: University of New Mexico Press, pp. 87-117.

CORDELL, Linda
1997 *Archaeology of the Southwest*. Nueva York: Academic Press.

CORDY COLLINS, Alana y Michael MOSELEY (eds.)
1990 *The Northern Dynasties. Kingship and Statecraft in Chimor*. Washington, D. C.: Dumarton Oaks.

D'ALTROY, Terence
2014 *The Incas*. Nueva York: Blackwell Publishing.

2015 "Funding the Inka Empire". En Izumi Shimada (ed.), *The Inka Empire. A Multidisciplinary Approach*. Austin: University of Texas Press, pp. 97-120.

D'ALTROY, Terence y Ronald L. BISHOP
1990 "The Provincial Organization of Inka Ceramic Production". *American Antiquity*, vol. 55, n.º 1: 120-138.

DEL MAR, Raúl
    2005   "Curamba. Centro de producción metalúrgica de época inka". *Arqueología y Sociedad*, n.º 17: 293-312.

DÍAZ, Luisa
    2004   "Armatambo y la sociedad Ychsma". *Bulletin de l'Institut Francais d'Études Andines*, vol. 33, n.º 3: 571-594.

    2017   "Identidad cultural, prácticas funerarias y territorio ychsma". En Rafael Vega-Centeno (ed.), *Repensar el antiguo Perú. Aportes desde la Arqueología*. Lima: Pontificia Universidad Católica del Perú, Instituto de Estudios Peruanos, pp. 343-364.

DILLEHAY, Tom D.
    2003   "El colonialismo inka, el consumo de chicha y los festines desde una perspectiva de banquetes políticos". *Boletín de Arqueología PUCP*, n.º 7: 355-364.

DILLEHAY, Tom D., Alan L. KOLATA y Edward SWENSON
    2009   *Paisajes culturales en el valle del Jequetepeque. Los yacimientos arqueológicos*. Trujillo: Ediciones SIAN.

EARLE, Timothy K.
    2005   "The Tunanmarca Polity of Highland Peru and Its Settlement System (AD 1350-1450)". En Richard Blanton (ed.), *Settlement, Subsistence, and Social Complexity. Essays Honoring the Legacy of Jeffrey R. Parsons*. Los Ángeles: University of California, pp. 89-118.

EARLS, John e Irene SILVERBLATT
    1985   "Sobre la instrumentación de la cosmología inca en el sitio arqueológico de Moray". En Heather Lechtman y Ana María Soldi (eds.), *La tecnología en el mundo andino*. Ciudad de México: Universidad Nacional Autónoma de México, pp. 433-474.

EITEL, Bernhar y Bertil MÄCHTLE
    2009   "Man and Environment in the Eastern Atacama Desert (Southern Peru): Holocene Climate Changes and Their Impact on Pre-Columbian Cultures". En Marcus Riendel y Günther A. Wagner (eds.), *New Technologies for Archaeology*. Berlín: Springer, pp. 17-23.

Fagan, Brian
2001   *The Little Ice Age: How Climate Made History, 1300-1850*. Santa Bárbara: Basic Books.

Farfán, Carlos
2004   "Aspectos simbólicos de las pirámides con rampa, ensayo interpretativo". *Bulletin de l'Institut Français d'Études Andines*, vol. 28, n.º 2: 449-464.

Farrington, Ian S.
1983   "The Design and Function of the Intervalley Canal: Comments on a Paper by Ortloff, Moseley, and Feldman". *American Antiquity*, vol. 48, n.º 2: 360-375.

Fernández, Diana y Luis Enrique Castillo
2017   "Redescubriendo a los plateros chimú". En Rafael Vega-Centeno (ed.), *Repensar el antiguo Perú. Aportes desde la arqueología*. Lima: Pontificia Universidad Católica del Perú, Instituto de Estudios Peruanos, pp. 315-342.

Fernández, Marco y Luis Alberto Sánchez
2014   "Un taller alfarero del periodo Lambayeque Medio en Huaca la Pava: producción y tecnología". En Julio C. Fernández y Carlos Wester (ed.), *Cultura Lambayeque. En el contexto de la costa norte del Perú*. Chiclayo: Universidad Santo Toribio de Mogrovejo, pp. 311-328.

Gates Chávez, Carlos
1997   *La historia inédita de los chachapoyas: descendientes de los constructores de la fortaleza de Kuélap*. Lima: Universidad de San Martín de Porres.

Goldstein, David
2014   "La administración sicán de recursos naturales: bosques y combustibles de madera". En Izumi Shimada (ed.), *Cultura Sicán: esplendor preincaico de la costa norte*. Lima: Fondo Editorial del Congreso del Perú, pp. 147-158.

Golte, Jürgen
1982   *La racionalidad de la organización andina*. Lima: Instituto de Estudios Peruanos.

Gonzales Carré, Enrique
    1992   *Los señoríos chancas*. Lima: Instituto Andino de Estudios Arqueológicos.

Gumerman IV, George
    2002   "Llama Power and Empowered Fishermen: Food and Power at Pacatnamú, Peru". En María O'Donovan (ed.), *The Dynamics of Power*. Carbondale: Southern Illinois University, pp. 238-256.

Guzmán, Miguel Ángel
    2011   Organización espacial y patrones arquitectónicos en la antigua sociedad Chancay a partir de Pisquillo Chico. Tesis de maestría. Universidad Nacional Mayor de San Marcos, Lima.

Hastorf, Christine A.
    1993   *Agriculture and the Onset of Political Inequality before the Inka*. Cambridge: Cambridge University Press.

Hayashida, Frances
    2006   "The Pampa de Chaparri. Water, Land and Politics on the North Coast of Peru". *Latin American Antiquity*, n.º 17: 243-264.

    2014   "La agricultura sicán y su transformación bajo el dominio chimú e inca: la Pampa de Chaparrí como estudio de caso". En Izumi Shimada (ed.), *Cultura Sicán. Esplendor preincaico de la costa norte*. Lima: Fondo Editorial del Congreso del Perú, pp. 323-340.

Hayashida, Frances, Michael D. Glascock y Héctor Neff
    2002   "Technology and Organization of Inka Pottery Production: Archaeometric Perspectives". En Erzsébet Jerem y Katalin T. Biró (ed.), *Proceedings of the 31st International Symposium on Archaeometry*. Oxford: Archaeopress, pp. 573-580.

Huaycochea, Flor de María
    1994   *Qolqas. Bancos de reserva andinos*. Cuzco: Universidad Nacional de San Antonio de Abad del Cusco.

Hucleberry, Gary, Frances Hayashida y Jack Johnson
    2012   "New Insights into the Evolution of an Intervalley Prehistoric Irrigation Canal System, North Coastal Peru". *Geoarcheology*, n.º 27: 492-520.

Hyslop, John
1990   *Inka Settlement Planning*. Austin: University of Texas Press.

1992   *Qhapaqñan, el sistema vial inkaico*. Lima: Instituto Andino de Estudios Arqueológicos, Petróleos del Perú.

2014   *Qhapaq Ñan. El sistema vial inkaiko*. Lima: Petróleos del Perú.

Isbell, William H.
1997   *Mummies and Mortuary Monuments: A Postprocesual History of Central Andean Social Organization*. Austin: University of Texas Press.

Kaulicke, Peter
1997   *Contextos funerarios de Ancón. Esbozo de una síntesis analítica*. Lima: Pontificia Universidad Católica del Perú.

Kaulicke, Peter et ál.
2003   "Agua, ancestros y arqueología del paisaje". *Boletín de Arqueología PUCP*, n.º 7: 27-56.

Keatinge, Richard W. y Geoffrey W. Conrad
1983   "Imperialist Expansion in Peruvian Prehistory: Chimu Administration of a Conquered Territory". *Journal of Field Archaeology*, vol. 10, n.º 3: 255-283.

Klymyshyn, Ulana
1982   "Elite Compounds in Chan Chan". En Michael Moseley y Kent Day (eds.), *Chan Chan: Andean Desert City*. Albuquerque: University of New Mexico, pp. 119-143.

Kolata, Alan L.
1990   "The Urban Concept of Chan Chan". En Michael Moseley y Alana Cordy-Collins (eds.), *The Northern Dynasties: Kingship and Statecraft in Chimor*. Washington D. C.: Dumbarton Oaks, pp. 107-146.

Koschmieder, Klaus y Rafael Vega-Centeno
1996   "Puerto Pobre: centro administrativo Chimú en el valle de Casma". *Revista del Museo de Arqueología, Antropología e Historia*, n.º 6: 161-201.

Kosok, Paul
   1965   *Life, Land and Water in Ancient Peru*. Nueva York: Long Island University Press,

Krzanowsky, Andrzej (ed.)
   1991   *Estudios sobre la cultura Chancay. Perú*. Krakovia: Universidad Jaguelona.

Lane, Kevin
   2006   "Mirando a través del espejo: re-evaluando el rol del agropastoralismo en la sierra nor-central andina". En Alexander Herrera, Carolina Orsini y Kevin Lane (ed.), *La complejidad social en la sierra de Áncash: ensayos sobre paisaje, economía y continuidades culturales*. Cambridge: Round Table on Ancash Sierra Archaeology, pp. 19-34.

Lavallée, Danielle y Michele Julien
   1983   *Asto. Curacazgo prehispánico*. Lima: Instituto Francés de Estudios Andinos.

Lechtman, Heather
   1978   "Temas de metalurgia andina". En Rogger Ravines (ed.), *Tecnología andina*. Lima: Instituto de Estudios Peruanos, pp. 489-520.

   1996   "El bronce y el Horizonte Medio". *Boletín del Museo de Oro*, n.º 41: 3-25.

Lumbreras, Luis Guillermo
   1987   "Childe and the Urban Revolution: The Central Andean experience". En Linda Manzanilla (ed.), *Studies in the Neolithic and Urban Revolutions*. Oxford: B. A. R. International Series 349, pp. 327-344.

Mackey, Carl y Ulana Klymyshyn
   1990   "The Southern Frontier of the Chimu Empire". En Michael Moseley y Alana Cordy-Collins (ed.), *The Northern Dynasties: Kingship and Statecraft in Chimor*. Washington, D. C.: Dumbarton Oaks, pp. 195-226.

Mantha, Alexis
   2015   "Houses, Residential Burials, and Identity in the Rapayán Valley and the Upper Marañón Drainage, Peru, during Late Andean Prehistory". *Latin American Antiquity*, vol. 26, n.º 4: 433-451.

Marcos, Jorge G. y Silvia G. Álvarez
   2016   "Campos de camellones y jagüeyes en Ecuador: una visión integral desde la arqueología al presente socioambiental". *Intersecciones en Antropología*, vol. 17, n.º 1. Disponible en: <http://www.scielo.org.ar/scielo.php?script=sci_arttext&pid=S1850-373X2016000100002> (última consulta: 22/05/17).

Marcus, Joyce, Jeffrey Sommer y Christopher Glew
   1999   "Fish and Mammals in the Economy of an Ancient Peruvian kingdom". *Proceedings of the National. Academy of Sciences of the United States of America*, vol. 96, n.º 11: 6564-6570.

McEwan, Colin y Florencio Delgado-Espinoza
   2008   "Late Pre-Hispanic Polities of Coastal Ecuador". En Helaine Silverman y William Isbell (ed.), *Handbook of South American Archaeology*. Nueva York: Springer, pp. 505-525.

McEwan, Gorcon, Melissa Chatfield y Arminda Jibaja
   2002   "The Archaeology of Inca Origins. Excavations at Chokepukio, Cusco, Peru". En Helaine Silverman (ed.), *Andean Archaeology I*. Nueva York: Springer, pp. 287-301

Ministerio de Comercio Exterior y Turismo del Perú
   2016   Página web: <http://www.mincetur.gob.pe/TURISMO/OTROS/inventario%20turistico/Ficha.asp?cod_Ficha=3792> (última consulta: 05/04/16).

Ministerio de Cultura del Perú
   2016   *Guía de identificación y registro del Qhapaq Ñan*. Lima: Mincul.

Montenegro, Jorge
   1997   Coastal Cajamarca Pottery from the North Coast of Peru: Style, Technology, and Function. Tesis de maestría. Southern Illinois University, Carbondale.

Moore, Jerry D.
1988 "Prehistoric Raised Field Agriculture in the Casma Valley, Peru". *Journal of Field Archaeology*, vol. 15, n.º 3: 265-276.

1989 "Pre-Hispanic Beer in Coastal Perú: Technology and Social Context of Prehistoric Production". *American Anthropologist*, vol. 91, n.º 3: 682-695.

Morris, Craig
1985 "Tecnología y organización inca del almacenamiento de víveres en la sierra". En Heather Lechtman y Ana María Soldi (ed.), *La tecnología en el mundo andino*. Ciudad de México: Universidad Nacional Autónoma de México, pp. 327-375.

Moseley, Michael E.
1978 "Principios de organización laboral en el valle de Moche". En Rogger Ravines (ed.), *Tecnología andina*. Lima: Instituto de Estudios Peruanos, pp. 591-600.

1990 "Structure and History in the Dynastic Lore of Chimor". En Michael Moseley y Alana Cordy-Collins (ed.), *The Northern Dynasties. Kinship and Statecraft in Chimor*. Washington D. C.: Dumbarton Oaks, pp. 1-42.

Murra, John V.
1975 *Estructuras andinas del poder*. Lima: Instituto de Estudios Peruanos.

1978 *La organización económica del Estado Inca*. Ciudad de México: Siglo XXI.

Narváez, Alfredo
1988 "Kuélap. Una ciudad amurallada de los andes nor-orientales de Amazonas, Perú". En V. Rangel (ed.), *Arquitectura y arqueología*. Chiclayo: Concytec, pp. 115-143.

Narváez, Joaquín
2013 Pre-Colonial Irrigation and Settlement Patterns in Three Artificial Valleys in Lima-Peru. Tesis doctoral. University of Calgary, Calgary.

Netherly, Patricia
1984 "The Management of Late Andean Irrigation Systems on the North Coast of Peru". *American Antiquity*, vol. 49, n.º 2: 227-254.

NIEMEYER, Hans, Miguel CERVELLINO y Edward MUÑOZ
1983 "Viña del Cerro, expresión metalúrgica inca en el valle de Copiapó". *Creces*, vol. 4, n.º 4: 32-35.

NILES, Susan A.
2015 "Considering Inka Royal Estates: Architecture, Economy, History". En Izumi Shimada (ed.), *The Inka Empire. A Multidisciplinary Approach*. Austin: University of Texas Press, pp. 232-246.

NUNN, Patrick D. y James R. BRITON
2001 "Human-Environment Relationships in the Pacific Islands Around A. D. 1300". *Environment and History*, n.º 7: 3-22.

OBEREM, Udo
1981 "El acceso a recursos naturales de diferentes ecologías en la sierra ecuatoriana (siglo XVI) ". En Segundo Moreno y Udo Oberem (ed.), *Contribución a la etnohistoria ecuatoriana*. Otavalo: Instituto Otavaleño de Antropología, pp. 45-71.

ORSINI, Carolina
2006 "¿Metáforas de complejidad social? Huari, Llacuaz, organización del territorio y especialización económica en Chacas (valle de Chacapata, Perú)". En Alexander Herrera, Carolina Orsini y Kevin Lane (ed.), *La complejidad social en la sierra de Áncash: ensayos sobre paisaje, economía y continuidades culturales*. Cambridge: Round Table on Ancash Sierra Archaeology, pp. 151-163.

ORTLOFF, Charles R.
1981 "La ingeniería hidráulica Chimú". En Heather Lechtman (ed.), *La tecnología en el mundo andino*. Ciudad de México: Universidad Nacional Autónoma de México, pp. 91-134.

ORTLOFF, Charles R. y Alan L. KOLATA
1993 "Climate and Collapse: Agro-Ecological Perspectives on the Decline of the Tiwanaku State". *Journal of Archaeological Science*, n.º 20: 195-221.

ORTLOFF, Charles R., Michael E. MOSELEY y Robert A. FELDMAN
1982 "Hydraulic Engineering Aspects of the Chimu Chicama-Moche Intervalley Canal". *American Antiquity*, vol. 47, n.º 3: 572-595.

Osores, Carlos
    2015   Pescadores del Valle Bajo de Zaña y su economía doméstica. Tesis de licenciatura. Pontificia Universidad Católica del Perú, Lima.

Pärssinen, Martti
    1997   "Investigaciones arqueológicas con ayuda de fuentes históricas: experiencias en Cajamarca, Pacasa y Yampara". En Thérèse Bouysse-Casagne (ed.), *Saberes y memorias en los Andes*. París: l'IHEAL, pp. 41-58.

    2003   *Tawantinsuyu. El Estado inca y su organización política*. Lima: Instituto Francés de Estudios Andinos, Pontificia Universidad Católica del Perú.

Parsons, Jeffrey, Charles Hasting y Ramiro Matos (eds.)
    2000   *Prehispanic Settlement Patterns in the Upper Mantaro and Tarma drainages, Junín, Peru*. Ann Arbor: University of Michigan.

Parsons, Jeffrey y Robert P. Psuty
    1981   "Chacras hundidas y subsistencia preshispánica en la costa del Perú". En Heather Lechtman (ed.), *La tecnología en el mundo andino*: Ciudad de México: Universidad Nacional Autónoma de México, pp. 51-89.

Perales, Manuel
    2017   "Algunas consideraciones sobre los asentamientos aglomerados del periodo Intermedio Tardío en la región del Mantaro". En Rafael Vega-Centeno (ed.), *Repensar el antiguo Perú. Aportes desde la arqueología*. Lima: Pontificia Universidad Católica del Perú, Instituto de Estudios Peruanos, pp. 365-398.

Perales, Manuel y Henoch Loayza
    2011   "Nuevas evidencias de infraestructura asociada al sistema hidráulico del complejo arqueológico de Tunanmarca, Jauja". *Apuntes en Ciencias Sociales*, vol. 2, n.º 1: 100-110.

Petersen, Georg
    2010   *Mining and Metallurgy in Ancient Peru*. Special Paper 467. Boulder: The Geological Society of America.

Phipps, Elena
    2015   "Inka Textile Traditions and their Colonial Counterparts". En Izumi Shimada (ed.), *The Inka Empire. A Multidisciplinary Approach*. Austin: University of Texas Press, pp. 197-214.

Portocarrero, Pilar
    2011   "Los metales de Huaca La Luz. Complejo de Huacas Pando (Maranga). Estudio pro técnicas analíticas". En Luisa Vetter, S. Téllez y Rafael Vega-Centeno (ed.), *Arqueología peruana. Homenaje a Mercedes Cárdenas*. Lima: Instituto Riva-Agüero de la Pontificia Universidad Católica del Perú, Centro Cultural de la Universidad Nacional Mayor de San Marcos, pp. 247-266.

Pozorski, Thomas y Shelia Pozorski
    1982   "Reassessing the Chicama-Moche Intervalley Canal: Comments on 'Hydraulic Engineering Aspects of the Chimu Chicama-Moche Intervalley Canal'". *American Antiquity*, vol. 47, n.º 4: 851-868.

Protzen, Jean-Pierre
    2005   *Arquitectura y construcción incas en Ollantaytambo*. Lima: Pontificia Universidad Católica del Perú.

Proulx, Donald
    1973   *Archaeological Investigations in the Nepeña Valley, Peru*. Amherst: University of Massachusetts.

Raffino, R. et ál.
    1996   "Quillay. Centro metalúrgico inka en el noroeste argentino". *Tawantinsuyu*, n.º 2: 59-69.

Rago, Dorothee R.
    2004   *Iconografía de la cultura Chiribaya*. Lima: Instituto Cultural Peruano Norteamericano.

Rein, Bert et ál.
    2004   "El Niño Variability Off Peru during the last 20,000 years". *Paleoceanography*, vol. 20, n.º 4: PA4003.

Reycraft, Richard
    1998   The Terminal Chiribaya Project: The Archaeology of Human Response to Natural Disaster in South Coastal Peru. Tesis doctoral. University of New Mexico, Albuquerque.

Rostworowski de Diez Canseco, María
- 1977 *Etnia y sociedad. Costa peruana prehispánica.* Lima: Instituto de Estudios Peruanos.
- 1978 *Señoríos indígenas de Lima y Canta.* Lima: Instituto de Estudios Peruanos.
- 1983 *Estructuras andinas del poder.* Lima: Instituto de Estudios Peruanos.
- 1988a *Conflicts over Coca Fields in XVIth-Century Perú. Memoirs of the Museum of Anthropology 21.* Ann Arbor: University of Michigan.
- 1988b *Historia del Tahuantinsuyu.* Lima: Instituto de Estudios Peruanos.
- 1992 "Etnias forasteras en la visita toledana a Cajamarca". En María Rostworowsky y María del Pilar Remy (ed.), *Las visitas a Cajamarca 1571-72/1578. Documentos.* Tomo I. Lima: Instituto de Estudios Peruanos, pp. 9-36.

Rowe, John H.
- 1944 *An Introduction to the Archaeology of Cuzco.* Cambridge: Peabody Museum.

Runcio, María Andrea
- 2012 "Producción y consumo de vasijas cerámicas en la quebrada de Humahuaca (provincia de Jujuy, Argentina) durante el periodo Inka (1430-1536 DC)". *Boletín del Museo Chileno de Arte Precolombino*, vol. 17, n.º 1: 61-73.

Salcedo, Luis
- 2012 *Prehistoria andina. II, La ocupación Wamallí en las cuencas de los ríos Lauricocha, Vizcarra y Alto Marañon, Huánuco.* Lima: Servicios Gráficos Rodríguez Paredes.

Salomon, Frank
- 2015 "Inkas Through Texts. The Primary Sources". En Izumi Shimada (ed.), *The Inka Empire. A Multidisciplinary Approach.* Austin: University of Texas Press, pp. 23-38.

Sandweiss, Daniel H.
- 1992 *The Archaeology of Chincha fishermen: Specialization and Status in Inka Peru.* Pittsburg: Carnegie Museum of Natual History.

1996 "The Development of Fishing Specialization on the Central Andean Coast". En Mark Glew (ed.), *Prehistoric Hunter-Gatherer Fishing Strategies*. Boise: Boise State University, pp. 41-63.

Segura, Rafael e Izumi Shimada
2014 "La interacción Sicán mediocosta central, hasta 1000 d. C.". En Izumi Shimada (ed.), *Cultura Sicán. Esplendor preincaico de la costa norte*. Lima: Fondo Editorial del Congreso del Perú, pp. 303-322.

Shimada, Izumi
1982 "Horizontal Archipelago and Coast-Highland Interaction in North Peru: Archaeological Models". En Luis Millones y Hiroyasu Tomoeda (ed.), *El hombre y su ambiente en los Andes centrales*. Senri: National Museum of Ethnology, pp. 137-210.

Shimada, Izumi (ed.)
2014a *Cultura Sicán. Esplendor preincaico de la costa norte*. Lima: Fondo Editorial del Congreso del Perú.

2014b "Detrás de la máscara de oro: la cultura Sicán". En Izumi Shimada (ed.), *Cultura Sicán. Esplendor preincaico de la costa norte*. Lima: Fondo Editorial del Congreso del Perú, pp. 15-92.

2014c "La naturaleza del Centro Ceremonial de Sicán y su reflejo en la organización sociopolítica sicán". En Julio Fernández y Carlos Wester (eds.), *Cultura Lambayeque: en el contexto de la costa norte del Perú. Actas del Primer Coloquio sobre la Cultura Lambayeque*. Chiclayo: Universidad Católica Santo Toribio de Mogrovejo, pp 49-77.

Shimada, Izumi, Stephen Epstein y Alan K. Craig
1982 "Batan Grande: A Prehistoric Metallurgical Center in Peru". *Science*, n.º 216: 952-959.

Shimada, Izumi y Ursel Wagner
2007 "A Holistic Approach to Pre-Hispanic Craft Production". En J. Skibo, M. Graves y M. Stark (ed.), *Archaeological Anthropology. Perspectives in Method and Theory*. Tucson: The University of Arizona Press, pp. 163-197.

SHIMADA, Izumi et ál.
2006 "Estudios paleogenéticos de las poblaciones prehispánicas Mochica y Sicán". *Arqueología y Sociedad*, n.º 17: 223-254.

SIVERONI, Viviana et ál.
2004 Informe del Proyecto Arqueológico Huayurí (Pahuay). Temporada 2002. Reporte remitido al Instituto Nacional de Cultural (INC) del Ministerio de Educación del Perú.

SMITH, Clifford T., William M. DENEVAN y Patrick HAMILTON
1981 "Antiguos campos de camellones en la región del lago Titicaca". En Heather Lechtman y Ana María Soldi (ed.), *La tecnología en el mundo andino*. Ciudad de México: Universidad Nacional Autónoma de México, pp. 25-50.

STEWARD, Julian H.
1963 [1955] *Theory of Culture Change. The Methodology of Multilinear Evolution*. Urbana: University of Illinois Press.

TÉLLEZ, Sandra y Frances HAYASHIDA
2004 "Campos de cultivo prehispánicos en la pampa de Chaparrí". *Boletín de Arqueología PUCP*, n.º 8: 373-390.

THOMPSON, L. G. et ál.
1985 "A 1500-Year Record of Tropical Precipitation in Ice Cores from the Qelccaya Ice Cap, Peru". *Science*, n.º 229: 971-973.

1995 "Late Glacial Stage and Tropical Holocene Ice Core Records from Huascarán, Peru". *Science*, n.º 269: 46-50.

TOPIC, John R.
1990 "Craft Production in the Kingdom of Chimor". En Michael Moseley y Alana Cordy-Collins (ed.), *The Northern Dynasties. Kingship and Statecraft in Chimor*. Washington, D. C.: Dumbarton Oaks, pp. 145-176.

TREACY, John M.
1994 *Las chacras de Coporaque. Andenería y riego en el valle del Colca*. Lima: Instituto de Estudios Peruanos.

TSCHAUNER, Hartmut
2001   Socioeconomic and Political Organization in the Late Prehispanic Lambayeque Sphere, Northern North Coast of Peru. Tesis doctoral. Harvard University, Cambridge.

2009   "'Los olleros no son del inka. Especialización artesanal y economía política en los Andes: el caso de los alfareros de Pampa de los Burros". *Revista de Antropología*, n.º 20: 261-296.

2014   "Los Sicán bajo el dominio Chimú". En Izumi Shimada (ed.), *Cultura Sicán. Esplendor preincaico de la costa norte*. Lima: Fondo Editorial del Congreso del Perú, pp. 341-362.

UHLE, Max
1991 [1903]   *Pachamac*. Filadelfia: University of Pennsylvavnia.

UNIVERSIDAD NACIONAL DE INGENIERÍA (UNI)-FUNDACIÓN FORD
1994   *Inventario del patrimonio monumental inmueble de Lima. Valles de Chillón, Rímac y Lurín*. Lima: Facultad de Urbanismo y Artes de la UNI, Fundación Ford.

URTON, Gary
2015   "The State of Strings. Khipu Administration in the Inka Empire". En Izumi Shimada (ed.), *The Inka Empire. A Multidisciplinary Approach*. Austin: University of Texas Press, pp. 149-164.

VAN BUREN, M. y Barbara J. MILLS
2005   "Huayrachinas and Tocochimbos: Traditional Smelting Technology of the Southern Andes". *Latin American Antiquity*, vol. 16, n.º 1: 3-25.

VEGA-CENTENO, Rafael
2008   "El Proyecto de Investigación Arqueológica Huacramarca. Resultados preliminares". *Investigaciones Sociales*, n.º 21: 49-75.

VETTER, Luisa
2011   "Las Huacas Pando: un acercamiento a la orfebrería precolombina del valle del Rímac, Perú". En Luisa Vetter, S. Téllez y Rafael Vega-Centeno (eds.), *Arqueología peruana. Homenaje a Mercedes Cárdenas*. Lima: Instituto Riva-Agüero de la Pontificia Universidad Católica del Perú, Centro Cultural de la Universidad Nacional Mayor de San Marcos, pp. 207-246.

VETTER, Luisa et ál.
2008 "Los hornos metalúrgicos del sitio Inca de Curamba (Perú): estudio por DRX, espectroscopia Mössbauer y datación por métodos de luminiscencia". *Bulletin de l'Institut Français d'Études Andines*, vol. 37, n.º 3: 451-475.

VOGEL, Melissa y David PACÍFICO
2011 "Arquitectura de El Purgatorio: capital de la cultura Casma". En Milosz Giersz e Iván Ghezzi (eds.), *Arqueología de la costa de Áncash*. Lima: Instituto Francés de Estudios Andinos, pp. 357-398.

WATANABE, Shinya
2002 "El reino de Cuismancu: orígenes y transformación en el Tawantinsuyu". *Boletín de Arqueología PUCP*, n.º 6: 107-136.

WILLEY, Gordon R.
1953 *Prehistoric Settlement Patterns in the Virú Valley, Peru*. Washington, D. C.: Bureau of American Ethnology Bulletin 155.

WILLIAMS LEÓN, Carlos
1974 *Inventario, catastro y delimitación del patrimonio arqueológico del valle del Chancay*. Lima: Instituto Nacional de Cultura.

WILSON, David
1988 *Prehispanic Settlement Patterns in the Lower Santa Valley Peru: A Regional Perspective on the Origins and Development of Complex North Coast Society*. Washington, D. C.: Smithsonian Institution Press.

1995 "Prehispanic Settlement Patterns in the Casma Valley, North Coast of Perú: Preliminary Results to Date". *Journal of the Steward Anthropological Society*, vol. 23, n.º 1-2: 189-227.

WRIGHT, Kenneth R. et ál.
2001 *Tipon. Water Engineering. Masterpiece of the Inca Empire*. Denver: Wright Paleohydrological Institute.

ZAK, Jaqueline
1984 Pollen from Raised Fields of the Casma Valley, North Coast of Peru. Tesis de maestría. California State University, Northridge.

ZEVALLOS QUIÑONES, Jorge
1989 *Los cacicazgos de Lambayeque*. Trujillo: Gráfica Cuatro.

Sobre los autores

Peter Kaulicke es profesor principal de Arqueología de la Pontificia Universidad Católica del Perú (PUCP) desde 1982. Es fundador de la Especialidad y ha sido director y fundador del *Boletín de Arqueología PUCP*. Ha dirigido varios proyectos, con énfasis en los períodos Arcaico y Formativo del Perú. Es autor de unos veinte libros y más de doscientos artículos especializados. Ha sido profesor invitado en muchos países como Japón, China, Egipto, Francia, Canadá y Estados Unidos, entre otros. Recientemente fue condecorado con la Orden al Mérito por Servicios Distinguidos del Estado Peruano.

Hugo C. Ikehara es doctor en antropología por la Universidad de Pittsburgh (Estados Unidos) y se desempeña como profesor asistente de Antropología en la Pontificia Universidad Católica de Chile. Ha publicado anteriormente sobre acción colectiva y guerra *(World Archaeology, Journal of Anthropological Archaeology)*, así como sobre el rol de las fiestas durante el Formativo *(Boletín de Arqueología PUCP y Latin American Antiquity)*. Su investigación actual se centra en la evolución de paisajes del valle de Nepeña durante el Holoceno.

Rafael Segura Llanos es candidato doctoral en Antropología en la Southern Illinois Universiy, Carbondale, Estados Unidos, y profesor en el departamento de Humanidades de la Universidad Antonio Ruiz de Montoya. Ha publicado *Rito y economía en Cajamarquilla. Investigaciones Arqueológicas en el Conjunto Arquitectónico Julio C. Tello* (2001) al igual que artículos como autor principal o coautor en libros y revistas especializados, nacionales e internacionales *(Boletín de Arqueología PUCP, Bulletin de L'Institut Français D'Études Andines, Journal of Archaeological Science)*. Ha desarrollado su labor arqueológica en centros urbanos costeños como Cajamarquilla y Pachacamac, y actualmente investiga sobre las respuestas sociales a las dinámicas medioambientales en la prehistoria andina.

Rafael Vega-Centeno Sara-Lafosse es licenciado en Arqueología por la PUCP y Doctor en Antropología por la University of Arizona - Tucson. Es profesor Principal del Departamento de Humanidades de la PUCP. Anteriormente ha sido profesor en la Universidad Nacional Mayor de San Marcos y Director del Programa de Humanidades de la Universidad Antonio Ruiz de Montoya. Sus investigaciones han abordado la problemática del surgimiento de sociedades complejas en la Costa Nor Central y los patrones de asentamiento de las poblaciones de la cuenca del río Yanamayo en Áncash. Actualmente conduce una investigación en el Complejo Maranga - Lima. Ha publicado en diferentes revistas internacionales como *Latin American Antiquity, Journal of Anthropological Archaeology* y *Chungará* y recientemente ha editado el volumen *Repensar el Antiguo Perú. Aportes desde la Arqueología*.

www.ingramcontent.com/pod-product-compliance
Lightning Source LLC
Chambersburg PA
CBHW071353300426
44114CB00016B/2048